거울들

거울들

거 의 모 든 사 람 의 이 야 기

에두아르도 갈레아노 지음 · **조구호** 옮김

이 책을 쓰는 데 활용한 자료의 문헌학적 출처는 수록하지 않았다. 문헌들의 출처에 관한 정보는 생략할 수밖에 없었다. 출처 정보가 이 책에 수록된 이야기 600여 편보다 더 많은 지면을 차지할 것이라는 사실을 때맞춰 깨달았기 때문이다.

이 책이 하나의 과대망상 같은 계획 이상의 의미를 지니도록 도움을 준 수많은 협조자의 명단 또한 실려 있지 않다. 하지만 최종 원고를 참을성 있게 읽어줌으로써 한 권의 잡설(雜說)이 되지 않도록 나를 구원해 준 분들은 언급하지 않을 수 없다. 팀 채프먼, 안토니오 도냐테, 카를 휘베너, 카를로스 마차도, 필라르 로요, 라켈 비야그라 등이다. 불가능한 작업을 가능하게 해준 이분들과 수많은 친구에게 이 책을 바친다.

특히 엘레나에게.

2007년 마지막 날, 몬테비데오에서

아버지, 내 몸에 세계를 그려주세요.
— 사우스다코타 인디언의 전통 가요

차례

일러두기

1. 본문의 모든 주석은 옮긴이가 독자의 이해를 돕기 위해 첨가한 것이다.
2. 원서에서 이탤릭체로 표시된 부분은 큰따옴표(" ")로 표시했다.
3. 일부 고유명사와 특정 명사·구(句)에 표시한 작은따옴표(' ')는 옮긴이가 첨가한 것이다.
4. 단행본은 겹낫표(『 』), 신문과 잡지 등 정기간행물은 겹화살괄호(《 》), 단편소설, 희곡, 시, 선언문 등은 홑낫표(「 」), 영화, 방송 프로그램, 음악, 미술작품 등은 홑화살괄호(〈 〉)로 표시했다. 국내에 번역·출간되지 않은 도서를 언급할 때는 한국어로 옮긴 가제와 원서 제목을 병기했다.
5. 인명, 지명 등 고유명사는 국립국어원의 외래어 표기법을 따랐으나, 일부는 관례와 원어 발음을 존중해 그에 따랐다.

거울들

ESPEJOS

거울들에는 사람들이 가득 차 있다.

보이지 않는 사람들이 우리를 본다.

잊힌 사람들이 우리를 기억한다.

우리가 우리를 볼 때, 우리는 그들을 본다.

우리가 갈 때, 그들도 갈까?

우리는 욕망으로 만들어진 존재다

이름도, 기억도 없는 삶은 혼자였다. 손이 있었으나 만질 사람이 없었다. 입이 있었으나 얘기를 나눌 사람이 없었다. 삶은 하나였고, 하나였기 때문에 아무것도 아니었다.

그때 욕망이 활을 쏘았다. 욕망의 화살은 삶을 반으로 갈라놓았고, 삶은 두 개가 되었다.

이 두 개가 만나 함께 웃었다. 웃음은 둘을 서로 바라보게 하고 또서로 만지게 했다.

대동 축제의 길

아담과 이브는 검은색이었을까?

인간의 세상 여행은 아프리카에서 시작되었다. 그곳으로부터 우리의 선조들은 지구 정복을 시작했다. 여러 갈래의 길은 다양한 목적지를 만들었고, 태양은 색깔의 분배를 담당했다.

이제 지상의 무지개인 우리 여자와 남자는 하늘의 무지개보다 더 많은 색을 갖고 있다. 하지만 우리는 모두 아프리카에서 이민 온 사람이다. 엄청나게 하얀 백인조차 아프리카에서 온 사람이다.

아마도 우리는 우리가 똑같은 곳에서 나왔다는 사실을 기억하려 하지 않을 것이다. 왜냐하면 인종주의가 기억상실증을 낳기 때문이고, 또 아득히 먼 과거에는 세상 전체가 우리의 나라였고, 국경 없는 광대한 지도였고, 우리의 다리가 당시에 요구되는 유일한 여권(旅券)이었다는 사실을 우리가 믿을 수 없기 때문이다.

말썽꾸러기

하늘과 땅, 선과 악, 탄생과 죽음이 갈라져 있었다. 낮과 밤은 서로 혼동되지 않았고, 여자는 여자고 남자는 남자였다.

그러나 떠돌이 도적 에슈*는 금지된 장난을 치면서 즐기고 있었고, 여전히 즐기고 있다.

그들의 못된 장난이 국경을 지우고 신이 갈라놓은 것을 합치고 있다. 그들이 솜씨 좋게 작업한 덕에 태양이 검어지고, 밤이 빛을 밝히고, 남자의 피부 구멍에서 여자가 태어나고, 여자가 남자를 배출한다. 죽은 사람이 태어나고, 태어난 사람이 죽으며, 창조되었거나 창조될

---

* 에슈(Eshu 또는 Exú)는 요루바(Yoruba)의 탄생 신화에 등장하는 초자연적 존재로, 주술·장난 등을 통해 질서를 교란하는 사기꾼이다.

모든 것에서 '거꾸로'와 '옳게'가 뒤섞여 마침내 누가 명령을 하고 누가 명령을 받는지도 모르고, 어디가 위고 어디가 아래인지도 모른다.

신의 질서는 최대한 더디게 본래의 계급과 위치를 회복하고, 모든 사물과 사람을 각각 제자리에 놓는다. 하지만 광증은 최대한 빠르게 다시 나타난다.

그렇게 되면, 신들은 세상을 통치하기가 몹시 어려울 것이라는 사실을 애석해할 것이다.

동굴들

종유석은 천장에 매달려 있다. 석순은 바닥에서 자란다.

종유석과 석순은 모두 물과 시간이 산에 파 놓은 동굴 깊은 곳에서 바위 틈새로 새어 나와 만들어진 것으로, 깨지기 쉬운 수정이다.

종유석과 석순은 한 방울 한 방울 흘러내리면서, 한 방울 한 방울 위로 올라가면서 어둠 속에서 스스로의 모습을 찾으며 수천 년을 자란다.

일부는 만져지기까지 수백만 년이 걸린다.

종유석과 석순은 서두르지 않는다.

불의 기원

학교에서 나는, 우리 인간이 혈거 시대에 돌이나 나뭇가지를 서로 부딪침으로써 불을 발견했다고 배웠다.

그때부터 나는 불을 발명해 오고 있다. 하지만 나는 초라하고 작은 불꽃 하나도 결코 얻지 못했다.

나는 이런 개인적인 실패에도 불구하고 불이 우리에게 준 혜택을 고맙게 생각했다. 불은 추위와 우리에게 적대적인 짐승들로부터 우리를 보호해 주고, 음식을 조리할 수 있도록 해주고, 밤에 빛을 주고, 우리가 자기 곁에 앉도록 초대해 주었다.

아름다움의 기원

그것들은 그곳, 동굴의 벽과 천장에 그려져 있다.

이 형상들, 즉 들소, 엘크, 곰, 말, 독수리, 여자, 남자들은 나이가 없다. 이들은 수천 년 전에 탄생했으나 누군가 이들을 볼 때마다 새롭게 태어난다.

우리의 까마득한 할아버지들은 어떻게 그토록 섬세한 것들을 그릴 수 있었을까? 맨손으로 짐승을 상대해 싸우던 그 사나운 남자들이 어떻게 그토록 우아한 형상을 그릴 수 있었을까? 어떻게 그들은 금방이라도 바위에서 떨어져 나와 하늘로 날아갈 것 같은 선을 그려낼 수 있었을까? 그들이 어떻게……?

아니면 그 형상들을 그린 이들은 여자였을까?

사하라의 초원

타실리와 사하라의 다른 지역 암각화들은 약 6,000년 전부터 우리에게 암소, 황소, 영양, 기린, 코뿔소, 코끼리…… 등에 관해 양식화(樣式化)된 이미지를 제공해 준다.

그 동물들은 순전히 상상으로 그린 것이었을까? 사막에서 살던 사람들은 모래를 마셨을까? 그렇다면 무엇을 먹었을까? 돌멩이를?

그 예술 작품은 사막이 원래 사막이 아니었다는 사실을 우리에게 이야기해 준다. 사막의 호수는 바다 같았고, 사막의 계곡은 동물에게 풀을 제공해 주었는데, 나중에 동물들은 잃어버린 초원을 찾아 남쪽으로 떠나야 했다.

우리는 어떻게 그럴 수 있었을까?

입이 되든지 입으로 들어가는 음식이 되든지, 사냥꾼이 되든지 사냥감이 되든지. 바로 그것이 문제다.

우리는 멸시를 감수하거나 고작해야 슬픔을 감내해야 했다. 우리에게 적대적이었던 노천에서 그 누구도 우리를 존중해 주지 않았고 우리를 두려워하지도 않았다. 밤과 밀림은 우리에게 공포를 불어넣었다. 우리는 지상의 동물원에서 가장 취약한 벌레였으며, 무익한 강아지였으며, 성숙하지만 하찮은 존재였으며, 발톱도 없고, 커다란 어금니도 없고, 빠른 다리도 없고, 긴 코도 없었다.

우리의 첫 번째 역사는 안개 속으로 사라져버렸다. 보아하니, 우리는 고작해야 돌멩이를 쪼개고, 몽둥이를 휘두르는 일에 몰두하고 있었다.

하지만 누구든 이렇게 자문할 수 있을 것이다. 생존하는 것이 불가능했을 때, 우리는 함께 방어를 하고 음식을 나누어 먹을 줄 알았기 때문에 생존할 수 있지 않았을까? 현재의 이 인간들이, 그리고 능력 있는 사람은 각자 자기 방식대로 살아남으라고 하는 이 문명이 세상에서 짧은 한순간 이상 지속될 수 있을까?

인간의 생애

우리가 태어나기 전에 이미 발생하는 현상이다. 형태를 갖추기 시작하는 우리의 몸에는 아가미 비슷한 것과 일종의 꼬리가 나타난다. 이런 돌기들은 얼마 지속되지 않고, 나타났다가 떨어져버린다.

이처럼 짧은 순간 나타났다 사라지는 것들이 우리가 언젠가는 물고기였고 언젠가는 원숭이였다고 우리에게 이야기해 주는 것일까? 우리는 마른 땅을 정복하라고 땅에 던져진 물고기들이었을까? 밀림을 버렸거나 밀림 때문에 버림받은 원숭이들이었을까?

우리가 유년 시절에 느낀 두려움, 즉 모든 것에 대한 두려움, 아무것도 아닌 것에 대한 두려움은 언젠가 우리가 잡아먹히는 존재라는 두려움을 가졌다는 사실을 우리에게 이야기하고 있는 것일까? 우리가 느끼는 어둠에 대한 공포와 고독에 대한 괴로움은 그 옛날 우리가 처했던 고립무원 상태를 우리에게 상기해 주는 것일까?

이제 우리는 조금 더 커졌지만, 겁 많은 우리가 오히려 공포를 유발한다. 사냥감이 사냥꾼이 되었고, 입으로 들어가는 음식은 음식을 먹는 입술이 되어 있다. 어제 우리를 뒤쫓던 괴물들이 오늘 우리의 포로다. 그 괴물들은 우리의 동물원에 거주하고, 우리의 깃발과 우리의 찬가(讚歌)를 장식한다.

인간의 사촌들

우주 공간을 정복했던 햄은 아프리카에서 사로잡혔다.

햄은 지구를 떠나 멀리 여행한 첫 번째 침팬지, 즉 침팬지 우주 비행사였다. 햄은 머큐리 캡슐을 타고 떠났다. 전화국보다 전선을 많이 지닌 캡슐이었다.

햄은 건강하고 안전하게 지구로 돌아왔고, 신체검사를 한 결과 신체의 각 기능이 제대로 작동함으로써 인간이 우주 공간으로 이동해도 생존할 수 있다는 사실을 보여주었다.

햄은 《라이프(Life)》의 표지 모델이 되었고, 여생을 여러 동물원의 우리 안에서 지냈다.

할아버지들

검은 대륙 아프리카의 수많은 부족에게 조상은 자기 집 옆에서 자라는 나무나 들판에서 풀을 뜯고 있는 암소 안에 사는 정령(精靈)이다. 당신의 고조할아버지의 증조할아버지는 지금 산기슭을 굽이굽이 돌아 흐르는 개천이다. 당신의 조상은 당신의 가까운 친척도 아니고 또 당신이 얼굴 한 번 본 적도 없지만 당신이 세상 여행을 할 때 당신과 함께 다니고 싶어 하는 그 어떤 정령이 될 수도 있다.

가족 사이에는 경계가 없다고, 다가라 부족의 소본푸 소메는 설명한다.

"우리 아이들은 어머니와 아버지가 아주 많아요. 자신들이 원하는 만큼 있지요."

당신이 걸을 수 있도록 도와주는 조상 정령은 각자가 갖고 있는 수많은 할아버지다. 당신이 원하는 그 수만큼 많은.

문명의 간략한 역사

우리는 숲과 시냇가를 찾아 방황하는 데 지쳐 있었다.

우리는 정착을 해갔다. 마을을 세워 공동체 생활을 하기 시작했으며 뼈로 바늘을, 등뼈로 작살을 만들었다. 그런 도구는 우리의 손을 연장하고, 손잡이는 도끼, 괭이, 칼의 힘을 증가시켰다.

우리는 쌀, 보리, 밀, 옥수수를 재배했고, 우리에 양과 염소를 가두

어 키웠고, 흉년이 들었을 때 굶어 죽지 않으려고 창고에 곡식을 저장
해 두는 법을 배웠다.

우리는 논과 밭에서 다산의 여신들, 즉 펑퍼짐한 둔부와 풍만한 가
슴을 지닌 여자를 숭배했다. 그러나 시간이 지나면서 그 여신들은 전
쟁의 남신들로 대체되었다. 우리는 왕, 전사들의 대장, 고위 사제들의
영광을 찬양하는 노래를 불렀다.

우리는 "네 것"과 "내 것"이라는 단어를 발견했고, 땅은 주인이 있
고, 여자는 남자의 소유물이며, 아버지는 자식들의 주인이라는 사실
을 깨달았다.

아주 오래전에는 우리가 집도 목적지도 없이 방황하던 시기가
있었다.

문명의 결과는 놀라울 정도였다. 우리의 삶은 더 안전해졌지만 우
리는 덜 자유로워졌고, 더 많은 시간 일했다.

오염의 기원

몸이 짧고 기억이 긴 사람들인 피그미족은 시간 전의 시간, 즉 땅이
하늘 위에 있을 때를 기억하고 있다.

먼지와 쓰레기로 이루어진 비가 땅에서 하늘로 끊임없이 내려 신들
의 집을 더럽히고 신들의 음식을 못 쓰게 만들어버렸다.

그 지저분한 비가 쏟아지는 것을 꾹 참으며 지내던 신들의 인내가
마침내 한계에 이르고 말았다.

신들은 한 줄기 빛을 쏘아 땅을 둘로 갈라버렸다. 갈라진 땅의 틈새를 통해 높은 곳으로 해, 달, 별을 던졌다. 그 틈새를 통해 신들 역시 위로 올라갔다. 그 위에서, 신들은 우리로부터 멀리 떨어져 안전하게 자신들의 새로운 나라를 세웠다.

그 후로 우리는 하늘 아래 머물게 되었다.

사회 계급의 기원

세상이 생긴 지 얼마 되지 않아 먹을 것이 없던 시기에 세상의 첫 번째 여자가 땅을 후벼파고 있을 때, 태양빛 몇 줄기가 여자의 몸 뒤쪽을 뚫고 들어왔다. 잠시 뒤 아이 하나가 태어났다.

파차카막*은 그런 태양의 친절이 전혀 마음에 들지 않았기 때문에 아이를 조각내 버렸다. 아이의 시체에서 첫 번째 식물들이 싹텄다. 이빨은 옥수수 알갱이가 되고, 뼈는 유카가 되었으며, 살은 감자, 보니아토,** 사파요***……

곧바로 태양의 분노가 터져 나왔다. 태양이 페루 해변을 이글이글 달굼으로써 해안 지방은 영원히 건조한 상태가 되어버렸다. 태양의 복수는 그 땅 위에 알 세 개를 낳음으로써 절정에 도달했다.

---

* 파차카막(Pachacámac)은 잉카 신화에 등장하는 우주의 창조신으로, 최초의 남자와 여자를 창조했다. 파차카막은 불, 지진, 구름, 하늘 등과 관련이 있다.
** 보니아토(boniato)는 단맛을 지닌 감자의 일종이다.
*** 사파요(zapallo)는 호박의 일종이다.

금 알에서는 남자 주인들이 나왔다.

은 알에서는 남자 주인들의 부인들이 나왔다.

구리 알에서는 일꾼들이 나왔다.

하인들과 상전들

카카오는 태양을 필요로 하지 않는다. 카카오 속에는 태양이 들어 있기 때문이다.

초콜릿이 주는 쾌락과 행복감은 카카오 속에 들어 있는 태양으로부터 나온 것이다.

신들은 저기 저 높은 곳에 있는 자신들의 자리에서 그 진한 묘약을 독점하고 있었고, 인간은 그 사실을 모르도록 정해져 있었다.

케찰코아틀*이 톨테카족 사람들을 위해 카카오를 훔쳤다. 케찰코아틀은 다른 신들이 잠들어 있는 사이에 카카오 씨앗 몇 개를 훔쳐서 턱수염에 숨긴 채 긴 거미줄을 타고 지상으로 내려와 툴라 시에 선물했다.

왕자들, 사제들, 전사의 대장들이 케찰코아틀이 가져온 선물을 강탈했다.

단지 그들의 혀만이 그 선물을 받을 자격이 있었다.

하늘의 신들은 사람들에게 초콜릿 먹기를 금지하고, 땅의 주인들은 평민과 미개인에게 초콜릿 먹기를 금지했다.

---

* 케찰코아틀(Quetzalcóatl)은 깃털 달린 뱀의 형상을 하고 있는, 아스테카 문화와 문학의 신이다. 바람, 금성, 태양, 상인, 예술, 공예, 지식, 학문과 관련이 있다.

지배자와 피지배자

『예루살렘 성경』*은 이스라엘이 바로 하느님이 선택한 민족, 즉 신의 자식들이라고 말한다.

「시편」제2장에 따르면, 하느님은 선택받은 이 민족에게 세상을 지배할 권리를 부여했다.

> 나에게 청하여라. 만방을 너에게 유산으로 주리라.
> 땅 끝에서 땅 끝까지 너의 것이 되리라.

그러나 이스라엘 민족은 고마움을 모르고 죄를 지음으로써 하느님을 심히 불쾌하게 만들었다. 입이 험한 사람들에 따르면, 서로 수없이 협박하고, 욕하고, 벌을 가함으로써 하느님은 인내를 잃고 말았다.

그때부터 다른 민족들이 선물을 받게 되었다.

1900년에, 미국의 앨버트 베버리지 상원의원은 하느님으로부터 받은 계시에 관해 밝혔다.

"전능하신 하느님께서는 지금부터 세상의 갱생을 유도하기 위해 선택받은 당신의 민족으로 우리를 선택하셨습니다."

---

*『예루살렘 성경』은 프랑스의 천주교 학자들이 중심이 되어 성경 원문(히브리어, 아람어, 헬라어)을 프랑스어로 번역한 성경으로 1956년에 출간되었다. 1966년에는 영어 번역판이 나왔는데, 이는 영어권에 처음으로 출판된 성경이었다.

분업의 기원

인도의 카스트에 신성한 권위를 부여한 사람은 마누 왕이었다고 한다.

마누 왕의 입에서 사제들이 나왔다. 그의 팔에서 왕과 전사들이 나왔다. 그의 사타구니에서 상인들이 나왔다. 그의 다리에서 종과 직인(職人)들이 나왔다.

그 후로 사회 계층의 피라미드가 생겼는데, 인도에 존재하는 피라미드의 계층은 3,000개가 넘는다.

모든 사람은 각자 자신이 해야 할 일을 하기 위해 마땅히 태어나야 할 곳에서 태어난다. 당신의 요람에 당신의 무덤이 있고, 당신의 근원은 당신의 종착지다. 당신의 현재 삶은 당신의 전생들이 마땅히 받아야 할 보답이거나 징벌이고, 당신이 받은 바로 그 유산이 당신이 머물 장소가 어디인지, 당신이 수행할 기능이 무엇인지 알려주는 법이다.

마누 왕은 악행을 수정하도록 충고했다. "만약 하위 계층 사람이 성스러운 책에 실려 있는 구절을 들으면 뜨거운 납물이 그의 귀에 떨어질 것이고, 암송하면 혀가 잘리리라." 이 가르침은 이제 적용되지 않으나, 사랑에서건, 일에서건, 그 무엇에서건 자기 자리를 이탈하는 사람은 여전히 공공의 벌을 받아 죽임을 당하거나 죽은 목숨이나 다름없게 된다.

인도의 다섯 계층 가운데 하나인 아웃카스트*는 가장 낮은 계층보다 더 낮은 계층이다. 접촉하는 사람을 오염시키기 때문에 "불가촉천

---

* '계급 밖의 사람들'이라 번역되는 아웃카스트(outcast)는 카스트 제도의 최하층 바깥에 있는 천민이다.

민"이라 불리는 이들은 저주받은 사람들 중에서도 저주받은 사람들로, 다른 계층 사람과는 이야기를 할 수도 없고, 다른 계층 사람이 가는 길을 갈 수도 없으며, 다른 계층 사람의 컵과 식기를 만질 수도 없다. 법은 그들을 보호하지만 현실은 그들을 배척한다. 누구든 불가촉천민 남자를 업신여길 수 있다. 누구든 불가촉천민 여자의 정조를 유린할 수 있기 때문에, '만지지 못할 여자'는 '만져도 되는 여자'가 된다.

2004년 말, 쓰나미가 인도 해안을 덮쳤을 때 불가촉천민들은 쓰레기와 시체 치우는 일을 맡았다.

항상 그래왔듯이.

문자의 기원

이라크가 현재의 이라크가 되기 전에 첫 번째 문자가 탄생했다.

그 문자는 마치 새 발자국 같았다. 장인들은 끝이 뾰족한 갈대로 점토에 문자를 그렸다.

점토를 달군 불이 문자를 보존했다. 사물을 없애기도 하고 구해주기도 하는 불이, 신처럼, 우리처럼, 삶을 주기도 하고 죽이기도 한다. 불 덕분에, 점토판은 두 강 사이에 있는 그 땅에서 수천 년 전에 얘기되던 것을 오늘 우리에게 계속해서 얘기해 준다.

우리 시대에 조지 W. 부시는 아마도 문자가 텍사스에서 발명되었다고 인식했는지, 처벌받지 않을 권리를 기꺼이 사용해 이라크를 말살

하려는 전쟁을 개시했다. 사람 수백만 명이 희생되었는데, 희생된 것은 단지 인간의 육신만이 아니었다. 수많은 기억도 타살되었다.

살아 있는 역사인 수많은 점토판이 약탈당하거나 폭탄을 맞아 산산조각 나버렸다.

어느 점토판에는 이렇게 쓰여 있었다.

우리는 먼지고, 아무것도 아니다.
우리가 만들 수 있는 것이라고는 바람뿐이다.

우리는 흙으로 만들어진 존재다

고대 수메르인의 신앙에 따르면, 세상은 두 강 사이의 땅이고, 두 하늘 사이의 땅이기도 했다.

위쪽 하늘에는 명령을 내리는 신들이 살고 있었다.

아래쪽 하늘에는 일하는 신들이 살고 있었다.

그런 상황에서, 마침내 아래쪽 하늘에서 살던 신들은 일이나 하면서 살아가기가 싫어서 우주 역사상 최초의 파업을 단행했다.

공황 상태가 되어버렸다.

위쪽 하늘의 신들은 굶어 죽지 않으려고 진흙으로 남자와 여자를 만들어서 신들을 위해 일하게 했다.

여자와 남자는 티그리스 강변과 유프라테스 강변에서 태어났다.

그것을 얘기해 주는 책 또한 그 진흙으로 만들어졌다.

그 책들에 쓰인 바에 따르면, 죽는다는 것은 "흙으로 돌아가는 것"이다.

날의 기원

현재의 이라크가 수메르였을 때 시간은 주(週)로, 주는 날(日)로 이루어져 있었고, 각각의 날은 고유한 이름을 지니고 있었다.

사제들은 첫 번째 하늘 지도를 그려놓고는 별과 별자리, 날에게 각각 이름을 붙여주었다.

우리는 그 이름을 물려받았고, 그 이름은 혀에서 혀를 타고 수메르어에서 바빌로니아어로, 바빌로니아어에서 그리스어로, 그리스어에서 라틴어로, 그렇게 전해졌다.

그들은 하늘에서 움직이는 일곱 별을 신이라 불렀고, 우리는 수천 년이 지난 뒤에도 시간 속에서 움직이는 일곱 날을 계속해서 그 신들의 이름으로 부른다. 한 주일의 일곱 날은 약간의 변화를 거쳤음에도 원래의 이름을 간직하고 있다. 즉, 달, 화성, 수성, 목성, 금성, 토성, 태양이 각각 "월요일, 화요일, 수요일, 목요일……"이 되는 것이다.

술집의 기원

현재의 이라크가 바빌로니아였을 때, 여자가 식탁을 책임지고 있었다.

맥주가 절대 떨어지지 않도록,

늘 수프가 넉넉한 집이 되도록,

빵이 남아나도록 할지니.

왕궁과 사원의 주방장은 남자였다. 하지만 일반 가정에서는 그렇지 않았다. 여자는 백맥주, 단(甘)맥주, 청(淸)맥주, 황맥주, 흑맥주, 숙성 맥주 등 다양한 맥주를 만들고, 수프를 끓이고, 빵을 구웠다. 식구들이 먹고 남는 것은 이웃 사람들에게 대접했다.

시간이 지나면서 일부 가정은 카운터를 갖추었고 손님들은 고객이 되었다. 그렇게 해서 술집이 탄생했다. 여자가 명령하는 이 작은 왕국, 집의 한 공간은 만남의 장소, 자유의 공간이 되었다.

술집에서는 음모가 획책되고 금지된 사랑이 맺어졌다.

3,700년 전, 함무라비 왕 시절에 신들이 법전 282개 조를 세상에 보냈다.

그 법 조항 가운데 하나는 술집을 저주하는 데 참여한 무녀들을 불태우라는 것이었다.

식사 의식

현재의 이라크가 아시리아였을 때, 어느 왕이 님로드 시에 있는 자신의 궁에서 뜨거운 주요리 스무 가지, 주요리에 곁들여 먹는 채소나 해초 같은 부요리 40여 가지, 넘치는 맥주와 포도주로 이루어진 만찬을 베풀었다. 3,000년 전의 연대기에 따르면, 초대된 손님이 총 69,574명이었는데, 모두 남자고 여자는 한 명도 없었다고 하며, 신들까지도 초대되어 먹고 마셨다고 한다.

님로드의 궁보다 훨씬 더 오래된 다른 궁들에서 요리의 대가들이 쓴 최초의 조리법들이 나왔다. 그 대가들은 사제만큼 권세 있고 사제와 같은 특권을 향유했는데, 그들의 성찬식 조리법은 시간이 흐르고 전쟁이 벌어졌음에도 살아남았다. 그들의 조리법은 우리에게 아주 정확한 지침을 남겨주기도 하고("반죽은 시루 바닥으로부터 2인치 정도 높이까지 올라오게 앉힌다"), 어떤 부분은 그렇게 정확하지 않은 지침을 남겨주지만("소금은 눈대중으로 친다"), 모든 지침은 다음과 같이 끝맺는다.

이제 음식을 차릴 준비가 다 되었다.

3,500년 전에 알루진누라는 광대 또한 우리에게 자신의 조리법을 남겼다. 그 조리법 가운데는 다음과 같은 고급 소시지류에 관한 예언이 들어 있다.

"동짓달 29일경에 먹는 요리로는 당나귀 막창에 파리똥을 채운 순대만한 별미가 없다."

맥주의 간략한 역사

수메르어로 쓰인 아주 오래된 속담 가운데 하나를 보면, 사고가 발생했을 경우에도 술 탓은 전혀 하지 않는다.

맥주 탓이 아니다.

문제는 길에 있는 법이다.

가장 오래된 책에 따르면, 길가메시 왕의 친구인 엔키두는 맥주와
빵을 발견했을 때까지는 야생동물이었다.

맥주는 지금 이라크라고 불리는 땅에서 이집트로 건너갔다. 이집트
인들은 맥주가 너무 좋았기 때문에 맥주를 자신들의 신 오시리스의
선물이라고 믿었다. 보리 맥주가 빵의 쌍둥이 자매였기 때문에, 맥주
를 "액체 빵"이라고 불렀다.

남아메리카의 안데스 지역에서 맥주는 가장 오래된 공물(供物)이었
다. 아주 먼 옛날부터 지금까지 대지는 즐거운 나날을 보내기 위해 사
람들이 자기에게 치차,* 옥수수 맥주를 뿌려주기를 원한다.

포도주의 간략한 역사

몇 가지 타당한 의구심 때문에 우리는 아담이 사과에 의해 유혹을 당
했는지 포도에 의해 유혹을 당했는지 제대로 모른다.

반면에 우리는 석기시대부터 이 세상에 포도주가 있었다는 사실을

---

* 치차(chicha)는 주로 안데스 지역에서 탄생한 발효(알코올) 또는 비발효 음료다. 에스파냐 정복 전후
에 다양한 옥수수로 만든 치차가 가장 일반적인 형태였다.

알고 있는데, 당시 포도주는 포도가 자연 그대로 숙성된 것이었다.

옛 중국의 찬가(讚歌)들은 포도주가 슬픔의 고통을 달래주는 데 효험이 있다고 했다.

이집트인들은, 호루스 신이 태양의 눈과 달의 눈을 가지고 있었는데, 달의 눈이 포도주 눈물을 흘리면 산 자들은 잠을 자기 위해, 죽은 자들은 깨어나기 위해 그 포도주를 마셨다고 믿었다.

포도나무는 페르시아의 키루스 왕의 권력을 상징하는 문장이었고, 포도주는 그리스인과 로마인의 파티를 흥건하게 적셨다.

예수는 인간에 대한 당신의 사랑을 세상에 알리기 위해 물 여섯 항아리를 포도주로 변화시켰다. 그것이 예수가 행한 첫 번째 기적이었다.

영원히 살고 싶어 했던 왕

우리의 산파였던 시간은 우리의 사형 집행인이 될 것이다. 어제 시간은 우리에게 젖을 빨게 하고 내일 우리를 잡아먹을 것이다.

단지 그럴 뿐이고 우리는 그 사실을 잘 안다.

우리가 그것을 안다고?

세상에서 처음으로 태어난 책은 죽기를 거부했던 왕 길가메시의 모험을 이야기한다.

이 서사시는 약 5,000년 전부터 인구에 회자되어 수메르, 아카디아, 바빌로니아, 아시리아 사람들에 의해 기록되었다.

유프라테스 강 연안 지역의 군주였던 길가메시는 어느 여신과 한 남자의 아들이었다. 그는 신의 뜻과 죽을 수밖에 없는 인간의 운명을 동시에 지니고 있었다. 여신 어머니로부터는 힘과 아름다움을, 인간 아버지로부터는 죽음을 물려받은 것이다.

길가메시는 절친한 친구 엔키두가 죽음을 맞이한 순간까지도 자신이 죽을 수밖에 없는 존재라는 사실을 전혀 중요하게 생각하지 않았다.

길가메시와 엔키두는 놀랄 만한 모험을 공유했다. 둘은 신들이 거주하는 삼나무 숲으로 함께 들어가 그 숲을 지키는 거대한 산지기를 물리쳤는데, 그 산지기가 고함을 지르면 산들이 벌벌 떨었다. 그러고서 둘은 하늘의 황소를 굴복시켰는데, 그 황소가 콧김을 한 번 뿜어내면 땅에 사람 100명은 족히 들어갈 만한 크기의 구덩이가 파여버렸다.

엔키두의 죽음이 길가메시를 망가뜨리고 공포에 사로잡히게 만들었다. 길가메시는 용감한 친구가 흙으로 만들어졌고, 자신 또한 흙으로 만들어졌다는 사실을 발견했다.

길가메시는 영생을 찾아 길을 떠났다. 불멸을 추구하던 길가메시는 초원과 사막을 방황했다.

밝음과 어둠을 통과하고,

거대한 강을 건너,

낙원의 정원에 도착해서,

가면을 쓴 술집 여주인, 즉 비밀의 여주인으로부터 접대를 받았고,

바다 건너편에 도착해,

홍수에서 살아남은 뱃사공을 발견했고,

노인에게 젊음을 되돌려 주는 약초를 찾아냈으며,

북쪽 별들의 행로와 남쪽 별들의 행로를 따라가서,

태양이 들어가는 문을 열어 태양이 나가는 문을 닫았다.

길가메시는 죽을 때까지, 불멸의 존재였다.

불사를 위한 또 다른 모험

폴리네시아 제도를 만든 마우이는 길가메시처럼 반신반인(半神半人)으로 태어났다.

마우이는 자신이 지닌 반신(半神)의 권능으로 하늘에서 빨리 움직이던 태양이 천천히 움직이도록 했고, 바다 깊은 곳에서 뉴질랜드, 하와이, 타히티를 낚시 바늘로 낚아 하나하나 들어 올려 현재 자리에 놓았다.

하지만 마우이의 반인(半人)은 죽음을 선고받은 상태였다. 마우이는 그 사실을 알았고, 그의 모험은 그가 그 사실을 잊도록 도와주지 않고 있었다.

마우이는 죽음의 여신 히네를 찾으러 지하 세계를 여행했다.

그리고 그는 여신을 만났다. 히네는 거대한 여신으로, 안개 속에서 잠들어 있었다. 신전처럼 보였다. 그녀의 치켜세운 무릎은 몸의 숨겨진 문 위로 아치 형태를 이루고 있었다.

불멸성을 획득하기 위해서는 죽음 안에 온전히 들어가서 죽음을 통과해 입으로 나와야 했다.

반쯤 열려 있는 거대한 동굴 입구에서 마우이는 옷을 벗고 무기를 내려놓았다. 그는 알몸 상태로 동굴 속으로 들어가 축축하고 뜨겁고 깜깜한 길을 따라 여신의 몸 깊은 곳으로 조금씩 미끄러지듯 들어 갔다.

하지만 여행 도중 새들이 노래를 부르는 바람에 잠에서 깨어난 여신은 마우이가 자기 몸속을 파고들어 가고 있다는 사실을 알아차렸다.

여신은 마우이를 결코 밖으로 내보내지 않았다.

우리는 눈물로 만들어진 존재다

이집트가 현재의 이집트이기 전에 태양은 하늘을 만들고 하늘을 나는 새들을 만들고, 나일 강을 만들고 나일 강을 돌아다니는 물고기들을 만들었으며, 검은 강변에 녹색 삶을 주었는데, 그곳에 식물과 동물이 살게 되었다.

그러고 나서 삶의 창조자인 태양은 자신의 작품을 감상하기 위해 자리에 앉았다.

태양은 방금 태어나 자기 눈앞에 펼쳐져 있는 세상의 심호흡을 느꼈고, 세상의 첫 번째 소리를 들었다.

너무 아름다워 가슴이 저릴 정도였다.

태양이 흘린 감동의 눈물이 땅에 떨어져 진흙이 되었다.

진흙은 사람이 되었다.

나일 강

나일 강은 파라오에 복종하고 있었다. 파라오는 해마다 이집트를 놀랍도록 비옥하게 만드는 물길을 열어주고 있었다. 죽은 뒤에도 역시 마찬가지였다. 그런데 첫 번째 태양빛이 파라오의 무덤 벽 틈을 통과해서 무덤 속으로 비쳐 들어와 파라오의 얼굴을 비췄을 때, 대지는 세 가지 수확물을 주고 있었다.

그랬었다.

그러나 이제는 그렇지 않다.

델타의 팔 일곱 개 가운데 현재는 두 개가 남아 있고, 현재는 전설도 아니고 성스럽지도 않지만, 과거 비옥한 대지에 대한 성스러운 전설들로부터는 세상에서 가장 긴 강을 찬양하는 옛 노래들만 남아 있다.

너는 모든 가축의 갈증을 해소한다.
너는 모든 눈에서 흐르는 눈물을 마신다.
일어나라 나일 강이여, 너의 목소리가 사방으로 울려 퍼지도록!
너의 목소리가 들리도록!

말하는 돌

나폴레옹이 이집트를 침공했을 때, 수하의 어느 병사가 나일 강변에서 검은 돌 하나를 발견했다. 돌에는 기호들이 가득 새겨져 있었다.

그 돌은 로제타라는 이름으로 불렸다.

고문(古文) 전문가 장 프랑수아 샹폴리옹은 그 돌 주변을 맴돌면서 젊은 시절을 보냈다.

로제타에는 세 가지 언어가 적혀 있었다. 두 가지는 해석되었다. 하지만, 이집트 상형문자는 해석하지 못했다.

피라미드를 만든 사람들의 글은 여전히 수수께끼로 남아 있었다. 이 글에는 아주 속임수가 많다. 그렇기 때문에 헤로도토스, 스트라본, 디오도로스, 호라폴로는 이 상형문자를 자의적으로 번역했고, 예수회 사제 아타나시우스 키르허는 이 상형문자에 대한 엉터리 글을 책 네 권으로 출간했다. 이들은 모두 상형문자가 상징들로 이루어진 어느 시스템을 구성하는 이미지라는 확신에 기반해 작업을 시작했고, 상형문자들의 의미는 각 번역자의 환상에 따라 달라졌다.

상형문자는 벙어리 기호들인가? 그들은 귀머거리 인간들인가? 샹폴리옹은 젊은 시절 내내 로제타석을 해석하는 데 몰두했지만, 끈질긴 침묵 이외의 대답은 받아내지 못했다. 이 불쌍한 남자는, 굶주림과 낙망에 빠져 있던 어느 날, 그 누구도 결코 설정한 적이 없는 가능성 하나를 설정했다. 만약 상형문자가 상징일 뿐만 아니라 소리였다면? 만약 알파벳의 문자와 같은 것이었다면?*

그날 무덤들이 열렸고, 죽은 왕국이 말을 했다.

---

* 이집트 상형문자의 해독에 커다란 공을 세운 프랑스 학자 장 프랑수아 샹폴리옹(Jean-François Champollion, 1790-1832)은 1822년에 상형문자가 소리글자와 비슷한 성격을 띤다고 발표했다. 그때까지 모든 학자가 이집트의 기호들을 그림글자로 보아 뜻글자로 해독하려 했다. 이집트의 기호들이 그림이 아니고 발음기호라는 생각이 떠오른 그 순간이야말로 인류 역사의 커다란 수수께끼를 푸는 위대한 순간이었다.

글쓰기, 하지 말자

샹폴리옹이 태어나기 5,000여 년 전 일이다. 토트 신이 테바스에 가서 이집트의 왕 타무스에게 글쓰기 기술을 제공했다. 토트 신은 왕에게 그 상형문자에 관해 설명하고, 글은 나쁜 기억력과 부족한 지식을 보충해 줄 수 있는 가장 좋은 수단이라고 말했다.

왕은 선물을 거절했다.

"기억이라고요? 지식이라고요? 이 발명품은 망각을 유발할 것이오. 지식은 진실 속에 있지 밖에 있는 것이 아니오. 누구든 타인의 기억을 가지고 기억할 수는 없는 법이오. 인간은 기록할 것이나 기억하지는 못할 것이오. 반복은 하겠지만, 살리지는 않을 것이오. 많은 것에 관해 이해할 것이나, 아무것도 모를 것이오."

글쓰기, 하자

가네샤*는 캐러멜을 너무 좋아해 배가 불룩하게 튀어나와 있고, 귀와 코는 코끼리처럼 생겼다. 하지만 사람 같은 손으로 글을 쓴다.

그는 개시(開始)의 대가(大家)로 사람들이 작업을 개시하도록 도와준다. 인도에 그가 없으면 무엇도 시작되지 않을 것이다. 글쓰기 예술에서, 그리고 그 밖의 모든 것에서 시작이 가장 중요하다. 가네샤가

---

* 가네샤(Ganesha)는 인도 신화의 신으로, 코끼리 머리에 인간의 몸을 지닌 모습으로 알려져 있다. 지혜를 상징한다.

가르치는 바에 따르면, 시작은 무엇이든지 삶의 가장 위대한 순간이고, 편지나 책의 첫 문장은 어느 집 또는 어느 신전의 첫 번째 벽돌처럼 가장 기본이 되는 것이다.

오시리스

이집트의 문자는 우리에게 오시리스 신과 여동생 이시스의 이야기를 전해준다.

오시리스는 땅과 하늘에서 자주 일어나는 어느 가족 간의 분쟁에서 살해당하고 사지가 절단되어 나일 강 깊숙한 곳에 버려졌다.

오시리스 신의 여동생이자 정부인 이시스는 나일 강 물속으로 들어가 오시리스의 절단된 사지를 건져 올려 하나하나 진흙으로 이어 붙이고, 부족한 부분은 진흙으로 만들어 붙였다. 이시스는 이렇게 완성된 오시리스의 몸을 나일 강변에 눕혔다.

나일 강 물이 오시리스의 몸을 이루고 있는 흙을 흩어버렸는데, 그 흙에는 보리와 다른 식물들의 씨앗이 들어 있었다.

흙에서 새로 태어난 오시리스의 몸이 일어서서 걸었다.

이시스

오시리스와 마찬가지로 이시스는 이집트에서 끊임없는 탄생의 신비를 배웠다.

우리는 이시스의 모습이 어떤지 알고 있다. 이 어머니 여신은, 아주 먼 미래에 마리아가 예수에게 젖을 먹이는 것처럼, 아들 호루스에게 젖을 먹이고 있다. 하지만 이시스는 결코 처녀라고 부를 수 없는 존재였다. 오시리스와 이시스는 어머니 뱃속에서 함께 자라고 있을 때부터 성교를 했고, 성장해서는 티레 시에서 인류사의 가장 오래된 직업에 10년 동안 종사했다.

그 후 수천 년 동안 이시스는 창녀, 노예, 그 밖의 망나니들을 갱생시키면서 세상 곳곳을 돌아다녔다.

로마에서는 성매매 업소 주변 가난한 자들의 동네에 신전을 세웠다. 신전들은 제국의 명령에 따라 철거되고, 사제들은 십자가에 못 박혔다. 하지만 사제들은 고집 센 노새처럼 매번 되살아났다.

그 후 유스티니아누스 황제의 병사들이 나일 강의 필라에 섬에 있는 이시스의 성소를 부숴버리고 그 위에 산 에스테반 성당을 세우자 이시스를 숭배하는 사람들은 기독교의 제단 앞에서 그 죄 많은 여신을 계속해서 경배했다.

슬픈 왕

헤로도토스가 말한 바에 따르면, 파라오 세소스트리스 3세*는 유럽과

---

* 세소스트리스 3세(Sesostris III, ?-?)는 기원전 19세기 이집트 제12 왕조의 왕(기원전 1836-1818 재위)으로, 이집트의 정부 조직을 완전히 개편하고 이집트의 남부에 인접해 있는 누비아까지 영토를 확대했다.

아시아 전체를 지배했는데, 용감한 마을에는 상징으로 남근을 주어 상찬(賞讚)하고, 비겁한 마을에는 마을의 돌기둥에 여근을 새겨 망신을 주었다. 그리고 이 모든 것도 충분하지 않다는 듯이, 그는 남동생이 형인 자신을 진짜 산 채로 구워버리기 위해 지른 불에서 살아남으려고 자기 자식들의 몸을 밟으며 걸어 나왔다.

이 모든 얘기는 믿을 수 없어 보이고, 사실 믿을 수도 없다. 하지만 이 파라오가 관개수로를 만들어 사막을 정원으로 변모시켰다고 확인된다. 그는 누비아*를 정복함으로써 나일 강의 두 번째 폭포 저 너머까지 제국을 확장시켰다. 그렇기 때문에 이집트 왕국이 그때만큼 가치가 높아지고 시기를 많이 받은 적은 결코 없었다고 알려져 있다.

그럼에도, 세소스트리스 3세의 상들은 하나같이 음울한 얼굴에 고뇌에 찬 눈, 고통스럽게 일그러진 입술을 우리에게 보여준다. 거대한 조각품에 남아 있는 그 밖의 파라오들은 자신들의 평화로운 천상에서 평온한 표정으로 우리를 바라본다.

영생은 파라오의 특권이었다. 그런데 세소스트리스에게 그 특권은 저주였는지 누가 알겠는가?

---

* 누비아는 크게 두 부분으로 나누어져 있었다. 북부의 와와트(나일 강의 두 번째 폭포까지)와 남부의 쿠시(나일 강의 두 번째 폭포와 청나일과 백나일이 합쳐지는 곳 사이)다. 쿠시는 나일 강 유역을 따라 현재 이집트 남부와 수단 북부까지 퍼져 있었다.

암탉의 기원

파라오 투트모세는 자기에게 영광을 주고 나일 강 삼각주로부터 유프라테스 강에 이르는 지역의 통치권을 부여해 준 빛나는 전투들 가운데 어느 전투를 끝내고 시리아에서 돌아왔다.

늘 그렇듯, 투트모세는 자신이 탄 지휘선의 뱃머리에 패배당한 왕의 몸을 거꾸로 매달았고, 모든 함선이 공물과 선물을 가득 싣고 돌아왔다.

선물 가운데는 한 번도 본 적이 없는, 뚱뚱하고 못생긴 암새 한 마리가 들어 있었다. 새를 선물한 사람은 남에게 선뜻 내놓을 수 없을 정도로 초라한 그 새를 주면서 말했다.

"예, 예." 그는 시선을 내리깐 채 대답했다. "이 새는 예쁘지 않습니다. 노래를 할 줄도 모릅니다. 부리도 짧고, 벼슬은 매가리가 없고, 눈은 흐리멍덩합니다. 그리고 초라한 깃털이 달린 날개는 나는 법을 잊어버렸답니다."

그러고 나서 그는 침을 삼켰다. 그리고 덧붙였다.

"하지만 매일 새끼 하나를 낳습니다."

그가 상자 하나를 열었고, 상자 속에 알 일곱 개가 들어 있었다.

"지난주에 낳은 새끼 일곱 개가 여기 있습니다."

알들은 끓는 물에 넣어졌다.

파라오는 알의 껍질을 벗겨 소금을 약간 찍어 발라 맛을 보았다.

암새는 파라오의 거대한 침대로 가서 파라오 옆에 누웠다.

하트셉수트

"아름답게 활짝 피어나는 아가씨여, 그대의 광채와 자태는 신성했노라."

투트모세의 장녀 하트셉수트는 그렇게 단순하게 묘사되어 있는데, 아버지 투트모세의 권좌를 계승한 여자, 전사의 딸인 그 여전사는 자신을 여왕이 아니라 왕이라 부르도록 결정했다. 왜냐하면 여왕, 왕의 부인은 그 수가 많았지만, 하트셉수트는 독보적인 여자, 태양의 딸, 권위적인 지배자, 진정한 여자였기 때문이다.

가슴이 달린 이 파라오는 투구를 쓰고 남자 망토를 걸쳤으며 위엄 있게 보이도록 수염을 붙였고, 이집트에 20년의 번영과 영광을 주었다.

하트셉수트가 키운 어린 조카는 하트셉수트로부터 전술과 훌륭한 통치술을 배웠는데, 과거 일은 까마득히 잊어버렸다. 조카는 남성의 권력을 쟁취한 하트셉수트를 파라오들의 명단에서 삭제해 버리고, 하트셉수트의 이름과 상을 그림과 돌기둥에서 지워버리고, 그녀가 자신의 영광을 위해 건립한 상들을 파괴해 버리라고 명령했다.

하지만 일부 상과 일부 비문이 숙청으로부터 살아남았고, 조카의 그런 비효율적인 일처리 덕분에 우리는 남자처럼 분장한 여자 파라오, 죽기를 원치 않았던 인간, "내 매가 영원을 향해 날아, 왕국의 깃발들 너머로……"라고 알렸던 파라오가 존재했다는 사실을 알고 있다.

3,400년이 지난 뒤 하트셉수트의 묘가 발견되었는데, 텅 비어 있었다. 사람들은 그녀가 세상의 다른 쪽에 있었다고 말한다.

다른 피라미드

어떤 피라미드는 건설하는 데 1세기 이상의 시간이 걸렸다. 수백만 인력이 매일 매일 블록을 올려 쌓고 또 쌓아서 각 파라오가 자신의 장례식 때 함께 매장한 보물과 더불어 영원히 살게 될 거대한 집을 만들었다.

피라미드를 만든 이집트 사회는 피라미드 사회였다.

맨 밑 계층은 소작농이었다. 나일 강에 홍수가 일어나는 동안 농부들은 신전을 짓고, 댐을 건설하고, 운하를 팠다. 강물이 원래 상태로 돌아가면 소작지를 경작했다.

약 4,000년 전에 서기(書記) 두아 케티는 다음과 같이 묘사했다.

채소를 재배하는 농부는 멍에를 지고 있다.
그의 어깨는 멍에 밑에서 굽어진다.
목에는 곪은 못이 박혀 있다.
오전에는 채소에 물을 준다.
오후에는 오이에 물을 준다.
정오에는 야자수에 물을 준다.
가끔은 지쳐 쓰러져 결국 죽는다.

농부에게는 무덤도 없었다. 벌거벗은 채 살았고, 죽어서는 땅을 집으로 삼았다. 생전에 잠을 자던 돗자리와 물을 마시던 토기 잔과 더불어 사막의 길에 누워 있었다.

죽은 사람의 손에는 배고프면 먹을 수 있도록 밀 한 주먹이 쥐여
졌다.

전쟁의 신

바이킹의 신 중의 신, 전쟁의 영광의 신, 살상의 아버지, 목매달아 죽
은 자들과 악당들의 주인인 애꾸눈 오딘은 앞에서 보나 옆에서 보나
두려움을 유발했다.

오딘의 심복인 까마귀 후긴과 무닌은 오딘에게 각종 정보를 제공해
주는 일을 맡았다. 후긴과 무닌은 매일 아침 오딘의 어깨를 떠나 세상
을 날아다녔다. 해 질 무렵이면 돌아와 보고 들은 것을 오딘에게 이야
기해 주었다.

죽음의 천사인 발퀴레들 역시 오딘에게 날아왔다. 발퀴레들은 전쟁
터를 돌아다니며 병사들의 주검 사이에서 가장 훌륭한 병사를 가려내
오딘이 천상에서 지휘하는 유령들의 부대에 보급했다.

지상에서 오딘은 자신이 보호하던 왕자들에게 멋진 전리품을 선물
하고, 투명 흉갑과 무적의 검으로 그들을 무장시켰다. 하지만 오딘은
저기 저 천상에서 왕자들을 곁에 두려고 작정하고는 그들을 궁지에
몰아넣었다.

오딘은 배 1,000척으로 이루어진 함대를 준비해 놓고 다리가 여덟
개 달린 말을 몰았건만 전투를 하러 멀리 가고 싶은 마음이 없었다.
우리 시대의 전쟁에 관한 이 예언자는 아주 먼 곳에서 전투에 참여했

다. 원격 유도미사일의 할머니 격인 오딘의 마법 검은 오딘의 손을 벗어나 적의 가슴을 향해 홀로 날아다녔다.

전쟁의 무대

일본의 왕자 야마토 타케루는 약 2,000년 전에 황제의 여든 번째 아들로 태어났는데, 자신의 쌍둥이 형제가 가족의 저녁 식사에 시간을 맞추지 못했다는 이유로 몸을 산산조각 냄으로써 자신의 길을 가기 시작했다.

그러고 나서 그는 규슈 섬에서 반란을 일으킨 농부들을 죽였다. 여자처럼 옷을 입고, 여자처럼 머리 모양을 꾸미고, 화장을 한 채 반란군 대장들을 유혹해 파티장에서 칼로 멜론을 쪼개듯 그들의 몸을 쪼개버렸다. 다른 곳에서는 왕권에 도전하려던 다른 불쌍한 악마들을 공격하고, 당시나 지금이나 통용되는 시쳇말로 그들의 진을 빼버려 진정시켰다.

하지만 그의 가장 유명한 무훈은 이즈모 지방에서 소요를 일으킨 도적의 악명을 끝장내 버린 것이었다. 야마토 왕자는 소요를 일으킨 도적을 용서해 자유롭게 풀어주었고, 도적은 야마토 왕자가 자기 영지를 유람하도록 초대했다. 야마토는 화려한 칼집에 목검을 넣어 갔다. 술수였다. 정오 무렵 왕자와 도적은 강에서 목욕을 하며 기분을 풀고 있었다. 도적이 수영을 하는 사이에 야마토는 검을 바꾸어버렸다. 자신이 가져간 목검을 도적의 칼집에 넣고 대신 도적의 검은 자신이 가졌다.

석양 무렵 그는 도적과 결투를 벌였다.

전쟁의 기술

25세기 전에 중국의 장군 손자(孫子)는 첫 번째 병법서를 썼다. 그의 박학
다식한 조언은 오늘날 더 많은 피를 흘리는 전쟁터와 사업 세계에도 적용
된다.

무엇보다도, 장군은 이렇게 말했다.

그대가 능력이 있다면, 무능하게 행동하라.

그대가 강하다면, 약하게 보여라.

그대가 가까이 있다면, 멀리 있는 것처럼 위장하라.

강한 적이 있는 곳은 절대 공격하지 말라.

이길 수 없는 싸움은 늘 피하라.

열악한 조건에 처해 있으면 후퇴하라.

적이 연합해 있으면 분열시키라.

적이 준비가 되어 있지 않을 때 진격하고

그대의 공격을 전혀 예상하지 않은 곳을 공격하라.

적을 알기 위해서는 그대 자신을 알라.

전쟁의 공포

노자(老子)는 파란 소를 타고 다녔다.

노자는 모순의 길들을 따라 다녔는데, 그 길은 물과 불이 뒤섞이는 비밀의 장소로 이어졌다.

모순 속에서 전부와 전무, 삶과 죽음, 가까운 것과 먼 것, 전과 후가 만난다.

시골 철학자인 노자는 한 나라가 부유할수록 실제로는 더 가난하다고 믿었다. 영광은 고통을 통해 얻어지기 때문에 전쟁이 무엇인지 알면 평화를 배우게 된다고 믿었다.

> 모든 행위는 반작용을 유발한다.
> 폭력은 항상 되돌아온다.
> 군대가 주둔하는 곳에는 가시나무가 자란다.
> 큰 전쟁이 있은 후에는 반드시 흉년이 든다.
> 정복하기를 즐기는 자는 인간의 고통을 즐기는 자다.
> 전쟁에서 살육하는 자는 정복할 때마다 장례식을 치러야 하리라.

황하

중국에서 가장 무시무시한 강은 용의 광증 또는 인간의 광증 때문에 황하(黃河)라 부른다.

중국이 지금의 중국이기 전에 용 과보*는 당시에 존재하던 열 개의 태양 가운데 하나를 타고 하늘을 가로지르려고 했다.

용은 정오가 되자 태양이 내뿜는 불을 더 이상 견딜 수가 없었다.

용은 태양에 의해 몸에 불이 붙고, 갈증 때문에 미칠 지경이 되자 처음으로 본 강에 몸을 던졌다. 태양 위에서 강 속으로 뛰어들어 강물을 마지막 한 방울까지 다 마셔버리자 강이었던 곳은 노란 진흙만 기다랗게 남아 있게 되었다.

혹자는 이 얘기가 확실하지는 않다고 한다. 황하는 약 2,000년 전에 주변 숲들이 눈, 진흙, 쓰레기 사태로부터 황하를 지키다가 사라졌을 때부터 황하라 불렀다는 것이 역사적으로 검증되어 있다고 한다. 당시 강은 옥처럼 푸른색이었는데, 그 색을 잃어버려 그런 이름을 얻었다는 것이다. 시간이 흐르면서 상황이 더욱 악화되어 강은 거대한 하수구로 변해버렸다. 1980년에는 강에 돌고래 400여 마리가 살았는데, 2004년에는 단 한 마리만 남았으며, 그마저도 오래 살지 못했다.

후예와 가뭄

열 개의 태양이 미쳐서 모두 함께 하늘을 돌았다.

신들은 활쏘기에서 가장 뛰어난 솜씨를 지닌 후예**를 소환했다.

---

* 과보(誇父)는 중국 신화에 등장하는 인물로, 태양을 쫓았다(誇父追日).

** 후예(后羿)는 활쏘기의 신으로, 열 개의 태양이 한꺼번에 나타나 지상에 어려움이 생기자 태양과 달의 신 제준(帝俊)의 명을 받아 활을 쏘아 아홉 개를 떨어뜨려 인간들이 편히 살 수 있게 해주었다(后

"지구가 불타고 있어서 사람이며 동물이며 식물이 다 죽어가고 있노라." 신들이 후예에게 말했다.

명궁 후예는 밤이 지나기를 기다렸다. 새벽녘이 되자 화살을 쏘았다.

한 발 한 발 쏠 때마다 태양은 하나하나 영원히 빛을 잃었다.

지금 우리의 날을 밝혀주는 태양 하나만이 살아남았다.

신들은 자신들의 활활 타오르는 자식, 즉 태양의 죽음에 슬피 울었다. 그리고 자신들이 후예를 소환했건만 후예를 하늘에서 추방해 버렸다.

"만약 네가 지구 사람들을 그토록 사랑한다면, 그 사람들과 함께 살거라."

후예는 지구로 쫓겨났다.

그리고 인간이 되었다.

우와 홍수

가뭄이 지난 뒤 홍수가 도래했다.

바위들이 삐걱거리고, 나무들이 슬픈 소리를 냈다. 아직 이름이 없었던 황하는 사람들과 경작지들을 집어삼키고 계곡과 산을 질식시켰다.

절름발이 신 우*가 세상을 구하러 왔다.

羿射日). 그러나 그 방법이 너무 거칠었다는 이유로 제준의 노여움을 사, 아내 항아(姮娥)와 함께 지상으로 추방되었다.

* 우(禹)가 임금에 오르기 전에 황하의 치수 사업을 하다가 다쳐 다리를 절게 되었다는 전설이 있다.

우는 어렵사리 걸어서 범람하는 강 속으로 들어갔고, 미쳐버린 물을 빼기 위해 삽으로 수로와 터널을 열었다.

우는 강의 비밀을 아는 어느 물고기, 꼬리로 물을 피해가며 앞으로 나아가고 있던 어느 용, 진흙을 지고 뒤따라오고 있던 어느 거북이의 도움을 받았다.

중국 책의 기원

창힐(倉頡)은 눈이 네 개였다.

점성술을 이용해 운명을 예견하는 일을 하면서 먹고살았다.

그는 별자리, 산, 깃털 등의 형상에 관해 많은 연구를 한 뒤 단어들을 그린 기호를 발명했다.

대나무 조각으로 만든 가장 오래된 책 가운데 하나에서 창힐이 발명한 표의문자는, 남자는 8세기 이상을 살고 여자는 태양을 먹기 때문에 몸이 빛의 색을 띠고 있는 어느 왕국에 관한 이야기를 전하고 있다.

바위를 먹는 불의 주인은 왕권에 도전했고, 왕좌를 향해 군대를 진군시켰다. 그리고 창힐의 마술을 이용해 짙은 안개를 일으켜서 왕궁의 병사들을 바보로 만들어버렸다. 안개에 휩싸인 병사들이 앞이 보이지 않아 길을 잃은 채 비틀거리고 있을 때, 새의 깃털을 이용해 하늘을 날고 있던 검은 여자*가 땅으로 내려와서는 나침반을 발명해 실

---

* 황제헌원(黃帝軒轅)에게는 러시아계 백인 애첩 소녀(素女)와 남방계(월남계) 흑인 애첩 현녀(玄女)가 있었는데, 아들 창힐이 한자(漢字)를 만든 공로를 치하하는 의미에서 두 애첩을 하사했다고 한다. 현

의에 젖어 있던 왕에게 선물했다.

그러자 안개도 아무 소용 없게 되고, 적 또한 패배당했다.

중국 가족의 초상화

아주 먼 옛날, 무궁화 순*이 중국을 통치했다. 기장(黍) 호우지(后稷)는 순의 농업 담당 대신이었다.

두 사람은 유년 시절에 역경을 겪었다.

순은 태어나면서부터 아버지와 형에게 전혀 친절하지 않았고, 아버지와 형은 순이 있는 집에 불을 질러버렸으나 어린 순은 불에 그슬리지도 않았다. 그러자 아버지와 형은 순을 우물에 빠뜨리고 우물 전체를 흙으로 덮어버렸으나 순은 그 사실을 알아차리지도 못했다.

순의 대신인 호우지 역시 가족의 과도한 관심으로부터 살아남았다. 어머니는 갓난 아들이 장차 자기를 불행하게 만들 것이라 믿고서 호우지가 굶어 죽도록 들판에 내버렸다. 호우지가 죽지 않자 이번에는 호랑이가 잡아먹도록 산에 내버렸다. 호랑이가 호우지에게 관심을 보이지 않자 추위에 얼어 죽도록 눈밭에 내버렸다. 며칠 후 어머니는 기분이 좋고 몸에 열기도 약간 남아 있는 호우지를 발견했다.

너가 바로 이 글에 언급된 검은 여자다.

* 순(舜)은 임금이 되기 전에 역산에서 밭을 갈고, 물고기를 잡고, 질그릇을 만들어 팔면서 부모를 지극정성으로 섬겼다. 그는 집 마당에 무궁화를 심었는데, 무궁화꽃이 아침에 피었다가 저녁에 지는 것을 알고, 아침저녁으로 무궁화꽃을 보면서 피어 있는 시간이 길지 않듯이 부모를 섬길 날이 많지 않음을 가슴에 새기기 위해서였다고 한다.

침으로 이루어진 비단

황제(黃帝)의 부인 뇌조(雷祖)는 명주 만드는 법을 개발했다.

기억에 의존해 이야기를 하는 사람들에 따르면, 뇌조는 역사상 처음으로 누에를 키웠다. 뇌조는 누에에게 하얀 뽕잎을 먹였고, 얼마 지나지 않아 누에는 자신의 침에서 나오는 실로 몸을 감싸며 누에고치를 만들어갔다. 그러자 뇌조의 손가락이 가장 섬세한 솜씨로 수 킬로미터에 달하는 누에실을 차근차근 풀었고, 나비가 되려던 누에고치는 명주실이 되었다.

명주실은 투명할 정도로 얇은 천, 모슬린, 명주망사, 호박단(琥珀緞) 같은 천으로 변해, 여자의 옷으로 사용되고, 두꺼운 벨벳, 화려한 문직(紋織), 진주가 달린 문직 등은 남자의 옷으로 사용되었다.

황제의 나라 밖에서는 명주가 금지된 호화 주단이었다. 명주는 눈 덮인 산과 뜨거운 모래사막과 인어와 해적들이 있는 바다를 넘어 널리 전파되었다.

중국 누에의 탈출

오랜 세월이 흐른 뒤, 명주가 전파되는 과정에서는 이제 예전만큼 무시무시한 도적들이 명주를 노리지 않았다. 하지만 뽕나무 씨앗이나 실을 짜는 누에알을 중국으로부터 빼내는 사람은 목이 잘렸다.

현장(玄奬)의 말에 따르면, 420년에 호탄 왕국의 왕이 중국의 어느 공주에게 청혼했다. 왕이 공주를 단 한 번 보았건만, 그 후부터 밤낮으로 공주의 모습이 눈에 어른거렸다.

여씨(呂氏)라 불리는 공주는 왕의 청혼을 받아들였다.

왕의 사신이 그녀를 만나러 떠났다.

서로 선물을 교환하고 각종 환영 잔치와 의식이 끝없이 이어졌다.

어느 순간 사신이 공주와 단둘이 말할 기회를 잡았을 때 사신은 공주에게 자기 왕이 그녀를 노심초사 기다리고 있다고 말했다. 호탄 왕국은 중국산 명주에 대한 대가로 항상 옥을 지불했으나 이제 왕국에는 옥이 많이 남아 있지 않았다.

여씨는 아무 말도 하지 않았다. 보름달 같은 그녀의 얼굴은 미동도 하지 않았다.

그러고는 떠났다. 그녀를 호위하던 대상(隊商), 낙타 수천 마리, 딸랑거리는 방울 수천 개가 광활한 사막을 건너고, 마침내 국경에 있는 옥문관(玉門關)에 도착했다.

수속하는 데 며칠이 걸렸다. 공주도 검문검색을 받지 않을 수 없었다.

결혼식을 위해 공주를 수행한 사람들은 오랜 시간 걸은 끝에 마침내 목적지에 도착했다.

여씨는 그곳까지 가는 동안 아무 말도 하지 않았고, 표정도 한결같이 유지했다.

그녀는 일행에게 어느 사원에서 멈추라고 명령했다. 그곳에서 그녀는 목욕을 하고 향유를 발랐다. 음악 소리에 맞춰 식사를 하고 조용히 잠자리에 들었다.

신랑인 왕이 도착하자 여씨는 약상자 속에 감춰 들여온 뽕나무 씨앗을 왕에게 건넸다. 그러고는 함께 데려온 시녀 아가씨 셋을 왕에게 소개했는데, 그들은 아가씨도, 공주의 시녀도 아니었다. 그녀들은 명주실을 뽑고 비단을 짜는 전문가들이었다. 그들은 자신의 머리를 감싸고 있던, 육계 잎사귀로 만든 커다란 머리 장식을 벗은 뒤 왕에게 길고 검은 머리카락을 펼쳐 보였다. 머리카락 속에는 누에알이 들어 있었다.

중국의 입장에서 보자면 여씨는 자신이 태어난 조국을 배반한 여자였다.

호탄 왕국의 입장에서 보자면, 여씨는 자신이 다스리는 조국의 영웅이었다.

자신의 무덤을 만들면서 살았던 황제

'차이나'라는 이름은 진(秦, Chin)나라와 초대 황제인 진시황(秦始皇)에서 유래했다.

그는 당시까지 적국들에 의해 토막 나 있던 국가를 피와 무기를 통해 일으켜 세우고, 나라의 언어와 도량형을 통일하고, 한가운데에 구멍을 뚫은 동전을 만듦으로써 단일 화폐 제도를 수립했다. 또한 자신의 왕국을 보호하기 위해 만리장성을 세웠는데, 이 성은 지도를 가로지르는 석성(石城)으로, 2,200여 년이 지난 지금 세상에서 관광객이 가장 많이 찾는 군사 시설이다.

하지만 이런 사소한 것들은 진시황의 꿈을 채워줄 수 없었다. 그가 살아서 남긴 작품은 그의 죽음, 즉 그의 무덤, 사후의 궁전이었다.

그 작업은 열세 살의 나이로 권좌에 앉는 날부터 시작되었고, 무덤은 해가 갈수록 커져서 도시 하나보다 더 넓어지게 되었다. 진시황을 수호할 부대 역시 커져서 핏빛 제복에 검은 갑옷을 입은 7,000명 이상의 기병과 보병이 있었다. 가장 뛰어난 조각가들이 진흙으로 만든 이 병사들은 지금도 세계를 놀라게 한다. 이 병사들은 늙지 않도록 태어났고, 반역을 꾀할 줄도 몰랐다.

이 장례용 기념물은 포로들의 작품인데, 포로들은 과로로 쇠진하면 죽거나 사막에 내던져졌다. 황제 자신이 직접 작업을 지휘하면서 아주 세세한 부분까지 간여하고, 더 많은 것을 요구했다. 당시 황제는 아주 곤란한 입장에 처해 있었다. 적들이 여러 차례 그를 암살하려 했기 때문에 무덤도 없이 죽는 것에 공포를 느끼고 있었다. 황제는 여행을 할 때도 변장을 하고, 매일 밤 처소를 바꿔가며 잠을 잤다.

그 엄청난 작업이 끝나는 날이 도래했다. 군대가 완성된 것이다. 그 거대한 무덤 역시 완성되었는데, 대단한 걸작이었다. 단 한 가지만 빠지거나 변경된다 해도 그 완성도가 훼손될 정도로 완벽한 것이었다.

그때, 황제가 반세기의 삶을 완성하고 있을 때, 죽음이 찾아와 황제를 데려가 버렸다.

위대한 극장이 준비되고, 막이 올라가고, 공연이 시작되고 있었다. 황제는 공연 시작 시각에 맞춰 도착했다. 단 하나의 목소리가 공연하는 오페라였다.

발을 죽이는 사람들

약 2세기 전에 이여진(李汝珍)은 중국에 대해 거꾸로 묘사했다. 그가 쓴 소설 『경화연』*에는 여자들이 명령하는 여자들의 나라가 있었다.

소설에서 여자는 남자고, 남자는 여자였다. 여자들을 즐겁게 해주도록 운명지어진 남자들은 아주 다양한 노역을 제공하도록 강요받았다. 그들이 받아야 했던 굴욕 가운데는 자신의 발을 쇠퇴시키는 것을 받아들이는 것이 있었다.

아무도 이여진이 제기한 이 불가능한 가능성을 진지하게 받아들이지 않았다. 그리고 여자의 발이 산양의 발처럼 변할 때까지 계속해서 짓누른 사람들은 여전히 남자였다.

20세기에 접어들 때까지 1,000년이 넘도록 미의 기준은 여자의 발이 커지는 것을 금지했다. 중국에서는 9세기에 「신데렐라」의 첫 번째 판이 쓰였는데, 이 책에는 여자의 전족(纏足)에 대한 남자의 강박관념이 문학적인 테마로 등장했다. 동시에, 이 책이 출간된 해를 전후로 딸이 어렸을 때부터 발을 헝겊으로 동여매 작게 만드는 풍습이 생겼다.

이는 미학적인 관념 때문만은 아니었다. 게다가 헝겊에 동여매진 발은 여자 자신을 얽맸다. 전족은 정조를 지켜주는 방패였다. 여자가 자유롭게 움직이지 못하게 함으로써 여자가 집을 뛰쳐나가 음행을 저질러 가문의 명예를 위기에 빠뜨리는 것을 막았다.

---

* '경화연(鏡花緣)'은 거울 속의 꽃이라는 의미다. 이여진은 이 작품에서 여성의 재능을 찬양하고, 남존여비의 관념과 봉건사회에 존재하는 추악한 현상들을 비판했다.

비밀리에 문자를 만든 여자들

양환의(陽煥宜)의 발은 어린 시절에 전족을 했다. 그녀는 비틀비틀 삶을 살았다. 약 1세기를 산 뒤, 2004년 10월에 사망했다.

그녀는 중국 여성의 비밀 문자인 여서(女書)*를 아는 마지막 사람이었다. 이 여자 암호 문자는 고대로부터 전해 내려왔다. 남자의 문자로부터 배제된 여자들은 남자의 문자를 쓸 수가 없어서 남자에게는 금지된 자신들만의 문자를 비밀리에 개발했다. 문맹으로 살아갈 운명을 타고 태어난 여자들은 자신들만의 알파벳을 만들었는데, 그 알파벳은 장식품으로 위장된 기호들로서, 남자들의 눈에는 해독이 불가능했다.

여자들은 자신들의 이야기를 옷과 부채 등에 그렸다. 그 문자를 수놓았던 손들은 자유롭지 않았다. 하지만, 그 기호들은 자유로웠다.

겁에 질린 수컷

아주 먼 옛날 어느 밤에 남자와 여자가 처음으로 함께 누워 있었다. 바로 그때 남자는 여자의 몸에서 나는 작고 위협적인 소리를 들었다. 그녀의 다리 사이에서 나는 소리로, 이빨 가는 소

---

* 오래전부터 현대에 이르기까지 장융 현의 여성은 남성의 전유물로 여겨진 한자를 사용하는 것이 금기시되었다. 이에 여성의 의사 표시 도구로 발명되어 남성의 눈을 피해 비밀리에 전수되어 온 것이 여서 문자다. 문자의 전수는 어머니나 의자매가 맡았다. 때때로 장식 무늬 등으로 위장하기도 했다. 대부분의 글은 다섯 자나 일곱 자로 구성된 시 형태로 기록되었다. 이 시는 주로 여성의 애환이나 소망, 희망 등의 내용으로 이루어진다.

리였다. 깜짝 놀란 남자가 여자를 껴안았던 팔을 풀었다.

세계 어디에서든, 가장 용맹한 수컷이라 할지라도 부지불식간에 그 탐욕의 위험성을 기억할 때면 여전히 몸을 부들부들 떤다. 수컷들은 무엇을 묻는지도 모른 채 서로 이렇게 묻는다. 여자는 계속해서 입구만 있고 출구가 없는 존재인 걸까? 여자 안으로 들어가는 사람은 계속해서 여자 안에 남아 있게 될까?

위험한 무기

서른 개가 넘는 나라에서 여자의 음핵을 제거하는 전통을 유지하고 있다.

음핵 제거는 부인, 또는 부인들에 대한 남편의 소유권을 인정하는 것이다.

여자의 음핵을 제거하는 사람들은 여자의 쾌락에 반하는 이 범죄 행위를 "정화"라고 부르며 음핵을 다음과 같이 설명한다. 음핵은

"독침이고

전갈의 꼬리고

흰개미집이다.

남자를 죽이거나 병들게 만들고

여자를 흥분시키고

여자의 젖에 독성을 주고

여자를 정욕에 불타게 만들고

오르가즘으로 여자를 미치게 만든다."

음핵 제거 전통을 정당화하기 위해 선지자 무함마드와 코란을 들먹
거리는데, 선지자 무함마드는 이에 관해 전혀 언급한 적이 없으며, 코
란에도 이에 관한 기록이 없다.

아홉 개의 달

구타파*는 잠을 자거나 해먹에 드러누워 살아가고, 그사이 이름도 없
는 부인은 그의 머리를 긁어주고, 모기를 쫓아주며, 입에 음식을 넣어
주었다. 구타파는 가끔 잠자리에서 일어나 부인의 행실에 주의를 주
고 자기 삶의 방식과 몸을 유지하기 위해 부인을 몽둥이로 흠씬 두들
겨 팼다.

부인이 도망쳐 버렸을 때, 구타파는 아마존의 협곡으로 그녀를 찾
으러 나갔고, 도망간 부인이 숨어 있으리라 생각되는 곳이면 어디든
지 몽둥이질을 해댔다. 그러다가 장수말벌집이 있는 구석 자리를 몽
둥이로 힘껏 때렸다.

분노한 장수말벌 떼가 소용돌이를 일으키며 몰려나와 구타파의 한
쪽 무릎에 무수히 벌침을 쏘아댔다.

구타파의 무릎이 부어올랐다. 달이 뜨고 지기를 반복하면서 무릎은
차츰차츰 거대한 공처럼 변했다. 그 공 안에서 수많은 작은 남자와 여
자가 생겨나 움직이면서 바구니며 목걸이를 만들고 화살과 세르바타

* 구타파(Gútapa)는 아마존 티쿠나 부족의 신으로, 세상이 만들어진 뒤에 각종 동물과 첫 번째 남자,
여자를 창조했다.

나*를 깎았다.

아홉 번째 달이 떴을 때 구타파는 출산을 했다. 구타파의 무릎으로부터 티쿠나족 시조들이 태어났는데, 파란 날개 앵무새, 구아야바 앵무새, 우바 앵무새, 그리고 출산에 관해 왈가왈부하던 다른 동물들이 환호성을 지르며 이들을 받아들였다.

승리한 해, 패배한 달

여자를 임신시킨 것이 바람이 아니라는 소식이 유포되었을 때 달은 해와 벌인 첫 번째 전투에서 패배했다.

그 후 역사는 또 다른 슬픈 소식들을 새로 가져왔다.·

분업을 통해 거의 모든 일을 여자들에게 떠맡김으로써 남자들은 서로를 죽이는 일에 몰두할 수 있게 되었다.

소유권과 유산상속권을 남자 위주로 만듦으로써 여자는 그 어떤 것도 소유하지 못하게 되었다.

가족의 편제는 여자를 아버지, 남편, 아들이라는 우리 속으로 밀어넣었다.

국가가 형성되었는데, 국가는 가족과 유사한 조직이었으나 훨씬 더 컸다.

달이 자기 딸들의 몰락에 일조했다.

---

* 세르바타나(cerbatana)는 기다란 대나무관 속에 화살을 넣고 입으로 불어 쏘는 무기다.

이집트의 달이 저녁 무렵에 해를 삼켰다가 새벽에 낳은 것은 아주 먼 옛날 일이었다.

아일랜드의 달은 밤을 영원히 지속시켜 버리겠다고 해를 협박함으로써 해를 굴복시켰다.

그리스와 크레타의 왕들은 헝겊으로 유방을 만들어 여왕으로 위장하고는 신성한 의식을 거행할 때면 달을 군기처럼 게양했다.

유카탄에서는 달과 해가 결혼해서 함께 살았다. 둘이 부부싸움을 할 때면 식(蝕) 현상이 일어났다. 달은 바다와 샘의 주인이고, 땅의 여신이었다. 세월이 흘러가면서 달이 힘을 잃었다. 이제 달은 출산과 질병만을 담당한다.

페루 해안 지방에서 달이 굴욕을 당한 때는 다음과 같다. 에스파냐 사람들이 침략하기 조금 전인 1463년에 치무 왕국의 달, 즉 가장 강력했던 달이 잉카 제국 태양의 군대에 항복한 것이다.

멕시코의 여자

멕시코의 달이자, 우아스테카의 밤의 여신 틀라솔테오틀은 아스테카의 남자 만신전(萬神殿)의 구석 자리 하나를 차지할 수 있었다.

틀라솔테오틀은 출산과 산파를 보호해 주던 모성의 어머니로, 씨앗이 식물이 되어가는 과정을 인도했다. 또한 사랑의 여신이자 똥을 먹도록 운명지어진 쓰레기의 여신으로, 번식력과 육욕의 화신이었다.

틀라솔테오틀은 이브와 판도라처럼 남자들을 타락시킨 잘못을 지

니고 있다. 틀라솔테오틀이 태어난 날이 생일인 여자는 쾌락을 위해
살도록 운명지어졌다.

땅이 부드러운 떨림 또는 파괴적인 지진으로 흔들렸을 때, 그 누구
도 의심하지 않았다.

"틀라솔테오틀이 그 짓을 하고 있는 거야."

이집트의 여자

그리스에서 온 헤로도토스는 이집트의 강과 하늘이 세상 그 어떤 강,
하늘과도 유사하지 않다는 걸 확인했는데, 이집트의 관습도 세상 다
른 곳의 관습과 유사하지 않았다. 이집트 사람들은 특이했다. 밀가루
는 발로 반죽하고 진흙은 손으로 반죽했으며, 자신들이 기르던 고양
이가 죽으면 박제로 만들어 신방(神房)에 안치했다.

하지만 가장 관심을 불러일으키는 것은 여자가 남자와 동등한 지
위를 점유했다는 것이다. 여자는 귀족이건 평민이건 자유롭게 결혼하
고, 결혼을 해도 본래 이름도 개인 재산도 포기하지 않았다. 교육, 소
유, 일, 유산은 남자만의 권리가 아니라 여자의 권리이기도 했다. 남자
가 집에서 베를 짜고 있는 사이에 여자는 시장에서 물건을 샀다. 이야
기 만들기의 명수 헤로도토스에 따르면, 오줌을 쌀 때도 여자는 서서
싸고 남자는 무릎을 꿇은 채 쌌다.

히브리의 여자

구약성서에 따르면, 이브의 딸들은 계속해서 신의 벌을 받았다.

간음한 여자, 마녀, 처녀성을 잃은 채 결혼한 여자는 돌로 쳐 죽일 수 있었다.

사제의 딸로서 성매매를 한 여자는 불구덩이에 던져졌다.

신의 율법은 여자가, 자신을 보호하거나 남편을 보호하기 위해서일 망정, 다른 남자의 불알을 움켜쥐면 여자의 손을 자르라고 했다.

아들을 낳은 여자는 40일 동안 부정한 상태가 되었다. 딸을 낳으면 산모의 몸은 80일 동안 부정한 상태가 되었다.

생리를 하는 여자는 7일 낮밤 동안 부정한 상태가 되어 그 여자를 만지거나 그 여자가 앉았던 의자나 잤던 침상을 만지기만 해도 부정을 탔다.

힌두의 여자

해와 물과 삶의 모든 근원의 어머니 미트라는 태어났을 때부터 여신이었다. 여신은 바빌로니아나 페르시아에서 인도에 도착하면서부터 남신이 되어야 했다.

미트라가 도착한 이후로 많은 세월이 흘렀음에도, 아직도 여자는 인도에서 썩 환영받지 못하고 있다. 인도에서는 여자의 수가 남자에 비해 적다. 일부 지역에서는 남자 열 명에 여자 여덟 명이다. 인생 여행을 다 마치지 못하는 여자가 많다. 일부는 어머니의 뱃속에서 죽고, 또 태어나면서 질식사하는 여자아이의 수가 어머니 뱃속에서 죽은 여자아이의 수보다 훨씬 더 많기 때문이다.

힌두의 전통적인 어느 성서가 가르치는 바에 따르면, 치료를 하는 것보다 예방을 하는 것이 더 나은데, 아주 위험한 여자들이 있다.

"음탕한 여자는 독이고 뱀이고 죽음이고, 독과 뱀과 죽음이 모두 합쳐진 것만큼 해롭다."

비록 미풍양속이 사라져가고 있다고는 해도 정숙한 여자들도 있다. 전통에 따르면, 과부는 죽은 남편이 불타고 있는 모닥불에 던져져야 하지만, 이제 그런 전통에 따를 준비가 되어 있는 여자의 수는, 물론 몇은 있겠지만, 적다.

수 세기 동안 또는 수천 년 동안 그런 여자들이 있었고, 그 수도 많았다. 반면에 인도의 역사에서 죽은 부인을 화장하는 모닥불에 뛰어든 남편은, 과거나 현재나, 단 한 사람도 알려지지 않았다.

중국의 여자

수천 년 전 중국의 여신들은 여신이기를 포기했다.

이미 땅에 부여되었던 남성적인 힘은 하늘에도 부여되었다. 희화*

---

* 희화(羲和)는 중국 신화에 나오는 태양의 여신이며 천제(天帝) 준(俊)의 부인이다. 또 다른 전설에 따르면 희화는 하늘과 땅이 처음 생겨났을 때 태양과 달을 주관하는 신이었다고 한다.

여신은 두 남신으로 분리되었고, 여와* 여신은 여자의 범주로 강등되었다.

희화는 해와 달의 어머니였다. 자식들인 해와 달이 밤낮으로 기진맥진한 여행을 하고 돌아오면 위로를 해주고 음식을 주었다. 희화 여신이 두 남신, 즉 희와 화로 분리되었을 때, 더 이상 여신이 아닌 희화 여신은 사라져버렸다.

여와는 사라지지는 않았지만, 평범한 여자로 전락해 버렸다.

과거 한때, 여와는 살아 있는 모든 것의 창시자였다.

여와가 엄청나게 거대한 거북의 다리를 자름으로써 세상과 하늘은 스스로를 지탱할 기둥을 갖게 되었다.

여와는 세상을 불과 물의 재난으로부터 구했다.

잡초로 만든 높다란 부채 뒤에서 오빠와 함께 누워 사랑을 발명했다.

노란색 점토로 윗사람을 빚고 강의 진흙으로 아랫사람을 빚음으로써 귀족과 평민을 창조했다.

로마의 여자

키케로는 여자가 "지적으로 취약하기 때문에" 남성 후견인에게 복종해야 한다고 설명했다.

---

* 여와(女媧)는 전설적인 황제 복희(伏羲)의 부인(또는 누이)으로, 중매인의 규범과 결혼의 규범을 세우는 데 이바지했고, 남녀 사이의 올바른 행실을 규정했다. 인간의 얼굴을 갖고 있지만 몸은 뱀 또는 물고기로 묘사된다.

로마의 여자들은 이 남자의 손에서 저 남자의 손으로 건네졌다. 딸을 결혼시킨 아버지는 딸을 사위가 소유하도록 허용하거나, 빌려줄수 있었다. 어찌 되었든, 중요한 것은 지참금, 재산, 유산이었고, 여자노예는 남자에게 쾌락을 주는 일을 맡았다.

로마의 의사는 아리스토텔레스와 마찬가지로, 귀족이든 평민이든노예든 모든 여자가 남자보다 이빨 수가 적고 뇌가 작다고 믿었으며,생리를 하는 날에는 여자의 거울이 불그스레하게 흐려진다고 믿었다.

로마 제국에서 학문적 권위가 가장 높았던 노(老) 플리니우스는 생리 중인 여자가 포도주를 시큼하게 만들고, 수확을 저하시키며, 씨앗과 과일을 말려버리고, 식물의 싹과 벌 떼를 죽이고, 청동을 녹슬게하고, 개를 미치게 만든다고 주장했다.

그리스의 여자

한 번의 두통으로부터 한 여신이 태어날 수 있다. 아테나 여신은 아버지 제우스 신의 머리가 아픔으로써 태어났다. 제우스 신의 머리는 아테나 여신을 낳기 위해 벌어졌다. 아테나 여신은 어머니 없이 태어난것이다.

아테나 여신의 맹세는 나중에, 신들의 재판소에서 올림포스가 어려운 판결을 내려야 했을 때 결정적인 역할을 했다.

당시, 엘렉트라와 그녀의 남동생 오레스테스는 죽은 아버지의 원수를 갚기 위해 도끼로 어머니의 목을 잘라버렸다.

복수의 여신들이 어머니를 죽인 남매에게 죄를 물었다. 복수의 여신들은 남매가 죽을 때까지 돌로 치라고 요구했다. 왕비의 목숨은 신성했고, 어머니를 죽인 자는 용서를 받지 못하기 때문이었다.

아폴론 신이 남매의 변호를 담당했다. 피고인들의 어머니는 치욕스러운 여자고, 그렇기 때문에 어머니의 모성은 전혀 중요하지 않다고 주장했다. 아폴론 신은, 어머니란 남자가 자신의 씨앗을 뿌려야만 존재의 의미가 있는 무기력한 밭고랑일 뿐이라고 주장했다.

배심원으로 참여한 열세 명의 신 가운데 여섯 명은 남매의 처벌을, 여섯 명은 사면을 주장했다.

아테나 여신이 최종 판결을 했다. 아테나 여신은 가져본 적이 없는 어머니에게 반대표를 던짐으로써 아테네에서 남성적인 힘에 영원한 생명을 부여했다.

아마존의 여자

무시무시한 여전사 아마조네스들이 당시에는 헤라클레스라고 불리던 헤르쿨레스와 싸웠고,* 또 트로이에서는 아킬레우스와 싸웠다. 그녀들은 남자를 증오했고, 자신들이 쏘는 화살의 적중률을 높이기 위해 오른쪽 가슴을 잘라버렸다.

남아메리카를 서쪽에서 동쪽으로 가로지르는 거대한 강은 에스파

* 헤라클레스는 나중에 로마에서 헤르쿨레스라 불렸다. 헤라클레스는 히폴리테 여왕의 허리띠를 훔치러 가서 아마조네스들과 전투를 치렀다고 한다.

나의 정복자 프란시스코 데 오레야나 덕분에 아마존 강*이라 불린다.

그는 유럽인 가운데 처음으로 아마존 강을, 육지 안에서부터 바다까지 탐험했다. 그는 한쪽 눈을 잃은 채 에스파냐로 돌아와서는 자신들의 브리간틴선**들이 여전사들의 화살 세례를 받았는데, 여전사들은 벌거벗은 채 싸우고, 맹수처럼 으르렁거리고, 사랑에 굶주리면 남자들을 납치해 놓고 밤에 사랑하고 새벽녘에 목을 졸라 죽인다고 전했다.

오레야나는 자신의 이야기에 그리스적인 권위를 부여하기 위해, 그 여전사들이 디아나*** 여신을 숭배하던 바로 그 아마조네스였다고 말했고, 그 여전사들이 다스리던 지역에 흐르는 강에 아마존이라는 이름을 붙여주었다.

몇 세기가 흘렀다. 여전사 아마조네스에 관해서는 더 이상 알려진 것이 없다. 하지만 강은 여전히 그 이름으로 불리고 있으며, 매일 각종 살충제, 화학비료, 광산에서 흘러나온 수은, 배에서 새어 나온 석유가 강을 오염시키고 있건만, 강물은 각종 물고기와 새가 살고, 각종 동화가 탄생한 곳으로, 여전히 세상에서 가장 풍요롭다.

---

* 프란시스코 오레야나(Francisco Orellana, 1490?-1546)는 에스파냐의 군인으로 아마존 강을 최초로 탐험했다. 그의 일행은 1542년 8월 아마존 강 어귀에 도착했고, 트리니다드로 계속 항해한 뒤 에스파냐로 돌아왔다. 그는 에스파냐에서 금과 향신료 더미, 그리스 신화에 등장하는 여성 부족 아마조네스를 닮은 여인이 지배하는 부족과의 만남에 대해 이야기했다. 이런 이유로 그는 이 강을 아마존 강이라 명명한 것으로 추측된다.

** 브리간틴은 쌍돛대 범선의 일종으로, 선수에는 가로돛을 달고 선미에는 세로돛을 단다.

*** 로마의 디아나 여신은 그리스의 아르테미스 여신과 동일하다.

간이 영혼의 집이었을 때

과거에, 심장학 의사들과 볼레로* 작사가들이 존재하기 오래전에는 심장 검사를 흔히 간 검사라 불렀다.

간이 모든 것의 중심이었다.

중국 전통에 따르면, 간은 영혼이 잠을 자고 꿈을 꾸는 곳이었다.

이집트에서는 호루스 신의 아들 암세트가 간을 보호해 주는 임무를 맡고, 로마에서는 신들의 아버지인 유피테르가 간을 보호해 주었다.

에트루리아 사람들은 자신들이 희생시킨 동물의 간에서 운명을 읽었다.

그리스 전통에 따르면, 프로메테우스는 우리 인간을 위해 신의 불을 훔쳤다. 그러자 올림포스 최고의 신 제우스는 프로메테우스를 바위에 쇠사슬로 묶어 놓아 매일 독수리가 간을 쪼도록 하는 형벌을 내렸다.

심장이 아니라 간이었다. 하지만 프로메테우스의 간은 매일 재생되었고, 그것은 프로메테우스의 불사(不死)에 대한 증거였다.

마초주의의 기원

제우스는 프로메테우스에게 내린 그런 형벌도 부족하다는 듯이, 첫 번째 여자를 창조함으로써 프로메테우스의 반역을 벌했다. 그리고 그

---

* 볼레로(bolero)는 19세기 후반에 쿠바 동부에서 시작된 음악 장르로, 주로 남녀 간의 사랑을 다룬다.

여자를 우리에게 선물로 보냈다.

올림포스의 시인들에 따르면, 그 여자의 이름은 판도라였다. 아름답고, 호기심 많은 여자, 아니 경망스러운 여자였다.

판도라는 커다란 상자를 가슴에 안고 지상에 도착했다. 상자 안에는 불행이 갇혀 있었다. 제우스는 판도라에게 상자를 열지 말라고 명령했다. 하지만 판도라는 지상에 도착해 우리와 함께 있게 되자마자 상자를 열고 싶은 유혹을 이기지 못함으로써 상자를 열고 말았다.

상자에서 불행이 날아올라 가시로 우리를 찔렀다. 그래서 세상에 죽음이 도래하고, 늙음, 질병, 전쟁, 노고…… 등이 도래했다.

성서에 등장하는 사제들에 따르면, 다른 구름 위에서 다른 신이 창조한 이브라 불리는 여자 역시 우리에게 모진 재난들을 가져왔다.

헤라클레스

제우스는 호된 징벌을 내리는 신이었다. 아들 헤라클레스가 나쁜 행동을 하자 노예처럼 묶어 놓았다. 헤라클레스는 나중에 로마에서 헤르쿨레스라 불렸다.

헤라클레스는 리디아의 여왕 옴팔레에게 노예로 팔려 여왕을 섬기던 중 거대한 뱀 한 마리를 죽였는데, 이는 어려서부터 뱀을 토막내왔던 헤라클레스에게는 그다지 어려운 일이 아니었다. 또한 헤라클레스는 밤에 파리로 변해 사람들의 잠을 훔치는 쌍둥이를 붙잡았다.

하지만 옴팔레 여왕은 헤라클레스가 이룬 업적에는 전혀 관심을 두지 않았다. 그녀는 경호원이 아니라 애인을 원했던 것이다.

옴팔레 여왕과 헤라클레스는 거의 모든 시간을 칩거했다. 마침내 둘이 모습을 드러냈다. 헤라클레스는 진주 목걸이, 황금 팔찌를 차고, 울긋불긋한 치마를 입었는데, 치마는 그의 우람한 근육 때문에 솔기가 터지는 바람에 그리 오래가지 못했다. 옴팔레 여왕은 헤라클레스가 네메아에서 맨손으로 목 졸라 죽인 사자 가죽 옷을 입고 있었다.

그 나라에 떠돌던 소문에 따르면, 헤라클레스가 행동을 제대로 못할 때마다 옴팔레 여왕이 샌들로 헤라클레스의 엉덩이를 때렸다고 한다. 한가한 시간이면 헤라클레스는 여주인의 발밑에 무릎을 꿇은 채 실을 잣고 천을 뜨면서 심심풀이를 하고, 그사이 궁의 시녀들이 헤라클레스에게 부채질을 해주고, 면도를 해주고, 향수를 발라주고, 입에 먹을 것을 넣어주고, 한 모금씩 빨아 먹도록 포도주를 주었다.

3년의 휴가가 지나자 헤라클레스의 아버지 제우스는 헤라클레스에게 곧장 돌아와 본업에 복귀함으로써 세계 최고의 남자로서 열두 가지 위업을 완수하라고 명령했다.

국제무역기구의 기원

옛날에 무역의 신을 선발해야 했다. 제우스는 올림포스의 옥좌에서 자기 가족 가운데 누가 적임자인지 연구했다. 깊이 생각할 필요도 없었다. 당연히 헤르메스였다.

제우스는 헤르메스에게 작은 황금 날개를 선물하고, 상품의 교역 증진, 협정 체결, 자유무역 보장 등에 관한 업무를 맡겼다.

나중에 로마에서 메르쿠리오스라 불린 헤르메스가 거짓말을 가장 잘했기 때문에 그 일을 맡을 적임자로 뽑힌 것이다.

우편의 기원

2,500년 전에는 말(馬)과 큰 소리가 소식과 메시지를 멀리까지 전달했다.

페르시아의 왕, 안샨의 왕자, 아케메네스 왕조의 아들인 키루스 대왕은 페르시아산 말을 모는 훌륭한 기병들의 릴레이를 통해 밤낮으로 작동하는 우편 제도를 만들었다.

소리를 질러 메시지를 전달하는 특급우편 서비스가 가장 비쌌다. 한 사람이 다른 사람에게 소리를 질러 그 사람이 제3자에게 큰 소리로 전달함으로써 메시지가 산을 넘었다.

메아리

옛날에 요정 에코는 말을 할 줄 알았다. 아주 우아하게 말을 했기 때문에 에코가 사용한 단어들은 예전에 사용된 적이 없고, 그 누구의 입에서도 나온 적이 없는 것처럼 들렸다.

하지만 제우스 신의 정실(正室)인 헤라 여신은 질투심 때문에 자주 공격적인 언사를 일삼았는데, 언젠가 에코를 저주했다. 에코는 가장 혹독한 벌을 받았다. 목소리를 빼앗겨버린 것이다.

그 후 에코는 스스로 말을 할 수가 없었기 때문에 남의 말을 흉내내기만 했다.

관습은 이 저주를 훌륭한 장점으로 바꾸어버렸다.

탈레스

2,600여년 전, 밀레토스 시에는 탈레스라 불리는, 건망증이 심한 현자가 자주 밤을 지샜다. 그는 몰래 별을 관찰하다가 우물에 떨어지는 일이 허다했다.

호기심 많은 남자 탈레스는 모든 것은 죽지 않고 단지 형태를 바꿀 뿐이며, 세상에는 살아 있지 않은 것이 없고, 모든 생명의 처음과 끝은 물에 있다는 사실, 신들이 아니라 바로 물에 있다는 사실을 연구할 수 있었다. 탈레스에 따르면, 지진은 포세이돈의 분노가 아니라 바다가 움직이고 땅이 동요하기 때문에 일어난다. 이 모든 것은 신성한 은총에 의해 사물을 보기 때문이 아니라 강물이 강변에 있는 잡목을 반사하듯이 눈이 현실을 반영하기 때문에 알 수 있다. 식(蝕)은 태양이 올림포스의 분노를 피해서 숨기 때문이 아니라 달이 태양을 덮어버리기 때문에 일어난다.

이집트에서 생각하는 법을 배운 탈레스는 식을 오류 없이 예견했으며, 먼 바다에서 육지로 다가오고 있는 배가 어느 정도 거리에 있는지 정확하게 측정했다. 그림자를 통해 쿠푸의 피라미드* 높이를 정확히 계산할 줄도 알았다. 가장 유명한 법칙은 탈레스가 만든 것이며, 그 외에도 그는 네 가지 법칙을 만들었다. 심지어는 탈레스가 전기를 발견했다는 말까지 있다.

하지만 탈레스의 위대한 위업은 다른 것이다. 그것은 바로 종교의 외투를 벗어던진 채 그 어떤 편안함도 추구하지 않고 살았던 것이다.

음악의 기원

오르페우스가 트라키아 숲에서 리라를 타면 소리가 어찌나 우아하던 지 떡갈나무들이 춤을 추었다.

오르페우스가 아르고호의 승무원들과 함께 항해를 시작하면 바위들이 음악, 즉 모든 언어가 합쳐지는 언어를 들었고, 배는 조난으로부터 안전했다.

태양이 떠오르면 판가이온 산 꼭대기에서 오르페우스의 리라가 태양에게 인사를 하고, 태양과 음악이 서로 동등하게 이야기를 나누고, 빛과 빛을 교환했다. 음악 역시 공기를 불태웠기 때문이다.

제우스는 빛 한 줄기를 보내, 이처럼 오만한 짓을 한 오르페우스를 둘로 갈라놓았다.

---

* 쿠푸의 피라미드(Pyramid of Khufu)는 고대 이집트 왕국의 제4왕조 쿠푸 왕의 무덤으로, 이집트 기자에 있기 때문에 '기자의 대피라미드'라고도 불린다.

신성한 독점

신은 천박하고 야만적인 지상의 경쟁을 견디지 못한다.

우리는 신을 겸손하게 숭배하고 신에게 복종해야 한다. 신의 말에 따르면, 우리는 신이 만든 존재이기 때문이다. 높은 하늘의 검열단은 우리가 신을 만들었다는 소문이 퍼지는 것을 금지한다.

마야의 신들은 우리가 지평선 너머를 보았다는 사실을 알게 되자 우리의 눈에 먼지를 뿌려버렸다. 그리스의 신들은 사르미데소스의 왕인 피네우스가 현재 너머의 시간을 보았기 때문에 맹인으로 만들어버렸다.

루시퍼는 유대인, 기독교도, 무슬림의 신이 좋아하는 천사장이었다. 루시퍼가 자신의 옥좌를 별들 위로 들어 올리려고 했을 때, 그 신은 자신의 아름다움의 불로 루시퍼를 태워 재로 만들어버렸다.

배꼽이 없는 첫 번째 인류인 아담과 이브가 신의 영광을 알고자 했다는 이유로 이들을 내쫓은 신도 바로 그 신이었다. 하늘에 오르려는 오만을 부림으로써 바벨탑을 쌓은 사람들에게 벌을 내린 신도 바로 그 신이었다.

징벌에 대한 감사

성서에 따르면, 저주받은 도시 바빌로니아는 "창녀이자 창녀의 어머니"였는데, 바빌로니아에서는 인간이 지닌 오만의 죄를 상징하는 탑이 세워지고 있었다.

　오래지 않아 분노의 광선이 도래했다. 하느님은 탑을 건설한 사람들이 서로를 전혀 이해하지 못하게 각기 다른 언어를 사용하도록 해버렸고, 탑은 영영 건설이 중단된 상태로 남게 되었다.

　고대 히브리 사람들에 따르면, 인간이 다양한 언어를 사용하게 된 이유는 바로 신성한 징벌 때문이었다.

　하지만 하느님은 우리를 벌하고자 하면서 우리가 단일 언어를 사용함으로써 지루해하지 않도록 우리에게 호의를 베풀었을 것이다.

언어의 기원

고대 멕시코인들에 따르면, 역사는 현재의 것과 다르다.

　그들은, 바다가 두 쪽으로 갈라져 그 중앙에 솟아오른 치코모스톡 산 속에는 동굴 일곱 개가 있다고 말했다.

　각 동굴은 각각의 신이 지배하고 있었다.

　일곱 개의 동굴에서 나온 흙과 신들이 흘린 피로 멕시코 최초의 부족이 빚어졌다.

　사람들은 하나씩 하나씩 산의 입에서 나왔다.

　각 부족은 자신들을 만들어준 신의 언어를 아직까지 사용한다.

　그래서 언어는 성스럽고, '말이라고 하는 음악'은 다양하다.

대홍수

히브리 사람들의 신은 자식들의 그릇된 행동거지가 못마땅했다. 홍수는 물로 모든 인간의 몸을 삼켜버리고, 지나가는 길에 들판의 짐승과 하늘의 새까지도 삼켜버린 징벌이었다.

유일한 의인 노아는 자기 가족과 세상에 살아가던 모든 종류의 동물 암수 한 쌍을 구하기 위해 나무로 3층짜리 방주 한 척을 건조하는 특권을 지니고 있었다.

그 밖의 동물은 대홍수로 질식해 죽었다.

방주로부터 축출된 동물들, 즉 암당나귀와 교미한 수말이나 수늑대와 교미한 암캐, 그리고 자연스러운 계급 제도를 무시한 암컷들에 의해 지배당한 수컷처럼 비정상적인 쌍들 역시 당연히 죽임을 당했다.

인종차별주의의 종교적 기원

노아는 방주가 아라라트 산에 도착한 것을 축하하면서 술에 취했다.

그는 정신이 몽롱한 상태로 잠에서 깨어났다. 성서의 다양한 해석본들 가운데 어느 것에 따르면, 노아의 아들 함이 아버지가 잠든 틈을 타서 아버지를 거세해 버렸다. 그 해석본에 따르면, 하느님이 함과 그의 자식들과 자식들의 자식들을 저주해, 수 세기 동안 노예가 되는 벌을 내렸다.

하지만 성서의 그 어떤 해석본에도 함이 흑인이었다는 내용은 없다. 성서가 만들어졌을 때 아프리카는 노예를 판매하지 않고 있었다. 함은 아주 오랜 시간이 지난 뒤 피부가 검게 변했다. 아마도 그의 피부가 검다는 이야기는 아랍인들이 사막 남부로부터 노예 무역을 시작했을 때인 약 11-12세기 무렵에 나오기 시작했을 것이다. 하지만 아마도 함은 노예 무역이 유럽의 거대한 사업으로 변한 16-17세기 무렵에 온전한 흑인이 되었다는 것이 확실할 것이다.

그 이후로 흑인 노예 무역에 신성한 권위와 영원한 생명력이 부여되었다. 이성이 종교에 굴복하고, 종교는 압력에 굴복한 꼴이었다. 즉, 노예들이 흑인이었기 때문에 함이 흑인이 되어야 했던 것이다. 그의 자식들 역시 흑인이었는데, 이들은, 하느님은 오류를 저지르지 않기 때문에, 노예가 되기 위해 태어났다.

함과 그의 자식들, 자식들의 자식들은 곱슬머리에 붉은 눈에 불룩 튀어나온 입술을 지니고 벌거벗은 몸으로 수치스러운 남근을 드러낸 채 나돌아 다닐 것이고, 걸핏하면 남의 물건을 훔치고, 자기 주인들을 증오할 것이고, 절대 바른말을 하지 않을 것이고, 잠잘 때는 지저분한 짓을 할 것이다.

인종차별주의의 과학적 기원

인류 계급의 최상부에 위치한 소수 백인종을 여전히 "코카서스 인종"이라 부른다.

그 이름은 1775년에 요한 프리드리히 블루멘바흐가 붙인 것이다.

이 동물학자는 코카서스가 인류의 요람이며 그곳으로부터 지성과 아름다움이 나왔다고 믿었다. 이것이 사실이 아니라는 증거는 충분하지만 이 이름은 오늘날까지 사용되고 있다.

블루멘바흐는 이 유럽인들이 그 밖의 다른 종족에게 굴욕을 줄 권리의 토대가 되는 두개골 245개를 모았다.

인류는 다섯 개 층의 피라미드를 이룬다.

맨 위에 백인이 있다.

백인 고유의 순수성은 아래층의 더러운 피부를 지닌 인종들, 즉 오스트레일리아 원주민, 아메리카 인디오, 아시아 황인종에 의해 파괴되고 있었다. 맨 아래 계층에는 내적으로도 외적으로도 기형인 아프리카 흑인이 있었다.

과학은 흑인을 항상 지하실에 배치했다.

1863년 런던 인류학회는 흑인이 백인에 비해 지적으로 열등하며, 유럽인만이 흑인을 "인간화하고 문명화할 수 있다"는 결론을 내렸다. 유럽은 자신들의 가장 훌륭한 에너지를 이 고귀한 임무에 투여했으나 운이 따라주지 않았다. 약 1세기 반 뒤인 2007년, 노벨 의학상을 수상한 미국인 제임스 왓슨은 흑인이 백인에 비해 여전히 지적으로 열등하다는 사실이 검증되었다고 밝혔다.

사랑 중의 사랑

솔로몬 왕은 자신의 '여자 중의 여자'를 찬양했다.* 그녀의 몸과 그녀의 몸에 있는 문과 그녀와 함께 누웠던 침상의 신선함을 찬양했다.

「아가서」**는『예루살렘 성서』를 구성하는 다른 서(書)들과 조금도 비슷하지 않다. 그런데 왜「아가서」가 그 자리에 있는 것일까?

랍비들의 말에 따르면, 「아가서」는 이스라엘의 하느님에 대한 사랑의 비유다. 사제들의 말에 따르면, 그리스도와 교회의 결혼을 즐겁게 경애하는 것이다. 하지만 그 어떤 시구도 하느님을 언급하지 않고, 그리스도와 교회에 관해서는 더욱더 언급하지 않는데, 이들은「아가서」가 지어진 지 훨씬 뒤에 태어났기 때문이다.

오히려 어느 유대인 왕과 검은 피부 소녀의 이런 만남은 인류의 열정과 우리가 지닌 색깔의 다양성을 찬양하는 것이었다.

이 검은 피부의 소녀는 노래했다. "당신의 입맞춤은 포도주보다 더 좋아요."

오늘날까지 전해지는 성서의 어느 해석본에 따르면, 그 검은 피부의 소녀는 이렇게도 노래했다.

"내가 검은 소녀지만 어여쁘니."

그러고는 자신이 포도밭에서 땡볕을 쬐며 일을 하느라 얼굴색이 검

---

* 「열왕기상」 11장 3절에 따르면, 솔로몬은 자그마치 700명의 후궁과 300명의 첩을 두었다고 한다.
** 구약성서의 「아가서」는 솔로몬과 피부가 검은 술람미 여자 사이의 뜨거운 사랑의 감정을 노래한 아름다운 서사시다. 원래 제목은 히브리어로 '쉬르 하쉬림', 즉 '노래 중의 노래'다. 앞에서 언급한 '여자 중의 여자', 즉 '여자들 가운데 가장 아름다운 여자'는 바로 술람미 여자를 가리킨다.

게 그을렸다며 미안해했다.

그럼에도, 다른 해석본들에 따르면, "-지만"은 나중에 삽입된 것이다. 그 소녀는 이렇게 노래했던 것이다.

"나는 검은 소녀고, 어여쁘니."

알렉산드로스

데모스테네스가 이렇게 조롱했다.

"이 젊은이는 우리가 자기를 위해 제단을 세워주기를 바라고 있습니다. 그래 좋습니다. 자, 우리 이 젊은이의 뜻대로 해줍시다."

이 젊은이가 바로 알렉산드로스 대왕이다. 헤라클레스와 아킬레우스의 후손이라고들 했다. 그는 '불멸의 신'이라 불렸다. 여덟 번이나 부상을 당했지만 계속해서 세상을 정복해 나갔다.

자기 친척을 모두 죽인 뒤에 마케도니아의 왕관을 쓰기 시작했고, 모든 이의 왕이 되고 싶은 나머지 짧은 생애 동안 계속 전장에서 살았다.

그의 흑마는 바람을 갈랐다. 그는 매번의 전투가 개인적인 일이나 된다는 듯이 늘 검을 치켜들고, 투구의 하얀 깃털 장식을 휘날리며 공격의 선두에 섰다.

"나는 승리를 도둑질하지 않는다." 그가 말했다.

그는 스승 아리스토텔레스의 위대한 가르침을 아주 잘 기억하고 있었다.

"인간은 명령하기 위한 자들과 복종하기 위한 자들로 나뉘는 법이니라."

알렉산드로스는 단호하고 엄격한 태도로 반란을 잠재우고, 불복종하는 자들을 십자가에 매달거나 돌로 쳐 죽였다. 하지만 정복당한 자들의 관습을 존중해 주는 특이한 정복자였고, 심지어는 그들의 관습을 배우는 호기를 부릴 줄도 알았다. 권위적인 지배자, 왕들의 왕이 되기 위해 태어난 그는 페르시아, 이집트, 그리고 자신이 발견한 모든 곳을 통과하면서 발칸 반도에서부터 인도에 이르기까지 육지와 바다를 차지했고, 모든 곳에 결혼의 씨앗을 뿌렸다. 그리스 병사들을 정복지 여자들과 결혼시키는 그의 교활한 생각은 아테네 사람들에게는 참으로 불쾌한 소식이었고, 그들은 이를 아주 나쁘게 생각했다. 하지만 알렉산드로스가 그린 새로운 세계지도 안에서는 그것이 그의 명성과 권력을 공고하게 만들었다.

헤파이스티온이 항상 알렉산드로스의 원정과 전쟁에 따라다녔다. 헤파이스티온은 전장에서는 알렉산드로스의 오른팔이었고, 승리를 축하하는 밤에는 애인이었다. 알렉산드로스는 헤파이스티온, 그리고 그 누구와도 비길 수 없는 수천의 기병, 긴 창, 불화살 등과 더불어 일곱 개의 도시와 일곱 개의 알렉산드리아를 건설했고, 그런 일은 결코 끝나지 않을 것처럼 보였다.

헤파이스티온이 죽자 알렉산드로스는 생전에 함께 나눠 마시던 포도주를 홀로 마시고 새벽녘에 술에 취해 하늘을 태울 정도로 거대한 모닥불을 피우고 제국 전체에 음악 소리를 금지하라고 명령했다.

얼마 후, 서른세 살의 나이로 알렉산드로스 역시 죽었다. 전 세계의 모든 왕국을 정복하지는 못한 채.

호메로스

아무것도 아무도 없었다. 유령조차 없었다. 아무 말이 없는 돌멩이들
과 폐허 사이에서 풀을 찾는 양 몇 마리뿐이었다.

하지만 눈먼 시인은 그곳에서 이제는 사라져버린 거대한 도시를 볼
수 있었다. 성곽에 둘러싸인 도시, 만(灣) 위 언덕에 세워진 도시였다.
시인은 도시를 휩쓸어 버린 전쟁에서 터져 나오는 병사들의 우레 같
은 함성 소리를 들었다.

시인은 그 도시를 노래했다. 트로이를 다시 살려내는 노래였다. 트
로이는 멸망한 지 4세기 반이 지난 뒤 호메로스의 말을 통해 다시 태
어나 세상에 드러났다. 망각 속에 묻혀 있던 트로이 전쟁은 모든 전쟁
가운데서 가장 유명한 것이 되었다.

역사가들은 트로이 전쟁이 상업적인 전쟁이었다고 말한다. 전쟁이
벌어지기 전에 트로이 사람들은 흑해로 가는 길을 막아 놓고 비싼 통
행세를 받았던 것이다. 그리스 사람들은 다르다넬스 해협을 통해 동
양으로 가는 길을 열기 위해 트로이를 멸망시켰다. 사실 지구상에서
일어난 모든 전쟁은, 아니 거의 모든 전쟁은 상업적이었다. 그런데 그
토록 독창적이지 않은 전투를 기억할 가치가 있는 것으로 만들어야
하는 이유는 무엇일까? 트로이의 돌멩이들은, 호메로스가 그것들을
보고 그것들의 소리를 들었을 때, 자신의 자연스러운 운명에 따라, 모
래, 단순한 모래로 변하게 될 처지였다.

호메로스가 노래한 것은 순전히 상상력에서 나온 것이었을까?

백조의 알에서 태어난 왕비 헬레네를 구하기 위해 출항한 1,200척

의 함선으로 이루어진 함대는 환상의 소산이었을까?

아킬레우스가 자신에게 패배한 헥토르를 마차에 매달아 질질 끌면서 포위된 도시의 성곽 주위를 여러 바퀴 돌았다는 것은 호메로스가 만들어낸 이야기였을까?

파리스가 패배한 것을 본 아프로디테가 마술 안개 망토로 그를 감쌌다는 이야기는 망상이거나 술에 취해 지어낸 것이 아니었을까?

아폴론이 과연 아킬레우스의 발뒤꿈치에 치명적인 화살을 쏘았을까?

트로이 사람들을 속인 거대한 목마를 만든 사람이 율리시스라는 별명으로 불리는 오디세우스였을까?

10년 전쟁에서 승리해 돌아온 뒤 목욕탕에서 아내에게 살해당한 아가멤논의 최후에 관한 진실은 무엇이었을까?

우리에게는 질투심이 아주 많고, 복수심이 아주 강하고, 정말 반역적으로 보이는 그런 여자들과 그런 남자들, 그리고 그런 여신들과 그런 남신들이 과연 존재했을까?

존재했는지 누가 알겠는가.

단 한 가지 확실한 것은 지금 그들이 존재한다는 점이다.

개의 문학적 기원

아르고스는 4,000여 년 전에 그리스의 어느 도시에서 살았던 눈이

100개 달린 거대한 거인의 이름이다.*

오디세우스가 변장을 한 채 이타카에 왔을 때 아르고스만이 오디세우스를 알아보았다.

호메로스가 전하는 바에 따르면, 오디세우스는 수많은 전쟁을 치르고 나서 바다를 건넌 뒤 넝마를 입은 병약한 거지로 변장한 채 자기 집으로 다가갔다.

그가 바로 오디세우스라는 사실을 아무도 알아채지 못했다.

짖을 수도 걸을 수도 없고 꼼짝도 할 수 없는 친구 하나를 제외하고는 아무도 알아보지 못했다. 아르고스는 어느 오두막 문 앞에 방치된 상태로 누워 진드기에 물어뜯기면서 죽음을 기다리고 있었다.

그 거지가 다가오는 것을 본, 아니 냄새를 맡은 아르고스는 고개를 처들고 꼬리를 흔들었다.

헤시오도스

호메로스에 관한 것은 전혀 알려져 있지 않다. 일곱 개의 도시가 호메로스의 요람이었다고 한다. 아마도 호메로스는 어느 날 밤 숙식을 제공받는 대가로 이 도시에서 시를 읊었을 것이다.

헤시오도스에 관해 말하자면, 그는 아세라라고 불리는 마을에서 태어나 호메로스의 시대에 살았다고 한다.

---

* 또한 오디세우스가 기른 충견의 이름이기도 하다.

하지만 헤시오도스는 전사들의 영광을 노래하지 않았다. 그가 다룬 영웅은 보이오티아*의 농부들이었다. 헤시오도스는 무자비한 신들의 저주를 실현하기 위해 척박한 땅에서 보잘것없는 열매를 따는 사람들의 노동과 일상에 관심을 가졌다.

헤시오도스의 시는 시리우스**가 하늘에 나타날 때 나무를 자르라고 충고하고,

시리우스가 남쪽을 향해 가거든 포도를 따라고,

오리온이 오거든 탈곡을 하라고,

플레이아데스 성단이 나타나거든 추수를 하라고,

플레이아데스 성단이 숨거든 땅을 갈라고,

벌거벗은 채 일하라고,

그리고 바다와 도둑과 여자와 방정맞은 혀와 불길한 날을 경계하라고 충고했다.

트로이의 자살

호메로스에 따르면, 오디세우스의 귀에 아이디어를 불어넣어 준 이는 아테나 여신이었다. 그렇게 해서 그리스 군대의 박해에 10년 동안 저항하던 도시 트로이가 목마 하나에 의해 패배당했다.

---

* 보이오티아(Boeotia)는 코린토스 만 동북쪽에 있는 그리스의 지방이다.

** 시리우스(Sirius)는 밤하늘에서 가장 밝은 별로, '천랑성(天狼星)'이라고도 부른다.

트로이의 왕 프리아모스가 목마를 들여보낸 이유는 무엇이었을까?
이 거대한 동물이 성벽 앞에 나타나 기다릴 때부터 부엌에서 피어오
르는 연기가 붉은색으로 변하고, 상(像)들이 울고, 월계수가 말라버렸
으며, 하늘에서 별들이 사라져버렸다. 카산드라 공주는 타오르는 횃
불을 목마에게 던졌고, 제관(祭官) 라오콘은 목마 옆구리에 창을 박았
다. 왕의 고문들은 목마를 열어 안에 무엇이 들어 있는지 살펴보자는
견해를 제시했고, 그 짐승이 일종의 함정이라는 사실을 의심하지 않
는 사람은 트로이 전체에 아무도 없었다.

하지만 프리아모스 왕은 자신의 실패를 선택했다. 아마도 아테나
여신이 평화의 표시로 선물을 보냈을 것이라 믿고 싶어 했을 것이다.
왕은 그 선물을 모욕하지 않기 위해 성문을 열라고 명령했고, 목마는
칭송하는 말과 감사의 노래가 어우러지는 가운데 받아들여졌다.

목마 속에서 병사들이 나와 트로이의 마지막 돌멩이까지 휩쓸어 버
렸다. 패배한 트로이 사람들은 정복자들의 노예가 되고, 트로이의 여
자들은 정복자들의 여자가 되었다.

영웅

어느 무명 병사의 관점에서라면 트로이 전쟁은 어떻게 기술되었을
까? 신들로부터는 무시를 당하지만 전장 위를 선회하는 독수리들이
유독 탐을 내는 어느 그리스 보병의 관점에서라면? 농사를 짓다 전사
가 되어 그 누구의 찬사를 받지도 못하고, 그 누구도 그의 상(像)을 만

들어주지 않은 어느 농부의 관점에서라면? 의무적으로 타인을 죽여야 했지만 왕비 헬레네의 눈에 들기 위해* 자신이 죽고 싶은 마음은 전혀 없었던 평범한 남자의 관점에서라면?

에우리피데스가 나중에 인정했던 것을 그 병사는 미리 감지했을까? 왕비 헬레네는 트로이에 있어본 적이 없고, 단지 그녀의 그림자만 트로이에 있었을까? 비어 있는 어느 튜니카**를 위해 10년 동안 학살이 자행되었을까?

그 병사가 살아남았다면, 무엇을 생각해 냈을까?

그것을 누가 알겠는가.

아마도 냄새가 알 것이다. 고통의 냄새가 알 것이다. 단지 그뿐이다.

트로이가 멸망한 지 3,000여 년이 지난 뒤, 참전 기자 로버트 피스크와 프란 세비야는 전쟁이 냄새를 풍긴다고 우리에게 이야기한다. 그들은 여러 전쟁에서 종군 기자로 활동하면서 온갖 것을 겪으며 썩은 냄새, 뜨거운 냄새, 달콤한 냄새, 끈적거리는 냄새를 맡았는데, 그 냄새는 사람 몸의 모든 피부 구멍을 통해 들어와 몸속에 자리 잡게 된다.

그 냄새는 당신에게 결코 잊을 수 없는 구역질을 유발할 것이다.

* 헬레네는 스파르타의 왕 틴다레오스의 부인인 레다를 백조로 변한 제우스가 범해서 낳은 그리스 최고의 미인으로, 스파르타의 왕 메넬라오스의 왕비였으나, 트로이의 왕자 파리스를 따라 트로이로 향하면서 트로이 전쟁의 계기가 되었다고 한다.
** 튜니카(tunika)는 그리스 로마 시대에 착용된 의복으로, 소매가 없는 모직 원피스 형태를 띠었다.

그리스 가족의 초상화

태양은 하늘을 거꾸로 돌아 동양으로 갔다. 그 특이한 날이 끝나가고 있는 사이에 아트레우스는 미케네의 왕좌를 차지하고 있었다.

아트레우스는 머리에 쓰고 있는 왕관이 흔들리는 것을 느꼈다. 그는 곁눈질로 친척들을 쳐다보았다. 조카들의 눈에는 권력에 대한 굶주림이 이글거리고 있었다. 그는 조카들을 의심해 목을 베어버렸다. 조카들의 몸을 잘게 썰어 조리한 뒤 죽은 조카들의 아버지인 형 티에스테스에게 베푸는 만찬에 특별식으로 제공했다.

아트레우스의 아들 아가멤논이 왕위를 물려받았다. 아가멤논은 삼촌의 아내 클리타임네스트라를 왕비로 삼고 싶었다. 아가멤논은 삼촌을 죽이는 것 외에 다른 방도가 없었다. 몇 년이 지난 뒤에는 자신의 가장 아름다운 딸 이피게네이아의 목을 자를 수밖에 없었다. 아르테미스 여신은 사티로스,* 켄타우로스,** 요정들로 이루어진 자신의 부대가 트로이 왕국과 전쟁을 하기 위해 떠난 함대에게 순풍을 불어주도록 하기 위해 아가멤논에게 그것을 요구했던 것이다.

전쟁의 끝나자 보름달이 뜬 어느 밤에 아가멤논이 당당하게 미케네의 궁 안으로 들어왔다. 왕비 클리타임네스트라는 아가멤논을 환영하

---

* 사티로스는 몸과 팔과 얼굴이 인간이며 하반신이 염소인 괴물로, 머리에는 두 개의 뿔과 뾰족한 귀가 달렸으며, 매부리코 아저씨 같은 얼굴을 하고 있다. 사티로스는 술의 신 디오니소스를 수행하는 반신반인이며, 여자와 술, 음악을 좋아한다. 여자를 너무 좋아해 '호색(好色)의'라는 의미의 형용사 'satyric'의 어원이 되었다.

** 켄타우로스는 고대 그리스 신화에 나오는 반인반마(半人半馬)의 괴물이다. 대개 성질이 매우 포악한 것으로 알려져 있으나, 인간에게 지식을 가르칠 정도로 현명한 종류도 있다.

고 따뜻한 물로 목욕 준비를 했다. 아가멤논이 목욕을 끝내자 클리타임네스트라는 자신이 직접 짠 그물로 아가멤논의 몸을 감쌌다. 그 그물이 바로 아가멤논의 수의(壽衣)였다. 클리타임네스트라의 정부 아이기스토스가 양날 칼로 아가멤논을 찌르고, 그녀는 도끼로 아가멤논의 목을 잘랐다.

　나중에 엘렉트라와 오레스테스가 그 도끼로 아버지의 복수를 했다. 아가멤논과 클리타임네스트라의 자식들이 어머니와 어머니의 정부를 토막 내 죽인 것이다.* 이 인물들은 시인 아이스킬로스와 프로이트 박사에게 영감을 주었다.

가랑이를 붙이는 파업

펠로폰네소스 전쟁이 한창일 때 아테네, 스파르타, 코린토스, 보이오티아의 여자들이 전쟁에 대한 파업을 선포했다.

　세계 역사에서 가랑이를 붙이는 첫 번째 파업이었다. 파업은 극장에서 일어났다. 이 파업 이야기는 아리스토파네스의 상상력과 아테네의 어머니 리시스트라타의 장광설(長廣舌)로부터 나왔다.

　"나는 드러누워 공중으로 두 발을 치켜들지도 않을 것이고, 네 발로

---

* 엘렉트라는 아버지가 살해된 뒤에도 궁전에 남아 아버지의 무덤에 제주(祭酒)를 바치는 일을 하며 남동생 오레스테스가 돌아와서 복수해 주기만을 기다린다. 드디어 남동생 오레스테스와 무덤에서 만나고 오레스테스는 친구인 필라데스와 함께 아이기스토스와 어머니 클리타임네스트라를 죽인다. 엘렉트라는 어머니보다 아버지를 존경하고 사랑하고 아끼는 여자로, 이로부터 오이디푸스 콤플렉스와 대비되는 '엘렉트라 콤플렉스'라는 개념이 생겨났다.

바닥을 짚고 엉덩이를 쳐들지도 않을 것이다!"

파업은 전사들이 사랑에 굶주려 결국 고집을 버릴 때까지 쉼 없이 지속되었다. 닥치는 대로 전쟁을 하는 데 지치고, 여성들의 반란 앞에서 깜짝 놀란 전사들은 전장에 안녕을 고하는 수밖에 별다른 도리가 없었다.

마치 전통을 믿기라도 하는 것처럼 전통을 강하게 고수할 정도로 보수적이나, 내심으로는 유일하게 성스러운 것은 웃을 권리라고 믿고 있던 아리스토파네스는 그 파업 이야기를 대략 그런 식으로 말하고, 꾸며냈다.

무대에는 평화가 자리 잡았다.

하지만 실제는 그렇지 않았다.

이 작품이 상연되었을 때, 그리스 사람들은 이미 20년째 전쟁을 하고 있었고, 살육 전쟁은 그 후로도 7년이 더 지속되었다.

당시 여자들은 파업을 할 권리도, 자신들의 의견을 개진할 권리도, 자신들의 성별에 배당된 의무에 복종할 권리 외의 다른 권리도 지니지 못한 채 살고 있었다. 여자들이 자신의 몸으로 그런 작업들을 해왔음에도 불구하고, 이 연극에는 참여할 수 없었다. 여자들은 가장 열악한 장소들, 즉 가장 높은 곳에 위치한 후미진 관람석에서 작품을 감상할 수 있었지만, 직접 연기를 할 수는 없었다. 여배우들은 없었다. 아리스토파네스의 작품에서 리시스트라타와 그 밖의 여성 역은 여자로 분장한 남자들이 맡았다.

그대를 그리는 예술

코린토스 만(灣)에 있는 어느 집 침대에서 한 여자가 잠든 애인의 윤곽을 불빛에 비춰 보고 있다.

벽에 애인의 그림자가 반사된다.

그녀 곁에 누워 있는 애인은 그곳을 떠날 예정이다. 날이 밝으면 전장으로 떠날 것이고, 전장에서 죽을 것이다. 전장으로 가는 여행의 동반자인 그림자 역시 애인과 함께 떠날 것이고, 죽을 것이다.

여전히 밤이다. 여자는 숯불에서 숯 하나를 집어 벽에다 그림자의 윤곽을 그린다.

그 그림자 그림은 떠나지 않을 것이다.

그 그림이 그녀를 껴안지는 않을 것이다. 그녀는 그 사실을 알고 있다. 하지만 그 그림은 떠나지 않을 것이다.

소크라테스

여러 도시가 여기저기서 싸우고 있었다. 하지만 그리스에서 발발해 가장 많은 그리스 사람을 죽인 이 전쟁*은 숫자가 적어서 오만해진 소수의 과두 정치가 행해지던 스파르타가 모든 사람인 척하는 소수의 민주 정치가 행해지던 아테네와 치른 것이었다.

---

* 기원전 431년에서 404년까지 고대 그리스에서 아테네가 주도하는 델로스 동맹과 스파르타가 주도하는 펠로폰네소스 동맹 사이에 일어난 전쟁을 가리킨다.

기원전 404년에 스파르타는 피리 소리에 맞춰, 잔인하게 야금야금 아테네의 성벽을 무너뜨렸다.

그 후 아테네에는 무엇이 남았을까?

배 500척이 침몰하고, 8만 명이 페스트에 걸려 죽었으며, 무수한 전사가 칼에 찔려 내장이 몸 밖으로 나온 상태에서 죽고, 도시 하나는 팔다리가 잘리고 미쳐버린 사람들로 가득 채워지는 굴욕을 당했다.

아테네의 법은 아테네 사람들 가운데 가장 올바른 한 사람에게 죽음을 선고했다.*

아고라의 위대한 스승이자 자신이 생각한 바를 광장을 돌아다니며 큰 소리로 설파하고 진실을 추구하던 남자, 이제 막 끝난 세 번의 전쟁에 참여해 싸운 그 남자는 죄가 있다고 선고되었다. 판사들은 그가 "젊은이를 타락시킨 자"라고 판결했는데, 판사들의 판결은 그가 아테네의 문젯거리를 조롱하고 신랄하게 비판하면서도 전혀 아부하지 않은 채 아테네를 사랑한 죄를 지었다는 것을 의미했다.

올림피아 제전

그리스 사람들은 자기들끼리 서로 죽이는 것을 무척 좋아했다. 그러나 전쟁 이외에도 다양한 스포츠를 즐겼다.

그리스 사람들은 올림피아 시에서 서로 기량을 겨루었고, 올림피아

---

* 그가 바로 소크라테스다. 소크라테스가 스파르타의 과두 정치를 옹호하는 발언을 한 적이 있었기 때문에 아테네 시민은 자신들이 당한 피해에 대해 소크라테스에게 복수한 것이다.

제전이 열리는 동안에는 잠시 전쟁을 잊었다.

달리기를 하는 사람들, 창과 원반을 던지는 사람들, 멀리뛰기를 하는 사람들, 권투를 하는 사람들, 레슬링을 하는 사람들, 말을 타고 달리는 사람들, 또는 노래 경연을 하는 사람들은 모두 벌거벗은 상태였다. 모든 선수는 유명 메이커 신발을 신지도 않았고, 유행하는 셔츠를 입지도 않았으며, 향유를 발라 번들거리는 각자의 피부를 가리는 그 어떤 것도 걸치지 않았다.

우승자들은 메달을 받지 않았다. 월계관 하나를 받고, 올리브유 몇 항아리를 받고, 평생 공짜로 먹을 권리를 보장받고, 주변 사람들로부터 존경과 찬사를 받았다.

코로이보스라는 이름의 첫 우승자는 조리사로 일하면서 살아가고 있었는데, 우승을 한 뒤에도 조리사 일을 계속했다. 올림피아 제전에서 그는 모든 경쟁자보다 더 빨리, 무시무시한 속도로 불어오는 북풍보다 더 빨리 달렸다.

올림피아 제전은 그리스인들의 정체성을 공유하는 축제였다. 경기를 하면서 그들의 몸은 말 없는 말을 했다. "우리는 서로 증오하고, 우리는 서로 싸운다. 하지만 우리 모두는 그리스인이다." 올림피아 제전은, 승리한 기독교가 그리스 사람들이 벌거벗은 채 행하는 이교도적 행위가 하느님을 모욕하는 짓이라며 금지시킬 때까지, 그렇게 1,000년 동안 지속되었다.

여자, 노예, 외국인은 그리스 올림피아 제전에 절대 참여할 수 없었다. 그리스 민주주의에도 이 세 부류는 참여할 수 없었다.

파르테논 신전과 그 후

유사 이래 시샘을 가장 많이 받은 조각가 피디아스는 슬픔 때문에 죽었다. 도저히 제어할 수 없는 그의 재능은 징역형을 받았다.

여러 세기가 흐른 뒤, 피디아스는 횡령 혐의로도 처벌받았다.

그의 작품 가운데 으뜸으로 치는 것은 파르테논 신전의 조각품들로, 지금은 아테네가 아니라 런던에 있다. 그 조각품들은 "피디아스의 대리석"이 아니라 "엘긴의 대리석"이라는 이름으로 불린다.

조각가와는 전혀 상관이 없고, 단지 영국의 외국 대사에 불과했던 엘긴 경은 약 2세기 전에 그 경이로운 조각품들을 배에 실어 영국으로 반출한 뒤 정부에 팔았다. 그 이후, 조각품들은 대영박물관에 있게 된다.

엘긴 경이 조각품들을 반출했을 때, 파르테논 신전은 이미 비바람과 외부인의 침입으로 훼손된 상태였다. 아테나 여신의 영원한 영광을 위해 탄생한 신전은 성모 마리아와 그녀의 사제들의 침입을 겪었는데, 그들은 수많은 형상을 부숴버리고, 수많은 얼굴을 지워버리고, 모든 남근을 잘라버렸다. 여러 해가 지난 뒤 베네치아 군대가 침입했고, 신전은 화약고로 변해 파괴되었다.

파르테논 신전은 폐허가 되어버렸다. 엘긴 경이 뽑아낸 조각품들은 당시에도 파손된 상태였고, 계속해서 파손된 상태로 있다. 그 찌꺼기들은 과거의 모습이 어떠했는지 우리에게 이야기해 준다.

조각품의 튜니카는 한 조각의 대리석에 불과하지만, 그 튜니카의 주름을 따라 어느 여자 또는 어느 여신의 몸이 일렁이고 있다.

무릎은 사라져버린 다리에 계속해서 존재하고,

몸통은 잘려나간 머리에서 완성된다.

이미 사라져버리고 없는 말은 갈기털을 치켜세운 채 울부짖고 공중에서 전속력으로 달리는 네 발로 우레 같은 말발굽 소리를 낸다.

현재 남아 있는 일부분의 조각품에는 과거의 모든 것이 들어 있다.

히포크라테스

그는 의학의 아버지라 불린다.

새로 의사가 되는 사람은 그의 이름으로 선서한다.

2,400여 년 전에 히포크라테스는 질병을 치료하고 책을 썼다.

히포크라테스에 따르면, 아래에 소개하는 것들은 자신의 경험에서 우러나온 격언 가운데 일부다.

"경험은 속임수가 많고, 삶은 짧으며, 질병을 치료하는 기술은 길고, 기회는 순간적이고, 판단하기는 어렵다."

"의술은 모든 기술 가운데 가장 고상한 것이지만, 의술을 행하는 사람들이 무식하기 때문에 다른 기술에 비해 몹시 뒤처진다."

"피의 순환은 모든 것에 공통으로 작용하고, 호흡은 모든 것에 공통으로 작용한다. 모든 것은 그 밖의 모든 것과 관련되어 있다."

"생물체 전체의 본성을 이해하지 못하고서는 신체 각 부분의 본성을 이해할 수 없다."

"몸에서 드러나는 증세는 몸의 자연스러운 방어 방식이다. 우리는 그 증세를 질병이라고 부르나, 실제로는 질병이 바로 질병을 치료하는 것이다.”

“고자는 대머리가 되지 않는다.”

“대머리인 사람은 정맥류에 걸리지 않는다.”

“음식이 자양분이 되게 하고, 자양분이 약이 되게 하라.”

“한 사람을 고치는 방법이 다른 사람을 죽일 수도 있다.”

“여자가 아들을 임신하면 화색이 좋으나 딸을 임신하면 화색이 좋지 않다.”

아스파시아

페리클레스 시대에 아스파시아는 아테네에서 가장 유명한 여자였다.

이 두 사람에 관해서는 다른 방식으로도 말할 수 있다. 아스파시아 시대에 페리클레스는 아테네에서 가장 유명한 남자였다.

아스파시아의 적들은 그녀가 여자고 외국인이라는 이유로 용서하지 않았고, 그녀의 흠을 잡기 위해 그녀 자신이 고백할 수 없는 과거를 계속해서 물고 늘어졌으며, 그녀가 지도하고 있던 수사학 학당은 헤픈 아가씨들을 양성하는 곳이라는 험담을 해댔다.

그들은 아스파시아가 신들을 경멸한다는 이유로 기소했는데, 이는 그녀가 죽음으로써 죄를 갚을 수 있는 사안이었다. 1,500명의 남자로 이루어진 법정에서 페리클레스는 아스파시아를 변호했다. 페리클레스가 세 시간에 걸친 변론을 통해 아스파시아가 신들을 경멸한 것이 아니라 신들이 우리 인간을 경멸하며, 우리 인간의 짧은 행복을 파괴한다고 믿었다는 사실을 잊고 언급하지 않았지만, 아스파시아는 사면 되었다.

당시 페리클레스는 이미 본처를 침대와 집에서 내쫓은 뒤 아스파시아와 동거하고 있었다. 그래서 아스파시아와 낳은 아들의 권리를 옹호하기 위해 자신이 만든 법을 위반했다.

소크라테스는 아스파시아의 말을 듣기 위해 가끔 자신의 강의를 중단했다. 아낙사고라스는 종종 그녀의 견해를 인용했다.

"도대체 아스파시아가 무슨 기술과 힘을 지녔기에 저명한 정치가들을 쥐락펴락하고, 철학자들에게 영감을 불어넣는 것인가?" 플루타르코스는 이렇게 자문했다.

사포

사포에 관해서는 알려진 것이 거의 없다.

2,600여 년 전에 레스보스 섬에서 태어났다고들 하는데, 섬 이름 때문에 레즈비언이라는 용어가 생겨났다.

사포는 결혼해 아들 하나를 두었는데, 어느 선원이 자기를 거들떠보지도 않자 절벽에서 뛰어내렸다고 한다. 그녀는 키 작은 추녀였다고 한다.

누가 알겠는가? 우리 사내들은 어떤 여자가 우리의 거부할 수 없는 매력에 빠지지 않고서 다른 여자를 좋아하는 그런 짓을 썩 좋게 생각하지 않는다.

남성적인 권력의 보루인 가톨릭교회는 1703년에 사포가 쓴 모든 책을 불사르라고 명령했다.

시 몇 편만 살아남았다.

에피쿠로스

에피쿠로스는 아테네의 자기 집 정원에서 두려움, 즉 신과 죽음과 고통과 실패에 대한 두려움에 관해 말했다.

에피쿠로스의 말에 따르면, 신이 우리에게 신경을 쓴다고 믿는 것은 아주 헛된 짓이다. 신이 불멸성과 완벽성을 획득한 뒤부터는 우리에게 상도 벌도 내리지 않는다. 덧없는 존재, 잘못 만들어진 존재인 우리는 신의 무관심의 대상이 될 수밖에 없기 때문에 우리에게 신은 무시무시한 존재가 아니다.

에피쿠로스는 죽음 역시 무시무시하지 않다고 말했다. 우리가 이렇게 존재하는 한 죽음은 존재하지 않고, 죽음이 존재하는 한 우리는 존재하지 않게 된다.

고통에 대한 두려움? 고통에 대한 두려움이 사실은 가장 고통스러운 것이다. 하지만 고통이 지나간 뒤에 느끼는 쾌감보다 더 즐거운 것은 없다.

실패에 대한 두려움? 무슨 실패? 풍족하지만 부족하다고 여기는 사람에게 풍족한 것은 결코 없다. 하지만 햇볕 따사로운 오후에 친구들과 담소하는 것에 비교할 수 있는 행복이 무엇이겠는가? 우리에게 사랑하고, 먹고, 마시도록 충동하는 욕구만큼 강한 힘이 무엇이겠는가?

에피쿠로스가 제안했다. 우리 모두 죽을 수밖에 없는 삶의 운명을 행복하게 만듭시다.

시민의 신변이 불안하게 되는 이유

그리스의 민주주의는 자유를 사랑했으나 자유를 빼앗긴 자들을 이용해 살았다. 남녀 노예들이 땅을 경작했다.

도로를 건설하고,

은과 보석을 찾기 위해 산을 채굴하고,

집을 세우고,

옷을 짓고,

신발을 만들고,

조리를 하고,

빨래를 하고,

청소를 하고,

창과 갑옷, 곡괭이와 망치를 만들고,

축제와 성매매 업소에서 쾌락을 주고,

주인의 자식들을 키워주었다.

당시 노예 한 명 값은 노새보다 더 쌌다. 멸시의 대상이던 노예에 관한 것은 시, 연극 무대, 그릇과 담장을 장식하는 그림에 거의 등장하지 않았다. 철학자들은 노예 제도가 하층민의 자연스러운 운명이라는 것을 확인하고, 또 노예에 대한 경계심에 불을 지피기 위한 것이 아닌 경우에는 노예 제도에 무심했다. 플라톤은 노예를 조심하라고 경고했다. 노예는 주인을 증오하는 필연적인 성향을 지녔기 때문에 지속적으로 감시해야만 노예가 우리 모두를 죽이는 것을 막을 수 있다는 것이었다.

아리스토텔레스는 노예 때문에 시민의 지배력이 불안정해질 수 있기 때문에 시민이 군사적인 훈련을 하는 것은 필수 불가결하다고 주장했다.

아리스토텔레스가 주장하는 노예 제도

"타인에게 속한 사람은 자연히 그 사람의 노예다. 사람이 타인에게 속하게 되면 그 사람의 소유물, 도구가 된다. 작업 도구가 생명 없는 노예이듯이, 노예는 살아 있는 도구다.

당연히 종속하는 사람과 종속당하는 사람이라는 서로 다른 계급이 존재한다. 자유인이 노예에게, 남자가 여자에게, 어른이 아이에게 명령하는 법이다.

전쟁의 기술에는 야생동물과 명령을 받들도록 태어났음에도 불구하고 복종하지 않는 사람을 포획하는 것이 포함되어 있다. 그리고 이런 포획 전쟁은 당연히 정당하다.

일상에서 필요한 일에 대한 육체적 노역은 노예와 가축이 제공한다. 그렇기 때문에 자유인과 노예의 몸을 각기 다르게 만든 것은 자연의 의도다."

주신제를 경계하라

로마에서도 노예는 매일 낮의 태양이면서 매일 밤의 악몽이었다. 노예는 제국에 삶과 공포를 주었다.

바쿠스의 축제까지도 질서를 위협했다. 왜냐하면 밤에 행하는 의식은 노예와 자유인 사이의 경계를 없애고, 포도주는 질서가 금지하고 있던 것을 허용해 주었기 때문이다.

음란한 주신제에서 계급의 전복이 일어났다. 이런 일탈 행위는 남부 지방에서 발발한 노예의 반란들과 밀접한 관계가 있었다고들 의심하고, 알려져 있었다.

로마는 팔짱만 끼고 있지 않았다. 기원전 2세기경에 원로원은 바쿠스의 추종자들을 모반 혐의로 기소하고, 집정관 마르키우스와 포스투미우스에게 제국 방방곡곡에서 주신제를 발본색원하라는 임무를 맡겼다.

유혈이 낭자했다.

계속해서 주신제가 벌어졌고, 반란 역시 잇따라 발생했다.

안티오코스, 왕

그의 주인은 만찬 때 그를 어릿광대로 삼았다.

노예 에우누스는 무아지경에 빠져 입으로는 연기와 불을 내뿜고 예언을 함으로써 손님들을 웃겼다.

그처럼 마음껏 먹고 마시는 어느 연회에서 무아지경 상태로 불 쇼를 한 뒤, 에우누스는 자신이 그 섬나라의 왕이 될 것이라고 경건한 태도로 말했다. 시칠리아는 자신의 왕국이 될 것이라고 말하고, 그 사실을 데메테르 여신에게 말했다고 알렸다.

손님들이 데굴데굴 구를 정도로 웃어댔다.

며칠 후, 그 노예는 왕이 되었다. 입으로 불을 뿜어대면서 주인의 목을 베었고, 엄청난 규모의 노예 반란을 주도했다. 노예들은 시칠리아의 마을과 도시를 점거하고 에우누스를 시칠리아의 왕으로 추대했다.

섬이 불탔다. 새로운 군주는 무기를 만들 줄 아는 죄수들을 제외하고는 모든 죄수를 죽이라고 명령하고, 자신의 새로운 이름 안티오코스를 데메테르 여신상과 함께 새긴 동전을 발행했다.

왕국은 4년 동안 지속되었고, 결국 안티오코스는 모반으로 폐위되어 감옥에 갇혔고, 이(蝨)들이 안티오코스의 몸을 물어뜯었다.

반세기가 지난 뒤 스파르타쿠스가 도착했다.

스파르타쿠스

그는 트라키아에서는 목동으로, 로마에서는 군인으로, 카푸아에서는 검투사로 활동했다.

그는 도망친 노예였다. 식칼로 무장한 채 도망쳐 베수비오 화산 자락에서 자유인 부대를 창설했는데, 그 부대는 크게 성장해 군대가 되었다.

기원전 72년 어느 날 아침, 로마는 전율했다. 로마 사람들은 스파르타쿠스의 부하들이 자신들을 노려보고 있다는 사실을 알아차렸다. 동이 트자 기치창검이 세워진 언덕 능성이가 모습을 드러냈다. 노예들은 언덕 위에서 당시 세상을 지배하고 있던 강대한 여왕의 신전과 궁전들을 응시하고 있었다. 노예 자신들의 이름과 추억을 빼앗아버리고, 노예 자신들을 채찍질하고, 노예 자신들을 선물하거나 사고파는 물건으로 변화시켜 버린 도시, 자신들의 눈으로 보고 있던 도시가 손에 잡힐 듯 가까이 있었다.

도시에 대한 공격은 이루어지지 않았다. 스파르타쿠스와 부하들이 도시에서 아주 가까운 곳까지 도달했는지, 또는 그들이 순전히 로마 사람들의 두려움으로 인한 환영(幻影)에 불과했는지는 결코 알려지지 않았다. 왜냐하면 그 며칠 동안 노예들이 다른 곳에서 로마 군대의 병사들에게 굴욕적인 몽둥이질을 하고 있었기 때문이다.

로마 제국을 들쑤셔 놓았던 이 게릴라 전쟁은 2년 동안 지속되었다.

마침내 반란을 일으킨 노예들은 루카니아 산에서 포위되어, 로마에서 율리우스 카이사르라 불리는 젊은 군인이 모집한 군대에 의해 절멸되었다.

패배한 스파르타쿠스는 자신의 말 머리에 머리를 기대고, 모든 전쟁에서 함께 싸웠던 전우의 이마에 이마를 맞댄 채 기다란 칼을 그 전우에게 꽂아 심장을 꿰뚫어 버렸다.

목수들은 스파르타쿠스와 부하들을 처형하기 위해 카푸아에서부터 로마까지 아피아 가도를 따라 새로 십자가를 만들어 세웠다.

로마 관광

손으로 하는 작업은 노예가 맡았다.

노예가 아니라 할지라도 일용 노동자, 수공업자가 "천한 일"을 떠맡았다. 폭리를 취하는 고귀한 일을 맡고 있던 키케로는 노동의 범주를 다음과 같이 규정했다.

"모든 사람 가운데 소시지 만드는 사람, 가금류나 생선을 파는 사람, 조리사…… 등처럼 요식업에 종사하는 사람이 가장 고상하지 않다."

로마에서는 전쟁에서 거의 싸우지 않으면서도 전쟁을 주도하고, 땅을 거의 만지지 않으면서도 땅을 소유한 사람들이 가장 존경받았다.

가난하다는 것은 용서할 수 없는 범죄였다. 몰락한 부자들은 이런 불명예를 감추기 위해 빚쟁이가 되었고, 운이 좋은 경우에는 정치계에서 성공해 자신들의 채권자에게 봉사하는 일을 했다.

성적인 호의를 판매하는 것은 돈을 버는 확실한 원천이었다. 정치적이고 자본주의적인 호의를 판매하는 것 또한 마찬가지였다. 두 가지 행위는 동일한 이름으로 불렸다. 포주와 "로비" 전문가들을 모두 "뚜쟁이"라고 불렀다.

율리우스 카이사르

"대머리 색골"이라 불린 그는 모든 여자의 남편이자 모든 남편의 여자라는 소문이 있었다.

정통한 소식통에 따르면, 카이사르가 클레오파트라의 침실에 들어간 뒤 몇 달 동안 코빼기도 보이지 않고 처박혀 있었다는 것이 확실하다.

그의 전리품은 클레오파트라와 함께 알렉산드리아에서 로마로 돌아갔다. 카이사르는 유럽과 아프리카에서 벌인 여러 전투를 승리로 이끌어가면서, 수많은 검투사를 죽이라고 명령하고 클레오파트라가 그에게 선물한 기린들과 특이한 물건들을 전시하면서 자신의 영광을 기렸다.

로마는 그에게 제국 전체에 단 하나밖에 없는 진홍색 겉옷을 입혔고, 그의 이마에 월계관을 씌워주었으며, 공인(公認) 시인 베르길리우스는 아이네이아스, 마르스, 베누스의 후손인 그의 신성한 가문에 대한 찬가를 썼다.

잠시 뒤, 최고위 정상에서 스스로를 종신 독재관으로 선포하고, 자신이 속한 계층의 불가침 특권을 위협하는 개혁 조치를 공포했다.

그러자 그의 수하 귀족들은 치료보다 예방이 우선한다고 결정했다.

전능한 인간 카이사르는 죽을 운명에 처한 상태에서 친구들과 사랑하는 마르쿠스 브루투스에 둘러싸여 있었다. 아마도 카이사르의 아들이었을 수도 있었던 브루투스는 카이사르의 몸이 으스러질 정도로 힘껏 껴안은 채 카이사르의 등에 첫 번째 칼을 꽂았다.

다른 칼들이 카이사르를 난자했고, 붉은 칼들이 공중으로 치켜 올려졌다.

카이사르의 몸은, 그의 노예 가운데 그 누구도 감히 만질 수 없었기 때문에, 그곳 돌바닥에 쓰러진 채 방치되어 있었다.

로마 제국의 소금

기원전 31년, 로마는 클레오파트라, 그리고 율리우스 카이사르의 명성과 침대를 유산으로 물려받은 마르쿠스 안토니우스와 전쟁을 벌였다.

그러자 아우구스투스 황제는 사람들에게 소금을 선물하면서 여론을 유리하게 이끌었다.

귀족들은 평민들에게 이미 소금 소유권을 허용해 주었는데, 이번에 아우구스투스는 소금의 양을 더 늘렸다.

로마는 소금을 사랑했다. 로마 사람들이 설립한 도시 근처의 바위산과 바다에서 소금을 생산했기 때문에 로마에는 늘 소금이 있었다.

오스티아 해안에서 소금을 운반해 오기 위해 제국에서 처음으로 건설한 도로의 이름은 "소금길(Via Salaria)"이라 불렸고, "살라리오(Salario)"는 로마 군단의 병사들이 전쟁에 참여하는 동안 소금으로 받은 급료에서 비롯된 말이다.

클레오파트라

클레오파트라의 시녀들은 꿀 섞은 암나귀 젖으로 클레오파트라를 목욕시킨다.

클레오파트라의 벌거벗은 몸에 재스민, 백합, 인동덩굴 즙을 바른 뒤 깃털을 가득 채운 커다란 비단 쿠션에 눕힌다.

그녀의 감긴 눈꺼풀 위에는 알로에를 얇게 잘라 놓는다. 얼굴과 목에는 황소의 담즙, 타조 알, 꿀벌집을 섞어 만든 반죽을 바른다.

클레오파트라가 낮잠에서 깨어나면 하늘에는 이미 달이 떠올라 있다.

시녀들이 클레오파트라의 손에 장미수를 바르고, 발에 편도 묘약과 오렌지꽃 묘약을 향수로 바른다. 겨드랑이에서는 레몬향과 계피향이 풍겨나도록 하고, 사막의 대추야자로 머리를 향기롭게 하며, 호두 기름으로 머리에 윤기를 낸다.

그리고 화장할 차례가 된다. 딱정벌레 가루로 뺨과 입술에 색을 입힌다. 안티몬 가루로 눈썹을 칠한다. 청금석(青金石)과 공작석(孔雀石)을 이용해 눈 주위를 파란색과 초록색으로 칠한다.

클레오파트라는 알렉산드리아에 있는 자신의 궁전에서 생애의 마지막 밤으로 들어간다.

이집트의 마지막 여왕,

소문만큼은 아름답지 않은 여자,

소문만큼은 훌륭한 여왕이 아닌 여자,

여러 나라 말을 할 줄 알고, 경제와 여러 가지 남성적인 비밀을 이해한 여자,

로마를 현혹시킨 여자,

로마에 도전한 여자,

율리우스 카이사르, 마르쿠스 안토니우스와 침대를 공유한 여자,

그녀는 로마의 군대가 그녀를 향해 진격해 오고 있는 동안 이제 가장 현란한 옷을 입고 천천히 자신의 옥좌에 앉는다.

율리우스 카이사르는 이미 죽고, 마르쿠스 안토니우스도 이미 죽었다.

이집트의 저항이 무너진다.

클레오파트라는 짚으로 짠 바구니를 열라고 명령한다.

방울뱀 소리가 들린다.

방울뱀이 미끄러지듯 움직인다.

나일 강의 여왕은 튜니카의 앞섶을 풀어 헤치고, 금가루가 반짝이는 맨가슴을 방울뱀에게 내민다.

효능이 입증된 피임 방법

로마에서는 많은 여자가 임신을 피하기 위해 사랑이 끝나자마자 재채기를 해버렸다. 하지만 직업여성은 남자가 사정하는 순간에 씨앗이 진로를 벗어나도록 골반을 흔들어버리는 방법을 더 선호했다. 노(老) 플리니우스의 말에 따르면, 빈민층 여자는 털거미 머리에서 뽑아낸 유충을 사슴 가죽에 싸서 만든 부적을 동이 트기 전에 목에 거는 것으로 임신을 피했다. 상류층 여자는 암사자의 자궁 조각이나 고양이의 간 조각이 담긴 작은 상아 상자를 몸에 소지함으로써 임신을 피했다.

수많은 세월이 흐른 뒤, 에스파냐에서는 여신도들이 지극정성으로 기도했다.

사랑을 하지 않고 아이를 가진 당신, 성 요셉이시여,

제가 사랑을 해도 임신하지 않도록 해주소서.

쇼 비즈니스

침묵. 신관들이 신들에게 자문을 요청한다. 신관들은 흰 황소의 배를 가르고 내장을 꺼내 점을 친다. 갑자기 음악이 연주되고, 경기장이 흐느낀다. '그래', 신들은 '그래'라고 말하고, 신관들 역시 축제가 곧바로 시작되기를 바라는 마음에 안달이 나 있다.

죽게 될 검투사들은 황제가 앉아 있는 관람석을 향해 자신들의 무기를 들어 올린다. 검투사들은 노예거나 사형 선고를 받은 범죄자다. 하지만 일부는 황제가 엄지손가락으로 땅을 가리키는 날까지 지속될 짧은 직업 생활을 위해 양성소에서 장기간 훈련받은 검투사들이다.

유명 검투사들의 얼굴이 카메오* 세공품, 금속판, 그릇 등에 그려져 관중석에서 따뜻한 빵처럼 팔리는 사이에 관중은 내기의 판돈을 올리고, 욕설을 퍼붓고 환호성을 지르며 열광한다.

쇼는 며칠 동안 계속될 수 있다. 개인 사업자들은 고가의 입장료를 받는다. 하지만 정치가들은 가끔 학살 장소를 공짜로 제공해 준다. 그런 때는 관중석이 자신의 약속을 지키는 유일한 사람, 민중의 친구인 후보자에게 투표해 달라고 촉구하는 플래카드와 손수건으로 뒤덮인다.

모래가 깔린 원형 경기장은 피로 만든 수프가 되어버린다. 텔레마쿠스라 불리는 기독교인은 검투사 둘이 죽음의 결투를 벌이고 있는 모래판에 뛰어들어 검투를 중지시킴으로써 성인으로 추앙받았다. 군

---

* 카메오(cameo)는 돋을새김을 한 작은 장신구로, 마노, 호박, 조개껍데기 등 색상이 여러 층인 재료를 써서 어두운 색을 바탕으로 밝은 색의 초상 같은 것이 돋아 나오게 깎아 만든다.

중은 텔레마쿠스가 경기를 중지시켰다는 이유로 그에게 돌팔매질을 함으로써 만신창이가 된 몸을 퓌레*로 만들어버렸다.

로마 가족의 초상화

3세기 동안 로마는 생지옥이었고, 로마의 황제들은 악마였다. 악마 같은 황제들은 콜로세움의 모래판에 있는 굶주린 맹수들에게 기독교인들을 내던졌다. 군중은 열광했다. 그 누구도 그런 점심식사 기회를 잃어버리는 걸 원치 않았다.

할리우드의 역사가들에 따르면, 최악의 폭군은 네로 황제였다. 네로 황제는 사도 성 베드로를 십자가에 거꾸로 매달았고, 기독교인들에게 잘못을 전가하기 위해 로마에 불을 질렀다. 자기 가족을 죽임으로써 제국의 전통을 지켰다.

네로 황제는 자신을 키워준 숙모 레피다에게 하제(下劑)를 먹였다. 자신의 의붓동생 브리타니쿠스에게 독버섯을 먹여 영원히 작별을 고했다.

네로는 의붓동생 옥타비아와 결혼한 뒤에 그녀를 추방하고 교살하도록 했다. 홀아비에 자유로운 상태가 된 네로는 천하일색 포파이아의 아름다움을 큰 소리로 노래할 수 있었고, 그녀를 황후로 만들었다가 싫증이 나자 다른 세상으로 차버렸다.

---

* 퓌레(purée)는 야채나 고기를 갈아서 체로 걸러 걸쭉하게 만든 음식으로, 주로 요리의 재료로 쓴다.

어머니 아그리피나는 네로가 가장 죽이기 어려운 사람이었다. 네로는 자신이 아그리피나의 배에서 태어났고, 아그리피나가 아들 네로를 황제로 등극시키기 위해 남편 클라우디우스를 독살시켰기 때문에 아그리피나에게 고마움을 느끼고 있었다. 하지만 사랑스러운 어머니 아그리피나는 네로가 통치를 하도록 내버려두지 않았고, 기회만 되면 아들의 침대로 들어가 잠이 든 척함으로써 암살을 피했다. 네로가 어머니를 제거하는 것은 쉽지 않은 문제였다. 어머니가 한 명뿐이라는 것이 그나마 다행스러운 일이었다. 네로는 노예와 동물을 대상으로 미리 시험한 독약을 어머니가 마시게 하고, 어머니가 자는 침대 위로 지붕이 무너져 내리게 하고, 어머니가 탄 배의 용골(龍骨)에 구멍을 뚫게 하고…… 결국 어머니의 죽음에 곡(哭)을 할 수 있었다.

네로는 포파이아의 아들로, 황제가 되기 위해 장난을 치고 있던 루프리우스 크리스피누스를 죽이라고 명령했다.

그리고 자기 목에 스스로 칼을 꽂음으로써 자신과 함께 마지막으로 살아남아 있던 그 친척과 더불어 죽었다.

로마를 비웃은 시인

시인 마르시알이 태어나고 죽은 곳은 에스파냐였으나 살면서 글을 쓴 곳은 로마였다.

네로 황제 시대였다. 당시는 독일인을 야만족이라 불렀는데, 그 야만족의 머리카락으로 만든 가발이 유행했다.

거울들

그 갈색 머리카락은 그녀의 것이다.
그녀가 그렇게 말하고, 그 말은 거짓이 아니다.
나는 그녀가 그것을 어디서 샀는지 안다.

붙였다 떼었다 할 수 있는 속눈썹에 관해서는 다음과 같다.

그대는 오늘 아침 어느 상자에서 꺼내 붙인
그 눈꺼풀을 움직여 계속 윙크한다.

죽음은 지금처럼 시인의 환경을 더 좋게 만들었다.

죽은 사람만 찬사를 받는다.
나는 찬사를 받느니 차라리
계속해서 살기를 원한다.

의사를 찾아가는 것은 치명적일 수 있었다.

그대가 왔을 때 나는 열이 없었다.
그대가 나를 봄으로써 나는 열을 얻었다.

그리고 정의는 불의일 수 있었다.

간통한 남자의 코를 자르라고 그대에게 충고한 사람은 누구인가?

그대를 배반한 자는 그 뾰족한 것을 이용해 배반한 것이 아니다.

웃음 치료

갈레노스는 의학계의 주인공이었다.

갈레노스는 검투사들의 부상을 치료하면서 의술을 시작했고, 그의 의술은 마르쿠스 아우렐리우스의 주치의가 되면서 끝났다.

그는 실험을 믿었지 이론을 믿지 않았다.

"나는 쉽고 짧은 길보다는 고통스럽고 긴 길을 더 선호한다."

갈레노스는, 삶의 습관은 두 번째 본성이며, 건강과 질병은 삶의 두 가지 방식이라는 사실을 몇 해 동안 환자를 치료하면서 확인했다. 병약한 기질을 지닌 환자에게는 습관을 바꾸라고 충고했다.

갈레노스는 수백 가지 통증과 치료법을 발견하고 그에 관해 기술했으며, 갖가지 치료법을 시험해 보면서 다음과 같은 사실을 확인했다.

"웃음보다 좋은 약은 없다."

농담

안달루시아 출신의 로마 황제 하드리아누스는 그날 아침이 자신의 마지막 아침이 되리라는 사실을 알았을 때, 자기 영혼에게 말했다.

방랑하는, 유약한,

나의 작은 영혼,

내 몸의 손님이자 동반자인 내 영혼

지금 그대는 어디로 가는가?

그대는 생기 없고, 딱딱하고, 메마른 어느 곳으로 가려 하는가?

이제 그대는 더 이상 농담을 하지 않을지니.

뒤바뀐 세상이 실제 세상을 조롱했다

로마의 여자들은 하루 동안 절대 권력을 즐겼다. 마트로날리아 축제*
동안에는 여자가 명령을 하고, 남자는 명령을 받들었다.

옛 바빌로니아의 '사세(Sacé) 축제'에서 유래한 사투르날리아 축제
는 한 주 동안 지속되었다. 마트로날리아처럼 뒤바뀐 세상의 해방감
을 즐기는 것이었다. 부자는 가난한 사람에게 봉사하고, 반면에 가난
한 사람은 부자의 집으로 들어가 그들의 옷을 입고, 그들의 식탁에서
음식을 먹고 그들의 침대에서 잠을 잤다. 사투르누스 신을 기리는 사
투르날리아는 12월 25일에 절정을 이루었다. 이날은 "태양이 소생하

---

* 마트로날리아(Matronalia)는 출산의 여신인 유노(Juno)를 기념하는 고대 축제로, '마트로날레스 페리
아에(Matronales Feriae)'라고도 한다. 로마의 부인들은 유노에게 신전을 바친 기념일인 3월 1일에 이
축제를 연다. 마트로날리아는 로마인들과 사비네 여인들 사이의 첫 번째 결혼으로 이룩된 평화와 결
혼의 신성함을 상징하는 축제로, 결혼한 여인들이 신전으로 줄지어 가서 유노 여신에게 제물을 바친
다. 한편, 가정에서는 제물과 함께 결혼의 행복을 비는 기도를 하고 부인은 남편으로부터 선물을 받
으며, 여종들을 위해 잔치를 베푼다.

는 날"*이었는데, 몇 세기가 지난 뒤, 가톨릭교회의 결정에 따라 크리스마스가 되었다.

유럽의 중세에는 '죄 없는 아기 순교자들 축일'**에 어린이, 바보, 정신병자 등에게 권력을 넘겨주었다. 영국에서는 "실정(失政)의 군주"***가 지배했고, 에스파냐에서는 정신병자 수용소에 살던 '수탉의 왕'과 '돼지의 왕'이 권좌를 다투었다. 남자아이 하나가 주교의 관을 쓰고 주교의 지팡이를 든 채 미치광이들의 교황 역할을 하면서 자신의 반지에 입을 맞추는 시늉을 했다. 다른 남자아이는 나귀를 탄 채 주교처럼 설교를 했다.

뒤바뀐 세상의 모든 축제처럼 이런 덧없는 자유의 장(場)은 처음과 결말이 있었다. 축제 기간은 짧았다. 선장이 명령하는 곳에서는 선원이 명령하지 않는 법이다.

* 12월 25일은 동지가 지났기 때문에 '태양이 소생하는 날'이다.
** 죄 없는 아기 순교자들 축일(Holy Innocent's Day)은 헤로데 왕이 아기 예수를 죽이려고 두 살 이하의 사내아이들을 학살한 사건(「마태복음」 2장 16-18절)을 기념하는 축일을 가리킨다. 서방 교회에서는 12월 28일, 동방 교회에서는 12월 29일이다. 이 날은 소년 주교들이 권위를 행사하는 날로, 부모들은 잠시 권위를 포기했고, 수녀원과 수도원에서는 가장 나이 어린 수녀와 수사가 그날 하루 수녀원장과 수도원장 역할을 했다.
*** 실정의 군주(The Lord of Misrule) 축제는 중세 크리스마스 때 행해졌다. 평민 또는 대군주의 노예 가운데 한 사람을 뽑고, 그가 군왕이 되어 크리스마스 축제 기간 동안 절대 권력을 가지고 천하를 다스리게 하는 전통이다. 축제 기간에는 모든 노예에게 주인과 평등한 권리를 부여했다고 전해진다.

웃음 금지

자연의 순환과 연관된 옛 축제들을 지금은 성탄절과 부활절이라 부른다. 이들 축제는 이제 이교도 신들을 기리는 날이 아니라 옛 축제의 주인공이고, 옛 축제의 상징이었던 신성(神性)을 숭배하는 거룩한 의식이다.

로마로부터 전해졌거나 로마에서 만들어진 힐라리아 축제는 봄의 도래를 환영하는 것이었다. 키벨레 여신이 강에서 목욕을 하면서 비와 들판의 풍요를 부르는 사이에 낡은 옷을 입은 로마 사람들은 배꼽을 쥐며 웃어댔다. 모든 사람이 서로를 놀려댔고, 세상에 웃음을 유발하지 않은 것은 단 하나도, 단 한 사람도 없었다.

신나게 웃으면서 봄의 부활을 축하하는 이 이교도적인 웃음 축제는 가톨릭교회의 결정에 따라 매년 3월 예수가 부활한 날짜의 하루 전후로 거행되는데, 복음서들에는 예수의 웃음에 관해서는 전혀 기록되어 있지 않다.

가톨릭교회의 결정에 따라, 바티칸은 즐거움의 축제가 절정을 이루던 바로 그 장소에 건축되었다. 그곳, 군중의 폭소가 울려 퍼지던 그 드넓은 광장에서는 이제 웃는 사람이 단 한 명도 등장하지 않는 성서의 일부를 암송하고 있는 교황의 진지한 목소리가 들린다.

웃는 신

그 신의 상들은, 자신의 삶과 사후(死後)를 특징짓는 역설들을 조롱하는 것처럼, 차분하게 비웃는 모습을 보여주고 있다.

붓다는 신을 믿지도 하느님을 믿지도 않았지만 붓다를 믿는 사람들은 붓다를 신성시해 버렸다.

붓다는 기적을 믿지도 실행하지도 않았지만 붓다를 믿는 사람들은 붓다가 기적을 행할 수 있다고 믿는다.

붓다는 어떤 종교를 믿지도 어떤 종교를 창시하지도 않았지만 시간이 흐르면서 불교는 세계에서 신도를 많이 보유한 종교 가운데 하나가 되었다.

붓다는 갠지스 강변에서 태어났으나 인도의 불교 신자는 전체 인구의 1퍼센트도 채 되지 않는다.

붓다는 고행을 하고, 정욕을 포기하고, 욕망을 거부하라고 설교했으나 자신은 돼지고기를 많이 먹고 탈이 나서 죽었다.

절대 웃지 않는 어느 아버지

유대인, 기독교인, 무슬림은 동일한 신을 숭배한다. 그 신은 바로 성서의 신인데, 야훼, 단순하게 하느님, 그리고 알라, 이렇게 세 가지 이름으로 불린다. 유대인, 기독교인, 무슬림은 신의 명령에 따른다면서 서로를 죽인다.

다른 종교들에서 신은 그 수가 많았거나 많다. 수많은 올림포스 신이 그리스, 인도, 멕시코, 페루, 일본, 중국 등지에 과거에 있었거나 지금도 있다. 그럼에도, 성서의 신은 질투심이 많다. 누구에 대한 질투심인가? 만약 그 신이 유일신이고 진정한 신이라면, 왜 그 신은 경쟁에 그토록 신경을 많이 쓰는가?

> 너희는 다른 신을 예배해서는 안 된다. 나의 이름은 질투하는 야훼, 곧 질투하는 신이다.(「출애굽기」)

그 신이 부모가 저지른 불신 탓을 자손에게 돌려 벌하는 이유는 무엇인가?

> 나 야훼, 너희의 하느님은 나를 싫어하는 자에게는 아비의 죄를 그 후손 3대, 4대에까지 갚는다.(「출애굽기」)

그 신은 왜 항상 불안해하는가? 왜 자신을 믿은 사람들을 그토록 불신하는가? 무엇 때문에 신도더러 자기에게 복종하라고 위협하는가? 신은 자신이 직접 육성으로 말을 하거나, 예언자들의 입을 통해 다음과 같이 알린다.

> 너희가 너희 하느님 야훼께서 하신 말씀을 듣지 않으면, 야훼께서 폐병과 열병과 염병과 괴저병, 건조증으로 너희를 치실 것이다. 너희는 여자 하나를 결혼시켜 다른 남자가 그 여자를 소유하게 하리라. 너희 땅에 티끌

과 모래가 비처럼 내릴 것이다. 너희는 밭에 씨를 많이 뿌릴 것이나 메뚜기 떼가 와서 괴멸시켜 버릴 것이다. 너희가 포도나무를 심고 가꿀 것이나 벌레가 갉아 먹어 포도주를 마시지 못할 것이다. 원수에게 남종, 여종으로 팔려고 너희 몸을 내놓아도 살 사람마저 없으리라.(「신명기」)

너희는 엿새 동안 일을 하고, 이레째 되는 날은 너희에게 거룩한 날이요, 야훼의 영광을 위해 온전히 쉬는 날이니라. 그날 일을 하는 자는 누구든 죽으리라.(「출애굽기」)

야훼의 이름을 욕되게 하는 자는 죽을 것이다. 마을 사람 모두가 그를 돌로 치리라.(「레위기」)

이 신에게 더 효율적인 것은 보상보다 벌이다. 성서는 믿음이 없는 사람에게 내리는 무시무시한 벌의 목록이다.

나는 너희에게 맹수를 보내리라. 너희 죄를 일곱 배로 하여 너희를 치리라. 너희는 너희 아들들의 살을 먹고 딸들의 살을 먹으리라. 나는 너희를 향해 칼을 빼리라. 너희 땅은 황폐해지고 너희의 도시들은 폐허가 되리라.(「레위기」)

항상 화가 나 있는 이 신은 자신의 세 가지 종교를 통해 우리 시대의 세상을 지배한다. 말하자면, 그는 썩 친절한 하느님은 아니다.

야훼, 질투하시는 하느님, 보복하시고, 분노를 잘하시는 신이시여! 야훼는 원수를 갚으신다. 적에게 분풀이를 하신다.(「나훔」)

이 신의 십계명은 전쟁을 금지하지 않는다. 이 신은 전쟁을 하라고 명령한다. 그 누구를 위해서도, 심지어는 갓난아이를 위해서도 자비심을 갖지 않는 전쟁이 바로 이 신의 전쟁이다.

아말렉 사람들에게 연민을 갖지 마라. 남자와 여자, 아이와 젖먹이, 소 떼와 양 떼, 낙타와 나귀 할 것 없이 모조리 죽여야 한다.(「사무엘상」)

약탈자, 바벨의 딸이여, 네 어린 것들을 잡아다가 바위에 메어치는 사람에게 행운이 있을지라!(「시편」)

아들

어떻게 그것이 가능한지는 아무도 모른다. 성교를 한 번도 하지 않은 유일한 신인 야훼가 한 아들의 아버지였다는 사실 말이다.

복음서들에 따르면, 그 아들은 헤로데 왕이 갈릴래아에서 통치하고 있을 때 세상에 도착했다. 헤로데 왕이 그리스도의 시대가 시작되기 4년 전에 죽었기 때문에 예수는 그리스도보다 4년 전에 태어나야 했다.

그것이 정확히 몇 년인지는 잘 모른다. 날짜도, 달도 모른다. 예수가 자기 생일도 모른 채 거의 4세기를 지내오던 중, 379년에 나지안주스의 성 그레고리우스가 예수의 출생증명서를 예수에게 전달했다. 예수는 12월 25일에 태어났다. 그런 식으로 가톨릭교회는 우상 숭배의 속임수를 한 번 더 써먹었다. 이교도적인 전통에 따르면, 그날은 성스러운 태양이 밤을 물리치기 위해 겨울의 암흑을 뚫고 길을 떠나는 날이었다.

그런 일이 언제 일어났든지 간에, 아마도 당시 사람들은 그 평화로운 첫날 밤, 사랑이 충만한 그 밤을 지금 우리의 귀를 먹먹하게 만들어버리는 폭죽 같은 것을 쏘면서 축하하지는 않았던 것 같다. 확언하건대, 금발의 곱슬머리가 아닌 그 갓난아기를 그려놓은 삽화는 없었다. 또, 그 누구도 결코 보지 못했던 그 길잡이 별을 따라 베들레헴의 구유를 향해 가던 세 명의 동방박사는 셋도 아니고, 왕도 아니고, 박사도 아니었다. 그리고 그 성전의 상인들에게 그토록 나쁜 소식을 가져왔던 첫 번째 성탄절이 세상의 상인들에게 눈부신 판매를 약속하지도 않았고 그러고 싶어 하지도 않았음에 틀림없다.

지명수배

그의 이름은 예수다.

사람들은 그를 메시아라 부른다.

그는 직업도 거처도 없다.

그는 자신이 하느님의 아들로, 세상을 불태우기 위해 하늘나라에서 내려왔다고 말한다.

그는 사막에서 도망쳐 나와 마을 사람을 선동하며 이 마을 저 마을로 돌아다닌다.

불량배, 범죄자, 악당이 그를 따른다.

그는 빈자, 노예, 미치광이, 주정뱅이, 창녀에게 천국을 약속한다.

나병 환자를 고치고, 빵과 물고기 수를 늘리고 다른 기적과 마술과 요술을 행하면서 대중을 속인다.

그는 로마 정부의 권위도 유대의 전통도 존중하지 않는다.

항상 법 밖에서 살아왔다.

그는 태어나면서 받은 사형 선고를 피해 33년 동안 산다.

십자가가 그를 기다린다.

당나귀

구유에서 갓 태어난 예수의 몸을 따스하게 해주는 당나귀의 모습이 여러 삽화에 그려져 있다. 짚이 깔린 구유 옆에서 당나귀가 커다란 귀를 드러낸 채 사진을 찍기 위해 포즈를 취하고 있는 모습이 삽화에 묘사되어 있다.

당나귀의 등에서 예수는 헤로데 왕의 칼을 피했다.

당나귀의 등에서 예수는 삶을 영위했다.

당나귀의 등에서 예수는 설교했다.

당나귀의 등에서 예수는 예루살렘에 들어갔다.

당나귀는 그토록 아둔한 동물인가?

예수의 부활

멕시코 오아하카의 마사테카 원주민들이 전하는 바에 따르면, 예수는 가난한 사람이 말을 하고, 나무가 말을 하도록 했기 때문에 십자가에 못 박혔다고 한다.

예수는 십자가에서 많은 고통을 받은 뒤에 십자가에서 내려졌다고 한다.

예수가 이제 땅속에 묻혀 죽음의 잠을 자고 있을 때 귀뚜라미 한 마리가 노래를 불렀다.

귀뚜라미가 예수를 깨웠다.

예수는 귀뚜라미에게 죽음으로부터 벗어나고 싶다고 말했다.

귀뚜라미가 그 말을 두더지에게 전하자 두더지는 땅속으로 긴 굴을 파기 시작해 예수를 넣어 둔 상자에 도달했다.

귀뚜라미가 쥐에게 도움을 요청하자 쥐는 날카로운 이빨로 갉아 상자를 열었다.

예수가 상자에서 나왔다.

예수는 병사들이 자기 몸 위에 눌러 놓은 거대한 바위를 손가락 하나로 밀었다.

예수는 귀뚜라미, 두더지, 쥐에게 고마움을 표하고, 아주 훌륭했다고 칭찬했다.

그리고 나서, 날개가 없지만, 하늘로 올라갔다.

예수는 자신의 열린 무덤 위로, 천사가 앉아 있는 거대한 바위를 공중에 뜬 상태로 놔두었다.*

천사는 예수의 어머니인 마리아 여사에게 그 모든 것을 얘기했다.

그 비밀을 고이 간직할 수 없었던 마리아 여사는 시장에서 동네 여자들에게 발설해 버렸다.

이렇듯, 마리아 여사를 통해 예수의 부활에 관한 비밀이 알려졌다.

마리아들

복음서들에는 마리아가 거의 등장하지 않는다.

가톨릭교회도 약 1,000년 전까지는 마리아에게 큰 관심을 기울이지 않았다. 약 1,000년 전에 예수의 어머니는 인류의 어머니, 순결한 신앙의 상징으로 추존되었다. 11세기에 가톨릭교회가 연옥의 개념을 설정하고 고백성사의 의무를 결정하자 프랑스에서는 마리아를 기리는 성당과 주교좌성당 여든 개가 생겨났다.

마리아의 명성은 처녀성에서 비롯되었다. 천사들의 부양을 받은 마리아는 남자의 손 한 번 타지 않은 채 한 마리 비둘기**에 의해 임신하게 되었다. 남편 성 요셉은 멀리서 마리아에게 인사만 했을 뿐이다. 마리아는 1854년부터 더 성스럽게 되었다. 그해, 결코 오류를 범하지 않는 교황 비오 9세는 마리아가 원죄 없이 잉태되었다고 밝혔는데,

---

* 「마태복음」 28장에 실린 내용이다.

** 천사와 마리아 사이에 성령의 상징으로 비둘기가 나는 모습이 그려져 있다. 빛이 하늘에서 비둘기를 관통해 마리아의 몸으로 들어감으로써 성부(聖父)가 파견한 성령이 육화를 이룬 것이다.

이는 성모 마리아의 어머니 역시 처녀였음을 의미했다.

오늘날 마리아는 세계에서 가장 사랑받는 신비로운 신성이다. 이브가 여자의 운명을 정해버렸고, 마리아가 여자를 구원해 주고 있다. 마리아 덕분에 이브의 딸인 원죄를 저지른 여자는 참회할 기회를 갖고 있는 것이다.

그것이 바로 삽화에 그려진, 예수가 못 박힌 십자가 밑에 원죄 없는 마리아와 함께 있던 다른 마리아에게 일어난 일이다.

전통에 따르면, 다른 마리아, 즉 마리아 막달레나는 창녀였지만 성녀가 되었다.

신자들은 마리아 막달레나를 용서하면서 모욕한다.

마리아의 부활

마리아는 멕시코의 치아파스에서 부활했다.

멕시코의 마리아는 시모호벨 마을에 사는 어느 인디오 사촌과 그녀의 친척이 아닌 어느 은수자, 즉 차물라 마을의 어느 나무 속에서 은둔해 살던 수도자에 의해 알려졌다.

산타 마르타 솔로테펙 마을에서 도미니카 로페스는 옥수수를 수확하다가 마리아를 보았다. 예수의 어머니는 산에서 자는 것이 피곤하다면서 도미니카더러 예배소 한 채를 세워달라고 부탁했다. 도미니카는 그녀의 청을 들어주기로 했다. 하지만 채 며칠이 지나지 않아 주교가 와서 도미니카, 마리아, 그리고 마리아를 따르던 순례자를 모조리

체포해 가버렸다.

마리아는 감옥에서 도망쳐 칸쿤 마을로 갔고, 역시 이름이 마리아인 어느 소녀의 목소리를 빌려 말했다.

마야의 원주민인 첼탈족은 마리아가 한 말을 결코 잊지 않았다. 마리아는 첼탈족의 말을 사용해 쉰 목소리로 명령했다.

"여자는 몸이 추구하는 욕망으로 즐거워하노니, 자기 몸의 욕망을 거절하지 말지니라.

에스파냐 사제들이 주재한 이전 결혼식은 옳지 않으니, 원하는 여자는 다른 남자와 재혼할 수 있노라.

멍에를 벗어던지고 토지와 자유를 회복하라는 예언이 완수되고, 세금도, 왕도, 주교도, 시장도 없어지리라."

원로원은 마리아의 말을 듣고 그대로 행했다. 1712년에는 인디오 마을 서른두 곳이 무장봉기했다.

산타클로스의 기원

1863년 뉴욕에서 발행된 잡지 《하퍼스(*Harper's*)》에 처음으로 실린 산타클로스의 이미지는 굴뚝으로 들어가고 있는 땅딸막한 요정이었다. 산타클로스는 성 니콜라우스의 전설로부터 어렴풋이 영감을 받은 만화가 토머스 내스트의 손에 의해 태어났다.

1930년 크리스마스 때 산타클로스는 코카콜라와 계약을 맺었다. 그때까지 산타클로스는 제복을 입지 않았는데, 입을 경우 대개는 파란색이나 초록색 옷을 선호했다. 만화가 해든 선드블롬은 산타클로스에게 코카콜라의 상징색인 선홍색에 하얀 띠를 두른 옷을 입힘으로써 현재 우리 모두가 알고 있는 특징을 부여했다. 어린이의 친구 산타클로스는 하얀 수염을 달고, 계속해서 웃으며, 썰매를 타고 다니는데, 너무 뚱뚱하기 때문에 등에 선물을 지고 양손에 코카콜라를 하나씩 들고 세상의 굴뚝 속으로 들어가려면 어떻게 해야 할지 모른다.

산타클로스가 예수와 어떤 관계인지도 알려져 있지 않다.

지옥의 기원

가톨릭교회가 지옥과 악마를 발명했다.

구약성서에는 그 영원한 석쇠에 관해서도 언급되어 있지 않고, 유황 냄새를 풍기고, 삼지창을 사용하고, 뿔과 꼬리, 날카로운 손톱과 발톱, 염소의 발과 용의 날개를 단 이 괴물도 등장하지 않았다.

하지만, 가톨릭교회는 이렇게 자문한다. "벌이 없으면 어떻게 보속(補贖)을 받겠는가?" "두려움이 없으면 어떻게 복종을 하겠는가?"

또 이렇게 자문한다. "악마가 없으면 어떻게 신이 있겠는가?" "악이 없으면 어떻게 선이 있겠는가?"

가톨릭교회는 지옥에 대한 위협이 천국에 대한 약속보다 훨씬 더 효율적이라는 사실을 확인했고, 그때부터 교회법 학자들과 성스러운 신부들은 악마가 지배하는 심연의 불의 고통에 관해 우리에게 설교함으로써 우리를 공포로 몰아넣고 있다.

2007년, 교황 베네딕토 16세는 다음과 같이 확인했다.

"지옥은 있습니다. 그리고 영원히 존재합니다."

프리실리아누스

카타콤*의 시대가 지났다.

콜로세움에서는 기독교도들이 사자를 잡아먹었다.

로마는 세계적인 신앙의 수도로 변모하고, 가톨릭은 제국의 공식 종교가 되었다.

385년에 가톨릭교회가 프리실리아누스 주교와 그의 추종자들을 사형시켰을 때, 이 이단자들의 목을 자른 사람은 바로 로마 황제였다.

머리가 땅바닥으로 굴러다녔다.

프리실리아누스의 기독교도들은 죄인이었다.

그들은 노래를 부르고 춤을 추었으며, 밤과 불을 찬양했다.

미사를 프리실리아누스가 태어난 수상쩍은 땅 갈리시아의 이교도 축제로 변모시켰고,

공동체를 이루어 청빈한 삶을 살았고,

가톨릭교회가 권세가들과 결탁하는 것을 혐오했으며,

노예 제도의 폐지를 주장했고,

여자도 신부처럼 설교하는 것을 허락했다.

---

* 카타콤(catacomb)은 지하 공동묘지라는 의미로, 로마 제국의 핍박을 받던 초기 교회의 예배 장소이기도 하다.

히파티아

"그녀는 누가 됐든지 함께 가지." 사람들은 그녀가 누리던 자유를 모독하면서 말했다.

"여자 같지 않아." 사람들은 그녀의 지능을 찬양하면서 말했다.

하지만 수많은 교수, 법관, 철학자, 정치가가 그녀의 강연을 듣기 위해 멀리서부터 알렉산드리아 학교로 찾아갔다.

히파티아는 에우클레이데스*와 아르키메데스가 연구한 불가사의들을 연구했고, 신에 대한 사랑에도 인간에 대한 사랑에도 어울리지 않는 맹목적인 신앙을 공격했다. 그녀는 회의하고 질문하는 법을 가르쳤다. 그리고 다음과 같이 충고했다.

"그대의 생각할 수 있는 권리를 지키라. 잘못 생각하는 것이 생각하지 않는 것보다 더 나으니라."

그 이단 여자는 수많은 기독교도가 사는 도시에서 강의하면서 무엇을 했을까?

사람들은 히파티아를 마녀, 요술쟁이라 부르며 죽이겠다고 위협했다.

415년 3월 어느 날 정오, 군중이 히파티아를 덮쳤다. 히파티아는 자기 마차에서 끌어내려져 옷이 벗겨진 채 길거리를 끌려 다녔고, 두들겨 맞고 칼에 찔렸다. 광장에 피워진 모닥불이 그녀의 모든 것을 불태워 버렸다.

"진상을 조사할 것이다." 알렉산드리아의 시장이 말했다.

---

* 에우클레이데스(Eucleides, 기원전 330?-275?)는 고대 그리스의 수학자로, 흔히 영어식 이름인 '유클리드'로 알려져 있다.

테오도라

이탈리아 라벤나는 유스티니아누스 황제와 테오도라 황후에게 복속된 도시였음에 틀림없었다. 물론 라벤나의 날카로운 혀들은 테오도라의 어두운 과거, 즉 테오도라가 콘스탄티노플의 빈민굴에서 벌거벗은 몸에 보리 알갱이를 올려놓고 거위 여러 마리더러 쪼아 먹게 하고서는 쾌락의 신음소리를 내자 군중이 와자지껄 환호성을 질렀다는 둥,* 이런저런 뒷얘기를 하면서 고소해했다.

하지만 청교도적인 도시 라벤나가 용서할 수 없었던 테오도라의 죄는 다른 것이었다. 테오도라는 황후가 된 다음에 그 죄들을 저질렀다. 테오도라의 잘못으로 인해 기독교적인 비잔티움 제국은 세계에서 처음으로 임신 중절의 권리를 인정한 곳이었다.

간통죄를 사형으로 처벌하지 않았고,

여자도 상속권을 가졌고,

과부와 사생아도 보호받았고,

여자의 이혼은 이제 불가능한 모험이 아니었고,

기독교도 귀족 남자가 하층 계급이나 종교가 다른 여자와 결혼하는 것이 금지되지 않았다.

1,500년 후, 라벤나의 산 비탈레 성당에 있는 테오도라의 초상화는 세계에서 가장 유명한 것이 되었다.

보석으로 꾸민 이 모자이크식 대작 또한 그녀를 증오했지만 현재

---

* 테오도라가 비천한 혈통 출신이며 어린 시절 콘스탄티노플 경기장의 무희였다는 이야기를 가리킨다.

그녀 덕에 살고 있는 그 도시의 상징이다.

우라카

그녀는 에스파냐의 첫 번째 여왕이었다.

우라카*는 17년 동안 에스파냐를 통치했다. 하지만 교회사는 그녀가 4년밖에 통치하지 않았다고 말한다.

남편의 모욕과 발길질에 질린 우라카는 사람들의 반대에도 불구하고 남편과 이혼하고는 남편을 침대와 궁에서 내쫓았다. 하지만 교회사는 남편이 그녀를 거부했다고 말한다.

누가 명령을 했는지를 가톨릭교회가 알 수 있도록, 또 가톨릭교회가 여왕권을 존중하는 법을 배우도록, 우라카 여왕은 산티아고 데 콤포스텔라의 대주교를 투옥시키고, 그의 성채들을 강탈했는데, 이는 에스파냐 같은 기독교 국가에서는 결코 볼 수 없는 행위였다. 하지만 교회사는 그 모든 것이, "빠르게 궤도를 이탈하는 여성적인 정신이 폭발하고, 해로운 독이 가득한 마음이 폭발한 것"일 뿐이었다고 말한다.

그녀는 사랑을 하고 정사(情事)를 하고, 정부를 두었고, 그런 것들을 즐겁게 향유했다. 하지만 교회사는 "언급하기에는 낯 뜨거운 행위들"이라고 말한다.

---

* 우라카(Urraca, 1081-1126)는 에스파냐의 알폰소 6세의 첫째 딸로, 레온과 카스티야를 통치한((1109-1126년 재위) 첫 여왕이다.

아이샤

예수가 죽은 지 6세기가 지났을 때 무함마드가 죽었다.

이슬람을 창시한 무함마드는 알라 신의 허락을 받아 거의 동시에 열두 명의 부인을 두었고 아홉 명을 과부로 만들었다. 남겨진 부인들은 알라 신이 금지했기 때문에 결코 재혼하지 못했다.

가장 젊은 부인 아이샤는 무함마드가 가장 총애하던 여자였다.

세월이 흐른 뒤, 아이샤는 칼리프 알리에 대항하는 무장 반란을 선도했다.

우리 시대에도 수많은 이슬람 사원이 여자의 출입을 금하고 있으나, 당시 이슬람 사원은 아이샤가 대중의 분노에 불을 지른 장광설을 펼쳐놓은 곳이었다. 나중에 아이샤는 낙타를 타고 바스라 시를 공격했다. 오랫동안 지속된 전투에서 15,000명이 사망했다.

그 혈투를 통해 수니파와 시아파가 서로 증오하기 시작했고, 현재도 희생을 치르고 있다. 일부 신학자들은, 여자가 부엌에서 도망치면 재난을 일으킨다는, 반론할 수 없는 증거가 바로 이 전투라는 견해를 밝혔다.

무함마드

아이샤가 패배했을 때, 누군가는 무함마드가 28년 전에 충고한 바를 불현듯 기억해 냈다.

"채찍은 네 아내가 볼 수 있는 곳에 걸어두어라."

스승인 예언자 무함마드만큼이나 적시에 기억하는 능력을 갖고 있던 제자들은, 바로 그 순간, 천국에는 가난한 자가 가득 차 있고, 지옥에는 여자가 가득 차 있다는 말을 무함마드가 자신들에게 해준 적이 있다는 사실을 상기했다.

세월이 흘러 무함마드가 죽은 지 약 2세기가 지난 후, 이슬람의 신권 정치가 무함마드에게서 빌려온 문장은 60만 개가 넘었다. 이들 문장 가운데 상당 부분, 무엇보다도 여자를 저주하는 문장들은 하늘에서 내려온 것으로, 인간이 의심할 수 없는 종교적인 진실로 바뀌었다.

그럼에도 불구하고, 알라 신이 구술한 코란은 남자와 여자가 동일하게 창조되었으며, 이브는 뱀을 통해 아담을 유혹하는 기술도 없고, 관여하지도 않았다고 말한다.

무함마드의 전기

그는 복음주의 목사였으나 목사 생활을 오래 하지는 못했다. 종교적인 정설은 그를 위한 것이 아니었다. 열린 사고를 지닌 그는 열정적인 논객으로서 활동 무대를 교회에서 대학으로 바꾸었다.

그는 프린스턴 대학교에서 공부하고, 뉴욕 대학교에서 가르쳤다.

동양 언어 교수이자 미국에서 출간된 무함마드의 첫 번째 전기를 쓴 사람이었다.

그는 무함마드가 특별한 사람으로, 거부할 수 없는 매력을 지닌 몽상가이며, 사기꾼이며, 떠벌이며, 환상을 파는 사람이라고 썼다. 하지만 그는 기독교를 썩 좋게 생각하지는 않았는데, 이슬람이 창시되던 시기에 기독교는 "비참한 상태"에 처해 있었던 것이다.

무함마드의 전기는 그의 첫 번째 책이었다. 나중에 그는 다른 책들을 썼다. 중동에서 일어난 사건들, 성서의 테마들에 관해 그가 쓴 저술에 비견할 만한 연구서는 그 수가 썩 많지 않았다.

그는 탑처럼 쌓인 특이한 책들 사이에 파묻혀 지냈다. 글을 쓰지 않을 때는 책을 읽었다.

그는 1859년 뉴욕에서 사망했다.

그의 이름은 조지 부시*였다.

수카이나

일부 무슬림 국가에서 차도르는 여자의 감옥이다. 이들 나라 안에서 걸어다니는, 이동하는 감옥이다.

하지만 무함마드의 여자들은 얼굴을 가리지 않았고, 코란은 여자가 집 밖에 나설 때는 망토로 머리를 가리라고 충고하지만, 차도르라는 단어를 직접적으로 언급하지는 않는다. 코란을 따르지 않은 가톨릭 수녀들은 머리를 가리고, 무슬림이 아닌 수많은 여성이 세계 곳곳에

---

* 조지 부시(George Bush, 1796-1859)는 미국의 성서학자, 목사, 노예제 폐지론자, 학자였다. 조지 H. W. 부시, 조지 W. 부시 미국 전 대통령과는 먼 친척 관계이다.

서 망토, 만티야* 또는 스카프로 머리를 가린다.

하지만 망토는 자유롭게 선택하는 의상이고, 차도르는 남자의 명령에 따라 여자가 얼굴을 가리기 위해 의무적으로 사용하는 것이다.

얼굴 가리개에 대해 아주 격렬하게 반대한 사람들 가운데 하나는 무함마드의 증손녀인 수카이나였다. 그녀는 얼굴 가리개를 사용하는 것을 거부했을 뿐만 아니라 큰 소리로 그 폐단을 알렸다.

수카이나는 다섯 번 결혼했는데, 결혼 계약서를 작성할 때마다 남편에게 복종하는 것을 거부했다.

동화 구연가들의 어머니

자기를 배신한 한 여자에게 복수하기 위해 왕은 모든 여자의 목을 잘랐다.

왕은 해 질 무렵에 결혼하고 해 뜰 무렵에 홀아비가 되었다.

처녀들은 하나하나 처녀성과 머리를 잃었다.

세헤라자데는 첫날밤에 살아난 유일한 여자였고, 그 후부터는 매일 새로운 삶을 영위하기 위해 계속해서 이야기를 바꾸어갔다.

그녀가 들려주거나 읽거나 상상한 그 이야기들이 그녀의 목을 보존해 준 것이다. 그녀는 달빛만 비쳐 드는 침실의 어둠 속에서 낮은 목소리로 이야기했다. 이야기를 하면서 스스로 쾌락을 느끼고, 왕에게

---

* 만티야(mantilla)는 에스파냐·멕시코 여성의 머리와 어깨를 덮는 베일로, 작은 여성용 망토라 할 수 있다.

쾌락을 주었다. 하지만 그녀는 대단히 신중하게 처신했다. 가끔은, 한창 이야기를 하고 있을 때 왕이 그녀의 목을 찬찬히 뜯어보고 있다고 느끼기도 했다.

만약 왕이 지루해지면 그녀는 죽은 목숨이었다.

이렇듯 죽음에 대한 공포로부터 이야기를 하는 기술이 생겨났다.

바그다드

셰에라자드는 바그다드의 티그리스 강변에 있는 어느 궁에서 1,001일 밤을 살았다.

그녀가 들려준 천일야화는 그 땅에서 탄생한 것이었거나, 아니면 대상(隊商)들이 멀리서 가져온 천한 가지의 경이로운 것이 당시의 상점들로 모여들었다시피, 페르시아, 아라비아, 인도, 중국, 또는 투르키스탄에서 온 것이었다.

바그다드는 세계의 중심이었다. 모든 길, 즉 말(語)의 길, 사물의 길이 수많은 광장, 분수, 목욕탕, 정원으로 이루어진 그 도시에서 교차했다. 저명한 의사, 천문학자, 수학자들이 바그다드의 '지혜의 저택'이라 불리는 어느 과학 아카데미에서 만나기로 약속했다.

그들 사이에는 대수학의 창시자 무함마드 알 콰리즈미가 있었다. "알지브라(Algebra, 대수학)"라는 명칭은 그가 쓴 어느 책의 제목 '알자브르(Al-Jabr)……'에서 유래한 것이고, 그의 성(姓)에서 '알고리즘(algorithm)'과 '과리스모(guarismo, 숫자)'라는 어휘가 나왔다.

포도주의 목소리

오마르 하이얌*은 대수학, 형이상학, 천문학 논저를 썼다. 그리고 페르시아 전국과 그 밖의 지역을 입에서 입으로 오염시킨 비밀스러운 시들의 저자다.

그 시들은 이슬람 지도부가 금지한 죄 많은 묘약인 포도주를 찬양했다.

천국은 나의 도래를 이해하지 못했고, 내가 떠난다 해도 천국의 아름다움과 위대함은 전혀 줄어들지 않을 것이다. 내일 나를 찾을 달은, 이제 내가 없다 할지라도, 계속해서 뜨고 질 것이다. 나는 여자도 친구도 없이 땅 아래서 잠들 것이다. 덧없이 죽어가는 우리 인간에게 유일한 영원은 순간이요, 순간을 취하는 것은 그 순간이 지나갔다고 애석해하는 것보다 더 나으리라.

오마르 하이얌은 이슬람 사원보다 술집을 더 좋아했다. 그는 지상의 권력도 하늘의 위협도 두려워하지 않았고, 하느님의 자비심을 느꼈는데, 하느님은 결코 취하지 않는 분이었다. 그에게 최상의 말은 코란에 쓰여 있지 않고, 포도주 잔 가장자리에 있었다. 그 말은 눈으로 읽히는 것이 아니라 입으로 읽히는 것이었다.

---

* 오마르 하이얌(Omar Khayyám, 1048-1131)은 페르시아의 수학자, 천문학자, 철학자, 작가, 시인으로, 이항정리(二項定理)를 증명하고, 3차 방정식의 기하학적 해결책을 연구했다.

십자군 전쟁

1세기 반 동안에 유럽은 동양의 이교도 땅을 향해 여덟 차례의 십자군 원정을 했다.

예수의 성스러운 무덤을 약탈한 이슬람은 멀리 있는 적이었다. 하지만 신앙의 전사들인 십자군은 이슬람 세력을 물리치기 위해 가는 길에 거치는 다른 지역들의 지도를 휩쓸어 버렸다.

성스러운 전쟁은 가정에서 시작되었다.

첫 번째 십자군 전쟁은 유대 교회를 불태웠고, 독일의 마인츠와 그 밖의 여러 도시에 단 한 명의 유대인도 살려두지 않았다.

네 번째 십자군 전쟁은 예루살렘을 향해 떠났으나 결코 도착하지 못했다. 기독교 전사들은 풍요로운 기독교적 도시 콘스탄티노플에 멈춰서 3일 밤낮에 걸쳐 도시의 모든 것을 강탈했는데, 물론 교회와 수도원도 예외는 아니었다. 그들은 강간할 여자와 비워낼 궁이 더 이상 없게 되자 이제 전리품을 향유하기 시작했고, 자신들의 성스러운 과업의 최종 목적지가 어디인지 잊어버렸다.

불과 몇 년 뒤인 1209년에 또 다른 십자군이 프랑스 땅에서 기독교도 말살 작업을 시작했다.

청교도적 기독교도인 카타리파 신자들은 왕과 교황의 권력을 받아들이려 하지 않았고, 십자군 전쟁처럼 하느님의 이름을 빌려 행해지던 전쟁들을 포함해, 모든 전쟁은 하느님을 공격하는 것이라고 믿었다. 당시에 인기가 아주 높았던 이 이교는 발본색원되었다. 십자군은 도시에서 도시로, 성에서 성으로, 마을에서 마을로 이동하며 이 이교를 발본색원했다. 가장 잔인한 학살은 프랑스의 베지에에서 일어났다. 그곳의 모든 사람이 칼에 찔렸다. 모두. 카타리파도 가톨릭교도도. 일부는 주교좌성당에서 피신처를 찾았지만 아무 소용이 없었다. 그누구도 대대적인 학살을 피할 수 없었다. 누가 누구인지 정확하게 구분할 시간이 없었다.

일부 기록에 따르면, 교황의 칙사인 아르노 아말릭 수도원장이 그 문제를 명쾌하게 처리했다.

"모두 죽여라. 하느님께서는 이제 당신 편이 누구인지 구분할 줄 아실 것이다."

신성한 계명들

기독교의 무장 병력들 가운데 문자를 읽고 쓸 줄 아는 사람의 비율은 썩 높지 않다고 할 수 있다. 그래서 그들은 석판에 새겨진 모세의 십계명을 정확히 읽을 수 없었을 것이다.

아무런 근거도 없이, 그들은 하느님이 당신의 이름으로 간청하라 명령했다고 읽음으로써 자신들의 행위를 하느님의 이름으로 정당화했다.

그들은 하느님이 거짓말을 하라 명령했다고 읽음으로써 성스러운 전쟁에서 체결한 이교도들에 대한 거의 모든 조약을 위반했다.

그들은 하느님이 도둑질을 하라 했다고 읽음으로써 십자가가 그려진 깃발과 교황이 내린 축복의 보호를 받으며 동양을 향하는 길에서 만나는 모든 것을 강탈했는데, 교황은 그들의 빚을 사면해 주고, 영원한 구원을 보장해 주었다.

하느님이 육체적 위업을 이루라 명령했다고 읽음으로써 주 하느님의 병사들은 그리스도의 군대와 계약을 맺은 수많은 직업여성뿐만 아니라 전리품의 일부를 형성하고 있던 이교도 여죄수들에게도 그 의무를 완수했다.

그들은 하느님이 살인을 하라 명령했다고 읽음으로써 전 주민을 칼로 난자했는데, 어린이들도 예외가 아니었다. 학살은 이교도로 더럽혀진 그 땅을 정화해야 한다는 기독교적 의무감 때문에, 또는 자신의 행진을 방해한다는 이유로 죄수들의 목을 쳤던 사자심왕 리처드 1세*의 경우처럼 순전히 필요 때문에 이루어졌다.

"그들은 온몸이 피에 축축하게 젖은 상태로 행진했다." 어느 증인이 말했다.

프랑스 여자에 미친 남자들

이마드 앗 딘은 살라딘 왕의 오른팔이었다. 게다가 대단한 미사여구를 구사하는 시인이었다.

그래서 그는 제3차 십자군 원정에서 그리스도의 전사들을 따라간 프랑스 창녀 300여 명에 관해 다마스쿠스에서 다음과 같이 기

---

* 리처드 1세(Richard I, 1157-1199)는 잉글랜드 왕국의 두 번째 국왕이다(1189-1199년 재위). 필리프 2세와 신성로마 황제 프리드리히 1세와 제휴해 제3차 십자군을 편성해 출정하는 등 생애 대부분을 전쟁터에서 보내며 용맹을 떨침으로써 '사자심왕'이라는 별명을 얻어, 중세 기사 이야기의 전형적인 영웅으로 등장했다.

술했다.

"모든 창녀는 자유분방하고, 자부심이 강하고, 장난기가 넘치고, 주고받는 거래에 능하고, 탱탱하고 음탕한 살을 지니고, 노래를 잘하고, 애교가 넘치고, 모든 사람이 이용할 수 있지만 오만하고, 성격이 불같고, 열정적이고, 치장과 화장을 화려하게 하고, 소유욕을 자극하고, 탐스럽고, 감미롭고, 우아했다. 그녀들은 남자의 마음을 갈기갈기 찢어놓았다가 수선해 주고, 산산조각을 냈다가 다시 붙여주고, 남자의 마음으로부터 도망쳤다가 돌아오고, 남자의 마음을 훔쳤다가 위로해 주고, 창부처럼 유혹하고, 무감동하고, 탐욕의 대상이 되고, 스스로 탐하고, 얼이 빠져 있고, 남의 얼을 빼고, 남을 바꾸고, 변화무쌍하고, 산전수전 다 겪고, 얼빠진 소녀들이고, 사랑스럽고, 스스로의 몸을 바치고, 사랑을 하고, 열정적이고, 부끄러움을 모르고, 풍만하고 균형 잡힌 엉덩이를 지니고, 사타구니 살집이 좋고, 코맹맹이 소리를 하고, 눈이 검고, 눈이 파랗고, 눈이 회색이다. 그리고 약간 모자란다."

예언자 시인

무함마드의 계승자들은 수니파와 시아파가, 바그다드와 카이로가 서로 대립해 싸웠고, 이슬람 세계는 서로 간의 증오 때문에 산산조각이 나버렸다.

무슬림 군대는 자기 편과의 전쟁에서 해체되어 버렸고, 십자군은 정복을 위해 무함마드의 성스러운 묘지를 향해 전진했지만 아무런 저항도 받지 않았다.

아라비아 사람의 관점에서 아라비아 사람들에 관해 시를 쓰던 아라비아 시인은 이런 현상에 관해 다음과 같이 썼다.

> 대지에 거주하는 사람이 두 패로 갈리는데,
> 한 패는 머리는 있으나 종교가 없고
> 한 패는 종교는 있으나 머리가 없다.

이렇게도 썼다.

> 운명은 우리가 유리라도 된다는 듯이 우리를 파괴하고
> 산산조각 난 우리는 결코 재결합하지 않는다.

시인의 이름은 아불 알라 알 마아리다. 그는 1057년에 시리아의 마아라트에서 사망했다. 기독교도들이 그 도시의 돌멩이 하나까지 파괴해 버리기 40년 전의 일이다.

사람들의 말에 따르면, 그 시인은 맹인이었다.

트로툴라

십자군이 마아라트를 휩쓸고 있을 때 트로툴라 루지에로는 살레르노에서 죽어가고 있었다.

역사라는 것이 그리스도 전사들의 무훈을 기록하는 데 바빴기 때문
에 트로툴라에 관해 알려진 것은 그리 많지 않다. 그녀의 장례 행렬을
뒤따른 인파가 30쿠아드라*에 이르렀는데, 그녀는 부인과학, 산과학
그리고 육아법에 관한 논문을 쓴 첫 번째 여성이었다.

"여자는 수치심과 뭔가를 감추려는 성향을 지니고 있기 때문에 남
자 의사에게 신체의 은밀한 부위를 보여주려 하지 않는다"고 트로툴
라는 썼다. 그녀의 논문은 여자들의 미묘한 문제를 도와주던 어느 여
자의 경험을 모아 놓은 것이다. 여자들은 그녀에게 자신의 육신과 영
혼을 열었고, 남자가 이해하지도 가치를 인정하지도 않은 비밀을 털
어놓았다.

트로툴라는 여자들에게 과부 생활을 편하게 하는 법, 처녀임을 가
장하는 법, 출산하고 출산 시 발생하는 문제를 극복하는 법, 입냄새를
없애는 법, 피부와 이빨을 하얗게 만드는 법, 그리고 "돌이킬 수 없는
시간의 학대를 보상하는 법"을 가르쳤다.

외과 수술이 유행했으나 트로툴라는 칼을 믿지 않았다. 그녀는 손
으로, 약초로, 귀로 하는 치료를 선호했다. 다정하게 마사지를 해주고,
약초 달인 물을 처방하고, 여자들의 고통을 들어줄 줄 알았다.

---

* 1쿠아드라(cuadra)는 약 4분의 1마일이다. 이에 따르면 행렬은 약 1.2킬로미터에 이른다.

아시시의 성 프란체스코

십자군이 이집트의 도시 다미에타를 포위했다. 1219년, 십자군이 포위를 하고 있는 상태에서 프란체스코 수사가 부대를 이탈해 혼자 맨발로 적진을 향해 걷기 시작했다.

땅을 휩쓸고 있던 바람이 하늘에서 내려온 이 병약한 천사의 황토색 튜니카를 때려대고 있었다. 수사는 땅에서 태어났다는 듯이 땅을 사랑하는 사람이었다.

적군은 멀리서 다가오는 그를 보고 있었다.

그는 알 카밀 왕과 평화에 관해 얘기하러 왔노라고 말했다.

프란체스코는 십자군의 대표가 아니었지만, 성문이 열렸다.

기독교 군대는 두 패로 갈라져 있었다. 한 패는 프란체스코 수사의 머리가 완전히 돌아버렸다고 믿었다. 다른 한 패는 그가 대단한 바보라고 생각했다.

프란체스코 수사가 새들과 대화를 한다는 것은 세상이 다 아는 사실이었다. 그래서 그는 "하느님의 음유시인"이라 불렸고, 웃음에 관해 설교하고, 늘 웃었으며, 동료 수사들에게 다음과 같이 권고했다.

"슬프거나 화내거나 위선적으로 보이지 않도록 주의하세요."

아시시 마을의 채소밭에서는 식물이 거꾸로 자라 뿌리가 위로 올라간다는 소문이 있었고, 프란체스코 수사가 의견을 반대로 표한다고 알려져 있었다. 프란체스코 수사에 따르면, 왕과 교황의 전쟁, 열망과 거래는 부(副)를 정복하기 위해 소용되나 영혼을 정복하는 데는 소용되지 않았다. 십자군 원정은 무슬림을 굴복시키기 위해 이루어진 것이지 그들을 가톨릭으로 개종시키기 위해 이루어지지는 않았다.

호기심 때문이었는지 무슨 이유 때문이었는지는 모르겠지만, 알 카밀 왕은 프란체스코 수사를 받아들였다.

프란체스코 수사와 무슬림 왕은 무기가 아니라 말을 교환했다. 긴 대화 중에 예수와 무함마드는 의견을 일치시키지 못했지만 서로의 말을 경청했다.

설탕의 기원

다리우스 왕은 페르시아에서 '꿀벌이 없는데도 꿀을 주는 수수'를 찬양한 적이 있었는데, 훨씬 이전부터 인도 사람들과 중국 사람들이 이 수수를 알고 있었다. 하지만 유럽 기독교도들은 아랍 사람들 덕분에 설탕을 발견했다. 십자군 병사들이 트리폴리 평야에서 사탕수수를 보았고, 엘바리에, 마라, 아르카에서 포위당한 주민들을 굶주림으로부터 구해준 그 달콤한 즙을 맛보았다.

십자군 병사들은, 장사에 밝은 자신들의 눈이 신비주의적 열정 때문에 멀지는 않았기 때문에 예루살렘 왕국에서부터 시작해, 그럴 만한 이유가 있어서 알 수카르(Al-Sukkar)*라 불리는 예리코 근교 어느 지역을 통과해 아크라, 티레, 크레타, 키프로스까지, 자신들이 정복해 가고 있던 땅의 농장과 방앗간을 탈취했다.

---

* 아랍어 수카르(sukkar)는 설탕을 의미한다.

그때부터 설탕은 유럽 잡화점에서 그램 단위로 팔리는 '백색 금'이 되었다.

돌치노를 토벌하기 위한 작은 십자군 전쟁

종교재판소 문서고에는 마지막 십자군 전쟁의 역사가 보존되어 있다. 그 전쟁은 14세기 초에 이단자 돌치노와 그의 추종자들을 토벌하기 위한 것이었다. 기록을 살펴보자.

"돌치노는 마르가리타라는 애인이 있었는데, 그녀는 그와 함께 다니고 그와 함께 살았다. 그는 그녀를 그리스도 안에서 자매처럼 정결하고 정직하게 대했다고 말했다. 그런데 그녀가 갑자기 임신했기 때문에 돌치노와 그의 추종자들은 그녀를 성령을 잉태한 여자라 선포했다.

롬바르디아의 종교재판관들은 베르첼리의 주교의 동의하에 전대사 (全大赦)를 수여하면서 십자군 원정을 선포하고, 앞서 언급한 돌치노를 토벌하는 대규모 원정대를 조직했다. 돌치노는 기독교 교리에 반하는 설교를 통해 수많은 제자와 추종자를 오염시킴으로써 그들과 더불어 노바라 산으로 들어가 버렸다.

그곳의 가혹한 기후 때문에 수많은 사람이 쇠진하고, 굶주림과 추위로, 다시 말해 자신들의 오류로 인해 죽었다. 또한 십자군이 산으로 올라와 돌치노와 추종자 40여 명을 포로로 잡았다. 살해당한 사람, 굶주림과 추위로 죽은 사람은 400명이 넘었다.

하느님께서 인간으로 태어나신 지 1308년이 지난 성 목요일에 돌치노와 함께 이단자이자 요술사인 마르가리타도 체포되었다. 마르가리타는 돌치노가 지켜보는 가운데 사지가 조각났고, 돌치노는 같은 식으로 사지가 절단되어 죽었다."

하느님의 방문을 받은 성녀들

막데부르크의 성녀 메히틸드: "주여 저를 열렬히 사랑해 주시고, 자주 사랑해 주시고, 오래 사랑해 주시옵소서. 소망에 불타올라 주님을 부르나이다. 주님의 불타는 사랑이 매 시간 저를 불태우나이다. 저는 벌거벗은 한 영혼에 불과할 뿐이고, 주님은 성장(盛裝)하고 제 영혼에 찾아오는 손님이시나이다."

성녀 마르가리타 마리아 알라코크: "어느 날 예수님께서 내 몸에 올라타시기에 내가 항의하자 예수님께서 이런 식으로 대답하셨다. '나는 내가 너를 통해 즐거움을 향유할 수 있도록, 너는 거부하지 말고, 내 사랑의 목적이 되기 바라노라.'"

폴리뇨의 성녀 안젤라: "나는 내 몸 속으로 파고 들어와 내 내장을 후비면서 빠져나오는 어느 도구에 소유당한 느낌이었다. 내 사지는 욕망으로 부서지고 있었다……. 그 당시 하느님께서는 내 어머니가 돌아가시기를 원하셨는데, 그것은 내게 커다란 난관이었다. 그 후 얼마 되지 않아 내 남편과 내 모든 자식이 죽었다. 나는 커다란 위안을 느꼈다. 하느님께서 내 가슴이 당신의 가슴 안에 있도록, 나를 위해, 그렇게 하셨으니까."

성인들이 그린 이브의 딸들

사도 바오로: "내 아내의 머리는 남성이다."

성 아우구스티누스: "내 어머니는 남편으로 지정해 준 남자에게 맹목적으로 복종하셨다. 여자들이 남편 때문에 화가 난 표정으로 집에 가고 있을 때 내가 이렇게 말했다. '그대들이 잘못했노라.'"

성 히에로니무스: "여자는 죄다 사악하다."

성 베르나르도: "여자는 뱀처럼 쉭쉭거린다."

성 요하네스 크리소스토무스: "첫 번째 여자가 말을 함으로써 원죄를 유발했다."

성 암브로시우스: "만약 여자에게 또다시 말을 하도록 허락한다면, 다시 남자를 파괴할 것이다."

성가 금지

1231년, 가톨릭교회는 여자가 성당에서 성가를 부르지 못하게 조치했다.

이브의 자손인 여자가 성가를 더럽히기 때문에 남자아이나 거세한 남자만이 성당에서 성가를 부를 수가 있었다.

침묵의 형벌은 20세기 초까지 6세기 동안 지속되었다.

여자의 입에 재갈을 물리기 불과 얼마 전인 12세기경에 라인 강 유역에 위치한 빙엔 수도원의 여성 수도자들은 여전히 천국의 영광을 자유롭게 노래할 수 있었다. 수녀원장 힐데가르트가 여성의 목소리를 통해 하느님을 찬양하기 위해 미사곡을 만들었는데, 많은 시간이 흘렀음에도 그 미사곡은 조금도 손상되지 않은 채 살아남아 우리의 귀에 행운을 가져다주고 있다.

힐데가르트는 빙엔의 수도원과 자신이 설교하던 곳에서 음악만 한 것이 아니었다. 그녀는 신비주의자, 몽상가, 시인이었으며, 각 식물이 지닌 특성과 물의 치료 효능을 연구한 의사였다. 남성이 신앙을 독점하는 것에 반대해 여성 수도사의 자유 공간을 기적적으로 만들어낸 사람이었다.

느낌 금지

"오호 여자여! 그대는 정말 멋진 존재라오!

빙엔의 힐데가르트는 "세상을 더럽히는 피는 전쟁에서 흘리는 피지 생리혈이 아니다"라고 믿었고, 여자로 태어난 행운을 공공연하게 찬양했다.

그리고 당대 유럽에서 아주 특별했던 의학 및 자연과학 저술들을 통해 그녀는 자신의 시대와 자신이 속한 가톨릭교회로서는 터무니없게 보이는 용어들을 사용해 여성의 쾌락을 과감하게 주장했다. 당대의 엄격한 관습에 따라 청교도적인 삶을 살아가던 완벽한 처녀 수녀원장 힐데가르트는 놀라울 만한 지식을 통해 핏속에 끓고 있는 사랑의 쾌락은 남자보다는 여자에게서 더 미묘하고 심오하다고 인정했다.

"여자에게 사랑의 쾌락은 대지를 섬세하게 데우고 비옥하게 만드는 온화한 태양빛에 필적할 만하다."

힐데가르트가 활동하기 한 세기 전에 이븐 시나*라 불리는 뛰어난 의사가 자신의 『의학정전(醫學正典)』에 여자의 오르가즘에 대해 아주 상세하게 기술해 놓았는데, 오르가즘은 "여자의 눈이 붉그스레해지고, 호흡이 고조되며 말을 더듬기 시작하는 순간부터" 시작된다.

그런데, 당시의 쾌락은 오직 남성적인 것이었기 때문에 유럽에서 이븐 시나의 저서를 번역할 때 그 부분은 삭제해 버렸다.

이븐 시나

이븐 시나는 "인생은 얼마나 오래 사는지가 중요한 게 아니라, 얼마나 열정적으로 사는지가 중요하다"고 말했다. 그는 약 60년 정도 살았는데, 그가 11세기 인물이라는 사실을 생각하면 그리 나쁘지 않았다.

평생 이븐 시나는 페르시아에서 가장 훌륭한 의사의 치료를 받았는데 그 의사는 바로 자신이었다.

---

* 이븐 시나(Abu Ali al-Husayn Ibn Sina, 980-1037)는 페르시아의 철학자이자 의학자로, 서방에는 라틴어 이름인 아비센나(Avicenna)로 알려져 있다.

그가 저술한 『의학정전』은 아랍, 유럽, 인도 등지에서 수 세기 동안 의사들의 필독서였다.

질병과 치료 방법에 관한 이 논저는 히포크라테스와 갈레노스가 남긴 지식을 집대성했을 뿐만 아니라, 그리스 철학과 동양 지식의 샘물을 마신 것이었다.

이븐 시나는 열여섯 살에 진료실을 개업했다.

그가 죽은 지 많은 세월이 흐른 뒤에도 그는 계속해서 환자를 치료했다.

어느 봉건 영주의 부인이 토지를 어떻게 간수해야 하는지 설명한다

로마의 교황부터 교구의 가장 낮은 사제에 이르기까지 올바른 성행위에 관해 강론하지 않은 사람은 없다. 그런데 그들은 자신들에게 금지된 행위에 관해 어떻게 그토록 많이 알 수 있었을까?

1074년에 교황 그레고리오 7세는 가톨릭교회와 결혼한 사람만이 성사를 집전할 자격이 있다고 천명했다.

"사제는 부인의 손아귀로부터 벗어나야 한다."

몇 년 뒤, 1123년에 열린 제1차 라테란 공의회는 사제의 독신 제도를 의무화했다. 그때부터 가톨릭교회는 순결 서원을 통해 육체적인 유혹을 물리치는데, 그것은 종교 세계에서 독신자에게만 해당하는 것이다. 가톨릭교회는 사제에게 부부싸움과 아이의 울음소리를 피해 영혼의 평화를 보호하는 "풀타임" 근무제, 즉 전면적인 헌신을 요구한다.

가톨릭교회는 아마도 지상의 재산을 보존하기 위해 여자와 아이의 토지 상속을 막았던 것 같다. 썩 중요하지 않은 사항이기는 하지만, 12세기 초에 가톨릭교회가 유럽 토지의 3분의 1을 소유하고 있었다는 사실을 기억할 필요가 있다.

어느 봉건 영주가 농부를 어떻게 대해야 하는지 설명한다

프랑스 남부 페리고르 지방의 영주 베르트랑 드 보른은 팔 힘이 센 전사요 과격한 시를 쓰는 음유시인이었는데, 12세기 말에 자기 영지의 농부에 관해 다음과 같이 규정했다.

"농부는 그 종(種)과 행실을 볼 때 돼지보다 못하다. 농부는 도덕적인 삶을 몹시 싫어한다. 만약 우연히 부를 취하게 되면 이성을 잃는다. 그래서 농부의 호주머니는 항상 비어 있을 필요가 있다. 농부를 지배하지 못한 사람은 농부의 사악함을 키워줄 뿐이다."

분수 중의 분수

농부는 지치지도 않고 자기 주인의 불쾌감을 유발한다.

독일 마인츠 시의 분수는 이에 관해 멋진 증거 하나를 제공한다.

관광 가이드는 분수를 빼놓지 말라고 조언한다. 시장(市場) 광장에서 황금빛 광휘를 내뿜고 있는 독일 르네상스 예술의 백미인 분수는 도시의 상징이자 도시에서 열리는 기념행사의 중심이다.

이 분수는 어느 축하 의식의 산물이었다. 성모와 아기 예수로 장식된 분수는 반란을 일으킨 농부들을 왕자들이 성공적으로 진압한 것에 대해 하늘에 감사하는 의미로 브란덴부르크의 대주교가 하늘에 바친 공물이었다.

절망한 농부들은 자신들이 바친 공물로 이루어진 성들을 공격했고, 수많은 지게, 작대기, 곡괭이가 포, 창, 검의 힘에 도전했다.

교살을 당하거나 목이 잘려 죽은 사람 수천 명이 사회 질서 수립의 증인이었다. 그 분수 역시 증인이었다.

페스트

중세에 기사는 죽이고, 농부는 그 밖의 사람을 먹여 살리는 것으로 분업화되어 있었다. 기근이 들면, 농부는 망가진 농작물과 파종이 불가능한 땅을 버리고, 또 많은 비 또는 내리지 않는 비를 피해 길을 떠났고, 가는 도중에 썩은 고기와 풀뿌리를 차지하려고 서로 싸워댔다. 농부들은 피부가 누렇게 변하고, 눈에 광증이 서렸을 때 성이나 수도원을 습격했다.

기근이 들지 않는 시기에는 일을 하고 죄를 지었다. 페스트가 발생하면 그 잘못은 농부에게 있었다. 사제들이 기도를 잘못하기 때문이 아니라 신자들이 불충하기 때문에 불행이 닥쳤다는 것이다.

하느님의 관리들은 성당의 설교대에서 다음과 같이 저주했다.

"육신의 노예들이여! 그대들은 마땅히 신의 징벌을 받아야 하리라."

1348년과 1351년에 신의 징벌은 유럽인 셋 가운데 하나를 없애버렸다. 페스트가 시골과 도시를 휩쓸고, 죄인들뿐만 아니라 덕 있는 사람들까지 휩쓸어 버렸다.

보카치오에 따르면, 피렌체 사람은 아침 식사는 친척과, 저녁 식사는 조상과 함께 했다.

페스트에 대항한 여자들

러시아에서는 대지가 분노했기 때문에 페스트가 동물과 인간을 죽이며 번져나갔다. 사람들이 마지막 추수에 대한 감사의 제물을 대지에 바치는 것을 잊거나, 대지가 임신한 상태에서 눈(雪) 밑에 잠들어 있을 때 대지에 삽이나 말뚝을 박아 상처를 내버렸던 것이다.

그러자 여자들은 태곳적부터 전해온 의식을 행했다. 지상에 사는 만물이 태동하고, 죽는 대지는 대지 자신만큼 생산력이 좋은 자신의 딸들을 받아들였다. 남자는 그 의식에 감히 코빼기도 비치지 못했다.

한 여자가 황소처럼 쟁기를 끌고 이랑을 열어갔다. 다른 여자들이 그 여자를 뒤따라가면서 씨앗을 뿌렸다. 모든 여자가 벌거벗은 몸에, 맨발에 머리를 풀어헤친 상태다. 여자들은 냄비와 프라이팬을 두들기고 깔깔 웃어댐으로써 공포와 추위와 페스트에게 두려움을 심어줬다.

저주받은 물

우리는 예언가로 유명한 노스트라다무스를 알고 있다. 그의 예언은 세계적으로 여전히 "베스트셀러"다.

우리는 노스트라다무스가 의사, 그것도 특이한 의사였다는 사실을 모른다. 그는 거머리를 믿지 않았고,* 페스트에 걸리면 공기와 물을 처방했다. 신선한 공기를 쐬고 물로 씻으라는 것이었다.

때가 끼면 역병이 발생했다. 하지만 물은 기독교 유럽에서 악명을 지니고 있었다. 세례에서 물을 사용하는 것 외에는, 목욕이 사람을 쾌락과 죄로 인도하기 때문에 가급적이면 목욕을 하지 않았다. 종교재판소 법정에서는 목욕을 자주 하는 것이 무함마드를 믿는 이교도라는 증거였다. 기독교가 유럽에 유일한 진리로 자리 잡았을 때 왕은 무슬림이 남겨둔 목욕탕이 타락의 원천이라며 모두 부수라고 명령했다.

그 어떤 성인도 성녀도 욕조에 발을 담근 적이 없고, 왕들에게도 목욕을 하는 것은 이상한 것이었으며, 그렇기 때문에 향수가 있었다. 카스티야의 이사벨 여왕은 깨끗한 영혼을 지니고 있었으나 역사가들은 그녀가 평생 목욕을 두세 번밖에 하지 않았다고 논쟁한다. 굽 높은 구두를 신은 첫 번째 남자였던 프랑스의 멋쟁이 태양왕 루이 14세는 1647년과 1711년 사이에 목욕을 단 한 번만 했다. 의사의 처방 때문이었다.

---

* 당시에는 페스트가 발생하면 피를 빼내는 사혈(瀉血)을 비롯해 개구리나 거머리를 가래톳에 올려 '체액의 균형을 되찾는' 방법이 보편적이었는데, 노스트라다무스는 이 같은 흡혈 치료법을 믿지 않았다고 한다.

중세의 성인들은 약을 대량으로 사용했다

당대의 증인들에 따르면, 실로스의 성 도미니코는 "장님의 눈을 뜨게 하고, 더러운 문둥병자의 몸을 씻어주고, 병자가 열망하는 건강을 선물하고, 귀머거리에게 잃어버린 청각을 되돌려주고, 곱사등이의 등을 펴주고, 절름발이더러 즐겁게 뛰도록 하고, 손발이 부자연스러운 사람더러 재미있게 뛰도록 하고, 벙어리더러 큰 소리로 말하게 하고……."

툴루즈의 베르나르 신부는 "장님 열두 명, 귀머거리 세 명, 절름발이 일곱 명, 기형아 네 명을 고치고, 다른 병자 서른 명 이상을 고쳤다."

성 루이는 종기, 통풍, 마비, 실명, 난청, 치루, 종양, 절름발이 증세를 앓는 무수한 병자에게 건강을 되돌려주었다.

죽은 성자들도 병을 치료하는 능력을 잃어버리지 않았다. 프랑스에는 공동묘지의 성묘(聖廟)를 방문하고 병을 고친 기적을 이룬 사람들에 관한 수치가 정확하게 산출되어 있다. "반신불수, 하반신 마비 환자 41퍼센트, 맹인 19퍼센트, 정신이상자 12퍼센트, 귀머거리, 벙어리, 농아(聾啞) 8.5퍼센트, 열병과 다양한 질병의 환자 17퍼센트가 치료되었다."

유년의 기원

가난한 아이들은 페스트로 죽지 않으면, 추위와 굶주림에 시달렸다. 굶주림으로 인한 처형은 태어난 지 얼마 되지 않아 이루어졌다. 아기 어머니가 부잣집 아기의 유모 노릇을 하느라 젖이 부족해졌기 때문이다.

하지만 좋은 요람에서 자라는 아이라고 해도 쉬운 삶이 보장된 것은 아니었다. 전 유럽에서 어른이 자식에게 오히려 혹독한 교육을 시킴으로써 유아 사망률을 높이는 데 공헌했다.

교육의 첫 단계는 아이를 미라로 만드는 것이었다. 매일, 하인들이 아이를 붕대와 짚으로 만든 꽉 끼는 통 속에 집어넣었다.

그렇게 함으로써 아이 몸의 피부 구멍들을 페스트와 공기 중에 떠돌아다니는 사탄의 증기로부터 막았고, 그렇게 해서 아이가 어른을 귀찮게 하지 않도록 했다. 아이는 포로가 되어 숨도 제대로 쉬지 못하고, 울 생각도 하지 못하고, 짓눌린 팔과 다리를 움직일 수조차 없었다.

궤양이나 괴저가 그런 행위를 방해하지 않으면, 이 인간 꾸러미는 교육의 다음 단계로 넘어갔다. 어른은 가죽끈을 이용해서 아이가 동물처럼 네 발로 걷는 것이 아니라, 하느님이 명령한 대로 일어서서 걷도록 가르쳤다. 그러고 나서 아이가 조금 더 자라면 꼬리 아홉 개로 만든 채찍, 막대기, 야자나무 가지, 나무나 쇠로 만든 회초리, 그리고 다른 교육적인 도구가 사용되기 시작했다.

왕도 그런 교육 방식에서 예외가 아니었다. 프랑스의 루이 13세는 여덟 살이 되었을 때 왕위에 올랐고, 채찍 한 무더기를 맞으면서 하루를 시작했다.

왕은 그 혹독한 유년 시절로부터 살아남았다.

다른 아이들 역시 살아남았는데, 어떻게 살아남았는지는 모르겠지만, 그들은 자기 아이들을 교육하는 데 완벽하게 훈련된 어른이 되었다.

하느님의 어린 천사들

플로라 트리스탕은 런던을 여행하면서 영국 어머니들이 자식들을 전혀 쓰다듬어 주지 않는 것을 보고 충격을 받았다. 사회 계급에서 어린이는 여자보다 낮은 맨 마지막 단계에 있었다. 어린이가 지닌 신용은 부러진 칼과 비슷했다.

그럼에도 불구하고 3세기 전에 어린이가 대접받을 수 있고 즐거움을 누릴 수 있도록 회복시켜 준 첫 번째 유럽 상류층은 영국인이었다. 토머스 모어는 어린이를 사랑하고 옹호했으며, 어린이와 놀 수 있을 때마다 놀아주었고, 삶이 결코 끝나지 않는 장난이면 좋겠다는 바람을 어린이와 공유했다.

그의 예는 오래 지속되지 않았다.

몇 세기 동안, 그리고 불과 얼마 전까지도 영국의 학교에서 체벌은 합법적이었다. 성숙한 문명은 민주적으로, 계급의 구별 없이, 여자아이는 가죽끈과 몽둥이로 때리고 남자아이는 회초리나 몽둥이로 때림으로써, 어린이의 나쁜 버릇을 고칠 수 있는 권리를 지니고 있었다. 사회도덕을 숭상하는 이런 교육 도구들은 여러 세대에 걸쳐 길을 잘못 든 이들의 해악과 탈선을 고쳤다.

1985년이 되어서야 가죽끈, 회초리, 몽둥이는 영국 공립학교에서 금지되었다. 나중에는 사립학교에서도 금지되었다.

어린이가 계속해서 어린이로 머물지 않도록 매가 "이성적인 방식으로, 상처를 남기지만 않"으면, 부모는 자식을 벌할 수 있다.

식인귀의 아버지

아주 유명한 동화들, 공포 동화들 역시 어린이와 싸우는 어른용 무기의 창고에 있을 만한 것들이다.

「헨젤과 그레텔」은 당신이 부모로부터 버림받을 수 있다는 사실을 경고하고, 「빨간 모자」는 낯선 사람이 당신을 잡아먹을 늑대가 될 수 있다는 사실을 알려주고, 「신데렐라」는 당신에게 계모와 배다른 언니들을 믿지 말라고 강요한다. 하지만 동화의 모든 주인공 가운데 식인귀는 어린이에게 가장 효과적으로 복종을 가르쳐주고 두려움을 유포한 등장인물이다.

프랑스의 동화 작가 샤를 페로의 동화에 등장하는, 어린이를 잡아먹는 식인귀는 유명한 기사 질 드 레를 모델로 삼은 것이었는데, 질 드 레는 오를레앙 전투를 비롯해 여러 전투에서 아르크의 성녀 요안나, 즉 잔 다르크* 곁에서 싸웠다.

여러 성의 주인이자 프랑스에서 가장 젊은 육군 원수**인 이 남자는 빵을 구하거나 그의 무훈을 찬양하는 합창단에 일자리를 구하면서 그의 영지를 떠돌아다니던 소년들을 고문하고, 강간하고 죽인 혐의로 기소되었다.

질 드 레는 고문을 받고서 육체적 쾌락에 관해 상세하게 언급하면서 수백 건의 아동 살해를 자백했다.

---

* '아르크의 성녀 요안나(Sancta Joanna de Arc)는 프랑스어로 잔 다르크(Jeanne d'Arc)를 일컫는다.
** 질 드 레는 잔 다르크를 보좌해 승리를 거둔 공적을 인정받아 결국 스물다섯 살의 나이에 프랑스 전 육군을 통치하는 권한을 갖게 되었다.

그는 교수형을 당했다.

5세기 반 뒤에 그는 사면되었다. 프랑스 상원에 설치된 특별법정은 질 드 레의 소송 과정을 조사했다. 질 드 레의 죄과는 허구였고, 위원회는 판결을 번복했다.

하지만 질 드 레는 그 좋은 소식을 즐길 수 없었다.

타타르*의 식인귀

칭기즈 칸은 오랫동안 유럽 어른들에게 공포를 심어준 동화들의 식인 귀였다. 그는 사탄이 몽골에서 보낸 무리들을 이끄는 그리스도의 적이었다.

"그들은 인간이 아니야! 악마야!" 시칠리아와 독일의 왕이었던 프리드리히 2세가 소리쳤다.

사실, 유럽은 칭기즈 칸이 유럽을 침략할 가치가 없는 지역이라 간주한다는 이유로 불쾌하게 생각했다. 칭기즈 칸은 유럽이 후진적이라고 멸시하면서 아시아를 더 좋아했다. 그리고 썩 섬세하지 않은 방법들을 동원해 거대한 제국을 정복했다. 그 제국은 몽골 고원에서부터 중국, 아프가니스탄, 페르시아를 거쳐 러시아의 황무지까지 퍼져 있었다.

---

* 타타르(Tatar)는 중앙아시아의 몽골계와 튀르크계 유목 민족을 통칭하는 말이다. 몽골 제국이 유럽을 위협하자 유럽에서는 그리스 신화에서 지하 세계, 지옥을 의미했던 타르타로스(Tartarus)와 이를 혼동해 몽골 제국 군대와 그 민족을 타타르라 불렀다고 전해진다."

칸의 악명은 그의 모든 가족에게 전해졌다.

그럼에도, 칭기즈 칸의 손자 쿠빌라이 칸은 종종 베이징에 있는 자신의 권좌에까지 찾아오는 유럽 여행자들을 날로 삼키지는 않았다. 그들을 환대하고, 그들의 말을 들어주고, 그들에게 일자리를 제공해주었다.

마르코 폴로가 쿠빌라이 칸을 위해 일했다.

마르코 폴로

마르코 폴로는 제노바의 감옥에 있을 때 자신의 여행기를 구술했다.*
감옥 동료들은 그의 말을 모두 믿어주었다. 당시 감옥에 있던 모든 죄수는, 17년 동안 동방을 여행한 마르코 폴로의 모험기를 들으면서 그와 함께 감옥을 탈출해 여행하는 상상을 했다.

3년 뒤, 베네치아 출신의 죄수 마르코 폴로는 책을 출간했다. 출간했다는 것은 구술을 끝냈다는 의미다. 왜냐하면 당시 유럽에는 인쇄술이 없었기 때문이다. 손으로 직접 만든 사본 몇 권이 배포되었다. 마르코 폴로가 만난 소수의 독자는 마르코 폴로의 말을 단 한 마디도 믿지 않았다.

---

* 마르코 폴로(Marco Polo, 1254-1324)는 1271년에 보석상 아버지와 숙부를 따라 동방 여행을 떠나 원나라 황제 쿠빌라이를 알현했다. 17년 동안 원나라의 관리로 일하면서 중국 각 지역을 돌아다니다 1292년에 고향으로 돌아왔으며, 제노바와의 해전에 참가했다가 포로가 되어 감옥에 갇혔다. 마르코 폴로는 이때 옥중에서 작가 루스티켈로에게 자신의 경험을 구술했는데, 이것이 그 유명한 『동방견문록』이 되었다.

그 무역업자가 사람들을 현혹시킨다는 것이었다. 그러니까, 아무도 들고 있지 않은 술잔들이 공중에 둥둥 떠서 위대한 칸의 입술에 도달했다는 말인가? 그러니까, 아프가니스탄에서는 멜론 한 개가 여자 하나 값에 팔리는 시장이 있었다는 말인가? 가장 자비로운 사람들은 마르코 폴로가 제정신이 아니라고 말했다.

이 헛소리꾼은 아라라트 산맥으로 가는 길목의 카스피해에서 불타는 기름을 보았고, 중국의 산에서 불타는 바위들을 보았다고 했다. 중국 사람들이 종이돈, 즉 몽골 황제의 옥쇄가 찍힌 지폐와 1,000명 이상이 타는 배를 갖고 있다는 등의 말은 고작해야 우습게 들렸을 뿐이다. 수마트라의 일각수(一角獸), 고비 사막의 노래하는 모래언덕은 큰 웃음을 살 만했고, 타클라마칸 사막 너머 마을들에서 마르코 폴로가 본, 불을 조롱한 천은 한낱 거짓말처럼 들렸다.

몇 세기 뒤 그것들은 다음과 같이 밝혀졌다.

불타는 기름은 석유였다.

불타는 바위는 석탄이었다.

중국인들은 500년 전부터 지폐를 사용하고 유럽 배보다 열 배가 큰 배를 사용했으며, 채마밭에서 재배한 신선한 채소를 선원들에게 공급함으로써 선원들이 괴혈병에 걸리지 않았다.

일각수는 코뿔소였다.

바람 때문에 사막의 모래 언덕 꼭대기에서 소리가 났던 것이다.

불에 타지 않는 천은 석면이었다.

마르코 폴로 시대에 유럽에는 석유도, 석탄도, 종이돈도, 커다란 배도, 코뿔소도, 높은 모래 언덕도, 석면도 알려지지 않은 상태였다.

중국 사람들은 발명을 하지 않았다고?

어린 시절 나는 중국이 우루과이 반대편에 있는 나라로, 땅속을 깊이 팔 수 있는 인내심을 가진 사람이라면 그곳에 도달할 수 있다고 알고 있었다.

그 후, 세계사에 관해 약간 배웠으나 세계사라는 것은 유럽사였고, 현재도 그렇다. 유럽을 제외한 나머지 세상은 암흑 속에 드러누워 있었고, 지금도 드러누워 있다. 중국 역시 마찬가지다. 우리는 거의 모든 것을 발명한 어느 나라의 과거에 관해 조금 알거나 전혀 모른다.

비단은 5,000년 전에 중국에서 탄생했다.

중국 사람들은 그 누구보다도 먼저 차를 발견하고, 이름을 붙이고, 재배했다.

깊은 우물 속에서 소금을 추출해 낸 첫 번째 사람들이었고, 조리를 하고 등불을 밝히는 데 가스와 석유를 처음으로 사용한 사람들이었다.

영국 사람들이 농업의 기계화를 이루기 2,000년 전에 중국 사람들은 무게가 가벼운 쇠쟁기와 파종기, 탈곡기, 수확기를 발명했다.

유럽의 배가 나침반을 사용하기 1,100년 전에 나침반을 발명했다.

중국 사람들은 독일 사람들보다 1,000년 먼저 물레방아가 용광로에 에너지를 공급할 수 있다*는 사실을 발견했다.

1,900년 전에 그들은 종이를 발명했다.

구텐베르크가 인쇄술을 발명하기 6세기 전에 책을 인쇄했고, 구텐

---

* 중국에서는 물레방아에 연결된 피스톤으로 풀무를 움직여 용광로 안에 바람을 지속적으로 불어넣어 용광로의 내부 온도를 높일 수 있었다.

베르크보다 2세기 먼저 금속 활자를 사용했다.

1,200년 전에 화약을 발명하고, 1세기 뒤에는 포를 발명했다.

900년 전에는 페달을 밟아 움직이는 실패로 비단을 짜는 직조기를 발명했는데, 이탈리아 사람들이 2세기 뒤에 이를 모방한 직조기를 만들었다.

중국인들은 배의 키, 물레, 침술, 도자기, 축구, 카드, 요술램프, 꽃불, 연, 종이돈, 태엽시계, 지진계, 도료, 형광페인트, 낚시줄을 감는 릴, 현수교(懸垂橋), 손수레, 우산, 부채, 등자(鐙子), 편자, 열쇠, 칫솔, 그리고 그 밖의 자잘한 것들도 발명했다.

바다에 떠다니는 대도시

15세기 초에 중국 해군 함대 사령관 정화(鄭和) 장군은 스리랑카 섬 해변의 돌에 알라, 시바, 붓다를 기리는 글을 새겼다. 그리고 수하의 선원들에게 축복을 내려달라고 그 세 신에게 세 가지 언어로 빌었다.

자기를 거세시킨 제국에 충성했던 환관 정화는 세상 바다를 항해한 그 어떤 선단보다 큰 선단을 지휘했다.

선단의 중앙부를 이루는 거대한 배들에는 과일과 채소를 생산하는 채마밭이 있었고, 그 주위로는 돛대 수천 개가 숲을 이루고 있었다.

"돛이 하늘의 구름처럼 펼쳐지고……."

배들이 중국의 항구와 아프리카의 해변 사이를 오가며 자바, 인도, 아라비아 등지를 거치고…… 선원들은 도자기, 비단, 도료, 옥을 싣고 중국을 떠나 온갖 이야기와 신비한 식물과 기린, 코끼리, 공작새 등을 실고 돌아왔다. 그들은 다른 언어와 신과 관습을 발견했다. 흰색과 검은색 줄무늬가 있는 말과 말처럼 달리는 긴 다리 새를 발견하고, 아라비아에서는 향과 몰약(沒藥)을 찾아냈으며, 튀르키예에서는 "용의 침"*이라 불리는 호박(琥珀) 등 희귀석을 찾아냈다. 남쪽 섬들에서는 사람처럼 말을 하는 새와 자신의 성적 능력이 탁월하다는 사실을 알리기 위해 가랑이에 딸랑이를 달고 다니는 남자들 때문에 놀라고는 했다.

중국 대함대의 여행은 탐험과 무역 임무를 띠고 있었다. 정복 사업은 하지 않았다. 정화는 지배권을 행사하겠다는 열망을 전혀 갖고 있지 않았기 때문에 자신이 발견하는 것을 멸시하지도 비난하지도 않았다. 감탄스럽지 않은 것은 적어도 호기심을 유발할 만한 것이었다. 정화가 이곳저곳을 여행함으로써 베이징의 황실 도서관이 점차 커졌는데, 도서관에는 세상의 지식을 담은 책 4,000권이 소장되어 있었다.

당시, 포르투갈 왕이 소장한 책은 총 여섯 권이었다.

관대한 교황

중국 정화의 함대가 항해를 한 지 70년이 지난 뒤 에스파냐는 아메리카 정복을 시작했고, 에스파냐 출신 남자 한 명을 바티칸의 권좌에 앉

---

* 아라비아에서 말향경(抹香鯨), 즉 향유고래가 토한 아교(阿膠)처럼 끈적이는 덩어리를 바닷가에서 주워 말리면 특유의 향기가 나는데 이를 용연향(龍涎香)이라 한다. '용연'은 '용의 침'이라는 뜻이다.

했다.

발렌시아에서 태어난 로드리고 보르자는 노새 네 마리에 실은 금과
은으로 추기경들을 매수해 표를 얻은 덕분에 로마 교황이 되어 알렉
산데르 6세라 불렸다.

에스파냐 출신 교황은 "기부(寄附) 교서"를 공포했는데, 이 증서를
통해 에스파냐 왕들과 상속자들에게 몇 년 뒤에 아메리카라 불리게
될 섬과 땅을 하느님의 이름으로 선물했다.

교황 스스로 포르투갈이 검은 아프리카*의 섬과 땅의 주인이라고
승인했는데, 포르투갈은 반세기 전부터 아프리카에서 금, 상아, 노예
를 수탈했다.

이들의 의도는 정화 장군의 항해를 인도했던 것과 똑같지는 않았
다. 교황은 아메리카와 아프리카의 야만적인 나라들이 가톨릭 신앙에
복종하고 따르도록 이들에게 아메리카와 아프리카를 선물한 것이다.

당시 에스파냐는 아메리카보다 인구가 열다섯 배 적었고, 검은 아
프리카는 포르투갈보다 인구가 백 배 많았다.

악이 선을 복사한다

조토는 파도바의 어느 예배당에 그린 프레스코화에다 지옥에서 악마
들이 죄인들에게 가하는 고문 장면을 묘사했다.

---

* 인종적으로 북아프리카는 아랍계 백인이 절대다수인 데 비해, 사하라 이남의 아프리카 지역은 흑
인이 대부분이기 때문에 '검은 아프리카'라고 불린다.

당대의 다른 예술가들이 그린 작품들에서처럼, 지옥의 고문 도구는 충격과 공포를 유발했다. 누구든 이 그림에 그려진 지옥의 고문 도구가 당시의 종교재판이 가톨릭 신앙을 강요하기 위해 사용한 것이라는 사실을 알 수 있다. 하느님은 최악의 적들에게 영감을 불어넣었다. 사탄들은 종교재판관들이 지상에서 적용하던 고통의 기술을 지옥에서 모방한 것이다.

징벌은 이 세상이 지옥에서 일어나는 것을 총연습해 보는 곳일 뿐이라는 사실을 확인시켜 주었다. 이승과 저승에서 불복종은 동일한 벌을 받았다.

신앙의 논거들

종교재판은 6세기 동안 여러 나라에서 반역자, 이교도, 마녀, 동성애자, 우상 숭배자를 벌했다.

많은 사람이 화형에 처해졌다. 사형을 선고받은 사람의 몸은 생장작에서 피어오르는 약한 불에 천천히 타들어갔다. 더 많은 사람이 고문에 굴복했다. 다음은 자백을 받아내고, 신념을 바꾸고 공포를 심어주기 위해 사용된 고문 도구 가운데 일부다.

가시 목걸이,

공중에 매달아 놓은 우리,

듣기에 불편한 비명을 억제하는 쇠 재갈,

사람의 몸을 천천히 반토막 내는 톱,

손가락을 쥐어짜는 교압기(絞壓器),

머리를 짓누르는 교압기,

뼈를 부러뜨리는 진자,

바늘 의자,

악마의 첩자를 찌르는 긴 바늘,

살을 찢는 철 발톱,

불에 새빨갛게 달아오른 크고 작은 집게들,

속에 못이 박혀 있는 석관,

팔다리가 빠져나갈 정도로 잡아 늘이는 철 침대,

끝에 갈고리나 작은 칼이 달린 채찍,

똥이 가득 담긴 나무통,

족쇄, 수갑, 도르래, 고리, 갈고리,

이교도의 입, 동성애자의 항문, 사탄의 정부(情婦)의 음부를 벌려 찢
는 배(梨子) 모양 도구,

마녀와 간음한 여자의 유방을 찢는 집게,

불로 발을 지지는 도구,

이 밖에도 또 다른 미덕의 도구들이 있었다.

고문하는 자의 고백

2003년에 알 카에다의 지도자 이븐 알 샤이크 알 리비가 고문을 받고
서 결국 이라크가 자기에게 생화학무기 사용 훈련을 시켰다고 자백했

다. 그 즉시 미국 정부는 이라크가 침공당해 마땅하다는 사실을 보여 주기 위해 그의 증언을 즐겁게 휘둘렀다.

얼마 있지 않아 다음과 같은 사실이 알려졌다. 늘 그렇듯이, 고문을 받은 자는 고문을 하는 자가 시키는 대로 자백했던 것이다.

그런 부끄러운 사실이 밝혀졌음에도 불구하고, 미국 정부는 고문을 "범죄자를 압박하기 위한 선택적 수단, 강도 높은 심문 기술, 압력과 협박의 책략, 설득의 방법⋯⋯"이라는 그럴싸한 이름들을 동원해 부르면서 전 세계에서 계속해서 고문을 하고 고문의 필요성에 관해 설파하고 있다.

가장 강력한 매스미디어들이 인간의 살을 찌르는 이 기계의 장점을 갈수록 노골적으로 부각시키고, 갈수록 많은 사람이 이 기계에게 박수를 보내거나 적어도 받아들인다. 혹시 우리는 우리를 위협하는 테러리스트와 범죄자들로부터 스스로를 보호할 권리를 갖고 있지 못한 걸까?

그러나 고문이 국민을 보호하는 데는 아무 소용이 없고, 국민을 전율케 하는 데만 쓰일 뿐이라는 사실을 과거 종교재판관들은 잘 알고 있었고, 현시대에 나라를 도둑질하는 자들도 잘 알고 있다.

국민에게 고통을 주는 관료 정치는 그것이 봉사하는 권력을 영속시키기 위해 고문을 한다. 고문을 당한 자의 자백은 가치가 조금밖에 없거나 거의 없다. 반면에 권력은 고문실에서 자신의 가면을 벗는다. 권력은 고문을 함으로써, 공포가 자신들의 일용할 양식이라는 사실을 고백한다.

우리 모두는 폭력자였다

바르셀로나의 보리아 거리의 모습은, 비록 지금은 그 용도가 달라졌다 해도, 조금만 변했거나 전혀 변하지 않았다.

다음 장면은 중세의 상당 기간 유럽이 행한 재판 장면들 가운데 하나로, 군중의 구경거리였다.

어릿광대와 악사들이 행렬을 선도했다. 형을 선고받은 남자 또는 여자가 벌거벗거나 거의 벌거벗은 몸으로 당나귀 등에 탄 채 감옥을 나서 채찍질을 당하면서 가는 동안 군중은 죄수에게 무수하게 욕설을 퍼붓고, 때리고, 침을 뱉고, 인분을 퍼붓고, 썩은 달걀을 던지는 등 온갖 모욕을 해댔다.

죄를 가장 많이 지은 자들이 죄수에게 가장 열심히 벌을 가했다.

용병들

지금은 그들을 "청부업자"라 부른다.

몇 세기 전, 이탈리아에서는 "콘도티에로"*라 불렸다. 이들은 청부 살인을 하는 사람들이었는데, 계약서의 이름이 바로 "콘도타 (condotta)"였다.

파올로 우첼로는 이 전사들이 옷을 아주 멋지게 차려입고 아주 우

---

* 콘도티에로(condottiero)는 중세 말부터 16세기 중반까지 이탈리아 중소 도시국가들이 고용했던 용병 대장들을 가리킨다.

아하게 행동하는 것으로 그렸기 때문에 그의 그림들은 유혈이 낭자한 전투 장면을 그린 것이라기보다는 패션쇼를 그린 것처럼 보인다.

하지만 "콘도티에로"는 호전적이었기 때문에 평화를 제외하고는 그 어떤 것도 두려워하지 않았다.

프란체스코 스포르차 공작은 젊은 날 콘도티에리였는데, 그 사실을 결코 잊지 않았다.

어느 날 오후, 밀라노 근교를 산책하던 중 공작이 말 위에서 거지에게 동전 하나를 던졌다.

거지는 공작에게 최대한의 고마움을 표했다.

"평화가 당신과 함께하기를 기원합니다."

"평화라고?"

공작이 칼로 거지의 손을 쳐서 동전을 날려버렸다.

불가능한 것을 가능하게 만든 우리의 성녀

그녀는 평화를 믿었기 때문에 '불가능한 것을 가능하게 만든 우리의 성녀'라 불렸다.

성녀 리타는 전쟁 시기에 평화의 기적을 행했다,

이웃 사이의 전쟁,

가족 사이의 전쟁,

왕들 사이의 전쟁,

신들 사이의 전쟁.

게다가 다른 기적들도 행했다. 마지막 기적은 임종하기 전이었다. 성녀 리타는 한겨울이었지만 무화과가 익게 해달라고 청하고, 눈에 쌓인 장미나무에서 장미꽃이 피게 해달라고 청했다. 그래서 그녀는 무화과를 맛보고 막 피어오른 장미꽃 향기를 맡으며 죽을 수 있었고, 그녀가 살던 카시아 마을의 모든 성당에서 아무도 종을 치지 않았건만 종이 홀로 울렸다.

성스러운 여전사

쟁기질을 하든, 검을 쓰든 그녀에게 필적할 만한 남자는 없었다.

정오 무렵, 채마밭의 고요 속에서 목소리들이 들렸다. 천사들과 성 미카엘, 성녀 마르가리타, 성녀 카탈리나 같은 성인들이 그녀에게 말을 하고 있었고, 하늘 높은 곳에서도 목소리가 그녀에게 말을 하고 있었다.

"프랑스 왕국을 자유롭게 할 수 있는 사람은 세상에 그대밖에 없노라."

그녀는 어디에서든 그 말을 되풀이하면서 늘 그렇듯 그 말을 한 이를 밝혔다.

"그것은 하느님께서 제게 해주신 말씀입니다."

그리하여, 자식들을 수확하기 위해 태어난 이 문맹 시골 소녀는 거대한 부대를 지휘했고, 그 부대는 출정을 하는 과정에서 더 커졌다.

하느님의 명령 또는 남성에 대한 공포 때문에 처녀로 살던 그 여전사는 전투에 전투를 거듭해 나갔다.

손에 창을 든 채 말을 타고서 영국 군대를 쳐부수는 무적의 전사였다. 패배할 때까지는.

결국 영국 군대는 그녀를 생포했고, 그 미치광이 여자를 프랑스 군대에게 떠맡기기로 결정했다.

그녀는 신의 이름으로 프랑스와 프랑스의 왕을 위해 싸웠는데, 프랑스 왕의 관리들과 신의 관리들은 그녀를 화형장으로 보내버렸다.

머리를 깎인 상태로 쇠사슬에 묶여 있는 그녀를 변호해 줄 사람은 없었다. 판사와 검사들, 종교재판소의 전문가들, 주교들, 수도원장들, 교회법 학자들, 공증인들, 증인들은 학식이 깊은 소르본 대학교와 견해가 일치했는데, 소르본 대학교는 피고가 종파 분리론자요, 배교자요, 거짓말쟁이요, 점쟁이요, 이단의 혐의가 있는 자요, 신앙에서 방황하는 자요, 하느님과 성인들을 모독하는 자라고 선언했다.

그녀가 루앙의 시장 광장 말뚝에 묶였을 때의 나이는 열아홉 살이었다. 사형 집행인이 장작에 불을 붙였다.

나중에, 그녀를 불태웠던 그녀의 조국과 교회 당국은 견해를 바꾸었다. 이제 잔 다르크는 영웅이자 성녀이며, 프랑스의 상징이고, 기독교의 표상이다.

배들이 땅 위를 항해했을 때

콘스탄티누스 대제가 비잔티움의 이름을 자기 이름에서 따왔기 때문에 아시아와 유럽이 만나는 이 전략적인 요충지는 콘스탄티노플이라 불리게 되었다.

1,100년이 지난 뒤, 콘스탄티노플이 튀르크 군대의 포위 공격에 항복했을 때 다른 황제, 즉 다른 콘스탄티누스*는 그 도시를 위해 싸우다 도시와 함께 죽었고, 그때 기독교는 동양으로 열린 문을 잃어버렸다.

기독교 왕국들이 콘스탄티노플에 많은 도움을 약속했다. 하지만 진실의 시간이 되자 콘스탄티노플은 포위당해 질식 상태가 되어 홀로 죽었다. 성벽을 꿰뚫는 길이 8미터짜리 거대한 대포들과 튀르크 함대의 기괴한 항해는 그 도시가 최종적으로 무너지는 데 결정적인 역할을 했다. 튀르크의 배들은 바닷속에 설치되어 있는 쇠사슬에 걸려 앞으로 나아가지 못했다. 쇠사슬을 끊을 수 없었기 때문에 마침내 메흐메트 왕은 전대미문의 명령을 내렸다. 배들이 땅 위를 항해하도록 한 것이다. 배들은 야밤의 고요를 이용해 수많은 황소가 끄는 굴림대에 얹힌 채 골든 혼과 보스포루스 해를 갈라놓는 언덕을 미끄러지듯 올라가고 내려오면서 항해를 했다. 새벽녘이 되자 항구 망루에서 보초를 서던 초병들은 튀르크 함대가 금지된 바다에서 마법처럼 자신들의 코앞에 나타나는 것을 공포에 질린 채 바라보았다.

그 후부터, 육지에서 이루어지던 포위 공격이 바다로 이어졌는데, 최후의 학살은 비를 붉게 물들였다.

수많은 기독교인이 9세기 전에 황비 테오도라의 망상으로부터 태동했던 거대한 성 소피아 대성당에 은신했다. 성당으로 피신해 들어간 기독교인들은 하늘에서 천사 하나가 내려와 불타는 검으로 침략자

---

* 비잔티움 제국의 마지막 황제로, 1448년 치세를 시작해 1453년 콘스탄티노플이 함락될 때 전사한 콘스탄티누스 11세(Constantinus XI, 1405-1453)를 말한다.

들을 베어주기만을 기다리고 있었다.

하지만 천사는 오지 않았다.

메흐메트 왕은 백마를 탄 채 성 소피아 대성당으로 들어가 지금은
이스탄불이라 불리는 도시에서 가장 중요한 이슬람 사원으로 만들어
버렸다.

변장한 악마

콘스탄티노플이 함락되기 몇 년 전에 마르틴 루
터는 사탄이 튀르키예인과 무어인에게만 들어 있는 것이 아니라 "우
리 자신의 집"에도 거주한다고 경고했다. "사탄은 우리가 먹는 빵에
도, 우리가 마시는 음료에도, 우리가 입는 옷에도, 우리가 숨 쉬는 공
기에도 있습니다."

계속해서 그래왔다.

몇 세기 뒤인 1982년에 악마는 가정주부로 변장해 대담하게 바티
칸을 방문했다. 가정주부로 변장한 악마가 땅바닥을 기어 다니며 울
부짖자 교황 요한 바오로 2세는 악마에 대항해 육탄전을 벌였다. 요
한 바로오 2세는 다른 교황, 즉 우르바노 8세의 구마(驅魔) 기도문을
암송하면서 침입자를 저주했다. 교황 우르바노 8세는 과거에 갈릴레
오 갈릴레이의 머리에서 지구가 태양 주위를 돈다는 악마 같은 생각
을 뽑아내 버린 사람이었다.

백악관의 오벌 오피스에 악마가 교육실습생으로 변해 나타났을 때

빌 클린턴 대통령은 가톨릭의 케케묵은 방법에 호소하지 않았다. 클린턴 대통령은 세 달 동안 유고슬라비아에 미사일을 허리케인처럼 쏘아댐으로써 악마를 놀래주었다.

악마 같은 작품들

어느 날 오전, 베누스*가 시에나에 나타났다. 그녀가 햇빛 아래 벌거벗은 몸으로 드러누운 채 발견된 것이다.

　도시는 로마 제국 시대에 매장되었다가 땅속 깊숙한 곳에서 나오는 친절을 베푼 이 대리석 베누스 여신에게 경의를 표했다.

　베누스상은 시에나 시 중앙 분수의 상석(上席)에 앉혀졌다.

　모두 끊임없이 그녀를 바라보고 그녀를 만지고 싶어 했다.

　하지만 잠시 뒤 전쟁과 공포가 도래했고, 시에나는 공격받고 약탈당했다. 시 의회는 1357년 11월 7일에 개최된 회의에서 전쟁의 참화가 베누스 때문이라고 결정했다. 우상 숭배의 죄에 대한 벌로 하느님이 그 불행을 보냈다는 것이었다. 시 의회는 시에 퇴폐적인 행위를 유행시킨 베누스상을 산산조각 내버리라고 명령하고, 조각들을 시에나 시민들이 증오하던 도시 피렌체에 묻도록 조치했다.

　130년 후, 피렌체의 화가 산드로 보티첼리가 다른 베누스를 만들어 냈다. 화가는 실오라기 하나 걸치지 않은 벌거벗은 상태의 베누스가

---

* 베누스(Venus)는 로마 신화의 미와 사랑의 여신으로, 영어식 발음으로는 '비너스'라 불린다.

바다의 물거품 위로 막 피어오르는 모습을 그렸다.

10여 년 뒤, 사제 사보나롤라가 거대한 정화의 모닥불을 피워 올렸을 때, 보티첼리는 자기 붓이 지은 죄를 후회하면서 젊은 시절에 그린 악마 같은 작품 몇 점을 모닥불에 던짐으로써 모닥불의 기세를 돋우었다고 한다.*

하지만 베누스만은 태울 수 없었다.

악마를 죽이다

기다란 검은 망토에 둘러싸인 남자의 얼굴을 장식하는 코는 맹금류의 커다란 부리 모양이었다. 망토 속에 입은 거친 마(麻) 고행의(苦行衣)가 그의 살을 괴롭히고 있었다.

그는 설교를 통해 하느님의 분노를 거세게 분출했다. 지롤라모 사보나롤라 수사는 사람들을 놀라게 하고, 위협하고, 벌을 주었다. 그의 열변이 피렌체 시 성당들을 불태우고 있었다. 어린이에게는 부모의 죄를 밀고하라 설득했고, 종교재판을 피하던 동성애자와 간통한 여자를 고발했으며, 카니발의 나날이 속죄의 시간이 되도록 요구했다.

그가 설교하는 설교대는 성스러운 분노로 불타고, 영지의 광장에서는 허례허식을 불태우는 모닥불이 피어올랐는데, 사보나롤라는 모닥불

---

* 1491년에 지롤라모 사보나롤라가 산 마르코 수도원장으로 부임해 메디치가의 이교주의적 정책과 피렌체의 퇴폐적 세태를 예언자적 어조로 격렬하게 공격하자, 보티첼리는 설교에 매혹되어 신비적인 경향을 더욱 강화시키고 단테의 『신곡』 삽화 작업에 열중함으로써 조형 예술가로서는 자멸의 길을 밟았다.

이 잘 타도록 밤낮으로 휘저어댔다. 기품 있고 정결한 삶을 살기 위해 쾌락을 포기한 부인들은 장신구, 향수, 화장품 따위를 모닥불에 내던졌다. 음화와 음란한 생활을 사주하는 책 또한 불에 던져질 예정이었다.

15세기 말에 사보나롤라 역시 그곳에 던져졌다. 사보나롤라를 통제할 수가 없게 된 가톨릭교회가 산 채로 화형에 처한 것이다.

레오나르도 다 빈치

공중도덕 감시인들, 야간 순찰대원들이 스물여덟 살 레오나르도를 스승 베로키오의 공방에서 끌어내 감방에 집어넣었다. 레오나르도는 감방에서 잠도 제대로 못 자고, 숨도 제대로 못 쉬고, 모닥불에 태워질 위협으로 공포에 사로잡힌 채 두 달을 지냈다. 당시 동성애는 불로 다스려졌는데, 이름이 밝혀지지 않은 사람 하나가 그를 "자코포 살타렐리라는 남자과 남색을 했다"고 고발함으로써 기소당한 것이다.

레오나르도는 증거 불충분으로 풀려나 일상으로 되돌아왔다.

레오나르도는 대작들을 그렸다. 거의 대부분은 미완성 작품으로, 스푸마토 기법과 명암법*을 미술의 역사에서 처음으로 사용했다.

레오나르도는 우화, 전설, 조리법에 관한 글을 썼다.

시체를 통해 해부학을 연구함으로써 인체 구조를 처음으로 완벽하

---

* 스푸마토(sfumato) 기법은 이탈리아어로 '색조를 누그러뜨리다', '연기처럼 사라지다'라는 뜻의 'sfumare'에서 유래한 것이다. 레오나르도 다 빈치와 추종자들이 이 기법을 자주 사용했는데, 그들은 밝은 면에서 어두운 면까지의 모든 부분을 선이나 경계선을 쓰지 않고 명암을 섬세하게 변화시켜 표현했다. 〈모나리자〉의 얼굴 외곽선, 눈가와 입가의 분위기는 이 기법의 극치다.

게 그려냈다.

레오나르도는 지구가 공전한다고 주장했다.

레오나르도는 헬리콥터, 비행기, 자전거, 잠수함, 낙하산, 기관총, 수류탄, 박격포, 탱크, 이동식 기중기, 수상 굴착기, 스파게티 제면기, 제분기…… 등을 발명했다.

일요일이면 시장에서 새를 사서 날려 보냈다.

그를 아는 사람들은 그가 여자를 단 한 번도 품에 안지 않았다고들 했으나, 그의 손에서 역사상 가장 유명한 초상화가 탄생했다. 그것은 여자의 초상화였다.

가슴

일부 남성 동성애자는 징벌을 피하기 위해 여자로 변장했고, 창녀가 되었다.

15세기 말엽에 베네치아는 직업여성들이 가슴을 보여주도록 강제하는 법률을 공포했다. 그들은 지나가는 손님에게 몸을 파는 업소의 창문을 통해 가슴을 보여주어야 했다. 그들은 리알토 근처의 어느 다리에서 일을 했는데, 그 다리는 아직도 폰테 델레 테테*라 불린다.

---

* 폰테(Ponte)는 '다리'를, 테테(tette)는 '가슴'을 의미하는바, '폰테 델레 테테(Ponte delle tette)'는 '가슴의 다리'다.

포크의 기원

레오나르도가 이빨 세 개를 달아 포크를 완성시키고자 했는데, 만들어놓고 보니 지옥의 왕이 사용하는 삼지창과 비슷한 모양이 나와버렸다고 한다.

몇 세기 전에 성 베드로 다미아노는 비잔티움에서 유래한 이 새로운 물건에 대해 다음과 같이 알렸다.

"만약 하느님께서 우리가 이 악마 같은 도구를 사용하는 것을 원하셨더라면 우리에게 손가락을 주시지 않았을 겁니다."

영국의 엘리자베스 여왕과 프랑스의 태양왕은 손으로 음식을 먹었다. 작가 미셸 드 몽테뉴는 급하게 점심 식사를 하느라 손가락을 깨물기도 했다. 음악가 클라우디오 몬테베르디는 포크를 사용할 때마다 포크를 사용한 죗값을 치르기 위해 미사를 세 번씩 봉헌해야 했다.

바티칸 방문

미켈란젤로가 내 질문에 대답할지는 모르겠지만, 나는 그에게 이렇게 묻고 싶다.

"왜 모세의 상에 뿔이 나 있습니까?"

"우리 모두는 시스티나 성당에 있는 〈아담의 창조〉 프레스코화에서 아담에게 생명을 주는 손가락에 눈길을 고정시킵니다. 그런데, 하느님이 다른 팔로, 우연히 그러는 것처럼, 다정하게 목을 껴안고 있는 그 벌거벗은 소녀는 누구인가요?"

"〈이브의 창조〉 프레스코화에서 천국의 잘려버린 나무들은 무엇을 하는 겁니까? 누가 그것들을 잘랐나요? 숲을 벌채하는 것은 허락받았나요?"

"〈최후의 심판〉에서 천사의 주먹세례를 받고 쫓겨나서 교황의 열쇠들과 물건이 가득 담긴 가방을 갖고 지옥으로 떨어지고 있는 교황은 누구인가요?"

"바티칸은 당신이 그 프레스코화에 그려놓은 음경 마흔한 개를 가렸습니다. 교황의 명령에 따라 천으로 가랑이를 가림으로써 체통을 세워주었고, 또 그로 인해 기저귀 화가(Il Braghhettone)라는 별명을 갖게 된 사람이 바로 당신의 친구이자 동료인 다니엘레 다 볼테라였다는 사실을 알고 있었습니까?"*

히에로니무스 보스

사형수 하나가 황금 동전을 싼다.

　다른 사형수가 감옥의 거대한 열쇠를 매달고 있다.

　칼이 귀를 가지고 있다.

　하프가 음악가를 처형한다.

　불이 얼어붙는다.

---

* 미켈란젤로는 그림에 있는 300여 명의 사람을 모두 나체로 묘사했으나, 너무 외설적이라 생각한 교황이 화가 다니엘레 다 볼테라(Daniele da Volterra)에게 나체를 가리도록 했다는 설이 있다.

돼지가 수녀의 베일을 쓴다.

알 속에 죽음이 거주한다.

기계가 사람을 조종한다.

각자가 자기 안에 있다.

미친 사람은 각자 주장하는 것이 있다.

그 누구도 다른 사람을 만나지 않는다.

모든 사람은 정해진 방향이 없이 달린다.

모든 사람은 공통의 두려움을 갖고 있는 것 말고 공통점이 아무것도 없다.

"5세기 전에 히에로니무스 보스*는 〈세속적인 쾌락의 동산〉을 그렸다." 평론가 존 버거가 말했다.

실명이 찬사를 받을지니

약 300년경, 시칠리아의 시라쿠사에서 성녀 루치아는 이교도 남자를 남편으로 받아들이지 않으려 했다는 이유로 스스로 두 눈을 빼버렸거나, 아니면 사람들이 그녀의 눈을 빼버렸다. 그녀는 하느님을 얻기 위해 시력을 잃었고, 삽화들은 그 성녀가 우리의 주 예수 그리스도께 자

---

* 히에로니무스 보스(Hieronymus Bosch, 1450?-1516)는 네덜란드의 화가로, 상상 속의 풍경을 담은 작품들을 그린 것으로 유명하며, 20세기 초현실주의 운동에 영향을 끼쳤다. 보스는 나무 판넬에 그려진 세 개의 그림이 서로 맞붙은 3연작화를 여러 점 그렸다. 이 중에서 가장 유명한 작품이 바로 〈세속적인 쾌락의 동산〉이다. 이 작품의 왼쪽 판넬에는 아담과 이브와 수많은 경이로운 동물을 담은 낙원을 묘사하고, 중간 판넬에는 다수의 벌거벗은 사람과 거대한 과일 및 새를 담은 지상의 쾌락의 모습을 그리고, 오른쪽 판넬에는 온갖 종류의 죄인을 향해 공상의 징벌을 가하는 지옥의 모습을 담았다.

신의 눈을 바치기 위해 눈을 담은 접시를 떠받치고 있는 모습을 보여
주고 있다.

그로부터 1250년이 지난 뒤, 예수회 설립자 로욜라의 성 이냐시오
가 로마에서 저서 『영신수련』을 펴냈다. 그는 하느님에 대한 자신의
맹목적인 복종에 관한 증언을 그 책에 실었다.

"받으세요, 주님, 저의 모든 자유와 기억과 이해와 의지를 받으세요."

이 말만으로는 부족하다는 듯이 다음과 같이 덧붙였다.

"제가 보는 하얀 것이 검은 것이라고 가톨릭교회가 결정한다면, 저
는 모든 것을 받아들이기 위해, 늘 그렇게 믿을 것입니다."

호기심을 금하라

지식은 죄다. 아담과 이브가 선악과를 먹어서 그
렇게 되었다.

세월이 흐른 뒤, 니콜라우스 코페르니쿠스, 조르다노 브루노, 갈릴
레오 갈릴레이는 지구가 태양 주위를 돈다고 주장했다는 이유로 벌
을 받았다.

코페르니쿠스는 문제를 일으킬 수 있는 그 발견에 관해 죽음이 자
기 곁에 있다고 느낄 때까지 감히 공포하지 못했다. 가톨릭교회는 그
의 저서를 금서 목록에 포함시켰다.

방랑시인 브루노는 코페르니쿠스의 이론(異論)을 여러 경로를 통해
세상에 퍼뜨렸다. 즉, 지구는 우주의 중심이 아니라 고작해야 태양계

를 구성하는 여러 행성 가운데 하나라는 것이었다. 종교재판소는 브루노를 8년 동안 감방에 가두었다. 브루노에게 잘못을 반성하라고 여러 차례 권유했으나 브루노는 번번이 거절했다. 결국 이 완고한 사내는 로마의 캄포 데 피오리 광장에서 군중이 지켜보는 가운데 화형에 처해졌다. 그가 불타고 있는 사이에 사람들이 십자고상(十字苦像) 하나를 그의 입술에 갖다 댔다. 그는 고개를 돌려 거부했다.

몇 년 뒤, 갈릴레오는 볼록렌즈 서른두 개로 이루어진 망원경으로 하늘을 탐색한 뒤, 브루노가 옳았다는 사실을 인정했다.

갈릴레오는 모욕죄로 투옥되었다.

그는 심문 과정에서 무너졌다.

그는 지구가 태양 주위를 돈다고 믿는 사람은 누구든 저주했노라고 큰 소리로 진술했다.

그러고는, 소문에 따르면, 그는 자기에게 영원한 명성을 가져다 준 문장*을 아주 낮은 목소리로 읊조렸다.

질문이라는 해로운 위험

무엇이 더 가치가 있을까? 경험, 아니면 교의?

갈릴레오 갈릴레이는 큰 돌과 작은 돌, 큰 구슬과 작은 구슬을 동시에 떨어뜨려 보면서 사물의 무게가 각기 다르다고 해도 낙하 속도는

---

* 이때 갈릴레이가 읊조렸다고 알려진 문장은 바로 이것이다. "그래도 지구는 돈다."

동일하다는 사실을 증명했다. 이렇듯, 이에 관한 아리스토텔레스의 이론이 틀렸는데도 19세기 동안 그 누구도 이 사실을 인지하지 못했다.

또 다른 호기심 덩어리 요하네스 케플러는 식물이 낮에 태양빛을 따라 움직일 때 원주형으로 돌지 않는다는 사실을 발견했다. 케플러는 회의했다. 혹시 회전하는 만물의 완벽한 경로는 원주형이 아닐까? 우주는 하느님의 완벽한 작품이 아닌가?

"이 세계는 전혀 완벽하지 않다." 케플러가 결론지었다. "세계의 길들이 왜 완벽해야 하는가?"

그의 논조는 루터교도들과 가톨릭교도들에게도 의심스러운 것이었다. 케플러의 어머니는 요술, 또는 그와 비슷한 짓을 한다는 이유로 기소되어 4년 동안 투옥되었다.

하지만 그는 그 누구도 피할 수 없는 암흑의 시대에 다음과 같은 것을 보았고, 또 보는 법을 도왔다.

즉, 그는 태양이 자전한다는 사실을 알아냈고,

당시까지 알려져 있지 않던 별을 발견했으며,

디옵터라고 하는 측정 단위를 발명했고, 근대 안과학의 토대를 마련했다.

삶의 종착점에 이르렀을 때, 그는 태양이 식물의 방향을 결정하듯이 바다가 달의 영향을 받는다고 주장했다.

"망령이 났군." 동료들이 말했다.

세르베투스의 부활

1553년, 미카엘 세르베투스는 제네바에서 자신의 저서들과 더불어 숯이 되었다. 칼뱅은 종교재판소의 요청에 따라 미카엘 세르베투스를 장작불에 산 채로 태워버렸다.

프랑스 종교재판관들은 그 불도 부족하다는 듯이, 그를 다시 불태웠고, 몇 달 뒤 그의 상(像)마저 불태워 버렸다.

에스파냐 출신 의사 세르베투스는 조국을 바꾸고, 이름을 바꾸어가며 도피자의 삶을 영위했다. 그는 삼위일체를 믿지 않았고, 이성이 싹트기 이전에 세례를 받는 것이 부당하다고 주장했으며, 피가 가만히 있는 것이 아니라 온몸을 순환하며 폐에서 정화된다는 사실을 증명하는, 용서받을 수 없는 오만을 저질렀다.

그래서 지금 그는 생리학의 코페르니쿠스라 불린다.

세르베투스는 이렇게 썼다. "이 세상에 진실은 없고, 지나가는 그림자만 있을 뿐이다." 그리고 그의 그림자도 사라졌다.

몇 세기가 지난 뒤 그림자가 돌아왔다. 돌아온 그림자 역시 그처럼 고집이 셌다.

유럽이 모든 것이다

코페르니쿠스는 죽음에 이르러 근대 천문학의 토대가 되는 책을 출간했다.

3세기 전에 무하야드 알 우르디, 나시르 알 투시 같은 아라비아 과학자들은 코페르니쿠스가 책을 저술하는 데 중요한 영향을 미친 법칙들을 제공했다. 코페르니쿠스는 그 법칙들을 이용했으나 인용하지는 않았다.

유럽은 거울에 자신의 모습을 비추어 봄으로써 세상을 보았다.

거울 너머에는 아무것도 없었다.

르네상스를 가능하게 했던 세 가지 발명품, 즉 나침반, 화약, 인쇄술은 중국에서 유래한 것이었다. 바빌로니아 사람들은 피타고라스보다 1,500년을 앞서 나갔었다. 인도 사람들은 그 누구보다도 먼저 지구가 둥글다는 사실을 알았으며, 지구의 나이를 측정했다. 또 마야 사람들은 별, 밤의 눈(目), 시간의 신비에 관해 그 누구보다도 훌륭하게 알고 있었다.

그런데, 당시에 그런 자잘한 것들은 관심의 대상이 되지 못했다.

남쪽

아라비아 지도들에는 남쪽은 위에 북쪽은 아래에 그려졌으나 유럽은 13세기에 우주의 자연적인 질서를 재설정했다.

하느님이 가르쳐준 질서의 법칙에 따르면, 북쪽은 위에, 남쪽은 아래에 있었다.

세상은 하나의 몸이었다. 북쪽의 깨끗한 얼굴은 하늘을 바라보고 있었다. 남쪽의 지저분한 아랫부분들에는 더러운 것들과 어두운 존재들, 즉 북쪽에 거주하는 빛나는 사람들의 전도된 이미지를 지닌, 소위 대척자(對蹠者)들이 살았다.

남쪽에서는 강이 북쪽으로 흐르고, 북쪽의 여름은 남쪽의 겨울이며, 북쪽의 낮은 남쪽의 밤이고, 북쪽의 악마는 남쪽의 신이었다. 검은 하늘은 텅 비어 있었다. 별들은 북쪽으로 도망쳤다.

동물 우화집

유럽 밖에는 괴물들이 우글거리고, 바다가 으르렁거리고, 대지가 불타고 있었다. 소수의 여행자만이 그런 공포를 극복할 능력을 지니고 있었다. 그들은 여행에서 돌아와 그동안 겪은 바를 얘기했다.

포르데노네의 오도릭*은 1314년부터 여행을 떠나 머리가 둘 달린 새, 깃털 대신 양털로 뒤덮인 암탉을 보았다. 카스피해에서는 식물에서 살아 있는 새끼양이 태어났다. 고비 사막에 사는 남자의 고환은 무릎까지 내려왔다. 아프리카의 피그미족은 결혼을 하고 임신한 지 채 여섯 달도 안 되어 출산했다.

존 맨더빌**은 1356년에 동양의 몇몇 섬에 갔다. 그곳에서는 머리가 없기 때문에 가슴에 달려 있는 입으로 먹고 말하는 사람들을 보았고,

---

* 포르데노네의 오도릭(Odorico da Pordenone, 1265?-1331)은 이탈리아 프란체스코회 선교사로, 소아시아·인도 등지를 거쳐 중국 베이징에 도착해 약 3년간 포교하고 귀국했다. 그가 교황청에 제출한 보고서에는 당시의 동아시아에 관한 귀중한 기록이 포함되어 있다.
** 존 맨더빌(John Mandeville, 1300-1371)은 유럽 전역과 아시아를 여행한 탐험가로, 『맨더빌 여행기』(1357)는 콜럼버스를 비롯한 중세 유럽의 탐험가들에게 탐험 정신을 불러일으킨 책이라고 한다.

다리가 하나뿐이어서 가끔 양산이나 우산으로 이용되는 사람들도 보았다. 또 다른 사람들은 가슴이 여자인데도 남근을 지니고 있거나 수염이 나 있는데도 여근을 지니고 있었기 때문에 마음대로 남자가 되었다가 여자가 될 수도 있었다. 타코르데 섬의 주민들은 살아 있는 뱀만 먹어서 말을 할 때도 뱀처럼 쉭쉭 소리를 냈다.

1480년, 프랑스의 피에르 다이 추기경은 여행자들이 기술한 바대로 썼다.* 타프로바네 섬에는 용들과 개만큼 커다란 개미들이 지키는 황금 산들이 있었다.

안토니오 피가페타는 1520년에 세계를 일주했다. 그는 다리가 달려 있고 살아 있는 잎사귀가 돋아나는 나무를 보았는데, 낮에는 잎사귀가 가지에서 떨어져 나와 걸어 다녔다.

바닷바람의 기원

옛 선원들이 전하는 얘기에 따르면, 바다는 고요했다. 큰 파도도 잔잔한 파도도 일지 않는 거대한 호수였으며, 노를 저어서만 항해할 수 있었다.

그런데, 세월의 흐름 속에서 사라져버린 카누 한 척이 세상의 반대편에 도달해 바람이 사는 섬을 발견했다. 선원들은 바람을 붙잡아 데려와서는 힘차게 불도록 강요했다. 카누는 포로로 잡힌 바람이 밀어

---

* 프랑스 출신 추기경 피에르 다이(Pierre d'Ailly, 1351-1420)가 쓴 『세계의 모습(L'imago Mundi)』(1410)이다.

주어 미끄러지듯 앞으로 나아갔고, 수 세기 동안 노를 저어 온 선원들은 결국 잠을 잘 수 있었다.

선원들은 결코 깨어나지 않았다.

카누가 거대한 암초에 부딪혀 부서져버린 것이다.

그때부터 바람은 원래 자신의 집이었던, 잃어버린 그 섬을 찾아 헤매고 있다. 세계의 일곱 바다에서 무역풍, 몬순, 사이클론 등이 방황하고 있으나 자신들의 집을 찾지 못한다. 이들 바람은 불어가면서 마주치는 배들을, 자신들을 납치한 데 대한 보복으로 가끔 침몰시킨다.

 ## 나중의 지도

2,000여 년 전에 세네카는 세계지도가 당시 툴레라 부르던 아이슬란드 너머로 확장될 것이라 예견했다.

세네카는 에스파냐어로 다음과 같이 썼다.

> 세상의 나중에
> 대양이 사물들 사이의 결합을
> 느슨하게 하는 어떤 시대가 도래할 것이다.
> 그때는 거대한 땅이 열릴 것이다.

그리고 티피스*라는 이름을 지닌

새로운 선원은

이아손의 안내인처럼

새로운 세계를 발견하게 될 것인바,

툴레 섬은 더 이상 세상의 끝이 아니게 될 것이다.

크리스토퍼 콜럼버스

크리스토퍼 콜럼버스 제독은 바람의 분노와 배에 탄 탐욕스러운 괴물들의 굶주림과 싸우며 항해했다.

아메리카를 발견한 사람은 콜럼버스가 아니다. 콜럼버스가 아메리카에 도착하기 1세기 전에 폴리네시아 사람들이, 5세기 전에 바이킹들이 이미 아메리카에 발을 디뎠다. 이 지역에 거주하던 사람들은 이 모든 사람들보다 앞선 300세기 전에 도착했는데, 콜럼버스는 자신이 동양의 뒷문인 인도를 통해 동양에 들어갔다고 믿고서 그 사람들을 인디오라고 불렀다.

콜럼버스는 원주민의 말을 이해하지 못했기 때문에 그들이 말을 할 줄 모른다고 여겼다. 게다가 그들이 벌거벗은 상태로 돌아다니고, 온순하고, 대가를 바라지 않고 물건들을 내주었기 때문에 콜럼버스는

---

* 티피스는 그리스 신화에 나오는 아르고호의 키잡이이다. 펠리아스가 배다른 동생 아이손으로부터 이올코스 왕위를 빼앗자, 아이손의 아들 이아손이 나타나 왕위를 돌려달라고 요구했는데, 이에 펠리아스는 이아손더러 황금 양털을 찾아오라는, 거의 불가능한 조건을 제시한다. 이에 이아손은 모험을 함께할 영웅들을 모았고, 이들이 곧 아르고 원정대이다.

그들이 이성이 없다고 믿었다.

콜럼버스는 몇 차례의 항해를 통해 자신이 아시아에 도착했다고 믿은 채 죽었지만, 나름대로 의구심을 가지고 있었다. 그는 그 의구심을 두 번째 항해에서 해소했다. 1494년 6월 중순경에 콜럼버스의 배들이 쿠바의 어느 만에 닻을 내렸을 때, 콜럼버스 제독은 자신들이 중국에 도착했다고 규정한 선언서를 공포했다. 그는 자신의 선원들이 그 사실을 그렇게 인정했다는 증명서를 남겼다. 콜럼버스는 자기 말에 반대하는 선원이 있으면, 채찍 100대를 때리고, 10,000마라베디*의 벌금을 물리고, 혀를 잘라버리겠다고 했다.

자기 이름을 쓸 줄 알았던 소수의 선원이 문서 아래에 서명했다.

얼굴들

콜럼버스의 범선은 새들이 날아가는 방향을 향해 팔로스항에서 출발했다. 하지만 새들은 정해진 방향을 향해 날아가지 않았다.

첫 번째 항해가 이루어진 지 4세기 반이 지난 뒤, 다니엘 바스케스 디아스는 콜럼버스의 아메리카 발견을 기리기 위해 팔로스항 근처에 위치한 라비다 수도원의 벽화를 그렸다.

화가는 콜럼버스의 업적을 기리려는 의도였지만, 그는 당시 콜럼버스와 그의 모든 선원의 기분이 아주 나쁜 상태에 있었다는 사실을 본

---

* 마라베디(maravedi)는 에스파냐의 옛 화폐다.

의 아니게 밝혀버렸다. 그의 그림에서 누구도 웃고 있지 않았던 것이다. 불안하고 음울한 얼굴들에는 좋은 구석이 전혀 드러나 있지 않았다. 다들 최악의 경우를 예감하고 있었다. 아마도, 감옥에서 빼오거나 부두에서 납치해 온 그 불쌍한 인간들은 유럽이 지금의 모습을 갖추기 위해 당시에 필요했던 더러운 작업을 자신들이 해야 할 것이라는 사실을 알고 있었을 것이다.

운명

크리스토퍼 콜럼버스는 세 번째 항해를 하던 중 에스파냐 왕실의 명령에 따라 체포되어 에스파냐로 송환되었다.

에스파냐 왕실의 명령에 따라 바스코 누녜스 데 발보아는 목을 잃었다.

에스파냐 왕실의 명령에 따라 페드로 데 알바라도는 기소되어 투옥되었다.

디에고 데 알마그로는 프란시스코 피사로에게 교살당했는데, 그 후 프란시스코 피사로는 디에고 데 알마그로의 아들이 휘두른 칼에 열일곱 군데나 찔렸다.

에스파냐 사람 중에 마그달레나 강을 처음으로 항해한 로드리고 데 바스티다스는 심복의 칼에 찔려 삶을 마감했다.

온두라스를 정복한 크리스토발 데 올리드는 에르난 코르테스의 명령에 목이 달아나버렸다.

후작으로서 침대에서 편안하게 죽은 에르난 코르테스는 가장 운이 좋은 정복자였지만, 그 역시 왕이 보낸 사자의 심판을 피할 수 없었다.

아메리코 베스푸치

보티첼리가 그린 베누스의 실제 모델은 시모네타였다. 피렌체에서 살았던 그녀는 아메리코 베스푸치의 사촌과 결혼했다. 시모네타를 사촌에게 빼앗겨 사랑의 상처를 입은 아메리코는 자신의 고통을 눈물 속이 아니라 바닷속에 묻으며 항해하여 지금 그의 이름으로 불리는 땅*에 도착했다.

아메리코는 생전 처음 보는 하늘의 별 아래서 왕도 없고, 사유재산도 없고, 옷도 없으며, 금보다 새 깃털을 더 소중하게 여기는 사람들**을 만났고, 그들에게 놋쇠 방울 하나를 주고는 시가 1,000두카도***의 가치가 있던 진주 157개를 받았다. 아메리코는 위험하면서도 순진한 이 사람들이 밤에 자기에게 몽둥이질을 할까 봐, 그리고 자기를 쇠꼬챙이에 꿰서 구워버릴까 봐 한쪽 눈을 뜬 채 잠을 잤다고는 해도, 이들과 그런대로 잘 지냈다.

아메리코는 자신이 아메리카에서 신앙을 잃어가고 있다고 느꼈다.

---

* 이 땅이 바로 아메리카이다.
** 아메리카 원주민들을 가리킨다.
*** 두카도(ducado)는 16세기까지 에스파냐에서 사용되던 금화다.

그때까지만 해도 그는 성서에 쓰인 것을 곧이곧대로 믿었다. 하지만 그동안 자신이 보고 겪은 것을 토대로, 노아의 방주 이야기는 더 이상 믿지 않게 되었다. 왜냐하면 제 아무리 큰 배라고 할지라도 수천 가지 깃털과 수천 가지 울음소리를 지닌 그 새들과 엄청나게 많은 각양각색의 크고 작은 동물을 모두 실을 수는 없기 때문이었다.

이사벨 여왕

크리스토퍼 콜럼버스는 예정과는 달리 카디스가 아니라 작은 항구 팔로스에서 항해를 떠났다. 당시 카디스는 바늘 한 점 들어갈 틈도 없이 사람들이 가득 차 있었기 때문이다. 유대인 수천 명이 카디스항을 통해 자신들의 할아버지들의 할아버지들의 할아버지들의 땅 밖으로 쫓겨나고 있었던 것이다.

콜럼버스는 이사벨 여왕 덕분에 여행을 할 수 있었다. 물론 유대인들 또한 마찬가지였다. 이사벨 여왕이 그들을 축출했기 때문이다.

가톨릭 군주는 둘이었다. 이사벨 여왕과 페르난도 왕이었다. 하지만 페르난도는 권력보다 여자와 침대에 관심이 더 많았다.

유대인 다음으로는 무슬림 차례였다.

이사벨 여왕은 에스파냐에 남아 있던 마지막 이슬람 세력과 10년 동안 싸웠다. 이사벨 여왕은 자신이 보낸 십자군 원정이 끝나고 그라나다가 함락되자, 영원히 꺼지지 않는 지옥불에 떨어질 영혼들을 구원하기 위해 가능한 모든 것을 했다. 이사벨 여왕은 무한한 자비심을 베풀어 그들을 용서하고 개종을 권유했다. 그러자 무슬림들은 몽둥이를 들고 돌멩이를 던지며 이사벨 여왕에게 반항했다. 그렇게 되자 이사벨 여왕은 다른 방도가 없었다. 재탈환한 그라나다 시 대광장에 무함마드 종파의 책을 모아 불사르라고 명령했고, 자신들의 잘못된 신앙을 고집하고 아랍어를 사용해야 한다는 강박관념에 사로잡혀 있는 이교도들을 추방했다.

정화 작업은 이사벨 여왕 이후의 군주들이 서명한 여러 추방령에 따라 완수되었다. 에스파냐는 더러운 피를 지닌 자식들, 즉 유대인과 무슬림을 영원히 추방했고, 그렇게 해서 가장 훌륭한 장인, 예술가, 과학자, 기술이 가장 뛰어난 농부, 경험이 가장 많은 은행가와 상인을 비워냈다. 반면에, 모두 기독교적인 깨끗한 피의 자식인 거지, 전사, 기생충 같은 귀족, 광적인 사제의 수는 늘어만 갔다.

성 목요일에 태어나 고통의 성모 마리아를 신앙하던 이사벨 여왕은 에스파냐에 종교재판소를 설립하고 자신의 고해 신부인 저명한 토르케마다를 소장으로 임명했다.

신비주의적 열정이 넘치는 이사벨 여왕의 유언은 신앙의 순수성과 인종의 순수성을 옹호하는 것이었다. 그녀는 "이교도들에게 신앙을 심어주기 위해 끊임없이 투쟁하고, 종교재판소의 업무에 항상 호의적인 태도를 보이라"고 후대의 왕들에게 부탁하고 명령했다.

광녀 후아나의 생애

후아나가 열여섯 살이 되자 부모는 그녀를 플랑드르의 왕자*와 결혼시킨다. 그녀의 부모, 즉 가톨릭 양왕(兩王)이 그녀를 결혼시킨 것이다. 그녀는 결혼하기 전에 신랑감을 전혀 보지 못했다.

열여덟 살이 되었을 때, 후아나는 목욕의 즐거움을 알게 된다. 그녀의 시녀단에 속해 있던 아라비아 출신의 시녀가 그녀에게 물의 즐거움을 가르쳐준다. 물에 열광한 후아나는 매일 목욕을 했다. 깜짝 놀란 이사벨 여왕이 이렇게 말한다. "내 딸은 정상이 아니야."

스물세 살에 그녀는 자식들을 되찾으려고 시도한다. 나라의 사정 때문에 자식들을 거의 만나지 못하고 있었기 때문이다. "내 딸은 이성을 잃어버렸어." 아버지 페르난도 왕이 말한다.

스물네 살에 플랑드르로 여행을 떠나는데, 배가 조난당한다. 후아나는 태평스럽게 수행원들에게 식사를 차리라고 요구한다. "당신 미쳤어!" 남편이 거대한 구명 장비에 의존한 채 공포에 젖어 발버둥 치면서 소리친다.

스물다섯 살에는 남편과 궁녀들이 간통을 했다는 의구심 때문에 손에 가위를 들고는 궁녀 몇에게 달려들어 그들의 고수머리를 잘라버린다.

스물여섯 살에 남편이 죽는다. 막 왕위에 오른 남편이 얼음물을 마셔버린 것이다. 그녀는 남편이 마신 물에 독이 들어 있었다고 의심한다. 남편의 죽음에 눈물을 흘리지는 않지만 그 후로 평생 검은 상복을

---

* 펠리페 1세를 가리킨다.

입고 지낸다.

　스물일곱 살에는 카스티야 공국의 권좌에 앉아 멍한 시선으로 허공을 바라보며 세월을 보낸다. 그녀에게 가져오는 법률안, 서한 등 모든 것에 서명하기를 거부한다.

　스물아홉 살에 후아나의 아버지는 후아나가 미쳤다고 선언하고 후아나를 두에로 강변에 위치한 성에 유폐시킨다. 후아나의 막내딸 카탈리나가 그녀를 따라가 함께 산다. 카탈리나는 어머니가 거처하는 방 옆방에서 성장하면서 창문으로 다른 아이들이 노는 것을 지켜본다.

　서른여섯 살에 후아나는 홀로 남게 된다. 곧 황제가 될 아들 카를로스가 카탈리나를 데려가 버린 것이다. 후아나는 카탈리나가 돌아올 때까지 단식 투쟁을 하겠다고 선포한다. 후아나는 몸을 결박당해 두들겨 맞으며 강제로 음식을 먹게 된다. 카탈리나는 돌아오지 않는다.

　일흔여섯 살에 유폐된 지 거의 반세기가 지나, 여왕으로서 통치를 하지 못했던 이 여왕은 죽는다. 그녀는 움직이지도 못하고, 아무것도 보지 못한 채 오랜 세월을 살았다.

카를로스

광녀 후아나의 아들은 유산으로 물려받거나 정복하거나 구매한 공국 열여섯 곳의 왕이었다.

　1519년에 프랑크푸르트에서 신성 로마 제국의 황제를 선출하는 선거인들을 금 2톤으로 매수함으로써 유럽의 황제가 되었다.

독일 은행가인 푸거와 벨저, 제노바 은행가인 포르나리와 비발도,
피렌체 은행가인 구알테로티가 카를로스에게 결정적인 논리를 빌려
주었다.

당시 열아홉 살이던 카를로스는 이미 은행가들의 포로가 되어 있었다.
통치하는 왕이자 통치받는 왕이었던 것이다.

부정된 유산

어느 날 밤, 마드리드에서 나는 어느 택시 운전사에게 물었다.

"무어인들이 에스파냐에 무엇을 가져왔나요?"

"온갖 문제를 가져왔죠." 그는 단 한 순간도 머뭇거리지 않은 채 내
게 단도직입적으로 대답했다.

무어인은 이슬람 문화를 지닌 에스파냐 사람들로, 그들은 에스파냐
에서 8세기, 서른두 세대에 걸쳐 살았고, 그 어느 곳에서보다 에스파
냐에서 자신들의 재능을 빛냈다.

수많은 에스파냐인은 무어인의 빛이 남긴 광휘를 여전히 부정한다.
무슬림이 남긴 유산은 다른 무엇보다도 다음과 같은 것을 포함하고
있다.

자신들을 가톨릭 군주의 손에 넘긴, 그 종교적 관용,

풍차, 정원, 여러 도시에 식수를 공급하고 들판에 물을 대주는 관개 수로,

우편 서비스,

식초, 겨자, 사프란, 계피, 카민, 설탕, 츄러스, 미트볼, 견과류,

체스,

지금 우리가 사용하는 숫자 0과 다른 숫자들,

대수학과 삼각법,

아랍어로 번역된 덕분에 에스파냐와 유럽에 배포된 아낙사고라스, 프톨레마이오스, 플라톤, 아리스토텔레스, 에우클레이데스, 아르키메데스, 히포크라테스, 갈레노스, 그리고 다른 작가들의 고전 작품들,

카스티야어에 유입된 아랍어 단어 4,000개,

그리고 그라나다처럼 독특한 아름다움을 간직한 여러 도시인데, 그라나다는 작자 미상의 민요에 다음과 같이 묘사되어 있다.

여인이여,

그라나다에서 장님이 되는 것보다

더 고통스러운 것은 없나니,

장님에게 동냥을 주시오.

마이모니데스와 아베로에스

유대 문화와 무슬림 문화는 칼리프의 에스파냐에서 함께 꽃을 피웠다.

유대인인 마이모니데스와 무슬림인 아베로에스는 12세기에 코르도바에서 거의 동시에 태어나 동일한 인생길을 걸었다.

두 사람은 의사였다.

이집트의 술탄은 마이모니데스의 환자였고, 아베로에스는 코르도바

의 칼리프의 건강을 관리했는데, 그가 쓴 글에 따르면 그는 다음과 같은 사실을 절대 망각하지 않았다. "대부분의 죽음은 약 때문에 발생한다."

두 사람은 법률가이기도 했다.

마이모니데스는 당시까지 흩어져 있던 히브리 법률을 정리함으로써 이를 두룬 랍비들의 수많은 저술에 일관성과 통일성을 부여했다. 아베로에스는 무슬림 치하 안달루시아 전 지역의 최고위 법관이었고, 그의 판결은 수 세기 동안 이슬람 재판의 판례로 자리 잡았다.

그리고 두 사람은 철학자였다.

마이모니데스는 아랍어로 번역된 책들 덕분에 그리스 철학을 알게 된 유대인들이 이성과 신앙 사이의 모순을 극복하도록 도와주기 위해 『방황하는 자들을 위한 안내서(*The Guide for the Perplexed*)』를 저술했다.

그 모순 때문에 아베로에스는 유죄 판결을 받았다. 근본주의자들이 그가 인간의 이성이 신의 계시보다 높다고 생각했다며 고발해 버린 것이다. 게다가, 그는 인류의 반을 차지하는 남자에게만 이성이 작용한다는 논리를 거부하고, 일부 이슬람 국가에서 여자는 식물과 비슷한 상태에 있다고 고발했다. 그는 그 대가로 추방형을 당했다.

두 사람 모두 자신이 태어난 고향에서 죽지 않았다. 마이모니데스는 카이로에서, 마베로에스는 마라케시*에서 죽었다. 노새 한 마리가 죽은 아베로에스를 고향 코르도바에 데려다주었다. 노새는 그의 몸과 금서가 된 그의 책들을 싣고 있었다.

---

* 마라케시(Marrakech)는 모로코 중앙부에 있는 도시다.

돌

승리한 가톨릭 권력이 코르도바의 메스키타*를 침입해 사원의 기둥 1,000여 개 가운데 절반을 파괴하고, 사원을 고뇌하는 성자들로 채웠다.

코르도바 대성당이 지금의 공식 명칭이지만, 그 누구도 이렇게 부르지 않는다. 그냥 메스키타**다. 이 돌기둥 숲, 즉 살아남은 기둥들은 알라 신에 대한 기도가 금지되어 있다 할지라도, 여전히 무슬림 사원이다.

그 의례(儀禮)의 중심지, 즉 성스러운 공간에는 아무런 장식이 없는 커다란 돌 하나가 있다.

사제들은 그 돌을 그대로 놔두었다.

돌이 벙어리라고 믿었던 것이다.

물과 빛

1600여 년경, 조각가 루이스 데 라 페냐는 빛을 조각하고자 했다. 그는 그라나다 시 골목에 위치한 작업실에서 뭔가를 원했지만 이룰 수 없는 삶을 보냈다.

그는 시선을 들어 올릴 생각을 전혀 하지 못했다. 저 위 붉은 땅 언

---

* 메스키타(Mezquita)는 코르도바에 있는 이슬람 사원이다.
** 페르난도가 코르도바를 점령했을 때 메스키타의 일부를 허물었고, 카를로스 1세 때에는 사원 중앙에 르네상스 양식의 예배당을 무리하게 지었는데, 이로 인해 그리스도교와 이슬람교도가 한 곳에 동거하는 사원이 되어 버렸다.

덕 위에서는 다른 예술가들이 이미 빛을 조각했고, 물 또한 조각했던 것이다.

예술가들은 무슬림 왕국의 영광인 알함브라 궁전의 탑과 정원에서 불가능한 위업을 가능하게 만들었다.

알함브라 궁전은 정지되어 있는 조형물이 아니다. 숨을 쉬고 물과 빛의 놀이를 한다. 물 같은 빛과 빛을 뿜는 물이 서로 만나 즐겁게 노는 것이다.

금지 사항

이사벨 여왕의 증손자인 펠리페 2세 황제는 물과 빛의 적이었다. 그는 "무어인"이라 불리는 사람들에 대한 몇 가지 금지 사항을 다시 강조하더니, 1567년이 시작될 즈음에는 철권(鐵拳)을 휘둘러 금지 사항들을 적용시키기로 결정했다.

다음 사항이 금지되었다.

아랍어로 말하고, 읽고, 쓰기,

아랍 전통 방식으로 옷 입기,

무어식 악기를 연주하고 노래를 부르는 축제,

무어식 이름이나 성을 사용하는 것,

대중목욕탕에서 목욕하는 것.

이 마지막 사항은 이미 존재하지 않는 것을 금지하는 것이었다.

1세기 전만 해도 코르도바 시에만 대중목욕탕 600여 개가 있었다.

이 세상에서 가장 강력한 남자는 다른 세상에서 살았다

진의 황제가 진나라를 세웠다. 그 때문에 이름이 진시황제(秦始皇帝)다. 펠리페 2세 황제는 아메리카에서부터 필리핀까지 세상 절반의 주인이고 지배자였다. 필리핀은 바로 펠리페 황제의 이름에서 따온 이름이다. 진시황제와 펠리페 황제는 자신들의 죽음을 위해 산 사람들이었다.

그 에스파냐 군주는 주말이면 자신의 영원한 휴식을 위해 지은 만신전(萬神殿) 엘 에스코리알로 가서, 관 속에서 가장 달콤한 낮잠을 잤다. 그렇게 하는 것이 습관화되어 갔다.

그 밖의 것은 그리 중요하지 않았다. 그의 무적함대는 패배했고, 왕궁의 보물함에는 거미줄이 쳐졌으나 자신의 무덤 사원을 찾아가는 것이 그를 세상의 배은망덕으로부터 구원해 주고 있었다.

펠리페 황제는 권좌에서 물러나 마지막으로 묘지를 향해 출발하면서 자신의 영광을 기리는 미사를 60,000번 거행하라고 명령했다.

터번을 두른 사람들이 마지막으로 내뿜은 빛

무어인 동네가 봉기했다. 여전히 안달루시아 땅에 남아 있던 무함마드의 자식들이 에스파냐 왕실의 금지 사항에 반발해 들고 일어난 것이다.

봉기가 발생한 지 1년이 더 지났건만, 그리스도의 병사들이 십자군 원정 때처럼 결정적인 작은 원조를 받을 때까지는 그 불을 끌 수가 없었다. 작은 원조라는 것은 병사들에게 전리품에 대한 권한, 세금을 자유롭게 강탈할 수 있는 권한, 죄수를 노예로 삼을 수 있는 권한을 넘기는 것이었다.

그리스도의 병사들은 수확한 밀과 보리, 편도, 암소, 양, 비단, 금, 옷, 목걸이, 소녀와 부녀자를 약탈했다. 그리고 자신들이 사냥한 남자들을 공매를 통해 팔았다.

악마는 무슬림

단테는 무함마드가 폭력주의자라는 사실을 이미 알고 있었다. 그런 이유로 단테는 무함마드의 몸에 영원히 구멍을 뚫는 벌을 선고해 지옥의 어느 계에 떨어뜨려 놓았다. 시인 단테는 『신곡』에서 다음과 같은 내용을 세상에 알렸다. "나는 무함마드가 수염에서부터 배 아랫부분까지 몸이 두 쪽 나 있는 것을 보았다."

기독교를 괴롭히는 무슬림 부대는 살과 뼈를 지닌 인간으로 이루어진 것이 아니라 창과 검과 화승총을 맞으면 맞을수록 더 성장하는 악마들로 이루어진 거대한 부대였다고 말한 교황이 한둘이 아니었다.

1564년경에 악마 연구가 요한 와이어는 지구상에서 기독교적인 영혼의 타락을 위해 전업으로 일을 하는 악마의 숫자를 센 적이 있었다. 총 7,409,127명의 악마가 79개 부대로 나뉘어 활동하고 있었다.

그 조사를 통해 드러난 바에 따르면, 펄펄 끓는 엄청난 물이 지옥의 다리 밑으로 흘렀다. 오늘날 암흑의 나라에서 보낸 사자는 모두 몇 명일까? 위장술이 절묘하기 때문에 제대로 헤아리기가 어렵다. 이들 속임수를 쓰는 자들은 자신들의 뿔을 감추기 위해 계속해서 터번을 사용하고, 긴 튜니카는 그들의 용 꼬리, 박쥐 날개, 팔 밑에 가지고 다니는 폭탄을 덮는다.

악마는 유대인

히틀러는 아무것도 발명하지 않았다. 2,000년 전부터, 유대인은 예수를 죽인 용서할 수 없는 살인자들이고, 모든 잘못을 저지른 사람들이다.

뭐라고요? 예수는 유대인이었잖아요? 그리고 열두 사도와 네 명의 복음 전도자 역시 유대인이었잖아요? 뭐라고요? 그럴 수가 없어요. 밝혀진 진실들은 의심할 여지가 없는 것들이라고요. 시나고그*에서는 악마가 강의하고, 유대인은 항상 성체를 더럽히고, 성수에 독을 넣고, 파산을 유발하고, 페스트를 퍼뜨리는 데 몰두한다니까요.

영국은 1290년에 유대인을 단 한 명도 남기지 않고 모두 추방했다. 그럼에도 불구하고, 생전에 유대인을 단 한 번도 보지 못했을 말로**와 셰익스피어는 피를 뽑아 먹는 기생충 같은 인간과 구두쇠 고리대금업자 같은 익살맞은 성격의 인물들을 만들어낼 수 있었다.

---

* 시나고그(synagogue)는 유대교의 회당이다.
** 크리스토퍼 말로(Christopher Marlowe, 1564-1593)는 영국 르네상스기의 가장 두드러진 극작가 가운데 하나로 영국 근대 극의 진정한 창시자로 평가된다.

악한 행위를 했다는 이유로 기소된 이들 악한은 여러 세기 동안 추방과 학살을 당했다. 이들은 영국 다음으로 프랑스, 오스트리아, 에스파냐, 포르투갈에서, 그리고 스위스와 독일, 이탈리아의 수많은 도시에서 연이어 추방당했다. 에스파냐에서는 13세기 동안 살았다. 그들은 추방당하기 전에 살던 집 열쇠를 가져가 버렸다. 여전히 그 열쇠를 보관하고 있는 사람들이 있다.

히틀러에 의해 이루어진 학살은 기나긴 역사의 마지막을 장식했다.

유대인 학살은 늘 유럽 사람들의 스포츠였다.

그 스포츠를 결코 행하지 않았던 팔레스타인 사람들이 이제 대가를 치르고 있다.

악마는 흑인

검은색은 밤처럼, 죄처럼 빛과 순진무구의 적이다.

마르코 폴로는 자신의 뛰어난 여행기에서 잔지바르의 주민에 관해 다음과 같이 회상했다. "그들은 입이 아주 크고, 입술이 아주 두툼하며, 코는 원숭이처럼 생겼다. 벌거벗은 채 돌아다니고, 피부가 완전히 새까맣다. 그래서 세상 다른 곳에서 그들을 보았다면 다들 악마라고 믿었을 것이다."

3세기 뒤, 에스파냐에서는 온몸을 검은색으로 칠한 루시퍼가 불의 전차(Chariot of Fire)를 타고 극장과 박람회장의 무대로 들어갔다. 성녀 테레사는 결코 루시퍼를 쫓아버리지 못했다. 루시퍼가 성녀 테레사

옆에 멈춰 섰을 때 보니, 루시퍼는 "아주 혐오스럽고 몸집이 작은 흑인이었다." 언젠가 루시퍼가 성녀 테레사의 기도서 위에 앉았을 때 성녀 테레사의 기도가 루시퍼를 불태웠는데, 불에 타는 루시퍼의 몸에서 커다란 빨간 불꽃이 나왔다.

　노예 수백만 명이 수입된 아메리카에서는 농장에서 북소리를 내 노예들에게 불복종을 사주하고, 죄를 짓기 위해 태어난 노예 자식들의 몸에 음악을 주입하고, 몸을 흔들고 떨게 한 사람은 사탄이었다는 사실이 알려져 있었다. 형벌을 받은 가난뱅이 가우초 마르틴 피에로*까지도 자기보다 훨씬 더 열악한 상황에 처해 있던 흑인과 자신을 비교하면서 위안을 느꼈다.

　"악마가 지옥의 숯으로 쓰기 위해 이 사람들을 만들었다." 마르틴 피에로가 말했다.

악마는 여자

　『마녀들의 망치』라고도 불리는 책 『말레우스 말레피카룸』**은 여자 같은 가슴과 긴 머리카락을 지닌 악마를 가장 무

---

* 마르틴 피에로(Martín Fierro)는 아르헨티나의 시인 호세 에르난데스(José Hernández)의 장편 서사시 『마르틴 피에로』(1872)에 등장하는 인물이다. 아르헨티나의 팜파스에 살던 혼혈인(가우초) 마르틴 피에로는 국경 요새에 징집되어 복무하다가 탈영해 고향으로 돌아가려 하지만 집과 농장, 가족이 모두 사라진 것을 알게 된다. 그는 술집에서 흑인 여성을 고의로 모욕하는 사건을 일으키고, 그녀의 흑인 남자 동료와 결투를 해서 그를 죽인다.

** 1486년경에 쓰인 『말레우스 말레피카룸』은 마녀 색출과 근절 방법이 담겨 있는 문서로, 18세기까지 사용되었다. 이 문서가 등장하면서 유럽에서 거의 200년간 계속된 마녀사냥의 광기가 고조되었다.

자비하게 쫓아내는 법에 관해 권고했다.

독일의 두 종교재판관 하인리히 크라머와 야콥 슈프랭거는 교황 인노첸시오 8세의 지시에 따라, 위에서 언급한 종교재판소 법정의 법률적이고 신학적인 토대가 되는 책을 저술했다.

저자들은 사탄의 후궁인 마녀들이 자연 상태의 여자를 대표한다고 증명한다. 그 이유는 다음과 같다. "모든 요술은 육욕에서 오는데, 여자의 육욕은 끊일 줄 모른다." 그들은, 외모가 아름다운 그 존재들, 악취를 풍기는 접촉, 죽음을 유발하는 사귐이 뱀의 쉭쉭거리는 소리와 전갈의 꼬리처럼 남자를 없애버리기 위해 남자를 매혹시키고 끌어들인다고 경고했다.

이 범죄학 논저는 마법을 행하는 혐의가 있는 여자는 모두 고문을 가해야 한다고 충고했다. 마녀가 죄를 자백하면, 불에 던져야 마땅했다. 자백을 하지 않아도 불에 던져야 했는데, 왜냐하면 단 한 명의 마녀라도 마녀들의 집회에서 자신의 정부(情夫)인 악마에 의해 힘을 얻게 되면, 자백하지 않은 채 그런 고문을 견딜 수 있었기 때문이다.

교황 호노리오 3세는 다음과 같이 판정했다.

"여자는 말을 하지 말아야 한다. 여자의 혀는 남자를 타락시킨 이브의 흔적을 지니고 있다."

8세기가 지난 뒤에도 가톨릭교회는 여전히 여자에게 설교대를 맡기지 않고 있다.

그런 공포는 무슬림 근본주의자들이 여자의 생식기를 할례하고 얼굴을 가리도록 만들었다.

대단히 정통적인 유대인들은 자신들이 마법의 위험으로부터 벗어난 안도감을 다음과 같이 수군거리면서 하루를 시작한다.

"저를 여자로 만들어주지 않으셔서 감사합니다, 주님."

악마는 가난뱅이

두려움에 사로잡힌 사람들을 가두는 거대한 감옥인 우리 시대의 도시에서는 요새를 집이라고 말하고, 갑옷을 옷으로 여긴다.

포위 상태. 방심하지 마세요, 경비를 중단하지 마세요, 믿지 마세요. 세상의 주인들이 경계의 목소리를 낸다. 죄책감 없이 자연을 훼손한 그들은 나라를 납치하고, 급료를 갈취하고, 대중을 죽이고, 우리에게 경고한다. 조심하라고. 비루한 변두리에 붙잡혀 있는 위험한 사람들이 질투를 씹으며, 분노를 삼키며 노리고 있다.

불쌍한 사람들은 돈도 힘도 없는 사람들, 전쟁에서 죽은 사람들, 감옥에 갇힌 사람들, 언제든지 이용할 수 있는 노동자들, 언제든지 버려도 되는 노동자들이다.

말없이 사람을 죽이는 굶주림이 말 없는 사람을 죽인다. 전문가들, 빈민 연구자들은 그 말 없는 사람들을 대신해 말한다. 그들은 말 없는 사람들이 어떤 일을 하지 않는지, 무엇을 먹지 않는지, 몸무게가 얼마나 나가지 않는지, 키가 얼마나 자라지 않는지, 어떤 재산을 갖지 않았는지, 무엇을 생각하지 않는지, 어떤 것에 투표하지 않는지, 무엇을 믿지 않는지 우리에게 말해준다.

우리가 알고 싶은 것은 오직 가난한 사람들이 가난한 이유가 무엇인지다. 그들의 굶주림 때문에 우리가 먹고살고, 그들의 벌거벗음 때문에 우리가 입고 사는 것일까?

악마는 외국인

비난 계량기는 우리 나라로 이주해 오는 사람들이 우리의 일자리를 빼앗는다는 사실을 표시하고, 위험 계량기는 빨간불을 켜서 그 사실을 알려준다.

만약 외국에서 온 사람, 즉 침입자가 가난하고, 젊고, 백인이 아니라면, 첫눈에 그가 곤궁하거나 혼란을 유발하는 성향을 지녔거나 피부색에 범죄 혐의가 드러난다고 간주된다. 어떤 경우든, 그가 가난하지도, 젊지도, 검지도 않다면, 어찌 되었든지 간에 그는 우리 나라에 잘못 온 대가를 치른다. 왜냐하면 절반을 얻기 위해 두 배로 일할 준비가 된 상태로 오기 때문이다.

실직에 대한 공포는 이 공포의 시대에 우리를 지배하는 모든 두려움 가운데 가장 큰 것이고, 외국에서 온 이민자들은 실업, 급료 하락, 사회 불안과 그 밖의 무시무시한 불행들에 대한 책임자로 늘 비난받을 준비가 되어 있다.

예전에 유럽은 굶주림으로 죽어가는 군인들, 죄수들, 농부들을 세계의 남쪽에 살포했다. 식민지에서 이루어지는 모험의 주인공들은 역사에 하느님의 여행하는 대리인으로 기록되었다. 문명이 야만을 구하기 위해 보내진 것이다.

이제 여행은 반대로 이루어진다. 남쪽에서 북쪽으로 간 사람들이나 가려고 시도하는 사람들은 식민지에서 이루어지는 모험의 주인공들인데, 그들은 역사에 악마의 전령으로 기록될 것이다. 야만이 문명을 습격하기 위해 보내진 것이다.

.

악마는 동성애자

르네상스 시대 유럽에서는 지옥의 자식들이 가야 하는 종착지가 불이었다. 그들이 불에서 왔기 때문이었다. 영국은 "동물, 유대인, 동성과 성관계를 한 사람을 무시무시한 죽음"으로 벌했다.

아메리카에서는 아스테카와 잉카 제국을 제외하고는 동성애자들이 자유롭게 행동했다. 정복자 바스코 누녜스 데 발보아는 동성애라는 비정상적인 행위를 아주 자연스럽게 행하는 인디오들에게 굶주린 개를 풀었다. 그는 동성애가 전염성이 있다고 믿었다. 5세기가 지난 뒤, 나는 몬테비데오 대주교의 입에서 똑같은 얘기를 들었다.

역사가 리처드 닉슨*은 이 해악이 문명을 위해서는 불가피했다고 인식했다.

"여러분은 그리스인들에게 무슨 일이 일어났는지 알고 있습니까? 동성애가 그들을 파괴했습니다! 확실합니다. 아리스토텔레스도 호모였습니다. 우리 모두는 그걸 알고 있습니다. 소크라테스도 마찬가지

---

* 미국의 제37대 대통령 리처드 닉슨(Richard Nixon, 1913-1994)을 가리키는 것인데, 저자가 '역사가'라고 칭한 것이다.

였습니다. 또 여러분은 로마 사람들에게 무슨 일이 일어났는지 알고 있습니까? 마지막 황제 여섯은 동성애자……"

교화자(敎化者) 아돌프 히틀러는 독일을 이런 위험으로부터 구하기 위해 급진적인 방법을 택했다. "자연에 반하는 오도된 범죄의 책임이 있는 타락한 인간"은 의무적으로 분홍 삼각형 배지를 차고 다녀야 했다. 강제 수용소에서는 얼마나 많은 사람이 죽었을까? 그 숫자는 결코 알 수 없다.

2001년에 독일 정부는 "나치가 저지른 대학살의 희생자 명단에서 배제되었던 동성애자들을 포함시키기로" 결정했다. 누락된 사항을 복원하는 데 반세기가 넘는 세월이 걸린 것이다.

악마는 집시

히틀러는 "집시 전염병"이 위협이라고 믿고서, 혼자 있지 않았다.

몇 세기 전부터 많은 사람이 어두운 기원과 어두운 색깔을 지닌 이 인종은 핏속에 범죄를 지니고 있다고 믿었고, 현재도 그렇게 믿고 있다. 이들은 항상 못되먹고, 방랑하면서 동가숙서가식하고, 처녀들과 남의 집 열쇠를 침해하고, 카드와 칼을 다루는 데 신통한 손을 지니고 있다.

1944년 8월 하룻밤에 집시 남녀노소 2,897명이 아우슈비츠 수용소 독가스실에서 연기로 사라졌다.

유럽 집시의 4분의 1이 그 당시 몇 해 동안에 제거되었다.

그들에 관해 물어본 사람이 있었는가?

악마는 인디오

정복자들은 유럽에서 쫓겨난 사탄이 자신의 불타오르는 입으로 입을 맞춘 카리브해의 섬과 해변에 은신처를 마련했다고 확인했다.

그곳에는 육체적인 죄를 "놀이"라 부르고, 시간표도 계약서도 없이 그 죄를 행하고, 십계명, 칠성사, 칠대죄를 모르고, 가죽 옷을 입은 채 돌아다니고, 자신들의 인육을 먹는 관습을 지닌 동물 같은 사람들이 거주하고 있었다.

아메리카 정복은 악마를 퇴치하는 길고 지난한 작업이었다. 이 땅에 해악이 아주 깊게 뿌리를 내리고 있었기 때문에 인디오들이 성모 앞에 경건하게 무릎을 꿇고 있는 것처럼 보였을지라도 실제로는 성모가 짓밟아 버린 뱀을 경배하고 있었다. 그리고 그들이 십자가에 입을 맞출 때는 실제로 비와 땅의 만남을 축하하고 있었다.

정복자들은 악마가 강탈한 금, 은, 그리고 막대한 부를 하느님께 되돌려주는 임무를 수행했다. 전리품을 회복하는 일은 쉽지 않았다. 가끔씩 저 위 하늘로부터 작은 도움을 받았다는 것이 그나마 다행이었다. 지옥의 주인이, 에스파냐 사람들이 볼리비아 포토시의 세로 리코*로 가는 것을 막기 위해 어느 고갯길에 매복을 배치했을 때, 하늘의 천사장이 내려와 지옥의 주인에게 무시무시한 몽둥이질을 했다.

---

* 세로 리코(Cerro Rico)는 '풍요로운 봉우리'라는 뜻으로, 볼리비아 포토시 주에 위치한 산이다. 에스파냐 식민지 시기에 전 세계 은의 절반이 이곳에서 생산되었다.

아메리카의 기원

크리스토퍼 콜럼버스에 따르면, 쿠바에는 사
람 얼굴에 수탉 깃털을 지닌 인어들이 있었다.

월터 롤리 경에 따르면, 가이아나에는 눈이 어깨에, 입이 가슴에 달
린 사람들이 있었다.

페드로 시몬 수사에 따르면, 베네수엘라에는 귀가 어찌나 큰지 땅
에 질질 끌고 다니는 인디오들이 있었다.

크리스토발 데 아쿠냐에 따르면, 아마존에는 발이 거꾸로 달려서
발뒤꿈치가 앞에, 발가락이 뒤에 있는 원주민들이 있었다.

아메리카에 한 번도 가보지 않고서 맨 처음으로 아메리카 역사를
쓴 페드로 마르티르 데 안글레리아에 따르면, 신세계에는 꼬리가 너
무 길기 때문에 구멍이 뚫린 의자에만 앉을 수 있는 남자들과 여자들
이 있었다.

악의 용

유럽은 아메리카에서 이구아나를 발견했다.

이 악마 같은 동물은 각종 용의 이미지에서 미리 감지되었다. 이구
아나는 용의 머리에, 용의 배에, 용의 볏과 흉갑에, 용의 발톱과 꼬리
를 지니고 있다.

하지만 만약 용이 지금의 이구아나처럼 생겼다면, 성 게오르기우

스*의 창이 실수를 한 것이다.

이구아나는 사랑에 빠질 때 특이하게 변해버릴 뿐이다. 피부색과 기분을 바꾸어 불안하게 걷고, 배고픔과 방향 감각을 잃고, 의심이 많아진다. 사랑이 이구아나를 괴롭히지 않을 때면 이구아나는 모든 이의 친구가 되고, 맛있는 잎사귀를 찾아 나무를 오르고, 강에서 수영하는 것을 아주 좋아한다. 그리고 바위 위에서 다른 이구아나를 껴안은 채 햇볕을 받으며 낮잠을 잔다. 이구아나는 그 누구도 위협하지 않고, 스스로를 방어할 줄도 모르고, 자기를 잡아먹는 인간들에게 복통을 유발하지도 않는다.

아메리카인들

공식 역사는 바스코 누네스 데 발보아가 파나마의 어느 산꼭대기에서 두 대양, 즉 태평양과 대서양을 처음 본 사람이었다고 언급한다. 그렇다면, 그곳에서 살고 있던 사람들은 장님이었다는 말인가?

누가 아메리카의 옥수수, 감자, 토마토, 초콜릿, 산, 강에 처음으로 이름을 부여했는가? 에르난 코르테스인가? 프란시스코 피사로인가? 그렇다면, 그곳에 살던 사람들은 벙어리였다는 말인가?

메이플라워호의 순례자들은 다음과 같은 말을 들었다. "하느님은

---

* 성 게오르기우스(Saint George, ?-303)는 초기 기독교의 순교자로, 14인의 원조자 성인 중 하나이다. 리비아의 시레나라는 작은 도시에서 흉포한 용을 무찔러주고, 주민들이 모두 기독교로 개종했다는 우화가 있다. 이를 묘사한 회화에서 성 게오르기우스가 죽인 용은 박쥐의 날개와 가시 돋친 꼬리, 그리고 불을 뿜는 입을 가진 것으로 그려진다.

아메리카가 약속의 땅이라고 말했다." 그렇다면, 그곳에 살던 사람들
은 귀머거리였다는 말인가?

그러고 나서, 북쪽에서 온 그 순례자들의 손자들은 이름과 그 밖의
모든 것을 자기 것으로 만들었다. 이제 아메리카 사람들은 바로 그들
이다. 지금 다른 아메리카에서 살고 있는 우리는 과연 누구인가?

얼굴과 가면

정복자들이 각 마을을 공격하기 전날 밤 인디오들에게 읽어준 「복종
요구서(Requerimiento de Obediencia)」는 하느님이 세상에 와서 자기 자
리에 성 베드로를 앉혔고, 성 베드로가 교황을 후계자로 삼았고, 교황
이 카스티야의 이사벨 여왕에게 이 모든 땅을 양도했기 때문에 인디
오들은 이곳을 떠나거나 금을 공물로 바쳐야 하는데, 이를 거부하거
나 지체하면 인디오들을 상대로 전쟁을 할 것이고, 그러면 인디오들
과 그들의 부인들과 자식들은 노예가 될 것이라 설명했다.

이 「복종 요구서」는 한밤중에 산 위에서 에스파냐어로, 통역도 없
이, 인디오는 한 명도 참석하지 않고, 공증인 입회하에 읽혀졌다.

첫 번째 해전

거대한 도시 테노츠티틀란은 물에서 탄생했고, 물로 만들어졌다.

수많은 저수지, 다리, 관개수로, 수로가 있었다. 다양한 물길을 따라 카누 200,000척이 집, 광장, 신전, 왕궁, 시장, 수상 정원, 농경지 사이를 오갔다.

멕시코 정복은 해전으로 시작되었고, 물에서 패배하는 것은 그 밖의 모든 것에서 패배하는 것을 의미했다.

1521년, 에르난 코르테스가 테노츠티틀란을 포위한 뒤 처음으로 한 일은 차풀테펙 숲으로부터 식수를 끌어들이는 나무 수도관을 도끼로 패서 부수는 것이었다. 수많은 학살이 이루어진 뒤에 테노츠티틀란이 함락되자 코르테스는 신전과 궁을 부수라고 명령하고, 그 부스러기를 물길에 처넣어 버렸다.

에스파냐는 물이 악마들 것이고, 무슬림의 이교적인 것이었기 때문에 물을 싫어했는데, 정복당한 물에서 멕시코 시티가 탄생해 테노츠티틀란의 폐허 위에 세워졌다. 그리고 에스파냐 전사들의 작업이 계속되는 사이에 기술자들은 오랜 세월 동안 테노츠티틀란 지역의 호수와 강의 순환 시스템을 모조리 돌과 흙으로 막아버렸다.

그러자 물이 복수를 했다. 그 식민지 도시는 여러 차례 홍수를 겪었고, 이는 물이 우상을 숭배하는 인디오들의 동료이자, 기독교도들의 적이라는 사실을 증명할 뿐이었다.

수 세기가 흐르고 흐르는 동안, 마른 세계 에스파냐는 젖은 세계 멕시코에 대한 전쟁을 계속했다.

지금 멕시코의 그 도시는 목이 말라 죽어간다. 물을 찾아 땅을 판다. 땅을 파면 팔수록 더 가라앉는다. 과거에 신선한 공기가 있던 곳에 지금은 먼지가 있다. 과거에 강이 있던 곳에 지금은 대로가 있다. 과거에 물이 흐르던 곳에 지금은 자동차가 달리고 있다.

연합군들

에르난 코르테스는 병사 600여 명과, 틀락스칼라, 찰코, 믹스킥, 치말우아칸, 아메카메카, 틀랄마날코, 그리고 아스테카 제국에 복속당해 살면서 대신전의 돌계단이 자신들의 피로 목욕하는 것에 질려 있던 다른 부족의 무수한 인디오와 더불어 테노츠티틀란을 정복했다.

인디오들은 그 털보 전사들이 자신들을 구원해 주기 위해 그곳으로 왔다고 믿었다.

후에고 데 펠로타

에르난 코르테스가 공을 땅바닥에 던졌다. 카를로스 황제와 수많은 대신이 생전 처음 보는 경이로운 장면을 관람했다. 공이 튀어올라 공중으로 날았다.

유럽은 그 마술적인 공을 알지 못했으나 멕시코와 중앙아메리카에서는 예로부터 그 고무공을 사용하고 있었고, '후에고 데 펠로타(Juego de pelota)'라 불리는 그 구기는 3,000년의 역사를 지니고 있었다.

성스러운 의식인 그 경기에서는 열세 개의 천상계가 아홉 개의 천하계와 서로 다투고, 공중으로 튀어 오르는 공이 빛과 어둠 사이를 오갔다.

죽음은 승자에게 부여된 보상이었다. 승자는 죽었다. 승자는 태양이 하늘에서 꺼지지 않도록, 비가 계속해서 대지 위로 내리도록 신들에게 자신의 몸을 바쳤다.

다른 무기들

어떻게 해서 프란시스코 피사로가 페루에서 168명의 병사로, 그것도 단 한 명의 전사자도 내지 않고서, 아타우알파의 병사 80,000명을 무찌를 수 있었을까?

침입자 코르테스와 피사로는 증오와 전쟁으로 침입을 받고 찢겨진 사람들의 분열을 교묘하게 이용하고, 결코 지켜지지 않은 약속을 함으로써 아스테카와 잉카의 권력 중심부를 공격하는 자신들의 군대를 키울 수 있었다.

게다가, 에스파냐 정복자들은 아메리카가 알지 못하던 무기로 공격했다.

화약, 철, 말은 아메리카가 이해할 수 없는 새로운 것이었다. 인디오들의 곤봉은 에스파냐 사람들의 포, 화승총, 창, 칼에 대적할 수 없었다. 모직 조끼도 철갑옷과 대적할 수 없었고, 걸어 다니는 인디오들도 기병과 말이 어우러진 발 여섯짜리 전사와 대적할 수 없었다. 천연두, 홍역, 감기, 티푸스, 선(腺)페스트를 비롯한 각종 질병과 침략군이 본의 아니게 가져온 다른 질병들은 인디오들이 전혀 모르는 것이었다.

그리고 이 모든 것도 충분하지 않다는 듯이, 인디오들은 유럽 문명의 관습을 모르고 있었다.

잉카의 왕 아타우알파가 낯선 방문객들을 맞이하기 위해 접근하자 피사로는 아타우알파를 체포해 감금시켜 놓고는, 유래 없는 엄청난 몸값을 바치면 풀어주겠노라고 약속했다. 피사로는 몸값을 받고 나서 포로의 목을 쳐 죽여버렸다.

세균 전쟁의 기원

유럽이 아메리카를 포옹한 것은 아메리카에게 치명적이었다. 아메리카 원주민 열에 아홉이 죽었다.

가장 작은 전사들이 가장 잔인했다. 각종 바이러스와 박테리아가 정복자처럼 다른 땅에서, 다른 물에서, 다른 공기에서 아메리카로 왔다. 인디오들은 군대를 따라 눈에 띄지 않게 진격해 들어오는 이런 부대를 막을 방책이 없었다.

카리브의 여러 섬에 거주하던 수많은 주민은 자기 이름에 대한 기억도 남기지 못한 채 이 세상에서 사라졌고, 페스트는 노예로 살다가 죽거나 자살해서 죽은 수많은 사람보다 더 많은 사람을 죽였다.

천연두는 아스테카의 왕 쿠이틀라우악과 잉카의 왕 우아이나 카팍마저 죽였다. 멕시코 시티에서는 천연두로 희생된 사람의 수가 너무 많았기 때문에 가족 전체의 시체를 덮어버리기 위해서는 시체가 들어 있는 집 자체를 허물어뜨려야 했다.

매사추세츠의 초대 주지사인 존 윈스럽은 하느님이 당신이 선택한 사람들이 거주할 땅을 깨끗하게 만들기 위해 천연두를 보냈다고 말했다. 인디언들이 실수로 백인들이 정착해야 할 곳에 정착해 버린 것이 확실했다. 북부의 식민지 개척자들은 인디언들에게 천연두에 오염된 망토를 자주 선물함으로써 하느님을 도왔다.

"이 가증스러운 인종을 근절하기 위해." 1763년에 사령관 제프리 애머스트 경이 말했다.

다른 지도들에 같은 역사

크리스토퍼 콜럼버스가 아메리카에 도착한 지 거의 3세기가 지난 뒤, 영국 선장 제임스 쿡이 동양의 남쪽에 위치한 신비한 바다를 항해하고, 오스트레일리아와 뉴질랜드에 영국 국기를 꽂았으며, 오세아니아의 무수한 섬을 정복하는 길을 열었다.

영국인 항해자들의 피부가 희었기 때문에 원주민들은 그 항해자들이 산 자들의 세계로 되돌아온 죽은 자들이라고 믿었다. 그리고 원주민들은 그들이 복수를 하기 위해 돌아오고 있다는 사실을 그들의 행위를 통해 알아차렸다.

그리고 역사는 반복되고 있었다.

그곳에 막 도착한 영국인들은, 아메리카에서 그랬던 것처럼, 비옥한 토지와 샘들을 빼앗고 그곳에 살던 원주민들을 사막으로 내쫓았다.

그리고 아메리카에서 그랬던 것처럼 그곳 원주민들에게 고된 노동을 시키고, 그들이 옛날 것을 기억하지도 못하고 관습을 지키지도 못하게 했다.

기독교 선교사들은, 아메리카에서 그랬던 것처럼, 그곳에서도 돌이나 나무로 만든 우상을 산산조각 내버리거나 태워버렸다. 우상 몇 개만이 살아남았는데, 우상 숭배에 대한 전쟁의 증거로 삼기 위해 남근을 미리 절단한 채 유럽으로 보냈다. 지금 루브르 박물관에 소장되어 있는 라오 신상은 다음과 같은 글귀가 적힌 라벨을 부착한 채 파리로 보내졌다. "불순, 해악, 추잡한 욕망의 우상."

아메리카에서처럼 원주민은 소수만 살아남았다. 몸이 쇠약해져서 또는 총알을 맞아 죽지 않은 사람들은 아무런 대비책도 갖고 있지 않은 그 낯선 페스트에 의해 죽었다.

악마에 홀린 사람들

"그들은 두려움이 무엇인지 가르쳐주기 위해 올 것이다.

그들은 태양을 거세하기 위해 올 것이다."

그 굴종의 시대에 유카탄에 있던 마야의 예언가들이 이렇게 알렸다.

1562년에 수사 디에고 데 란다가 긴 의식을 치르면서 인디오들의 책에 불을 놓아버린 곳은 유카탄이었다.

이 퇴마사는 다음과 같이 썼다.

"우리는 이들에게서 이 지역 언어로 쓰인 수많은 책을 발견했다. 이들 책에는 미신이나 악마의 오류가 아닌 것은 담겨 있지 않았기 때문에 모두 불태워 버렸다."

책을 태울 때 나는 유황 냄새는 멀리 떨어진 곳에서도 감지할 수 있었다. 마야 사람들은 질문하기를 좋아하고, 호기심이 많고, 해의 이동 시간과 열세 천상계에서 별들이 이동하는 경로를 추적했다는 이유로 불세례를 받았다.

그들은 다른 수많은 악마적인 물건 외에도, 지금까지 존재했거나 현재도 존재하고 있는 달력 가운데 가장 정확한 달력을 만들어냈다. 그들은 일식과 월식 현상을 그 누구보다 먼저 알아냈고, 아라비아인들이 유럽에 0이라는 새로운 숫자를 알려주기 전에 이미 숫자 0을 발견했다.

마야 왕국의 공식 예술

에스파냐의 정복은 마야 왕국이 멸망하고 오랜 세월이 흐른 뒤에 이루어졌다.

마야의 거대한 광장들, 왕이 고위 사제들과 전사들의 대장들 앞에 책상다리를 하고 앉아 그 밖의 모든 사람의 행운과 불행을 결정하던 궁전들과 신전들은 폐허로 남아 있었다.

그런 권력의 성소에서 화가들과 조각가들은 신을 찬양하고, 군주들의 위업을 기리고, 조상을 존경하는 데 헌신했다.

공식 예술은 일을 하고 침묵을 지키는 대중에게 작은 공간조차도 제공해 주지 않고 있었다.

왕들의 패배는 코덱스*에도, 벽에도, 얕은 부조에도 기록되지 않았다.

예를 들어보자면, 코판의 어느 왕, 즉 18-토끼 군주**는 카우악 하늘***을 자기 아들인 양 키워주었고, 그에게 옆 왕국 키리구아의 권좌를 선물했다. 737년에 카우악 하늘은 코판 왕의 호의를 다음과 같은 식으로 갚았다. 코판을 침범해 전사들을 굴복시키고, 자신의 후원자를 생포해 목을 자른 것이다.

궁중의 예술에 관해서는 알려지지 않았다. 번성기에는 지휘봉을 들고, 깃털과 옥과 재규어 가죽으로 만든 옷을 입은 그의 모습이 여러 차례 그려졌음에도 불구하고, 목이 잘린 왕의 슬픈 최후는 그 어떤 나무껍질에도 기록되지 않았고, 그 어떤 돌에도 새겨지지 않았다.

그들은 숲을 죽이면서 죽었다

갈수록 입은 많아지고 음식은 부족해졌다. 갈수록 숲은 적어지고 사막은 많아졌다. 비가 지나치게 많이 오거나 전혀 오지 않았다.

---

* 코덱스(codex, códice)는 인쇄술이 발명되기 이전에 손으로 쓰거나 그려서 만든 책으로, 역사적·문학적인 의미가 대단히 큰 문화유산이다.

** 18-토끼(18-Conejo) 군주는 도시국가 코판의 13대 왕 우아하클라준 우바아 카윌(Uaxaclajuun Ub'aah K'awill)의 별명으로, 그는 695년부터 738까지 재임했다. 마야 문화에서 토끼는 '재능', '경쟁력', '활력', '용기' 등을 의미한다.

*** 카우악 하늘(Cauac Cielo)은 고대 도시국가 키리구아(Quiriguá)의 가장 강력한 군주인 칵 틸리우 찬 요파아트(K'ak' Tiliw Chan Yopaat)의 별명으로, 그는 724년부터 785년에 재임했고, 738년에는 코판의 군대를 물리치고, 18-토끼 군주를 체포해 목을 잘랐다. '카우악'은 '폭풍', '번갯불' 등을 상징하는데, 이 이름을 가진 전사는 예측할 수 없는 성격과 갑작스러운 폭풍처럼 적을 놀라게 하는 능력으로 유명했다.

농부들은 먹을 것을 찾겠다고 밧줄에 몸을 매단 채 산의 벌거벗은 절벽을 긁어댔지만 아무 소용이 없었다. 옥수수는 잎줄기를 세울 물도 땅도 찾지 못했다. 땅은 흙을 가두어 둘 나무가 없는 상태에서 강물을 붉게 물들이고, 먼지바람 속에 파묻혔다.

3,000년의 역사를 지닌 마야 왕국에 암흑이 도래했다.

하지만 마야의 일상은 농촌 공동체의 다리에 의존해 계속되고 있었다. 공동체들은 다른 곳으로 이동해 돌 피라미드도 권력의 피라미드도 없고, 매일 뜨는 태양 말고는 더 이상의 왕도 없는 상황에서, 거의 비밀리에 생존했다.

잃어버린 섬

몇 세기 뒤, 마야 왕국으로부터 아주 멀리 떨어진 파스쿠아 섬이 마야의 자손들에 의해 황폐해져 버렸다.

18세기에 유럽 항해자들이 파스쿠아 섬에 도착했을 때, 그곳에는 나무는커녕 아무것도 없이 텅 비어 있었다.

그 광경은 항해자들에게 공포를 유발했다. 그들은 그토록 쓸쓸하고 고독한 곳을 결코 본 적이 없었다. 하늘에는 새 한 마리 날지 않았고, 땅바닥에는 잔디밭도 없었으며, 쥐 이외의 다른 동물도 없었다.

오래전의 푸른 과거에 관해서는 이제 남아 있는 기억이 없었다. 모든 것으로부터 멀리 떨어져 있는 섬은 수평선을 바라보고 있는 거대한 석상 500여 개가 사는 하나의 돌이었다.

아마도 그 상들은 신들에게 도움을 요청하고 있었을 것이다. 하지만 신들도 그들의 말 없는 목소리를 들을 수 없었다. 이 지구가 무한한 우주 속에서 길을 잃은 상태이듯이, 그들의 목소리 또한 바다 한가운데서 사라져버렸기 때문이다.

왕 없는 왕국

역사가들에 따르면, 그리고 그 밖의 거의 모든 사람에 따르면, 마야 문명은 에스파냐 사람들이 도래하기 몇 세기 전에 사라졌다.

그리고 나서는 아무것도 없었다.

아무것도 없었다. 즉, 침묵으로부터 태어나고, 침묵 속에서 살아온 마야의 공동체적 현실은 감탄을 불러일으키지도, 호기심을 일깨우지도 않았다.

물론, 적어도 에스파냐의 정복기에는 놀라움을 일깨웠다. 새로운 주인들은 허둥대고 있었다. 왕이 없는 이 인디오들은 복종하는 습관을 이미 잃어버린 상태였다.

토마스 데 라 토레 수사가 1545년에 밝힌 바에 따르면, 시나카탄의 초칠족은 대표자 한 사람을 뽑아 전쟁을 지휘하라고 맡겼는데, "그 사람이 임무를 제대로 수행하지 못하자 그의 자리를 빼앗고, 다른 사람으로 대체했다." 전쟁 시와 평화 시에 공동체는 권력자를 뽑았는데, 그는 모든 사람 가운데 말을 가장 잘 듣는 사람이었다.

식민지의 권력은 마야인들이 공물을 바치고 강제 노역을 하도록 강제하기 위해 채찍과 많은 교수대를 사용했다. 1551년, 치아파스에서 재판관 토마스 로페스는 마야인들이 노역을 거부했다는 사실을 확인하고는 다음과 같이 비난했다.

"이 사람들은 일상에 필요한 것을 얻을 만큼만 일한다."

1세기 반이 지난 뒤, 토토니카판에서 조정관 푸엔테스 이 구스만은 새로운 전제주의가 많이 진척되지 않았다는 사실을 확인하는 수밖에 없었다. 인디오들은 "자신들이 복종해야 하는 우두머리가 없는 상태에서 계속해서 살아가고, 자신들끼리만 모여서 이야기하고, 서로 충고하고, 신비한 것들을 얘기하는데, 우리는 도무지 알 수 없는 일일 뿐이다."

그대의 과거가 그대의 운명을 결정한다

마야인들의 성스러운 작물인 옥수수는 유럽에서 다양한 이름으로 불렸다. 각종 지명이 옥수수의 이름으로 사용되었다. 튀르키예 알갱이, 아라비아 알갱이, 이집트 알갱이 또는 인도 알갱이로 불린 것이다. 이런 오류들은 옥수수가 불신을 받지 않고, 경멸의 대상이 되지 않도록 하는 데 전혀 공헌하지 못했다. 옥수수가 정확히 어디에서 왔는지 알려지지 않았을 때 옥수수는 환영받지 못했다. 사람들은 옥수수를 돼지 밥으로 썼다. 옥수수는 밀보다 수확량이 많고, 더 빨리 자랐으며, 가뭄도 잘 견디고, 영양분도 좋았다. 하지만 기독교도들의 입에는 맞지 않았다.

감자 역시 유럽에서는 금지된 작물이었다. 아메리카가 원산지라는 사실 때문에 옥수수와 마찬가지로 천대를 받았다. 설상가상으로, 감자는 지옥의 동굴이 있는 땅속 깊은 곳에서 자라는 뿌리 식물이라는 것이었다. 의사들은 감자가 나병과 매독을 유발한다고 믿었다. 아일랜드에서는 임신한 여자가 밤에 감자를 먹으면, 다음 날 아침에 기형아를 낳는다고 했다. 18세기 말까지 감자는 죄수, 미친 사람, 죽어가는 사람이나 먹는 것이었다.

나중에 이 저주받은 뿌리는 유럽 사람들을 기아로부터 구했다. 하지만 그럼에도 사람들은 계속해서 다음과 같이 자문한다.

"만약 감자와 옥수수가 악마의 것이 아니라면, 왜 성서는 감자와 옥수수에 관해 언급하지 않을까?"

그대의 미래가 그대의 운명을 결정한다

코카인이 탄생하기 몇 세기 전에 코카는 이미 "악마의 잎사귀"였다.

안데스 산지의 인디오들이 우상 숭배 의식에서 코카 잎사귀를 씹었기 때문에 가톨릭교회는 코카 또한 근절해야 할 우상 숭배 대상에 포함시켰다. 하지만 코카 잎사귀가 사라지기는커녕 필수 불가결한 식물이라는 사실이 밝혀지면서부터 재배 면적이 50배로 늘어났다. 코카 잎사귀는 볼리비아 포토시의 세로 리코 광산에서 은을 파내는 수많은 인디오의 몸이 쇠약하고, 굶주림에 시달리고 있다는 사실을 가려버렸다.

어느 정도 세월이 흐른 뒤, 식민지의 주인들도 코카에 익숙해졌다.

코카는 차로 변해 소화불량과 오한을 치료하고, 통증을 완화하고, 활기를 불어넣고, 고산증을 피하게 해주었다.

오늘날, 코카는 안데스 지역 인디오에게 여전히 신성한 작물이고, 그어떤 병증에도 통하는 훌륭한 치료제다. 그러나 코카가 코카인으로 변모하는 것을 막기 위해 비행기들이 코카 재배지를 파괴하고 있다.

그런데, 자동차가 코카인보다 훨씬 더 많은 사람을 죽이는데도 불구하고, 그 누구도 자동차 바퀴를 금지해야겠다는 생각은 하지 않는다.

아나나

에스파냐 사람들이 파인애플이라 부르는 아나나 또는 아바카시는 운이 더 좋았다.

비록 아메리카에서 왔지만, 아주 품위가 있는 이 식품은 영국 왕과프랑스 왕의 온실에서 재배되었고, 그것을 맛볼 수 있는 특권을 지닌모든 사람의 입을 즐겁게 했다.

그리고 몇 세기가 지난 뒤, 이제 기계가 1분당 파인애플 100개의 도가머리를 떼어내고, 벌거벗기고, 눈과 심장을 떼어내고, 조각을 내서깡통에 담았을 때, 브라질리아에서는 오스카르 니에메예르가 파인애플에게 합당한 경의를 표했다.

아나나는 대성당이 되었다.*

---

* 브라질의 건축가 오스카르 니에메예르(Oscar Niemeyer, 1907-2012)가 설계하여 1970년 완공된 브라질리아 대성당의 외형이 파인애플 잎처럼 생긴 것을 가리킨다.

돈 키호테

마르코 폴로는 제노바의 감옥에서 불가사의한 것들에 관한 책을 구술했다.

정확히 3세기가 지난 뒤 미겔 데 세르반테스는 빚 때문에 세비야의 감옥에 투옥된 상태에서 라 만차의 돈 키호테를 만들어냈다.

감옥에서 탄생한 또 다른 자유의 모험이었다.

양철 갑옷을 입고, 굶주리고 비루먹은 말을 탄 돈 키호테는 영원한 조롱거리가 된 것처럼 보였다. 이 미치광이 사내는 기사 소설의 주인공으로 인정되었고, 그는 기사 소설을 역사책이라고 믿었다.

하지만 몇 세기 전부터 돈 키호테를 비웃은 우리 독자들은 지금 "돈 키호테와 함께" 웃는다. 비 한 자루는 아이가 그것과 노는 동안만은 그 아이의 말이 되고, 우리가 『돈 키호테』를 읽는 동안 우리는 돈 키호테의 기상천외한 모험을 함께 나누고, 그 모험을 우리 것으로 만든다. 그 모험을 정말 우리 것으로 만들다 보니 우리는 그 반(反)영웅을 진짜 영웅으로 변모시키고, 그의 것이 아닌 것도 그의 것이라 생각하기까지 한다. "개들이 짖는다, 산초, 이는 우리가 말을 달려야 할 신호다"는 정치가들이 자주 인용하는 문구다. 하지만 돈 키호테는 결코 이 말을 한 적이 없다.

그 서글픈 형상의 기사가 3세기 반 동안 세상을 돌아다니며 비운을 겪고 있을 때, 체 게바라는 부모에게 마지막 편지를 썼다. 체 게바라는 부모에게 보내는 작별사로 마르크스의 말을 선택하지 않았다. 대신 이렇게 썼다. "저는 다시 발뒤꿈치로 로시난테의 갈비뼈를 느낍니다. 저는 제 방패를 들고 다시 길을 나섭니다."

항해자는, 자신을 인도하는 별들에 결코 닿을 수 없다는 사실을 안다 할지라도, 항해를 계속한다.

노동권

돈 키호테의 준마 로시난테는 뼈가 앙상했다.

"너는 형이상학자 같구나."

"통 먹지를 못하잖아요."

로시난테는, 기사가 종자를 착취한다며 산초 판사가 목소리를 높이는 사이에, 자신의 불만을 되새기고 있었다. 산초 판사는 자신의 노동에 대한 대가로 받는 급료가 몽둥이질, 굶주림, 악천후, 거짓 약속일 뿐이라며 불만을 늘어놓고, 급료를 품위 있게 빳빳한 현금으로 달라고 요구하고 있었다.

돈 키호테는 그 천박한 물질주의적 표현을 경멸했다. 그 하급 귀족 기사는 방랑하는 기사단의 동료들을 불러 다음과 같이 선언했다.

"종자들은 결코 급료를 받고 일하는 게 아니라 무보수로 일하는 것이다."

그리고 돈 키호테는 산초 판사에게 주인이 정복하게 될 왕국의 통치자가 될 것이고, 백작이나 후작의 칭호를 받게 될 것이라고 약속했다.

하지만 그 평민은 확실한 급료를 받는 안정된 일을 원하고 있었다.

그로부터 4세기가 지났다. 하지만 우리는 여전히 그때와 같은 상황에 처해 있다.

피 혐오증

15세기부터, 에스파냐에서는 개인의 피가 깨끗한지 의무적으로 증명하는 일을 오랫동안 시행했다.

순수 기독교도들은 세습적이거나 돈을 주고 산 혈통 때문에 피가 깨끗한 사람들이었다. 유대인, 무어인, 이교도 자신은 물론이고, 이들의 7대 후손까지는 공무원도, 군인도, 성직자도 될 수 없었다.

16세기 이후, 이 금지 조항은 아메리카를 여행하고자 하는 사람들에게까지 확대되었다. 상황이 그러했기 때문에 세르반테스가 신세계로 가지 못했던 것 같다. 그는 두 번이나 거부당했다. "여기서 당신에게 은총을 베푸는 곳을 찾아보시오." 당국은 이처럼 건조하게 대답했다.

돈 키호테의 아버지의 혈관에 유대인 피가 약간 흐르고 있는 것으로 의심받았다. 천한 종족은 글이나 써야 할 팔자였다.

의사 때문에 죽기

19세기 초에 프랑스는 매년 살아 있는 거머리를 3,000만 마리도 넘게 구매했다.

수 세기 전부터 의사들은 환자의 몸에서 나쁜 피를 제거하기 위해 거머리나 피부 절개법을 이용해 환자들의 피를 뽑았다. 피 뽑기는 폐렴, 우울증, 류머티즘, 뇌출혈, 골절, 신경쇠약, 두통 등을 치료하기 위해 사용하던 방법이었다.

피 뽑기는 환자를 허약하게 만들었다. 환자의 몸 상태를 좋게 만들었다는 증거는 조금도 기록되지 않았지만, 과학은 20세기에 상당히 접어들었을 때까지 2,500년 동안 피 뽑기를 만병통치법으로 적용했다.

당시까지 의심할 여지가 전혀 없었던 이 치료법은 모든 페스트를 합친 것보다 더 많은 피해를 유발했다.

"죽었지만 치료는 되었습니다." 이 말이 가능했다.

몰리에르

페스트의 창궐이 썩 대단한 징벌이 아니라는 듯이, 질병에 대한 공포가 새로운 질병으로 변모했다.

영국에서는 의사들이 질그릇처럼 유약하게 성장한 환자들을 다룰 때 부딪치거나 깨지지 않도록 사람들로부터 격리시켰다. 프랑스에서는 몰리에르가 직접 쓰고 감독하고 출연한 마지막 작품에서 상상의 환자를 다루었다.

몰리에르는 자신의 광증과 강박관념을 조롱하고 놀려댔다. 자신이 직접 주인공 역할을 맡았다. 무대에서 몰리에르는 자기에게 소화지체, 소화불량, 설사, 이질, 수종, 우울증, 위선…… 등을 진단한 의사의 처방에 따라 안락의자의 쿠션에 파묻히고 모피로 온몸을 감싸고, 모자를 귀까지 눌러쓴 채 계속해서 피를 뽑고, 강제로 설사를 해서 장을 청소하는 일에 몰두했다.

작품이 성공적으로 공연된 지 얼마 되지 않은 어느 날 오후, 극단의 모든 단원이 그에게 공연을 중단해 달라고 요청했다. 몰리에르가 상상 속의 열병에 시달린 것이 아니라 진짜로 중병에 걸려버린 것이다. 호흡이 약하고 기침을 심하게 했으며, 말도 겨우 하고, 제대로 걷기조차도 힘들었다.

공연을 중단한다? 몰리에르는 애써 대답할 수고조차 하지 않았다. 동료들은 그더러 태어나고 성장한 조국을 배반하라 유혹했고, 그날부터 몰리에르는 예전과는 다른 사람으로 변해 많은 사람을 즐겁게 하는 몰리에르로 바뀌었다.

그리고 그날 밤, 상상의 환자는 극장을 가득 메운 관객을 그 어느 때보다 더 웃겼다. 몰리에르가 쓰고 연기한 웃음은 궁핍과 죽음에 대한 공포를 이겨내도록 만들었고, 끊이지 않는 웃음 덕분에 그날 밤 그는 생애에서 가장 훌륭한 연기를 할 수 있었다. 몰리에르는 가슴이 찢어질 정도로 기침을 했으나 긴 대사를 단 한 마디도 까먹지 않았다. 그가 피를 토하며 쓰러졌을 때 관객은 죽음이 그 연극의 일부분이라고 믿었거나 알았고, 몰리에르가 죽어가면서 막이 내려가는 동안 그에게 환호와 박수갈채를 보냈다.*

---

* 몰리에르는 무대에서 쓰러져 몇 시간 뒤에 자기 집에서 사망했다고 한다.

마취제의 기원

베네치아 카니발은 최소한 네 달 동안 지속되었다.

사방에서 곡예사, 음악가, 연극배우, 인형 조종사, 창녀, 마술사, 점쟁이가 모여들고, 사랑의 미약과 행운을 가져다주는 묘약과 장수하게 만드는 묘약을 파는 상인들이 모여들었다.

사방에서 치과 의사들이 오고, 성 아폴로니우스도 치료하지 못한 잇병을 앓는 사람들이 왔다. 그들은 아프다고 소리를 질러대며 산 마르코 광장으로 들어가는 문까지 왔고, 그곳에서는 마취과 의사를 대동한 치과의사들이 손에 집게를 들고 그들을 기다리고 있었다.

마치과 의사들은 환자들을 잠재우지 않고 즐겁게 만들었다. 환자들에게 양귀비도, 흰독말풀*도, 아편도 주지 않았고, 농담을 해주고, 몸으로 온갖 기묘한 동작을 보여주었다. 그들의 재주가 아주 신기했기 때문에 통증이 잊혀졌다.

마치과 의사들은 바로 카니발 복장을 한 원숭이들과 난쟁이들이었다.

백신의 기원

18세기 초, 천연두는 1년 만에 유럽인 50만 명을 죽였다.

당시 이스탄불 주재 영국 대사의 부인 메리 몬태규는 튀르키예에서

---

* 독말풀은 가짓과의 한해살이풀로, 뿌리에 마약 성분이 있다.

적용되던 옛 예방법을 유럽에 전파하려 시도했다. 그것은 바로 치명적인 천연두에 면역을 지닌 천연두 고름을 접종하는 것이었다. 하지만 사람들은 과학에 빠진 이 여자가 우상들의 땅에서 속임수를 가져왔다고 조롱했다.

70년이 지난 뒤, 영국 의사 에드워드 제너가 자기 집 정원사의 아들인 여덟 살짜리 소년에게 우두(牛痘)라 불리는 것을 접종했는데, 우두는 가축을 죽이지만 인간에게는 해가 거의 없었다. 그러고서 치명적인 천연두를 아이에게 접종했다. 하지만 아이에게는 아무 일도 일어나지 않았다.

그렇게 해서 백신이 탄생했는데, 백신은 실험실의 토끼로 변모했던 정원사의 아들 덕분에 가능했고, 또 그 이름은 라틴어 바카(vacca)*에서 온 것이다.

시위행진의 기원

1576년, 성인의 반열에 오르고 있던 죄인 가롤로 보로메오 대주교와 밀라노 총독 사이에 페스트 때문에 충돌이 일어났다.

대주교는 신자들더러 각 성당에 함께 모여 페스트를 유발한 죄인들을 용서해 달라고 하느님께 간구하라는 명령을 내렸다. 하지만 밀라노 총독은 감염을 우려해 다중이 밀폐된 공간에 모이는 것을 금지했다.

---

* '암소'를 의미한다.

그러자 보로메오 대주교는 시위행진을 창안했다. 그는 각 성당에서 성상과 성물을 들고 나와 어깨에 짊어지고 도시의 모든 거리를 행진하도록 명령했다.

백합꽃, 초, 천사의 날개가 바다를 이루어 거리를 행진하면서 거치게 되는 각 성당의 문 앞에 서서 기독교의 덕행자들을 찬양하는 송가를 합창하고, 그들의 삶과 그들이 베푼 기적을 재현했다.

그 장면을 본 연극인들은 부러워 죽을 지경이었다.

가면들

밀라노에서 보로메오 대주교는 "이 타락하고, 배은망덕하고, 신의 적인 이 세상, 눈멀고 미쳐버린, 추잡하고 악취 나는 이 세상"이 가면을 쓴 채 음란한 세속 축제들에 몸을 내맡겨 버렸다고 선언했다.

그리고 가면에 반대한다고 다음과 같이 천명했다.

"가면은 인간의 얼굴을 일그러뜨리고, 그렇게 함으로써 하느님을 닮은 우리의 신성을 모독합니다."

가톨릭교회는 하느님의 이름으로 가면을 금지했다. 나중에는 나폴레옹이 자유의 이름으로 가면을 금지했다.

그러자 코메디아 델라르테* 가면들은 꼭두각시들 사이에서 도피처

---

* 코메디아 델라르테(Commedia dell'arte)는 14세기에서 18세기 사이에 이탈리아에서 유행한 희극으로, 배우들이 가면을 쓰고 즉흥적으로 기지를 발휘해 우스꽝스러운 연기를 한다.

를 발견했다.

광장에서 인형 조종사들이 가느다란 봉 네 개와 천 하나를 이용해 인형극을 공연하고, 한편에서는 곡예사, 방랑자, 유랑극단 음악가, 만담가, 시장의 마술사가 각각 공연을 했다.

가면을 쓴 꼭두각시들이 지체 높은 사람들을 지나칠 정도로 조롱하면, 경찰은 꼭두각시들을 몽둥이로 흠씬 두들겨 패고 감옥에 가두었다. 그리고 꼭두각시들은 아무 쓸모가 없게 된 상태가 되어 한밤중에 텅 빈 광장에 버려졌다.

다른 가면들

아프리카의 가면들은 당신의 얼굴이 보이지 않게 만들지 않는다. 숨겨주지도, 위장시켜 주지도, 가려주지도 않는다.

지상에서 우리의 삶을 만들었던 아프리카의 신들은 자식들에게 에너지를 전달하기 위해 가면을 보냈다. 황소 가죽으로 만든 가면은 힘을 주고, 영양의 뿔을 자랑하는 가면은 빨리 달리게 해주고, 코끼리의 코가 달린 가면은 버티는 방법을 가르쳐주고, 날개를 가진 가면은 날도록 만들어준다.

가면 하나가 파손되면, 가면을 제작하는 장인은 가면의 영혼이 집 없는 상태가 되지 않도록, 그리고 사람이 타자의 도움을 받지 못하는 상태가 되지 않도록, 가면을 다시 만든다.

풍자문

남을 비방하고 비꼬는 글인 풍자문을 의미하는 "파스퀴네이드 (pasquinade)"는 로마의 어느 상(像)에서 유래한다. 이름이 밝혀지지 않은 누군가가 파스퀴노(Pasquino)라 불리는 대리석 조각상의 가슴이나 등에 교황에게 바치는 글을 썼다.

* 알렉산데르 6세에 관해:

"알렉산데르는 못을 팔고 십자가에 못 박힌 예수를 판다.
그는 그럴 권리가 있다. 그가 그것들을 샀으니까."

* 레오 10세에 관해:

"망나니짓과 익살맞은 짓에
늘 애정을 쏟은
열 번째 레오가 죽었다.
정말 추악하고, 파렴치하고, 부패한 사람이다."

* 종교재판관, 바오로 4세에 관해:

"하느님의 자녀들이여, 더 적은 재판,
더 많은 신앙을, 종교재판소가 명령한다.
물론 이성에 따르면 아무 문제가 없지만,
이성에 반하면 불이 있다.
혀를 잘 간수하라,

왜냐하면 교황 바오로는 구운 혀를 좋아하기 때문이다."

* 파스퀴노의 상은 교황 비오 5세에게 다음과 같이 말했고, 비오 5세는
풍자문을 쓴 혐의가 있는 사람 여럿을 화형시켰다.
"교수대, 천천히 타오르는 불
그리고 모든 고문도
나를 놀라게 하지 않는다, 훌륭한 비오여.
그대는 나를 불태우라고 명령할 수 있지만
내 입을 막을 수는 없으리.
나는 돌로 만들어졌기 때문이노라. 나는 웃을 것이고,
그대에게 대항하겠노라."

악마의 고백에 관한 증명서

그는 태어날 때부터 늙은 상태였다.

에스파냐와 아메리카의 왕 카를로스 2세는 고작 서른 살이 넘은
나이였건만 먹을 것을 입에 대주어야 했고, 걸을 때마다 넘어져버
렸다.

의사들이 죽은 비둘기를 그의 머리에 놓아주었음에도, 시동들이 방
울뱀 고기를 맘껏 먹인 거세한 수탉을 그의 목에 넣어주었음에도, 그
가 암소의 오줌을 마셨음에도, 그가 자는 동안 그를 지켜주던 수사들

이 손톱과 달걀 껍데기를 가득 채운 스카풀라*를 그의 베개 밑에 넣어 주었음에도, 전혀 소용이 없었다.

그는 두 번 결혼했고, 왕비들이 아침 식사에 암노새 젖과 느타리버섯 달인 물을 마셨음에도 불구하고, 왕비들에게서는 그 어떤 왕자도 태어나지 않았다.

당시 악마가 아스투리아스의 캉가스 수도원의 어느 수녀의 몸속에 들어 있었다. 퇴마사 안토니오 알바레스 아르구에예스 수사가 악마의 자백을 이끌어냈다.

"왕이 마법에 걸려 있는 게 틀림없어." 악마가 한 말을 수녀가 말했고, 수녀가 한 말을 퇴마사가 말했다. 그리고 퇴마사는 마법이 시체들에서 나왔다고 말했다.

"왕이 통치력을 상실하도록 시체의 뇌를 이용해. 왕이 건강을 잃어버리도록 시체의 내장을 이용해. 왕이 자식을 얻지 못하도록 신장을 이용해."

악마가 한 말을 수녀가 하고, 수녀가 한 말을 퇴마사가 했는데, 퇴마사는 저주를 한 사람이 여자라고 말했다. 더 정확하게 말하자면, 그 여자는 바로 왕의 어머니였다.

---

* 스카풀라(scapula)는 가톨릭 수사의 어깨에 걸치는 옷의 일종이다.

테레사

아빌라의 테레사*는 결혼이라는 지옥에서 벗어나기 위해 수도원에 입소했다. 남자에게 봉사하는 것보다는 하느님의 노예가 되는 것이 더 가치 있었다.

하지만 사도 바오로는 여자에게 세 가지 권리를 부여했다. "복종, 봉사, 침묵." 그리고 신성의 대표자인 교황은 테레사를 "차분하지 못하고, 쏘다니기 좋아하고, 복종심이 없고, 완고하고, 여자는 가르치는 일을 하지 말라고 명령한 사도 바오로의 지침에 반해 신앙심을 구실로 나쁜 교의를 발명하는 여자이기 때문에 단죄했다."

테레사는 에스파냐에 여자가 가르치고 경영하는 수도원을 많이 세웠는데, 수도원에서는 출신 성분보다 능력이 훨씬 더 중요했고, 그 어떤 여자에게도 혈통의 순수함이 요구되지 않았다.

1576년, 그녀의 할아버지가 스스로 옛 기독교도라고 밝혔으나 사실은 개종한 유대인이었다는 이유로, 그리고 그녀의 신비적 황홀경이 그녀의 몸에 들어가 있는 악마의 작품이라는 이유로, 그녀는 종교재판소에 고발당했다.

4세기가 지난 뒤, 프란시스코 프랑코는 죽음의 고통을 당하고 있는 침상에서 악마로부터 자신을 방어하기 위해 테레사의 오른팔에 의존했다. 테레사가 삶에서 행한 그 특이하고 다양한 행위 때문에 당시 그녀는 이미 성녀가, 이베리아 여자들의 본보기가 되어 있었는데, 그녀

---

* 아빌라의 테레사(Teresa de Avila, 1515-1582)는 예수의 테레사(Teresa de Jesús)라고도 불리며, 로마 가톨릭의 신비가이자 수도원 개혁에 전념한 인물이다.

의 유해의 각 부분은, 로마로 가게 된 발 하나를 제외하고는, 에스파냐의 여러 성당으로 보내져 있었다.

후아나

후아나 이네스 데 라 크루스*는 아빌라의 테레사처럼 결혼이라는 우리를 벗어나기 위해 수녀가 되었다.

하지만 그녀의 재능 또한 수도원에서 화를 유발했다. 이 여자의 머리에는 남자의 뇌가 들어 있었던 것일까? 왜 남자 글씨체로 글씨를 썼을까? 요리를 그토록 잘하면서 왜 특이한 생각을 하고자 했을까? 장난기가 넘치는 그녀는 다음과 같이 대답했다.

"우리 여자들이 부엌의 철학이나 알지, 그 밖의 것을 알 수나 있겠습니까?"

가스파르 데 아스테테**가 "기독교도 아가씨가 글을 쓸 줄 알면 자신에게 해롭기 때문에 알 필요가 없다"고 경고했건만 후아나는 테레사처럼 글을 썼다.

테레사가 그랬듯이, 후아나 역시 단순히 글만 쓴 것이 아니라 물의

---

* 멕시코에서 사생아로 태어난 후아나 이네스 데 라 크루스(Juana Inés de la Cruz, 1648 또는 1651-1695)는 예속적인 결혼을 피하기 위해 수녀가 되고, 천재적인 지식욕을 채우기 위해 문학이라는 가면을 사용했다. 남자를 조롱하는 시를 쓰고, 당대의 스콜라 철학에 대한 이견을 개진하고, 자신의 입장을 변호했으나, 결국 제도적 압력을 견디지 못한 채 자신은 "세상에서 가장 형편없는 여자"라는 반성문을 작성했다.

** 가스파르 데 아스테테(Gaspar de Astete, 1537-1601)는 에스파냐의 예수회 사제, 신학자, 교리 교사로, 『기독교 교리 문답서(Catecismo de la Doctrina Cristiana)』를 썼다.

를 일으킬 정도로 글을 잘 썼다는 사실은 의심할 바가 없다.

각기 다른 세기에, 같은 바다의 다른 해변에서, 멕시코 출신인 후아나와 에스파냐 출신인 테레사는 천대받는 세상의 반을 말과 글을 통해 옹호했다.

테레사가 그랬듯이, 후아나도 종교재판소의 위협을 받았다. 그리고 가톨릭교회, 즉 후아나의 교회는, 후아나가 인간을 신만큼 노래했다는 이유로, 그리고 복종은 조금하고 질문은 너무 많이 했다는 이유로 후아나를 박해했다.

후아나는 잉크가 아니라 피로 자신의 반성문에 서명했다. 영원히 침묵을 지키기로 맹세했다. 그리고 아무 말 없이 죽었다.

안녕

카탈루냐의 조토*라 불리는 페레르 바사**의 뛰어난 작품들은 바르셀로나 언덕의 '새벽 돌의 땅'이라는 의미를 지닌 페드랄베스 수도원의 벽에 있다.

그곳에는 수녀들이 세상과 담을 쌓은 채 살고 있었다.

---

* 조토 디 본도네(Giotto di Bondone, 1266-1337)는 이탈리아의 화가이자 건축가다. 당시 이탈리아에서 지배적이던 비잔틴 미술에서 벗어나 피렌체파 화풍의 새로운 국민 회화를 창시했다. 파도바의 아레나 예배당에 있는 대표작 〈최후의 심판〉은 종교적인 소재를 다루면서도 새로운 감각을 생생하게 표현하고 있다. 건축가로서도 재능을 보여 피렌체 대성당의 종탑을 지었다. 작품 〈성 엘리자베스의 출산〉도 유명하다.
** 페레르 바사(Ferrer Bassa, 1285?-1348)는 에스파냐 출신 화가로, 카탈루냐 회화에 이탈리아 고딕 양식을 접목한 최초의 화가다.

돌아올 수 없는 여행이었다. 수녀들의 등 뒤로 수도원의 문이 한번 닫히면 결코 열리지 않았다. 수녀들의 가족은 수녀들이 영원히 그리스도의 신부가 되는 영광을 향유하도록 많은 액수의 지참금을 미리 지불했다.

수도원 안에 있는 산 미겔 예배당에는 페레르 바사의 프레스코화들이 있다. 어느 프레스코화 밑에는 수 세기가 흘렀지만 숨어 있듯 살아남은 문장 하나가 쓰여 있다.

그 문장을 누가 썼는지는 알려져 있지 않다.

하지만 언제 썼는지는 알려져 있다. 로마자로 1426년이라 쓰여 있다.

문장은 거의 눈에 띄지 않는다. 카탈루냐어 고딕체로 쓰인 문장은 다음과 같이 요구했고, 지금도 요구하고 있다.

조앙에게
나를 잊지 말라고 말해줘요.

티투바

그녀는 남아메리카에서 어린 시절에 사냥당한 뒤 여러 차례 팔리면서 이 주인 저 주인의 손을 거쳐 북아메리카의 세일럼 마을로 갔다.

노예 티투바는 그곳 청교도의 성소(聖所)에서 목사 새뮤얼 패리스의 집 하녀로 일했다.

목사의 딸들은 티투바를 좋아했다. 딸들은 티투바가 유령 이야기를 들려주거나 달걀 흰자를 보고 딸들의 미래를 점쳐줄 때면 깨어 있는 상태에서 꿈을 꾸었다. 1692년 겨울, 딸들이 사탄에 홀려 몸을 비틀어 대고 소리를 질러댔을 때, 오직 티투바만이 진정시킬 수 있었다. 티투바는 딸들을 쓰다듬어 주고, 딸들이 자기 무릎에서 잠들 때까지 딸들에게 소곤소곤 이야기해 주었다.

그런 행위를 했다는 이유로 티투바는 유죄 판결을 받았다. 즉, 그녀가 바로 하느님의 선택을 받은 사람들의 고결한 왕국에 지옥을 끼워넣었다는 것이었다.

이야기를 해주던 그 마녀는 광장의 교수대에 묶인 채 죄를 자백했다.

티투바는 악마의 요리법으로 파이를 만들었다며 기소되었고, 그녀는 그것이 사실이라고 대답할 때까지 채찍질을 당했다.

티투바는 악마의 연회에서 벌거벗은 채 춤을 추었다며 기소되었고, 그녀는 그것이 사실이라고 대답할 때까지 채찍질을 당했다.

티투바는 사탄과 함께 잠을 잤다며 기소되었고, 그녀는 그것이 사실이라고 대답할 때까지 채찍질을 당했다.

그리고 고문하는 사람들이 그녀에게 그녀의 공범은 단 한 번도 교회에 나가지 않는 두 노파라고 말했을 때, 기소된 여자는 이제 기소하는 여자로 바뀌어, 마귀에 홀린 두 명의 여자를 손가락으로 가리킴으로써 더 이상 채찍을 맞지 않게 되었다.

그 후 기소당한 다른 여자들이 또 기소를 했다.

그렇게 해서 교수대는 작업을 멈추지 않았다.*

---

* 당국은 바베이도스 출신 노예 티투바(Tituba) 등을 고문해 자백을 얻어낸 뒤 모두 열아홉 명을 교수형에 처했는데, 이것이 바로 미국판 마녀사냥의 효시다.

악마에게 홀린 여자들

신학자 마르틴 데 카스타녜가 수사는, "여자는 남자보다 겁이 많고, 심장이 약하며, 뇌가 축축하기 때문에" 악마들이 남자보다 여자를 더 좋아한다는 것을 확인했다.

사탄은 산양 발처럼 생긴 발과 자신의 나무 발톱으로, 또는 왕의 옷을 입은 두꺼비로 변장해 여자를 애무하면서 유혹했다.

악마에 홀린 여자들에게서 악마를 퇴치하는 의식을 행할 때는 구경꾼들이 몰려와 성당이 넘쳐날 정도였다.

성스러운 소금, 축성받은 운향, 성인의 머리카락과 손톱으로 채워 넣은 스카풀라가 퇴마사의 가슴을 보호해 주었다. 퇴마사는 십자고상을 높이 세우고 요술과의 싸움을 시작했다. 악마에 홀린 여자들은 지옥의 언어로 모욕을 하고, 소리를 지르고, 짖어대고, 씹어대고, 욕을 해댔으며, 손으로 옷을 찢어 맨몸을 드러내고 깔깔 웃으면서 자신들의 금지된 부위를 내놓았다. 절정의 순간에 이르면 퇴마사는 악마가 들어 있는 여자들 가운데 하나를 껴안은 채 경련과 소리 지르기가 멎을 때까지 바닥을 뒹굴었다.

의식이 끝나면 바닥에서 악마에 홀린 여자가 토해낸 못과 유리조각을 찾는 사람이 있었다.

헨드리키에 스토펠스

1654년에 만삭이 된 젊은 여자 헨드리키에 스토펠스*가 암스테르담의 개신교 위원회의 재판을 받고 유죄 판결을 받았다.

그녀는 "화가 렘브란트와 간음을 했다"고 고백하고, 결혼도 하지 않은 상태에서 "창녀처럼" 그의 침대를 공유했다고, 더 문자 그대로 번역하자면, "성매매를 했다"고 인정했다.

위원회는 그녀에게 반성문을 쓰고, 고해를 하게 하고, 그녀를 우리 주 예수 그리스도의 식탁으로부터 영원히 제명하는 벌을 가했다.

렘브란트는 유죄 판결을 받지 않았다. 아마도 재판관이 그 유명한 이브와 선악과 이야기를 아주 잘 기억하고 있었기 때문일 것이다. 하지만 그 추문은 렘브란트의 작품 가격을 폭락시켰고, 렘브란트는 급기야 파산을 선언해야 했다.

빛이 어둠에서 탄생했다는 사실을 밝혀낸 명암법의 대가는 만년을 어둠 속에서 보냈다. 집과 그림을 잃었다. 결국 세를 내고 빌린 묘에 묻혔다.

---

* 헨드리키에 스토펠스(Henrickje Stoffels, 1626-1663)는 렘브란트와 동거하면서 시중을 들었고, 그의 그림에 자주 주인공으로 등장했다. 1654년에 그린 누드화 〈밧세바〉의 모델이 헨드리키에라고 알려져 있는데, 실제로 이 모델의 모습은 헨드리키에의 수많은 초상화, 스케치(예를 들면, 1655년 작 〈목욕하는 여인〉)와 일치한다. 헨드리키에는 딸 코르넬리아를 낳기 직전인 1654년에 부도덕한 생활을 하고 있다는 개신교 위원회의 공식적인 비난을 받았다.

페르메이르의 부활

그가 죽었을 때 그의 작품은 아주 헐값에 팔렸다. 1676년에 그의 부인은 빵 공장에 진 빚을 남편의 작품 두 점으로 갚았다.

그리고 델프트의 페르메이르*는 망각의 형벌을 받았다.

그가 세상으로 되돌아오는 데는 2세기가 걸렸다. 빛을 창조한 인상파 화가들이 그를 구해낸 것이다. 르누아르는 페르메이르의 〈레이스를 짜는 여인〉의 초상은 자신이 본 작품 가운데 가장 아름답다고 평가했다.

평범한 것을 묘사하는 페르메이르는 자기 집, 그리고 옆집에 관한 것만 그렸다. 부인과 딸들이 모델이었고, 자잘한 가정사가 그의 주제였다. 그림의 대상은 항상 같았지만, 결코 같지 않았다. 그는 이런 일상적인 가정사를 묘사하면서도, 그가 보는 북구의 칙칙한 하늘에는 잘 드러나지 않은 태양을 렘브란트처럼 그릴 줄 알았다.

그의 그림에는 계급이 없다. 그 어떤 것도 그 어떤 사람도 더 밝거나 덜 밝지 않다. 우주의 빛은 포도주 잔에서뿐만 아니라 그 잔을 내미는 손에서, 편지에서뿐만 아니라 그 편지를 읽는 눈에서, 닳은 벽포에서뿐만 아니라 당신을 바라보는 소녀의 앳된 얼굴에서 은밀히 진동하고 있다.

---

* 요하네스 페르메이르(Johannes Vermeer, 1632-1675)는 네덜란드의 화가로, 델프트에 살며 작품 활동을 해 '델프트의 페르메이르'라고도 불린다. 대표작 〈진주 귀고리를 한 소녀〉로 유명하다.

아르침볼도의 부활

각 개인은 다양한 맛과 냄새와 색의 원천이었다.

귀는 튤립으로,

겉눈썹은 가재 두 마리로,

눈은 포도 두 개로,

속눈썹은 오리의 부리로,

코는 배로,

뺨은 사과로,

턱은 석류로,

머리카락은 가지 무성한 숲으로

그렸다.

이탈리아의 궁정 화가 주세페 아르침볼도*는 황제 셋을 웃게 만들었다.

황제들은 그의 작품 세계를 제대로 이해하지 못했기 때문에 그를 칭찬했다. 그의 작품들은 다양한 것으로 이루어진 정원처럼 보였다. 이 이교도 화가는 그렇게 생존할 수 있었고, 멋진 삶을 영위할 수 있었다.

아르침볼도는 야생의 풍요로운 자연과 인간의 연계를 강조하면서 우상 숭배의 치명적인 죄를 저지르는 사치를 부렸고, 악의 없는 장난이라고 말하지만 사실은 신랄한 조롱인 초상화들을 그렸다.

---

* 주세페 아르침볼도(Giuseppe Arcimboldo, 1527-1593)는 이탈리아의 화가로 동식물을 이용해 사람의 얼굴을 표현하는 독특한 화풍으로 유명하다. 그는 오랫동안 잊혀졌다가 초현실주의가 각광을 받으면서 다시 주목받게 되었다.

그가 죽자, 예술에 대한 기억이, 마치 하나의 악몽이나 된다는 듯이, 그를 말소해 버렸다.

4세기가 지난 뒤, 그는 자신의 늦깎이 자식들인 초현실주의자들에 의해 부활했다.

토머스 모어

사람들은 토머스 모어를 너무 잘 이해했고, 아마도 그 때문에 토머스 모어는 목숨을 잃었을 것이다. 1535년에 대식가 헨리 8세는 토머스 모어를 런던 템스 강 위에 세운 창에 꽂아 전시했다.

교수형에 처해진 토머스 모어는 20년 전에 유토피아라 불리는 어느 섬의 관습에 관한 책을 썼는데, 그 섬에서는 재산이 공동 소유고, 돈도 가난도 부도 없었다.

토머스 모어는 아메리카를 여행하고 돌아온 여행자인 등장인물의 입을 통해 자신의 위험한 사상을 표출했다.

* 전쟁에 관해: "도둑은 가끔 씩씩하고 멋진 군인이고, 군인들은 늘 용감한 도둑이다. 도둑과 군인은 공통점이 많다."

* 도둑질에 관해: "제 아무리 엄한 벌이라고 해도, 그 어떤 벌도, 만약 도둑질이 밥을 벌기 위한 유일한 수단이라면, 사람이 도둑질을 하는 것을 막지 못할 것이다."

* 사형에 관해: "어떤 사람이 돈을 훔쳤다 해도 그 사람의 목숨을 도둑

질하는 것은 아주 불공정하게 보인다. 이 세상에 인간의 목숨보다 귀한 것은 결코 없다. 극단적인 정의는 극단적인 위법 행위다. 여러분은 도둑을 만들고 나서 그들을 벌한다."

　* 돈에 관해: "만약 모든 인간의 필요를 충족하기 위해 발명되었음직한, 돈이라 불리는 이 성스러운 물건이 실제로 그 필요를 충족시키는 것을 막는 유일한 것이 아니라면, 삶의 모든 필요를 충족시켜 주는 것은 아주 쉬운 일이다."

　* 사유재산에 관해: "사유재산이 사라지지 않는 한 재산은 공정하고 공평하게 분배되지도 않을 것이고, 세계는 행복하게 통치되지도 않을 것이다."

에라스무스

로테르담의 에라스무스는 친구 토머스 모어에게 『우신예찬』을 헌정했다.

이 작품에서 우신(愚神)이 일인칭 시점으로 말한다. 우신은 자신의 호의를 입지 않으면 즐거움도 행복도 없다고 말하고, 미간의 주름을 펴라고 권고하고, 어린이와 노인의 연합을 제안했으며, "교만한 철학자들, 자줏빛 옷을 입은 왕들, 자비로운 사제들, 세 배나 성스러운 주교들, 그 모든 신의 무리들"을 조롱했다.

이 무례한 말썽꾸러기 남자는 설교를 통해 기독교 복음과 세속 전통의 친교를 주장했다.

"성 소크라테스가 우리를 위해 기도합니다."

그의 기행은 종교재판소의 검열을 받았고, 저서는 가톨릭 금서 목록에 포함되었으며, 개신교 측에도 나쁜 모습으로 비쳤다.

엘리베이터의 기원

영국의 헨리 8세는 부인이 여섯 명이었다.

그는 쉽게 홀아비가 되었다.

그는 여자와 진수성찬을 게걸스럽게 먹어치웠다.

메추라기로 속을 채운 각종 파이, 멋진 깃털을 그대로 둔 채 식탁에 올려지는 공작새, 각종 귀족 칭호를 붙여준 송아지고기나 새끼돼지고기 조각 등이 넘치는 식탁에서 600여 명의 종복이 헨리 8세의 시중을 들었고, 그는 음식을 먹기 전에 손에 나이프를 든 채 음식들에게 작위를 부여했다.

헨리 8세가 마지막 부인에게 갈 때는 몸이 너무 뚱뚱해져 있었기 때문에 식당에서 부부 침실로 가는 계단을 오를 수가 없었다.

왕은 도르레의 복잡한 작동 원리를 이용해 식탁에서 침대로 앉아 올라갈 수 있는 안락의자를 발명하는 수밖에 없었다.

자본주의의 선구자

영국, 네덜란드, 프랑스, 그리고 그 밖의 다른 나라들은 그의 상(像)을
세워야 한다.

　권력자들이 지닌 권력의 상당 부분은 그가 불을 지른 도시들과 강
탈한 갈레온선들, 그리고 사냥한 노예들에게서 훔친 금과 은에서 비
롯된다.

　섬세한 조각가가 태동하는 자본주의로 무장한 이 관리의 상을 주조
해야 할 것이다. 그는 이빨 사이에 나이프를 끼고, 한쪽 눈에는 안대
를 대고, 한쪽 발은 의족에, 갈고리 손을 지니고 있었으며, 어깨 위에
는 앵무새 한 마리가 앉혀 있었다.

카리브의 위험한 구석들

해적이 아메리카를 만들었다. 카리브해의 섬과 해변에서 해적은 허리
케인보다 더 무시무시한 존재였다.

　하느님은 사방에 있고 황금은 어금니 하나 때울 분량도 없었건만,
크리스토퍼 콜럼버스는 자신의 『항해일지』에서 하느님을 51번 언급
하고, 황금은 139번 언급했다.

　하지만 시간은 흘렀고, 아메리카의 비옥한 땅에서는 금, 은, 설탕,
무명, 그리고 다른 불가사의한 것들이 번성하고 있었다. 해적들은 이
들 생산물을 강탈하는 데 전문가였다. 그들의 노력에 대한 대가로, 이

들 자본 축적의 도구들이 영국의 귀족 계급에 포함되었다.

영국의 엘리자베스 여왕은 무시무시한 해적 프랜시스 드레이크의 동업자였는데, 프렌시스 드레이크는 엘리자베스 여왕에게 투자 원금의 4,600퍼센트에 해당하는 수익금을 주었다. 그래서 엘리자베스 여왕은 프렌시스 드레이크에게 '경(Sir)'이라는 칭호를 붙여주었다. 여왕은 드레이크의 삼촌 존 호킨스에게도 '경'이라는 칭호를 붙여주고, 호킨스의 사업에 참여했다. 호킨스는 시에라리온에서 노예 300명을 사서 사업을 시작해 노예들을 산토 도밍고에서 팔았고, 그의 배 세 척이 설탕, 가죽, 생강을 싣고 런던항으로 되돌아왔다.

그때부터 '흑인 교역'은 영국이 갖고 있지 않던 포토시의 세로 리코가 되었다.

월터 롤리

그는 아메리카 남부에서 엘 도라도*를 찾았다. 북부에서는 담배를 발견했다. 항해가이자 전사였고, 탐험가이자 시인이었다. 그리고 해적이었다.

월터 롤리 경은

파이프 담배를 피우고, 영국 귀족들에게 담배의 즐거움을 소개한 남자,

궁정에서는 다이아몬드 장식을 박은 조끼를 입고 전장에서는 은으

---

* 엘 도라도(El dorado)는 '황금으로 몸을 감싼 사람'이라는 의미로, 흔히 '황금향'을 가리킨다.

로 만든 갑옷을 자랑하는 남자,

처녀(virgin)인 엘리자베스 여왕이 좋아하는 남자,

처녀인 엘리자베스 여왕을 위해 현재 버지니아(Virginia)라 불리는 땅
의 이름을 지은 남자,

엘리자베스 여왕을 위해 에스파냐의 항구들과 갈레온선들을 공격
하고, 그녀를 위해 검을 사용할 때 고상한 기사로 변하는 남자,

몇 년 뒤, 엘리자베스 여왕을 위해 런던 탑에서 도끼에 목이 잘린 남
자였다.

엘리자베스가 죽자 영국 왕 제임스는 에스파냐 출신 왕비를 원했
고, 영화에 악한으로 등장하는 해적 롤리는 대반역죄로 유죄 판결을
받았다.

롤리의 부인은, 관례에 따라, 발삼향을 뿌린 남편의 머리를 받았다.

영국 가족의 그림

요크 가문과 랭커스터 가문 사이에 벌어진 분쟁은, 윌리엄 셰익스피
어의 펜에 영감을 불어넣지 않았더라면, 아마도 이웃 간의 단순한 분
쟁에 불과했을 것이다.

아마도 시인은 각각 흰 장미와 붉은 장미가 상징하는 두 왕가 사이
의 전쟁을 자신의 재능을 통해 세계적 차원으로 승화시킬 수 있으리
라는 생각은 추호도 해보지 않았을 것이다.

영국 역사와 셰익스피어의 작품에서 연쇄살인범의 후원자로 등장

하는 리처드 3세는 왕위에 오르는 과정에서 피의 강을 만들었다. 그는 왕 헨리 6세를 죽이고 에드워드 왕자도 죽였다. 형 클라렌스를 포도주 통에 넣어 질식사시켰다. 더 나아가 조카들의 목숨을 빼앗았다. 그 왕자들 가운데 둘은 아직 어린 아이였는데, 런던 탑에 가두고 베개로 질식시켜 죽인 뒤 어느 계단 아래에 암매장했다. 헤이스팅스 경을 교수형에 처하고, 가장 절친한 친구이자 그의 분신이라 할 수 있는 버킹엄 공작의 목을 잘랐다. 두 사람이 음모를 꾸민다는 생각이 들었기 때문이다.

리처드 3세는 전장에서 죽은 마지막 군주였다.

셰익스피어는 그에게 영원성을 부여한 문장을 그에게 선물했다.

"말을 다오! 말을! 이 왕국을 줄 테니 말을 다오!"*

마레 노스트룸**

로마의 교황이 세상의 반을 에스파냐와 포르투갈에게 나눈 지 1세기가 넘게 흘렀을 때인 1635년, 영국 법률가 존 셀던이 『폐쇄해양론(*Mare clausum*)』을 출간했다.

이 논저는 육지뿐만 아니라 바다도 주인이 있다는 것을 보여주었고, 영국 황제 폐하는 당시 영국이 확장하고 있던 육지와 바다의 합법

---

* 이는 리처드 3세(Richard Ⅲ, 1452-1485)가 마지막 전쟁 중에 말에서 떨어져 적군에게 포위되었을 때 한 대사로, 그는 이 말을 외치며 죽었다.

** 마레 노스트룸(Mare nostrum)은 '우리의 바다'라는 뜻이다.

적인 소유자였다.

영국의 소유권법은 넵투누스,* 노아와 노아의 세 아들, 「창세기」, 「신명기」, 「시편」, 그리고 「이사야서」와 「에제키엘서」에 기반을 두고 있었다.

370년이 지난 뒤, 미국은 우주 공간과 천체에 관해 자신들의 온전한 권리를 주장했지만, 그토록 권위 있는 전거(典據)들을 인용하지 않았다.

감사

매년 11월 말이면 미국은 추수감사절 행사를 한다. 이렇게 해서 국가는 하느님께, 그리고 정복자들이 살아남을 수 있도록 하느님과 함께 협조한 인디언들에게 감사를 표한다.

1620년 겨울은 메이플라워호를 타고 도착한 유럽인 절반을 죽였다. 다음 해, 하느님은 생존자들을 구해주기로 결정했다. 인디언들은 생존자들을 보호해 주고, 그들을 위해 사냥을 하고 낚시를 했으며, 그들에게 옥수수를 재배하는 법, 독초를 구분하는 법, 약초를 찾아내는 법, 호두와 블루베리 그리고 다른 야생 과일을 찾아내는 법을 가르쳐주었다.

구원을 받은 사람들은 구원해 준 사람들을 위한 추수감사 축제를 행했다. 그 파티는 영국인들이 거주하던 플리머스에서 열렸는데, 그 마을

* 로마 신화의 바다의 신으로, 그리스 신화의 포세이돈에 해당한다.

은 불과 얼마 전까지만 해도 천연두, 디프테리아, 황열병, 그밖에 유럽에서 전해진 새로운 질병으로 황폐해져 버린 인디언 마을 파투세트였다.

이것이 바로 식민지 시대에 처음이자 마지막인 추수감사절이었다.

식민지 개척자들이 인디언의 땅을 침범했을 때 비로소 진실의 시간이 도래했다. 스스로를 성자, "선택받은 자"라 부르던 침략자들은 인디언을 "원주민"이라 부르지 않았다. 인디언은 "야만인"이 되어버렸다.

"이 저주스러운 백정 무리"

18세기 초에 조너선 스위프트는 『걸리버 여행기』 마지막 장에서 식민지에서의 모험에 관해 다음과 같이 묘사했다.

"해적들은 도적질하고 약탈하기 위해 상륙했다. 그곳에는 악의 없는 사람들이 살고 있었고, 주민들은 해적들을 친절하게 받아들였다. 해적들은 그 땅에 새로운 이름을 붙여주고 왕의 이름으로 그곳을 자신들 것으로 삼았다. 그 사실이 증거로 새겨진 썩은 판자나 돌이 현재까지 남아 있다.

여기서 신성한 권리에 의해 취득된 새로운 지배가 시작되고 있다. 원주민들은 쫓겨나거나 제거된다. 그곳의 왕자들은 황금이 어디에 있는지 자백할 것을 강요당하며 고문당한다. 원주민에게 비인간적이고 음란한 행위를 할 수 있는 특별 허가증이 있다. 땅이 피로 물들어 있다. 아주 자비로운 탐험 임무를 맡은 이 저주스러운 백정 무리는 우상을 숭배하는 야만적인 사람들을 개종하고 문명화하도록 보내진 현대식 식민단이다."

걸리버의 아버지

『걸리버 여행기』 초판은 현재와 다른 제목에, 무명씨로 출간되었다.

각종 장애 때문에 『걸리버 여행기』의 행보는 조심스러웠다. 아일랜드의 고위 성직자인 세인트 패트릭 대성당의 지구(地區) 수석사제 조너선 스위프트의 이전 작품들이 대중을 선동한다는 이유로 조너선 스위프트가 여러 번 고발당하고, 이들 작품의 편집자가 투옥되기도 했다.

『걸리버 여행기』가 요란스럽게 성공하자, 스위프트는 다음 인쇄본부터는 작가인 자기 이름을 밝힐 수 있었다. 다음 신작에도 이름을 밝혔다. 「아일랜드의 가난한 자들의 자식이 부모나 나라의 짐이 되지 않고, 공공의 이익이 되도록 하기 위한 겸손한 제안」은 뉴스거리가 될 만한 아주 신랄한 정치 팸플릿의 기다란 제목이다.

작가는 경제학 전문가들이 사용하는 쌀쌀맞은 언어를 이용해, 가난한 사람들의 자식들을 도살장으로 보내는 것의 유용함을 명백하게 보여주었다. 이 아이들은 "가장 달콤하고 영양가 있고 완전한 음식, 스튜, 숯불에 구운 고기, 화덕에 구운 고기나 삶은 고기"로 변모될 수 있었고, 그 밖에도 이들의 가죽은 부인들의 장갑을 만들기 위해 이용될 수 있었다.

이 책은 유령들이 먹을 것을 찾기 위해 여전히 더블린 거리를 싸돌아다닐 때인 1792년에 출판되었다. 책은 제대로 인정받지 못했다.

스위프트는 참을 수 없는 질문을 만드는 데 명수였다.

만약 아일랜드가 영국에 잡아먹히는데도 그 누구도 머리털 하나 까딱하지 않는 상황이라면, 식인 풍습에 관한 스위프트의 프로젝트가 왜 공포를 야기하겠는가?

아일랜드 사람들은 기후나 질식할 것 같은 식민지의 상황 때문에 굶주려 죽어가고 있는가?

영국에서는 자유로웠던 인간이 아일랜드에 발을 내딛자마자 노예로 변해버리는 이유는 무엇이었는가?

왜 아일랜드 사람들은 영국 옷과 가구를 사는 걸 거부하지 않으면서도 자기 조국을 사랑하는 법을 배우는가?

영국에서 오는 모든 것은 사람을 제외하고는 불태우지 않는 이유가 무엇일까?

사람들은 스위프트를 미친 사람으로 취급했다.

스위프트는 저축한 돈을 더블린에 처음으로 세워진 공립 정신병원에 후원금으로 냈으나 그곳에 입원할 수는 없었다. 그가 정신병원이 완성되기 전에 사망해 버린 것이다.

하늘과 땅

18세기 영국에서는 모든 것이 올라가고 있었다.

공장 굴뚝의 연기가 올라가고,

승리의 포연이 올라가고,

영국 왕실 해병 10만 명이 지배하는 칠대양의 파도가 올라가고,

영국이 팔고 있던 모든 것에 대한 시장들의 관심이 올라가고,

영국이 빌려준 돈의 이자가 올라가고 있었다.

아무리 무식하다 할지라도, 영국인이라면 누구나 세상이, 태양이, 별들이 런던 주위로 돌아간다고 알고 있었다.

하지만 같은 세기의 영국 화가 윌리엄 호가스는 우주 높은 곳에서 런던의 광휘를 감상하면서 넋이 빠진 적이 없었다. 런던의 고상한 것보다는 천한 것이 그의 관심을 더 끌었던 것이다. 그의 그림과 삽화에는 모든 것이 들어 있었다. 바닥에는 주정뱅이와 술병이,

찢어진 가면이,

끊어진 검이,

찢어진 계약서가,

가발이,

코르셋이,

여성용 속옷이,

기사들의 명예가,

정치가들이 매수한 표가,

부르주아들이 매수한 귀족 작위가,

잃어버린 행운에 관해 얘기하던 카드가,
거짓 사랑의 연애편지가,
그리고 도시의 쓰레기가
뒹굴고 있었다.

자유의 철학자

몇 세기가 지나고도 세계 사상계에서 영국 철학자 존 로크의 영향이 계속 증가하고 있다.

당연한 일이다. 로크 덕분에 우리는 하느님이 세상을 합법적인 소유자들, 즉 부지런하고 이성적인 우리 인간에게 넘겨주었다는 사실을 우리는 알고 있으며, 인간이 향유할 수 있는 모든 형태의 자유에 철학적 토대를 제공해 준 사람도 바로 로크였다. 로크가 설파한 자유는 일의 자유, 교역의 자유, 경쟁의 자유, 결사의 자유 등이다.

투자의 자유도 있다. 그 철학자는 『인간 오성론』을 저술하면서 그동안 저축한 돈을 왕립 아프리카 회사(Royal African Company)의 주식을 사는 데 투자함으로써 인간의 본성을 이해하게 하는 데 기여했다.

영국 왕실과 "부지런하고 이성적인 사람들"이 소유한 이 회사의 주요 업무는 아프리카에서 노예를 붙잡아 아메리카에 파는 것이었다.

왕립 아프리카 회사에 따르면, 자신들의 노력 덕분에 "흑인을 적당한 가격에 지속적으로, 충분하게 공급할 수 있었다."

계약서

18세기가 태동하고 있을 때, 부르봉 왕조의 어느 왕이 처음으로 마드리드의 권좌에 앉았다.

펠리페 5세는 왕관을 쓴 지 얼마 되지 않아 흑인 노예 무역업자가 되었다.

그는 프랑스령 기니의 무역 회사인 기니 회사(Compagnie de Guinée) 및 사촌인 프랑스 왕과 계약을 체결했다.

계약은 향후 10년 동안 아메리카의 에스파냐 식민지에 흑인 노예 48,000명을 팔고, 이익금 25퍼센트를 양국 군주에게 각각 지불하고, 노예의 수송은 가톨릭교도 선장이 지휘하고 가톨릭교도 선원들이 승선한 가톨릭 재단 소유 배로 한다는 것이었다.

12년 뒤, 펠리페 왕은 영국의 무역 회사 남해 회사(South Sea Company) 및 영국 여왕과 계약을 체결했다.

계약은 향후 30년 동안 아메리카의 에스파냐 식민지에 흑인 노예 144,000명을 팔고, 이익금 25퍼센트를 양국 군주에게 각각 지불하고, 노예는 나이가 많아도, 결함이 있어도 안 되고, 이빨이 하나라도 없으면 안 되며, 눈에 띄는 신체 부위에 에스파냐 왕실과 영국 무역 회사의 낙인이 찍혀 있어야 한다는 것이었다.

아프리카와 유럽 사이의 교역에 관한 간략한 역사

그리스와 로마 시대로부터 유래한 노예 제도는 전혀 새로울 것이 없었다. 하지만 유럽은 르네상스 시대부터 일부 새로운 것을 제공했다. 전에는 피부색으로 노예를 결정한 적이 결코 없었고, 전에는 인간의 육신이 국제 무역에서 가장 빼어난 상품인 적이 결코 없었다.

16세기, 17세기, 18세기에 아프리카는 노예를 팔아 무기를 샀다. 노동력을 폭력과 바꾼 것이다.

그 후 19세기와 20세기에 아프리카는 금, 다이아몬드, 구리, 대리석, 고무, 커피를 내주고 성서를 받았다. 대지의 풍요를 내주고 하느님의 약속을 받았다.

성수

1761년에 파리에서 발간된 지도 하나는 아프리카가 지닌 공포의 원인을 밝혀냈다. 야생동물들이 사막의 귀한 샘물을 마시려고 떼를 지어 어지럽게 몰려갔다. 수많은 동물이 얼마 되지 않는 물을 마시려고 다투었다. 더위와 갈증 때문에 흥분한 동물들은 자기 옆에 있는 것이 누가 됐든 상대방의 얼굴도 쳐다보지 않은 채 서로의 몸에 올라탔고, 아주 다른 종족 간의 교배는 세상에서 가장 경악할 만한 괴물들을 탄생시켰다.

노예들은 노예 무역상들 덕분에 지옥으로부터 구원받는 행운을 갖게 되었다. 영세가 노예들에게 천국의 문을 열어준 것이다.

그렇게 되리라는 것을 바티칸은 이미 예측했었다. 1454년에 교황 니콜라오 5세는 흑인에게 반드시 복음을 전파한다는 전제하에 포르투갈 왕에게 노예 무역의 권리를 허락해 주었다. 약 2년 정도 지난 뒤, 갈리스토 3세는 다른 교서를 공포해 아프리카를 쟁탈하는 것은 기독교의 개혁 운동이라고 규정했다.

당시에 대부분의 아프리카 해변은 공포 때문에 여전히 금지된 지역이었다. 바닷물이 들끓고, 바다에는 뱀들이 배를 공격할 기회를 노리고 있었으며, 백인 선원들은 아프리카 땅에 도착하자마자 검게 변해버렸다.

하지만 이어지는 몇 세기 동안 유럽의 모든, 아니 거의 모든 왕이 그 악명 높은 해변을 따라 요새와 공장을 세웠다. 그들은 그곳에서 이윤을 가장 많이 남기는 거래를 성사시켰다. 신의 섭리로 거래를 완수하기 위해 노예의 몸에 성수를 뿌렸다.

세례가 노예의 비어 있는 몸에 영혼을 집어넣었건만 당시의 노예 매매 계약서와 회계 장부에는 노예가 "사물의 단위 또는 상품"으로 적혀 있었다.

식인 유럽

노예들은 벌벌 떨면서 배에 탔다. 그들은 자신들이 잡아먹힐 것이라 믿고 있었다. 그들의 믿음이 썩 틀린 것은 아니었다. 결국 노예 무역은 아프리카를 삼키는 입이었다.

이미 예전부터 아프리카 왕들은 노예를 소유하고 있었고, 노예 때문에 서로 싸웠으나, 사람을 잡아 파는 것이 그 지역 경제의 중심으로 변했고, 유럽의 왕들이 그 사업을 발견한 순간부터 노예 무역은 그 밖의 모든 것의 중심으로 변했다. 그때부터, 아프리카 젊은이들의 피를 뽑는 일은 검은 아프리카를 텅 비게 만들었으며, 아프리카의 운명을 결정해 버렸다.

말리는 지금 세계에서 아주 가난한 나라 가운데 하나다. 16세기에는 풍요롭고 문화 수준이 높은 나라였다. 팀북투 대학의 학생 수는 25,000여 명이었다. 모로코의 술탄이 말리를 침략했는데, 금을 찾을 수가 없었다. 남아 있는 노란 금이 얼마 되지 않았기 때문이다. 하지만 그는 그곳의 '검은 금'을 유럽 상인들에게 팔아 훨씬 더 많은 이익을 남겼다. 그들의 전쟁 포로 가운데는 의사, 법률가, 작가, 음악가, 조각가가 있었고, 이들은 노예로 잡혀 아메리카의 플랜테이션으로 향했다.

노예 제도를 지지하는 세력은 노동력을 필요로 했고, 노동력을 사냥하는 데는 전쟁이 필요했다. 아프리가 국가들의 소위 전쟁 경제는 외부에서 들어오는 모든 것에 갈수록 더 의존적이 되어 갔다. 1655년에 네덜란드에서 발간된 무역 안내서에는 아프리카 해변에서 아주 인기 있는 무기 목록과 물욕에 물든 그 지역 왕들에게 아부하기 아주 좋은 공물의 목록이 씌어 있었다. 진(gin)은 아주 가치가 높은 물품이었고, 무라노 크리스털* 한 주먹은 남자 노예 일곱 명과 맞먹는 가치를 지니고 있었다.

---

* 베네치아는 예전부터 유리 공예가 발달했는데, 베네치아 근처의 작은 섬 무라노에서는 특히 13세기부터 양질의 크리스털이 생산되었다. 현재도 무라노 크리스털은 세계적으로 이름이 높다.

패션

노예를 판매한 대금으로 사들인 수입품이 비오듯 쏟아졌다.

비록 아프리카가 양질의 철과 무기를 생산하고 있었다 해도, 유럽의 검(劍)은 백인 회사들에 흑인을 팔던 수많은 왕국과 소왕국의 군주들과 대신들에게 자부심을 주는, 탐나는 물건이었다.

면화에서부터 나무껍질에 이르기까지 다양한 섬유질로 만든 아프리카산 천도 위에서 언급한 검과 동일한 가치를 지닌 물건이었다. 16세기 초에 포르투갈의 항해가 두아르테 파체코는 종려나무 잎사귀로 만든 콩고의 옷이 "융단처럼 부드럽고, 아주 아름다워서 이탈리아에는 그보다 더 좋은 것이 없다"고 밝혔다. 수입 옷은 값이 두 배에 이르렀는데도 명성이 높았다. 값이 가치를 말해주었다. 값만큼 가치가 있었기 때문이다. 값이 싸고 양도 많은 것이 노예였고 그래서 노예는 헐값이었다. 어떤 것이 비싸고 귀할수록 가치가 높았는데, 덜 필요해도 가치가 높은 것이 있었다. 다시 말해, 외국 것을 열망하는 성향 때문에 별 쓸모도 없는 새로운 것, 변화하는 패션을 선호했던 것이다. 오늘은 이것이 인기가 있고, 내일은 저것이 인기가 있는데, 모래는 무엇이 인기가 있을지 누가 알겠는가?

이처럼 허망하고 화려한 것, 즉 권력의 상징들이 명령을 받는 사람과 명령을 하는 사람을 구분해 주었다.

이런 현상은 지금도 마찬가지다.

항해하는 동물 우리

노예 상인은 자유를 가장 사랑했고, 그래서 자신들이 소유하고 있던 가장 훌륭한 배에는 "볼테르"나 "루소" 같은 이름을 붙였다.

일부 노예 상인은 자신들의 배에 종교적인 이름을 붙였다. "영혼, 자비, 선지자 다윗, 예수, 성 안토니오, 성 미카엘, 사도 야고보, 성 필립보, 성녀 안나, 그리고 우리의 동정 성모" 등이었다.

다른 노예 상인들은 배의 이름을 통해 인류애와 자연에 대한 사랑, 여자에 대한 사랑을 표현했다. "희망, 평등, 우정, 영웅, 무지개, 비둘기, 나이팅게일, 벌새, 소망, 매력적인 베티, 귀여운 폴리, 상냥한 세실리아, 얌전한 한나" 등이었다.

가장 솔직한 배들의 이름은 "종속하는 자, 감시하는 자"라 불렸다.

흑인 노동력을 실은 이들 배는 항구로 들어오면서 뱃고동을 울리거나 폭죽을 터뜨려 자신의 입항을 알리지 않았다. 그럴 필요도 없었다. 멀리서부터 노예선이 도착하는 것을 냄새로 알 수 있었기 때문이다.

배의 창고에는 악취를 풍기는 화물이 가득 쌓여 있었다. 노예들은 목과 목끼리, 팔목과 팔목끼리, 발목과 발목끼리 서로 쇠사슬로 연결되어 기다란 철봉에 꿰어진 채 작은 틈도 허비하지 않기 위해 서로 최대한 밀착해 함께 포개져서 드러누웠기 때문에 밤이건 낮이건 움직일 수도 없고, 동료의 몸 위에 소변과 대변을 보았다.

많은 노예가 대양을 건너는 동안 죽어갔다.

매일 아침이면 경비원들이 죽은 노예의 시체를 바다로 내던졌다.

길 떠나는 후예들

바다가 집어삼킬 것 같은, 괴상하게 생긴 작은 배 파테라*는 노예선의 손자뻘이 되는 배였다.

요즘의 노예는, 지금은 노예라 부르지는 않지만, 채찍질을 당하며 아메리카의 플랜테이션에 내던져진 조상만큼의 자유를 향유하고 있다.

노예들은 스스로 가지 않고 사람들이 밀기 때문에 간다. 그 누구도 스스로 원해서 자기 땅을 떠나 다른 곳에 가서 살지는 않는다.

아프리카와 다른 여러 곳으로부터, 절망한 사람들이 전쟁과 가뭄과 척박한 땅과 오염된 강과 비어 있는 위를 피해 온다.

오늘날에도 사람의 육신은 세상 남쪽의 가장 성공적인 수출품이다.

아메리카 노예의 첫 번째 반란

16세기 초엽에 일어난 일이다.

성탄절로부터 이틀이 지난 뒤 흑인 노예들이 산토 도밍고의 사탕수수 압착장에서 봉기한다. 그 압착장은 크리스토퍼 콜럼버스의 아들 소유다.

신의 섭리와 사도 야고보가 승리를 한 뒤, 길바닥에는 교수형을 당한 흑인들이 놓여 있다.

---

* 파테라(patera)는 바닥이 반반하고 용골이 없는 작은 배다.

집요하게 추구되는 자유

16세기 중엽에 일어난 일이다.

첫 번째 탈출에 실패한 노예들은 신체의 일부가 잘리는 벌을 받는다. 한쪽 귀가 잘리거나, 힘줄이 잘리거나, 다리가 잘리거나, 손이 잘린다. 에스파냐 왕은 "대놓고 부를 수 없는 신체의 일부분"을 자르지 못하게 명하나, 아무 소용이 없다.

두 번째 탈출을 시도하다 잡힌 노예들은 남아 있는 신체 부위가 잘리고 나서 결국 교수대나 모닥불이나 도끼로 끝장이 나버린다. 그들의 머리는 작대기 끝에 꿰어져 마을 광장에 전시된다.

하지만 아메리카 전역에서 자유를 찾은 노예들이 만든 능보(稜堡)의 숫자가 늘어간다. 이들 능보는 밀림 깊숙한 곳이나 좁고 험한 산길에 박혀 있고, 단단한 땅으로 위장한 불안정한 모래밭에 둘러싸여 있거나 끝이 뾰족한 말뚝들이 박혀 있는 위장된 길들에 둘러싸여 있다.

아프리카 여러 나라에서 온 사람들이 그곳에 도착하는데, 그들은 엄청난 굴욕을 공유함으로써 한 동포가 되었다.

자유인들의 왕국

17세기 내내 일어난 일이다.

탈출한 노예들이 도피해서 세운 마을이 버섯처럼 생겨난다. 그런 노예 마을을 브라질에서는 킬롬보(quilombo)라 부른다. 아프리카 어원의 이 이름은 인종차별주의적 입장에서 보자면 무질서, 소란스러운 싸움 또는 난장판 등으로 번역될 수 있지만, 실제로는 공동체를 의미한다.

팔마레스의 킬롬보에는 노예였던 사람들이 주인으로부터 자유를 찾아, 그리고 그 어떤 것도 성장하지 못하게 하는 설탕의 전횡으로부터 자유를 찾아 살아가고 있다. 그들은 모든 것을 경작하고 모든 것을 먹고 산다. 그들의 옛 주인들이 먹고 사는 음식은 배로 실어 온 것이다. 그들이 먹고 사는 음식은 땅에서 온 것이다. 아프리카식으로 만든 그들의 화로는 그들에게 땅을 파는 괭이, 곡괭이, 삽, 그리고 땅을 지키기 위한 칼, 도끼, 창을 제공한다.

자유인들의 여왕

18세기 전반기에 일어난 일이다.

노동의 국제적인 분업은 자메이카가 유럽인들에게 달콤한 식탁을 제공하기 위해 존재하도록 결정했다. 땅은 설탕, 설탕, 설탕을 생산한다.

브라질에서처럼, 자메이카에서 탈출한 노예들이 향유하는 특권은 바로 음식의 다양성이다. 비록 이 높은 봉우리에는 비옥한 땅이 풍부하지 않다고 해도, 도망 노예인 시마론*은 모든 것을 심기 위해 땅을 일구고, 돼지와 닭을 키우기도 한다.

이곳에 숨어 사는 그들은 다른 사람들 눈에 띄지 않은 채 세상을 보

---

* 시마론(cimarrón)은 중남미에서 자유를 찾아 산으로 도망친 흑인 노예다.

고, 음식을 씹고, 소멸한다.

난니는 바를로벤토에 있는 이들 파란 산*에 신전과 권좌를 갖고 있다.** 그녀는 자유인의 여왕이다. 과거에 노예를 낳는 기계였던 그녀는 지금 영국군 병사들의 이빨로 만든 목걸이를 걸고 있다.

자유인들의 예술

18세기 중반에 일어난 일이다.

수리남의 자유 노예들은 은신처를 바꿔가며 저항한다. 네덜란드 군대가 온갖 고생을 한 뒤 그들의 은신처를 찾아내면, 과거에 마을이던 그곳은 재만 남아 있을 뿐이다.

자유 노예들의 생필품은 무엇일까? 그것은 바느질용 바늘과 색실이다. 시마론들은 실수로, 또는 미쳐서 자신들과 마주치게 되는, 아주 드물게 찾아오는 행상인들에게 그런 물품을 구입한다. 찢어진 천 조각을 교묘하게 조합하고 꿰매서 만든 그 화려한 색깔의 옷이 없다면 그들의 삶은 과연 어떠할까?

그들은 플랜테이션에 있는 방앗간의 파손된 쇠 날개를 이용해 전사의 위엄을 유지시켜 주는 반지, 팔찌, 장신구를 만든다. 그리고 숲이

---

* 파란 산(Blue Mountain)으로 불리는 이유는, 파란 하늘과 맞닿은 산봉우리가 파란색으로 보이기 때문이다.

** 반은 여자고 반은 신인 용감한 노예 난니(Nanny)는 2세기 반 전에 바르볼렌토에 정착한 노예들을 지휘해 영국 군대와 싸워 이김으로써 자유를 쟁취하고자 했다. 여왕 난니(Queen Nanny), 또는 그래니 난니(Granny Nanny)로 불리며 자메이카에서 영웅 대접을 받는다.

제공해 주는 것을 이용해 춤추고 싶어 하는 자신들의 몸에 리듬을 부
여하는 악기를 만든다.

자유인들의 왕

18세기 말엽에 일어난 일이다.

식민지 권력이 도밍고 비오호*를 여러 차례 교살했으나 그는 계속
해서 지배하고 있다.

콜롬비아의 카르타헤나 데 인디아스 항구로부터 그리 멀지 않은 팔
렝케에서 시마론들은 자신들 가운데 가장 용맹스러운 남자를 왕으로
뽑는데, 왕들은 대를 이어 도밍고 비오호의 이름을 받는다. 도밍고 비
오호는 한 사람이지만 여러 사람이다.

달아나버린 재산을 찾아서

19세기 초엽에 일어난 일이다.

귀족들은 식사를 끝내고 식탁에 앉아 결혼식, 유산, 검은 개들에 관

---

* 도밍고 비오호(Domingo Biohó, 1500년대 말-1621)의 원래 이름은 벵코스 비오호(Benkos Biohó)다. 서아
프리카 기네비사우 출신으로, 포르투갈 노예상에게 잡혀 노예가 되었다가 콜롬비아 카르타헤나 항
에서 탈출해 도망 노예들의 저항 공동체인 팔렝케(palenque)를 건설한 후 무장 투쟁을 일으켰다. 이는
1605년 카르타헤나 식민 당국과 팔렝케 간의 평화 협상으로 이어졌으나, 비오호는 식민 당국에 의해
체포되어 처형되었다. 이를 계기로 시마론의 무력 항쟁이 다시 거세게 전개되었다.

해 이야기한다.

　미시시피, 테네시, 사우스캐롤라이나 주의 신문들은 하루 약 5달러에 "검은 개(nigger dogs)" 서비스를 제공한다는 광고를 한다. 이들 신문 광고는 도망친 노예를 쫓아가 덮쳐서 원래 주인에게 온전한 상태로 되돌려주는 이들 사냥개의 능력을 과장되게 선전한다.

　이들 개에게 후각은 기본이다. 좋은 사냥개는 사냥감이 도망친 지 여러 시간이 지난 뒤에도 사냥감의 흔적을 쫓아갈 수 있다. 이들의 속도와 고집은 대단히 높게 평가되는데, 노예들이 체취를 지우기 위해 강이나 시내를 헤엄쳐 건너거나 길에 후추 열매를 뿌리는데도 자기가 빨아 먹을 뼈를 차지할 줄 아는 사냥개들은 결코 굴복하지 않고, 잃어버린 흔적을 되찾을 때까지 추적을 멈추지 않기 때문이다.

　그러나 무엇보다도 중요한 것은 사냥개가 노예의 검은 살을 물어뜯지 않도록 오랜 기간 훈련시키는 것이다. 합법적인 주인만이 개의 나쁜 행동을 벌할 권리를 지닌다.

해리엇 터브먼

19세기 중엽에 일어난 일이다.

　도망친다. 해리엇 터브먼*은 등의 흉터들과 머리의 함몰 부위에 대

---

* 해리엇 터브먼(Harriet Tubman, 1822-1913)은 미국에서 활동한 흑인 운동가, 노예 폐지론자이다. 태어날 때부터 노예였던 그녀는 탈출 후 300여 명의 흑인 노예를 탈출하도록 도왔고, 남북전쟁 시기에는 북군에 들어가 요리사, 간호사, 안내원, 스파이, 군사 고문 등으로 힘을 보탰다. 전쟁 이후 노예제가 폐지된 뒤에는 여성과 흑인 인권 운동에 참여했다.

한 기억을 생생하게 간직하고 있다.

그녀는 탈출하면서 남편을 데려가지 않는다. 남편이 노예로, 노예의 아버지로 남기를 원하기 때문이다.

"당신은 미쳤소. 당신은 도망칠 수 있지만, 지금까지 겪은 일을 얘기할 수는 없을 거요." 남편이 그녀에게 말한다.

그녀는 도망치고, 지난 일을 얘기하고, 되돌아와서 부모를 탈출시키고, 다시 돌아와서 동생들을 탈출시킨다. 그녀는 미국 남부의 플랜테이션에서 북부의 땅까지 열아홉 차례 밤을 새가며 왕복하면서 300명이 넘는 흑인 노예에게 자유를 준다.

탈주자들 가운데 붙잡힌 사람은 단 한 명도 없다. 소문에 따르면, 그녀는 탈출하는 도중에 함께 가는 어느 노예가 지치거나 괜한 짓을 했다고 후회를 하면 총 한 방을 쏘아 문제를 해결해 버린다. 그리고 그녀는 이렇게 말한다.

"나는 지금까지 단 한 명도 잃지 않았어요."

당시 그녀의 목에는 가장 많은 현상금이 걸려 있다. 그녀를 잡아오는 대가로 무려 40,000달러의 현상금이 제시된다.

그 누구도 그 현상금을 타지 못한다.

그녀의 극적인 분장술은 그녀를 알아볼 수 없게 만들고, 그 어떤 사냥꾼도 그녀가 추적을 따돌리고 행로를 바꾸는 기술의 적수가 되지 못한다.

좋은 구경거리를 잃지 마시라!

어떤 변호사도 그들을 변호하지 못한다. 법이 흑인의 선서를 믿지 않기 때문에 그들 역시 자신들을 변호하지 못한다.

판사는 눈 깜빡할 사이에 그들에게 형을 선고한다.

1741년 한 해 동안 뉴욕에서 발생한 여러 차례의 화재는 과도한 자유 때문에 타락한 노예들에 대한 철권통치를 요구한다. 만약 형을 선고받은 노예들이 이들 화재의 범인이라면, 형벌은 정당할 것이다. 만약 그들이 잘못을 저지르지 않았다면, 벌은 경고가 될 것이다.

흑인 열세 명이 말뚝에 묶여 산 채로 화형당할 것이고, 흑인 열일곱 명은 교수형에 처해져 육신이 썩을 때까지 교수대에 묶여 있을 것이다. 불쌍하지만 백인 네 사람 또한 죽음으로 향하게 될 것인데, 그 이유는 누군가가 이 극악무도한 음모에, 이 또한 백인들의 짓이지만, 술수를 써야 했기 때문이다.

형을 집행하려면 일주일이 남아 있는데도, 군중은 벌써부터 구경하기 좋은 자리를 잡으려고 서로 다툰다.

로사 마리아의 생애

그녀가 여섯 살이던 1725년에 흑인 노예선 한 척이 그녀를 아프리카에서 데려와 브라질의 리우 데 자네이루에서 팔아버렸다.

그녀가 열네 살이었을 때, 주인은 그녀의 가랑이를 벌려놓고 일을 가르쳤다.

열다섯 살이 되었을 때, 그녀는 오루 프레투*의 어느 가족에게 팔려, 그때부터 금광의 광부들에게 몸을 빌려주었다.

서른 살이 되었을 때, 그녀는 어느 사제에게 팔렸고, 사제는 그녀와 더불어 퇴마술 연습과 여러 가지 '밤운동' 연습을 했다.

서른두 살이 되었을 때, 그녀의 몸속에 살던 악마들 가운데 하나가 그녀의 파이프를 통해 담배를 피우고, 그녀의 입을 통해 울부짖고, 그녀를 땅바닥에 쓰러뜨렸다. 그로 인해 그녀는 마리아나 시의 광장에서 채찍 100대를 맞는 벌을 받았고, 그로 인해 그녀는 영원히 한 팔을 못쓰게 되었다.

서른다섯 살이 되었을 때, 그녀는 금식을 하고, 기도를 하고, 고행의 를 입어 육체에 고통을 가했으며, 성모 마리아의 어머니가 그녀에게 글 읽는 법을 가르쳐주었다. 사람들의 말에 따르면, 로사 마리아 에집시아카 다 베라 크루스는 브라질에서 처음으로 글을 깨친 흑인 여자였다.

서른일곱 살이 되었을 때, 그녀는 버려진 여자 노예와 퇴역 창녀를 위한 보호소를 설립해 만병통치의 효력을 지닌 자신의 침으로 카스텔라를 빚어 팔아서 보호소에 재정 지원을 했다.

마흔 살이 되었을 때 수많은 추종자가 그녀의 접신 행위에 동참했는데, 그녀는 담배 연기에 둘러싸인 채 천사들의 합창에 맞춰 춤을 추었고, 아기 예수가 그녀의 젖을 빨았다.

---

* 오루 프레투(Ouro Preto)는 '검은 금(Oro negro)'을 의미하는데, 이 지역에서 금이 많이 생산되었기 때문에 이런 이름이 붙었다.

마흔두 살이 되었을 때, 그녀는 마법을 행한다는 이유로 기소되어 리우 데 자네이루 감옥에 갇혔다.

마흔세 살이 되었을 때, 그녀의 혀 밑에 오랜 시간 촛불을 켜놓아도 그녀가 불평 한마디 없이 견디는 것을 본 신학자들은 그녀를 마녀라고 인정했다.

마흔네 살에 그녀는 리스본의 종교재판소 감옥에 갇혔다. 심문을 받기 위해 고문실로 들어간 뒤 그녀에 관한 소식이 끊겨버렸다.

브라질은 황금 침대에서 잠을 잤다

그것은 잔디처럼 땅에서 피어났다.

자석처럼 사람들을 끌어 모았다.

금처럼 빛났다.

그것은 금이었다.

영국 은행가들은 금이 새롭게 발견되면 자기 것인 양 축제 분위기에 젖었다.

금은 그들 것이었다.

아무것도 생산하지 못하던 리스본은 브라질에서 캔 금을 영국에 보내 돈을 얻고, 화려한 옷, 기생충 같은 자신들의 삶에 필요한 모든 물품을 샀다.

화려한 금의 중심지는 "검은 금"을 의미하는 오루 프레투라 불렸다. 왜냐하면 금을 함유한 돌이 '속에 태양을 담고 있는 밤'처럼 검었기 때문인데, 물론 산이나 강기슭에서 금을 캐는 팔이 검었기 때문에도 충분히 그렇게 부를 수 있었다.

그 검은 팔들은 갈수록 값이 올라갔다. 그 금광 지역에서 대다수를 차지하던 노예들만이 노동을 했기 때문이다.

음식값은 훨씬 더 비쌌다. 농사를 짓는 사람이 아무도 없었기 때문이다. 금에 도취된 초기 몇 년 동안 고양이 한 마리 값은 노예 한 명이 이틀 동안 채취한 금값과 같았다. 닭고기값이 가장 쌌다. 노예 한 명이 하루에 캐낸 금값에 불과했다.

한 세기 이상이 지났을 무렵, 음식값과 계속 흥청망청 놀아대면서 살아가던 부자 광부들의 파티에서 낭비되는 돈은 천문학적이었으나 고갈되지 않을 것처럼 보이던 황금 샘은 갈수록 약하게 솟아났다. 영국 은행가들의 서비스 덕에 맘껏 놀아나는 데 지친 포르투갈 궁정의 피로를 재정적으로 지원하기 위해 당국은 금광들을 쥐어짜냈지만, 광산업자들의 세금 납부가 갈수록 어려워지고 있었다.

1750년에 포르투갈 왕이 사망했을 때 왕실 금고는 비어 있었다. 포르투갈 왕실 사람들의 장례비는 영국 은행가들이 치러 주었다.

소화

볼리비아의 포토시, 멕시코의 과나후아토와 사카테카스는 인디오를 잡아먹었다. 오루 프레투는 흑인을 잡아먹었다.

아메리카 인디오들의 강제 노동의 대가로 에스파냐에 들어온 은이 땅바닥에서 톡톡 튕기고 있었다. 세비야에서는 은이 잠시 머물러 있었을 뿐이다. 은은 에스파냐 왕관과 모든 수입을 저당 잡고 있던 플랑드르, 독일, 제노바의 은행가들과 피렌체, 영국, 프랑스의 상인들의 배를 채울 예정이었다.

볼리비아와 멕시코의 은, 즉 바다를 건너온 은 다리(橋)가 없었더라면, 현재의 유럽이 가능했을까?

브라질 노예들의 노동의 대가로 포르투갈에 들어온 금이 땅바닥에서 톡톡 튕기고 있었다. 리스본에서는 금이 잠시 머물러 있었을 뿐이다. 금은 포르투갈 왕국의 채권자들로서 포르투갈 왕관과 모든 수입을 저당 잡고 있던 영국 은행가들과 상인들의 배를 채울 예정이었다.

브라질의 금, 즉 바다를 건너온 금 다리가 없었더라면, 영국의 산업혁명이 가능했을까?

흑인의 매매가 없었다면, 리버풀이 세계의 주요 항구가 되었을 수 있었겠으며, 로이드 사(社)가 세계 보험업계의 왕좌를 차지할 수 있었을까?

흑인 매매로 인한 자본이 없었더라면, 누가 제임스 와트의 증기기관 제작을 재정적으로 지원할 수 있었겠는가? 어떤 화로가 조지 워싱턴의 포를 만들어낼 수 있었겠는가?

꼭두각시 인형들의 아버지

브라질에서 태어난 안토니우 주제 다 시우바는 포르투갈 리스본에 살고 있다. 그의 꼭두각시 인형들이 포르투갈의 무대에 웃음을 선사하고 있다.

그는 9년 전에 종교재판소의 고문실에서 손가락이 으깨지는 고문을 당해 손가락을 사용할 수 없으나 그가 나무로 만든 인물들, 즉 다양한 메데이아,* 돈 키호테, 프로테우스는 그들을 사랑한 군중에게 계속해서 웃음과 위안을 준다.

그는 일찍 죽는다. 욕심 많은 자들과 익살꾼들에 의해 모닥불에서 사라져버린다. 왜냐하면 그가 만든 꼭두각시들은 왕에게도, 가톨릭교회에도, 그리고 무대에서 꼭두각시들을 쫓아다니면서 익살을 부리는 두건 쓴 사형 집행인들에게도 당연한 존경심을 갖고 있지 않기 때문이다.

관대한 왕이라 불리는 포르투갈의 주앙 5세가 귀빈석에 앉아 인형을 조종하는 사람들의 왕이 불타고 있는 종교재판의 화형식을 바라본다.

이 안토니우는 1730년 바다 건너편 브라질에서 다른 안토니우가 '여보세요'라고 말하는 사이에 그렇게 세상과 작별을 고한다.

안토니우 프란시스쿠 리스보아는 브라질 오루 프레투에서 탄생한다. 그는 나중에 '작은 절름발이'라는 의미의 알레이자지뉴(Aleijadinho)라 불리게 될 것이다. 그리고 그 역시 손가락을 잃게 될 것이나 고문 때문에 아니라 신비로운 저주 때문일 것이다.

---

* 메데이아(Mēdeia)는 그리스 신화에서 이아손이 황금양털을 구할 수 있게 도와준 콜키스의 공주이자 마녀로, 이아손과 함께 도피해 그의 부인이 된다.

알레이자지뉴

브라질에서 가장 못생긴 남자가 아메리카 식민지 예술에서 가장 아름다운 것을 창조한다.

알레이자지뉴는 돌에, '금의 포토시'*라고 할 만한 오루 프레투의 영광과 고통을 깎는다.

아프리카 출신 여자 노예의 아들인 이 물라토**에게는 그를 움직여주고, 씻어주고, 음식을 먹여주고, 잘려나간 다리의 끝부분에 정***을 묶어주는 노예들이 있다.

나병, 매독, 또는 실체를 알 수 없는 병에 걸린 알레이자지뉴는 한쪽 눈과 이빨들, 손가락들을 잃었으나, 그에게 남아 있는 신체의 일부가 그에게 필요한 손이 되어 돌을 다듬는다.

그는 스스로에게 복수를 하듯 밤낮으로 작업하고, 금의 원천이 갈수록 행복을 덜 가져오고 갈수록 불행과 무질서를 조장하는 사이에, 그가 만들어내는 그리스도, 성모, 성인, 예언자는 금보다 더 빛이 난다.

오루 프레투와 그 지역 전 주민은 주지사 아주마르 백작의 다음과 같은 예단이 옳았다고 여긴다.

"땅이 소동을 뿜어내고, 물이 폭동을 뿜어내고, 구름이 불복종을 토해내고, 별들이 무질서를 토해내고, 기후가 평화의 무덤이고 반역의 요람인 것처럼 보이도다."

---

* 앞서 언급했다시피, 포토시(potosí)는 볼리비아에 있는 세계 최대의 은 광산 지역이다.
** 물라토(mulato)는 흑인과 백인의 혼혈로 태어난 남성을 말한다.
*** 정은 돌에 구멍을 뚫거나 돌을 쪼아서 다듬는 쇠 연장이다.

브라질의 공식 예술

서사시적 회화의 대가 페드루 아메리쿠 지 피게이레두 이 멜루*의 붓은 그 성스러운 순간이 영원히 간직될 수 있도록 그려냈다.

그의 그림에는 늠름한 기병 하나가 칼을 빼들고 조국 브라질을 탄생시키는 우레 같은 고함을 질러대고, 그사이에 때마침 의장대의 용들**이 무기를 높이 쳐든 채 자세를 취하고, 그들의 투구 깃털과 말의 갈기털이 바람에 휘날리고 있다.

물론, 당시의 실제 이야기는 이들 붓질과 정확하게 일치하지 않는다.

당시의 이야기에 따르면, 영웅이자 포르투갈의 왕자인 페드루는 이 피랑가 시냇가에 쭈그리고 앉았다. 어느 연대기에 기록된 것을 그대로 적어보자면, 저녁밥이 탈이 나는 바람에 "허리를 구부린 채 자연의 부름에 응하고 있었다." 그때 전령이 리스본에서 편지 한 통을 가져왔다. 페드루는 용변을 채 마치지 않은 상태에서 편지를 읽었다. 편지에는 왕실 친척들의 오만함이 살짝 배어 있었는데, 그 오만함이 복통 때문에 더 심하게 느껴졌다. 페드루는 편지를 읽으면서 자리에서 일어나 긴 욕설을 퍼부었다. 공식적인 역사가 기록하고 있는 그 유명한 절규의 요지는 다음과 같다.

"독립이나 죽음이냐!"

1822년 그날 오전, 왕자는 연미복에서 포르투갈의 기장(記章)을 떼

---

* 페드루 아메리쿠 지 피게이레두 이 멜루(Pedro Américo de Figueiredo e Melo, 1843-1905)는 브라질의 화가이자 시인이다.

** 용은 기병을 가리킨다.

어내고 스스로 브라질의 황제가 되었다.

몇 년 전에도 몇 번의 독립 시도가 있었다. 오루 프레투와 사우바도르 데 바이아에서였다. 시도가 있었지만, 이루어지지 않았다.

페드루의 생애

페드루 알칸타라 프랑시스쿠 안토니우 주앙 카를루스 샤비에르 지 파울라 미겔 하파엘 조아킹 주제 곤자가 파스코알 시프리아누 세라핑 지 브라간사 이 부르봉(Pedro Alcântara Francisco Antônio João Carlos Xavier de Paula Miguel Rafael Joaquim José Gonzaga Pascoal Cipriano Serafim de Bragança e Bourbon)이라는 열여덟 개의 이름을 지닌* 포르투갈 왕위 계승자는 아홉 살에 브라질에 도착해 배에서 내렸다. 영국인들이 나폴레옹의 기습적인 침략으로부터 그를 보호하기 위해 모든 신하를 대동한 채 브라질로 데려왔던 것이다. 당시 브라질은 포르투갈의 식민지였고, 포르투갈은, 비록 소문은 나지 않았지만, 실질적으로 영국의 식민지였다.

페드루는 열아홉 살에 오스트리아의 공주 레오폴디나와 결혼했다. 그는 그 사실을 염두에 두지 않았다. 그는 나중에 브라질을 찾아온 수많은 관광객처럼 리우 데 자네이루의 뜨거운 밤에 물라타**들의 꿈무

---

* 지(de)와 이(e)는 이름이 아니라 전치사다.
** 물라타(mulata)는 흑인과 백인의 혼혈로 태어난 여성을 말한다.

니를 쫓아다니면서 살았다.

스물네 살에 브라질의 독립을 선언하고, 황제 페드루 1세로 즉위했다. 즉위하자마자 영국은행으로부터 첫 번째 차관을 들여오는 협정 몇 개를 체결했다. 새로운 나라와 외채는 동시에 탄생했다. 현재도 둘은 함께 지속되고 있다.

서른세 살에 그의 뇌리에 노예 제도를 폐지해야겠다는 특이한 생각이 떠올랐다. 그는 깃털펜을 잉크병에 적시나 칙령에 서명하지는 못한다. 쿠데타로 인해 권좌를 잃고 허공에 뜬 상태가 되어 있었던 것이다.

서른네 살에 리스본으로 돌아가 포르투갈의 페드루 4세가 되었다.

권좌 두 개를 차지했던 이 왕은 서른여섯 살에 리스본에서 죽었다. 자신의 어머니이자 적이었던 그 땅이 바로 그의 무덤이었다.

자유가 배신하다

브라질의 공식 역사는 국가의 독립을 위해 맨 처음 발생한 몇 차례의 봉기를 "모반", 불충(不忠)이라고 부른다.

포르투갈 왕자가 브라질의 황제가 되기 전에 여러 차례 애국적인 시도가 있었다. 가장 중요한 시도는 오루 프레투에서 일어난 "광부들의 모반"이었는데, 그 음모는 1789년에 채 실현되지도 못한 채 소멸되어 버렸다. "바이아의 모반"은 1794년에 사우바도르 데 바이아에서 발발해 4년 동안 지속되었다.

교수형에 처해져 사지가 잘린 "광부들의 모반"의 유일한 주인공은

치라덴치스, 즉 이빨 빼는 사람이라는 별명으로 불린 어느 하급 군인 이었다.* 그 이외의 공모자들, 즉 식민지의 세금에 넌더리를 내던 상류 사회 광산업자 나리들은 사면이 되었다.

"바이아의 모반"은 더 오래 지속되었고, 더 멀리 나아갔다. 모반자 들은 독립된 공화국을 수립하기 위해 싸웠을 뿐만 아니라 인종의 구 분 없이 동일한 권리를 향유하기 위해 싸웠다.

이미 많은 피를 흘리고, 반란이 진압되었을 때 식민지 권력은 네 사 람을 제외하고 모두 사면시켜 주었다. 마노엘 리라, 주앙 두 나스시멘 투, 루이스 곤자가, 루카스 단타스는 교수형에 처해져 사지가 잘렸다. 이 네 사람은 흑인 노예들의 자손인 흑인이었다.

정의는 눈이 멀었다고 믿는 사람들이 있다.

투팍 아마루의 부활

투팍 아마루는 40여 년 동안 페루의 산속에서 싸운 잉카의 마지막 황 제였다. 1527년 사형 집행인의 칼이 그의 목을 잘랐을 때 인디오 예언 가들은 잘린 머리가 언젠가는 몸통과 합쳐질 것이라고 말했다.

그리고 합쳐졌다. 2세기가 지난 뒤, 호세 가브리엘 콘도르칸키는 그 동안 기다리던 이름을 발견했다. 투팍 아마루로 변한 그는 아메리카 역사에서 가장 위험한 반란을 가장 여러 번 선도했다.

---

* 그는 브라질 독립의 선구자인 치과의사 조아킹 주제 다 시우바 샤비에르(Joaquim José da Silva Xavier, 1746-1792)다.

안데스가 불탔다. 산꼭대기에서부터 바다에 이르기까지 광산, 아시엔다,* 공장 등에 강제 노역의 희생자들이 쌓였다. 반란군은 파죽지세로 진격해 강을 건너고, 산을 타고, 계곡을 건너고, 이 마을 저 마을을 거치며 승승장구함으로써 식민지의 모든 부(富)를 위협하고 있었다. 그리고 막 쿠스코를 정복할 순간에 있었다.

성스러운 도시이자 권력의 심장부인 쿠스코가 그곳에 있었다. 산 정상에서 보니 쿠스코가 닿을 듯 가까이 있었다.

18세기 반이 흐른 시점에서 손에 닿을 듯 가까운 곳에 로마를 두고 있던 스파르타쿠스의 역사가 반복되고 있었다. 투팍 아마루 역시 공격을 결정하지 않았다. 에스파냐 사람들에게 항복한 원주민 족장이 지휘하던 인디아스 군대가 포위된 도시 쿠스코를 방어하고 있었다. 투팍 아마루는 인디오들을 죽이지 않았다. 결코 죽이지 않았다. 죽일 필요가 있다는 사실은 잘 알고 있었지만 다른 방법이 없었기 때문에…….

투팍 아마루가 어쩌면 좋을지 몰라 이렇게 할까 저렇게 할까 망설이고 있을 때, 날이 지고 밤이 샜으며, 수많은 에스파냐군이 중무장한 채 리마에서 쿠스코에 도착하고 있었다.

투팍 아마루의 부인 미카엘라 바스티다스가 후위대를 지휘하고 있었다. 그녀가 절망적인 메시지를 투팍 아마루에게 보냈지만 별 효과가 없었다.

"당신이 내 악몽을 끝장내야 해요……"

---

* 아시엔다(hacienda)는 대항해 시대에 중남미에서 시행된 대토지 소유 제도를 지칭하는데, 일반적으로는 평야 지대에 자리 잡은 거대한 농장을 가리킨다.

"이제 나는 이 모든 것을 참아낼 인내가 없어요……"

"나는 당신에게 충분히 경고했어요……"

"만약 당신이 우리의 멸망을 원한다면, 엎어져 잠이나 자버려요."

1781년에 반란군 두목은 쿠스코로 들어갔다. 사슬에 묶인 채, 돌멩이를 맞고, 욕설을 들으며 들어갔다.

비

왕의 사신이 고문실에서 그를 취조했다.

"너와 함께 음모를 꾸민 자들은 누구냐?"

투팍 아마루가 대답했다.

"여기에 너와 나 외에 더 이상의 공모자는 없다. 너는 억압자로서, 나는 자유를 추구한 자로서, 우리는 죽어 마땅하다."

투팍 아마루는 사지가 뜯기는 극형을 선고받고 죽었다. 말 네 마리에 그의 두 팔과 두 다리를 십자가 형태로 묶었지만 몸이 찢어지지 않았다. 말의 배에 어찌나 세게, 많이 박차를 가했든지 말의 배가 찢어져버렸지만 아무 소용이 없었다. 투팍 아마루의 몸이 찢어지지 않았던 것이다.

사형 집행인은 도끼에 의존하는 수밖에 없었다.

쿠스코 계곡의 기나긴 가뭄에 태양이 작열하는 정오 무렵이었다. 하지만 갑자기 하늘이 새까맣게 변하고, 하늘에 구멍이라도 뚫린 듯 세상을 다 덮어버릴 것 같은 장대비가 쏟아지기 시작했다.

투팍 아마루를 제외한 반란군의 남녀 두목들도 사지가 절단되었다. 미카엘라 바스티다스, 투팍 카타리, 바르톨리나 시사, 그레고리아 아파사…… 등이었다. 그들의 조각난 몸은 모반에 가담한 동네들을 순회하며 전시된 뒤 불태워졌고, 재는 그들에 관한 기억이 남아 있지 않도록 공중에 뿌려졌다.

소수와 다수

1776년에 이루어진 미국의 독립은 나중에 멕시코에서 남쪽으로 퍼지면서 일어나게 될 아메리카 다른 나라들의 독립을 예견했다.

조지 워싱턴은 인디언의 지위에 관한 의구심을 제거하기 위해 인디언 마을들을 완전히 파괴할 것을 제안했다. 토머스 제퍼슨은 그 불행한 인종이 자신들의 몰살을 정당화시켰다는 견해를 표명했고, 벤자민 프랭클린은 럼주가 그들 야만족을 근절하는 데 적당한 수단이 될 수 있다고 암시했다.

뉴욕 주의 헌법은, 여자의 지위에 관한 의구심이 남지 않도록, 투표권에 "남자의"라는 형용사를 첨가했다.

「독립 선언문」에 서명한 사람들은, 가난한 백인의 지위에 관한 의구심을 제거하기 위해, 모두 백인 부자였다.

막 탄생한 나라에서는, 흑인의 지위에 관한 의구심이 남지 않도록, 노예 65만 명이 계속해서 노예 상태로 남았다. 백악관을 건설한 것은 바로 흑인 노동력이었다.

부재하는 아버지

「독립 선언문」은 모든 인간이 동등하게 태어난다는 사실을 인정했다.

잠시 후, 미국의 첫 헌법은 다음과 같은 개념을 선포했다. 노예 한 명은 일반인 5분의 3의 가치를 지닌다고 설정한 것이다.

헌법 초안을 다듬은 거베너르 모리스가 그에 대해 반대했지만, 아무 소용이 없었다. 불과 얼마 전에 그는 뉴욕 주에서 노예 제도를 폐지하려고 시도했지만, 아무 소용이 없었다. 미래에 "이 주에서 숨을 쉬고 살아가는 사람 각자는 자유인으로서의 특권을 향유하게 될 것"이라는 헌법의 약속만은 얻어낼 수 있었다.

미국이라는 나라에 얼굴과 영혼을 부여한 시기에 대단히 중요한 역할을 담당한 인물 모리스는 역사가 잊어버린 미국 건국의 아버지들 가운데 하나였다.

2006년에 에스파냐 기자 비센테 로메로가 모리스의 무덤을 발견했다. 브롱스 남부의 어느 교회 뒤였다. 비석에 새겨진 글은 비와 햇빛으로 지워져 있었고, 묘비 위에는 거대한 쓰레기통 두 개가 놓여 있었다.

부재하는 다른 아버지

로버트 카터는 정원에 묻혔다.

그는 "자신을 그늘을 주는 어느 나무 밑에 묻어 평화와 어둠 속에서 잠들게 해주고, 그 어떤 비석도, 그 어떤 묘비명도 쓰지 말라"는 유언을 했다.

버지니아의 명문가 귀족인 이 사람은 아주 부자였다. 아니, 영국에서 독립한 그 번창한 자산가들 전체에서 가장 부자였을 것이다.

비록 일부 건국의 아버지가 노예 제도에 관해 부정적인 견해를 지니고 있었다고 해도, 소유하고 있던 노예를 실제로 해방시켜 준 사람은 하나도 없었다. 카터는 자신의 흑인 노예 450여 명을 해방시켜 "각자의 의지에 따라 재미있게 살고 일하도록 놓아주었다." 그는 그 어떤 노예도 고립무원의 상태에 내쳐지지 않도록, 노예들을 차근차근 해방시켜 주었다. 에이브러햄 링컨이 노예 제도 폐지를 천명하기 70년 전이었다.

이런 '미친 짓' 때문에 그는 고독 속에서 잊혀져버렸다.

그의 이웃, 친구, 친척들은 모두 자유를 찾은 흑인 노예들이 개인과 국가의 안녕을 위협할 것이라 믿고서 카터를 내팽개쳐 버렸다.

나중에, 그의 행위에 대한 보상은 바로 집단 건망증이었다.

샐리

제퍼슨의 아내가 사망하자 아내의 재산은 그의 것이 되었다. 아내의 유산 가운데는 샐리가 있었다.

젊은 시절에 샐리가 미인이었다는 증언들이 있다.

그 후, 샐리에 관해 알려진 것은 전혀 없다.

샐리는 아무 말도 하지 않았다. 설령 그녀가 무슨 말을 했다 해도 그녀의 말을 들은 사람이 아무도 없었거나 그녀가 무슨 말을 했는지 기록하는 수고를 기울인 사람이 아무도 없었을 것이다.

반면에, 제퍼슨 대통령에 관해서는 우리는 그의 초상화 여러 점과 많은 어록을 보유하고 있다. 우리는 제퍼슨이 "흑인은 육신과 정신의 재능이 천성적으로 백인보다 낮다"는 관념을 갖고 있었고, 백인의 피와 흑인의 피가 뒤섞이는 것이 도덕적으로 혐오스럽다고 생각했기 때문에 이에 대해 늘 "커다란 반감"을 지니고 있었다는 사실을 알고 있다. 그는 노예가 언젠가 자유인이 될 때면, "노예의 피가 뒤섞일 수 있는 모든 위험을 저 먼 곳으로 보내버림으로써" 오염의 위험을 피해야 한다고 믿었다.

1902년에 기자 제임스 캘린더는 리치몬드에서 발간되는 《리코더 (Recorder)》에 당시에 알려져 있던 사실을 상기시키는 기사 하나를 실었다. 제퍼슨 대통령이 바로 자신의 노예 샐리가 낳은 자식들의 아버지라는 내용이었다.

차는 죽어야 하고 커피는 살아야 한다

영국 왕은 영국의 식민지들이 지불할 수 없을 정도의 막대한 세금을 영국에 바쳐야 한다고 선포했다. 1773년에 북아메리카의 분노한 식민지 이주자들은 영국에서 온 차 40여 톤을 항구의 만 깊숙한 곳에 내버렸다. 그 작업은 "보스턴 티 파티(Boston Tea Party)"라는 익살스러운 이름으로 불렸다. 그리고 독립 전쟁이 발발했다.

커피에는 애국적인 면이 전혀 없었건만, 커피는 국가적 상징으로 변했다. 언제였는지는 정확히 모르겠지만, 커피는 에티오피아의 어느 산에서 발견되었는데, 그 산에서 염소들이 붉은색 열매를 먹고는 밤새 춤을 추었다. 커피는 몇 세기 동안 여행을 한 끝에 카리브해의 섬에 도착했다.

1776년에 보스턴의 카페테리아들은 영국 왕실에 대한 음모를 꾸미는 곳으로 바뀌었다. 독립이 채 천명되기 전에, 워싱턴 대통령은 노예를 판매하고 카리브 섬에서 노예가 경작한 커피를 판매하던 어느 카페테리아에서 열린 회합에 참여하고 있었다.

한 세기가 지난 뒤 "서부(Far West)"의 정복자들은 야영지의 모닥불빛을 받으며 차가 아니라 커피를 마시고 있었다.

우리는 하느님을 믿는가?

미국 대통령들은 늘 하느님의 이름을 빌려 말하지만, 그들 가운데 그 누구도 자신이 메일, 팩스, 전화, 또는 텔레파시를 통해 하느님과 소통했는지 밝힌 적이 없다. 하느님이 받아들이든 받아들이지 않든, 하느님은 2006년도에 텍사스에서 공화당의 대표로 선포되었다.*

그럼에도 불구하고, 현재 달러화에까지 등장하는 전지전능한 하느

---

* 미국의 2006년도 선거에서 전반적으로 민주당이 승리를 했는데, 텍사스에서는 하느님의 도움으로 공화당이 우세했다는 의미로 이해된다.

님이* 독립기에는 모습을 드러내지 않은 채 빛을 발휘했다.** 첫 번째 헌법에는 하느님에 관해 단 한 마디도 언급되지 않았다. 누군가 그 이유가 무엇인지 묻자, 알렉산더 해밀턴이 설명했다.

"우리는 외부의 도움을 필요로 하지 않기 때문이지요."

조지 워싱턴은 침대에서 죽음을 맞이하고 있을 때, 기도도, 가톨릭 사제도, 목사도, 그 어떤 것도 원하지 않았다.

벤자민 프랭클린은 신의 계시가 순전히 미신이라고 말했다.

토머스 페인은 "내 자신의 마음이 바로 교회"라고 확언했고, 대통령 존 애덤스는 "만약에 종교가 없다면 이 세계는 가능한 세계들 가운데 가장 좋은 세계가 될 것이다"라고 생각했다.

토머스 제퍼슨에 따르면, 가톨릭 사제와 개신교 목사는 인류를 두 부류, 즉 바보와 위선자로 나눠버린 "점쟁이와 강신술사(降神術士)" 였다.

프랑스 혁명의 전조

아브빌의 중앙로로 행렬이 지나갔다.

십자가와 성자들 위로 올려진 성체가 지나갈 때 보도에 있던 군중

---

* 미국 정부는 1956년에 "IN GOD WE TRUST(우리는 하느님을 믿는다)"라는 문구를 미국의 국가 구호로 정한 후부터 화폐(지폐는 물론 동전까지)뿐만 아니라 정부와 관련된 많은 부분에 이 문구를 적어 넣고 있다. 심지어 어떤 주에서는 자동차 번호판에도 새길 정도다.

** 당시에 하느님이 지폐 같은 것에 모습을 드러내지 않은 채 미국의 독립을 완성시키는 데 도움을 주었다는 의미로 이해된다.

은 모두 모자를 벗어 예를 표했다. 군중 속의 여자들에게 눈이 팔려 있던 청년 셋은 예외였다. 그들은 모자를 벗어야 한다는 생각조차 하지 못했다.

그들은 고발당했다. 그들은 예수의 하얀 살 앞에서 모자를 벗지 않았을 뿐만 아니라, 예수에게 조롱 섞인 웃음을 지어 보였던 것이다. 증인들은 더 심각한 다른 증거들을 첨가했다. 성체가 피를 흘릴 정도로 파손되어 있었고, 나무 십자가 하나가 잘린 채 어느 도랑에서 발견된 것이다.

법원은 세 청년 가운데 유독 장 프랑수아 드 라 바레에게 분노의 광선을 집중시켰다. 막 스무 살이 된 이 무례한 청년이 볼테르를 읽었다는 사실을 과시하고, 어리석은 교만을 드러내며 판사들을 불신한 것이다.

1766년 교수형이 집행되던 날 아침, 모든 사람이 시장의 광장에 모였다. 장 프랑수아는 다음과 같은 죄목이 쓰여진 포스터를 목에 건 채 교수대로 올라갔다.

"불경한 자, 모욕자, 신성 모독자, 저주받을 자, 혐오스러운 자."

사형 집행인은 사형수의 혀를 뽑고, 목을 자르고, 몸을 조각내 모닥불에 던졌다. 조각난 몸뚱이와 더불어 볼테르의 책 몇 권을 불에 넣음으로써 작가와 독자가 함께 불타도록 했다.

암흑기에 실현된 이성의 모험

총 27권.

몇 년 전에 출간된 중국 백과사전이 총 745권이라는 사실을 알게 되면, 이 수치는 썩 대단하지도 않다.

하지만 프랑스에서는 『백과전서(L'Encyclopédie)』의 발간과 더불어 '계몽의 세기'가 시작되었는데, 어떤 의미에서 그 세기의 이름은 이 책에 기인하고 있다. 로마의 교황은 프랑스의 『백과전서』를 불태우라고 명령했고, 『백과전서』를 소유하고 있는 사람은 누구든 파문시킬 것이라고 선언했다. 디드로, 달랑베르, 조쿠르, 루소, 볼테르 같은 작가들을 비롯해 수많은 작가가 자신들의 위대한 집단 작업이 유럽 국가들의 향후 역사에, 이미 영향을 미쳤듯이, 앞으로도 영향을 미칠 수 있게 하기 위해 감옥형과 추방의 위험을 무릅쓰거나 실제로 투옥되고 추방당했다.

2세기 반이 지난 뒤에도 다음과 같은 생각을 해본다는 것은 여전히 놀랄 만한 일이다. 『백과전서』에서 추려낸 몇 가지 정의를 살펴보자.

권위: "그 어떤 인간도 타인에게 명령할 수 있는 권리를 천부적으로 받은 적이 없다."

검열: "신앙을 인간의 어떤 견해에 종속시키는 것보다 신앙에 더 위험한 것은 결코 없다."

클리토리스: "여자가 느끼는 쾌락의 중심이다."

신하: "진실이 왕에게 다가가지 못하도록 왕과 진실 사이를 가로막고 있는 사람을 말한다."

인간: "인간은 땅이 없으면 아무런 가치도 없다. 땅은 인간이 없으면 아무런 가치도 없다."

종교재판: "모테쿠소마는 자기 신들에게 포로를 바쳤다는 이유로 단죄를 받았다. 모테쿠소마가 가톨릭의 화형식 장면을 보았다면 무엇이라 말했을까?"

노예 제도: "자연법에 반하는 증오스러운 무역으로, 인간이 다른 인간을 동물처럼 사고파는 것이다."

오르가즘: "이만큼 도달할 만한 가치가 있는 것이 과연 존재할까?"

고리대금업: "유대인은 고리대금업을 하지 않았다. 유대인을 고리대금업자로 만든 것은 기독교적인 억압이었다."

모차르트

그 자체가 음악이었던 그 남자는 마치 죽음을 거슬러 올라가고 있다는 듯이, 죽음이 자기를 일찍 데려갈 것이라는 사실을 알고 있다는 듯이, 하루 종일, 밤을 새서, 밤낮을 가리지 않고 음악을 만들어냈다.

창작 열기의 리듬에 따라 한 편 한 편 작품을 만들어냈고, 피아노를 통해 자유로운 모험을 즉흥적으로 연주하기 위한 공간을 열어놓을 셈으로 악보의 일부 오선을 비워놓았다.

그가 어떻게 시간을 할애했는지는 잘 알려져 있지 않지만, 그는 그 짧은 생애 동안 넓은 서재의 책 틈에 처박혀 있거나, 당시 제국 경찰에게는 아주 미운 털이 박혀 있는 사람들, 즉 유럽에서는 처음으로 빈

에서 고문을 금지하도록 했던 법률가 요제프 폰 존넨펠츠 같은 사람
들과 오랜 시간 열띤 토론을 했다. 그의 친구들은 폭정과 어리석음의
적이었다. 계몽의 세기의 자식이자, 프랑스『백과전서』의 독자인 모차
르트는 당대를 울리던 여러 사상을 공유했다.

스물다섯 살에 왕의 음악가라는 직업을 잃은 뒤로 다시는 궁정으로
돌아가지 않았다. 그때부터 음악회를 열고 작품을 팔아 생계를 영위
했는데, 작품 수가 많았고 가치 또한 대단했지만 가격은 낮았다.

당시로서는 독립이 특이한 것이었는데, 그는 독립적인 예술가였고,
값비싼 대가를 치렀다. 자신의 자유에 대한 벌로 빚에 질식해 죽었다.
세상에 수많은 음악을 빌려주었지만 빚을 진 채 죽은 것이다.

가발

베르사유의 궁전에는 100명이 넘는 "가발 기술자
들(perruquiers)"이 가발 만드는 일에 종사하고 있었다. 가발은 영불 해
협을 팔짝 뛰어 건너 영국 왕 요크 공작의 두개골과 프랑스의 패션을
영국 상류 귀족에게 강요하던 노예 무역상들의 두개골에 안착했다.

남성용 가발은 대머리를 숨기기 위해서가 아니라 계층의 권위를 과
시하기 위해 프랑스에서 탄생했다. 자연모를 활석 가루로 표백한 가
발이 가장 비쌌는데, 이들 가발은 매일 아침 착용하는 데 더 많은 시
간이 요구되었다.

계급이 높아질수록 머리에 쌓아놓은 탑이 더 높이 올라갔다. 이제

는 붙임머리라 불리는 가발의 도움을 받는 여성들은 머리에 깃털과 꽃을 층층이 풍성하게 달아 올린 철사로 이루어진 복잡한 보강재를 부착해 멋을 부린다. 머리 윗부분은 작은 돛배들, 그리고 동물 우리를 옮겨놓은 것 같은 수많은 작은 장난감 동물과 그 밖의 온갖 것으로 장식할 수 있었다. 그 모든 것을 만들어 머리에 올려놓고 지탱하는 것은 대단한 위업이었다. 그런데 그것도 부족하다는 듯이 버팀 테를 넣은 페티코트를 입고 다님으로써 걸을 때마다 다른 여자들과 부딪칠 수밖에 없었다.

귀족들은 머리 모양과 의상을 갖춰 입는 데 거의 모든 시간과 에너지를 쏟았다. 그 나머지 시간과 에너지는 만찬에 바쳤다. 이에 대한 희생이 어찌나 컸든지 숙녀와 신사들은 녹초가 되어버렸다. 프랑스 혁명이 발발해 대식가들의 입을 막고, 가발과 페티코트를 폐기했을 때 반발이 그리 심하지 않았다.

인간의 비천한 손

1783년에 에스파냐의 왕은 손으로 하는 작업은 부끄러운 것이 아니라고 선포했다.

당시까지는 자기 손으로 직접 노동을 해서 살았거나 사는 사람들은 돈*이라는 경칭으로 불릴 자격이 없었다. 아버지나 어머니 또는 할아

---

* 돈(don)은 남자 귀족의 이름 앞에 붙이는 경칭이다. 여자에게는 도냐(doña)라는 경칭을 붙였다.

버지가 낮고 천한 일에 종사하는 사람 또한 마찬가지였다.

　낮고 천한 직업에 종사하는 사람은

　땅을 일구는 사람,

　돌을 다루는 사람,

　나무를 다루는 사람,

　소매(小賣)를 하는 사람,

　재단사,

　이발사,

　향신료를 파는 사람,

　구두쟁이다.

　이들 하층 계급 사람은 세금을 냈다.

　반면에 군인,

　귀족,

　사제는

　세금이 면제되었다.

인간의 혁명적인 손

1789년, 분노한 민중이 바스티유 감옥을 공격해 점령했다.

　그리고 프랑스 전역에서 수공업에 종사하는 사람들이 '기생충'들에 대항해 봉기했다. 민중은 모든 이가 그 어떤 유용성도 결코 찾을 수 없었던 유서 깊은 제도인 군주, 귀족, 가톨릭교회를 살찌우는 공물과 십일조를 더 이상 바치려 하지 않았다.

왕과 왕비가 도망쳤다. 마차는 국경을 향해 북쪽으로 여행을 시작했다. 어린 왕자들은 여자아이용 옷을 입고 있었다. 남작 부인처럼 변장한 가정교사는 러시아 여권을 소지하고 있었다. 국왕 루이 16세는 사실 루이 16세의 시종이었다. 왕비 마리 앙투아네트는 사실 마리 앙투아네트의 시녀였다.

그들이 바렌느에 도착했을 때는 밤이었다.

어둠 속에서 갑자기 수많은 군중이 나타나 마차를 에워싸더니 왕의 가족을 덮쳐서 파리로 데려갔다.

마리 앙투아네트

왕은 썩 중요하지 않았다. 왕비 마리 앙투아네트가 미움의 대상이었다. 그녀는 외국인이었기 때문에, 왕실 행사에서 하품을 했기 때문에, 코르셋을 착용하지 않았기 때문에, 정부(情夫)들을 갖고 있었기 때문에, 그리고 낭비가 무척 심했기 때문에 사람들의 미움을 받았다. 그래서 사람들은 그녀를 "적자(赤字) 부인"이라 불렀다.

그녀의 처형장은 인파로 가득 찼다. 마리 앙투아네트의 머리가 사형 집행인의 발로 굴러떨어지자 군중은 박수갈채를 보내며 환호했다.

아무런 치장도 하지 않은 머리. 목에는 목걸이도 걸려 있지 않았다.

왕비가 유럽에서 가장 비싼 장신구, 즉 다이아몬드 647개로 만든 목걸이를 샀다는 것은 프랑스 사람 모두가 알고 있었다. 국민이 먹을 빵이 없다면 케이크를 먹으면 된다는 말을 그녀가 했다고 모든 사람이 믿고 있었다.

〈라 마르세예즈〉

세상에서 가장 유명한 국가(國歌)는 세계사의 유명한 순간에 탄생했다. 그런데 그것을 쓴 사람의 손과 그것을 흥얼거린 사람의 입에서도 탄생했다. 그 국가를 하룻밤에 만들어낸 전혀 유명하지 않은 작곡가 루제 드 릴 대위의 손과 입이었다.

거리의 다양한 목소리가 가사가 되었고, 음악은 작가가 오래전부터 마음속에 지니고 있다가 내보낼 순간을 기다리고 있었다는 듯이 터져나왔다.

1792년, 소란스러운 시간이 흘러가고 있었다. 프로이센 군대가 프랑스 혁명을 진압하러 진격해 오고 있었다.

전쟁을 격려하는 온갖 말과 선전포고가 스트라스부르의 거리를 휩쓸고 있었다.

"시민들이여, 무기를 듭시다!"

박해받고 있던 프랑스 혁명을 수호하기 위해 막 모집된 라인 강 지역의 부대는 전선을 향해 떠났다. 루제의 국가가 군대에 원기를 불어넣었다. 국가가 울려 퍼져 감동을 주었다. 약 두 달 뒤, 그게 어떤 식으로 이루어졌는지는 모르겠지만, 그 노래가 프랑스의 다른 쪽 끝에서 다시 나타났다. 마르세유의 의용병들이 그 강력한 노래를 합창하며 전장으로 떠났기 때문에 그 노래는 〈라 마르세예즈(La Marseillaise)〉라 불렸고, 모든 프랑스 사람이 함께 불렀다. 그리고 민중은 노래를 부르며 튀일리 궁을 공격했다.

작곡가 루제 대위는 체포되었다. 그는 혁명의 가장 예리한 이론가인 마담 기요틴*과 대립하는 지각없는 짓을 함으로써 조국을 배반했다는 혐의를 받은 것이다.

그는 마침내 감옥에서 나왔다. 군복도 입지 않고, 급료도 받지 못한 채.

그 후 몇 년 동안 그는 벼룩에 물리고 경찰에게 쫓기는 삶을 구차하게 영위했다. 그 자신이 프랑스 혁명가를 만들었다고 말했을 때, 사람들은 면전에서 그를 비웃었다.

국가들

첫 번째 국가(國歌)라 알려진 것은 1745년 영국에서 무명의 신부들에 의해 탄생했다. 가사는 왕국이 "스코틀랜드 망나니들"의 책략을 깨부수기 위해 스코틀랜드의 반역자들을 진압할 예정이라는 내용을 알리는 것이었다.

반세기가 지난 뒤 〈라 마르세예즈〉는 혁명이 "침략자들의 더러운 피가 프랑스 들판에 흐르게 할 것"이라고 알렸다.

---

* 마담 기요틴(Madame Guillotine)은 프랑스 혁명 당시 죄수의 참수형을 집행할 때 사용하던 단두대를 의인화한 표현이다(뒤에 등장하는 「기요틴」 참조). 당시 "기요틴은 더 이상 혁명 정신을 말하지 않는다. 기요틴은 단지 혁명의 광기만을 말할 따름이다"라며 단두대의 사용에 반대하는 사람이 많았다. 프랑스 사회당이 집권한 1981년에 사형제가 폐지되면서 단두대 사용이 공식적으로 종료되었다.

　19세기 초에 미국의 국가는 하느님의 축복을 받은 제국의 사명을 예언했다. "우리는 이유가 타당하다면 정복을 해야 한다." 그리고 그 세기 말에 독일인들은 빌헬름 황제의 상(像) 327개와 비스마르크 왕자의 상 470개를 세우면서 때늦은 국가의 단결을 굳건하게 만들었으며, 그사이 독일을 "세계에 군림하는 나라"라고 찬양하는 국가를 노래했다.

　일반적인 원리에 따르면, 각 나라의 국가는 타국을 위협하고, 모욕하고, 자기를 찬양하고, 전쟁과 죽고 죽이는 명예로운 의무를 찬양함으로써 자국의 정체성을 확인한다.

　라틴아메리카에서는 위인들의 승리를 기리기 위해 바쳐지는 이런 전례(典禮)가 화려한 장례를 치르는 장의사의 작품처럼 보인다.

　우루과이의 국가는 조국과 무덤 가운데 하나를 선택하라고 우리를 초대한다.

　파라과이의 국가는 공화국과 죽음 가운데 하나를 선택하라고 하며,

　아르헨티나의 국가는 우리가 영광스럽게 죽겠다고 맹세하라 권하고,

　칠레의 국가는 자신들의 땅이 자유인의 무덤이 될 것이라고 선언하고,

　과테말라의 국가는 승리하거나 죽으라고 요구하고,

　쿠바의 국가는 조국을 위해 죽는 것이 바로 사는 것이라고 확신하고,

　에콰도르의 국가는 영웅들의 희생이 다산의 씨앗이라고 확인하고,

　페루의 국가는 자신들의 대포가 유발하는 공포를 칭찬하고,

멕시코의 국가는 피의 물결에 조국의 깃발을 적시라고 충고하고,
콜롬비아의 국가는 국토를 지키려는 열정에 불타 테르모필라이*에
서 싸운 영웅의 피로 목욕을 한다.**

올랭프 드 구주

프랑스 혁명의 상징은 대리석이나 청동으로 만든 여자, 맨살이 드러
난 힘찬 가슴, 프리지아 모자,*** 바람에 휘날리는 깃발 등 주로 여성적
인 것들이다.

그러나 혁명은 「인간과 시민의 권리 선언」을 공포했고, 혁명 여전사
올랭프 드 구주가 「여성과 여성 시민의 권리 선언」을 공포하고 투옥
되자, 혁명 재판소는 그녀에게 사형을 선고했고, 기요틴은 그녀의 목
을 잘랐다.

단두대 밑에서 올랭프가 물었다.

"여자가 기요틴에 오를 수 있다면, 왜 연단에는 오를 수 없는 거죠?"

하지만 여자는 그렇게 할 수 없었다. 말을 할 수도, 투표를 할 수도

---

* 테르모필라이는 그리스 중부 칼리드로몬 산과 말리아코스 만 사이 해안에 있는 좁은 고개로, 그리
스가 수많은 외세의 침략을 격퇴한 상징적인 장소다.

** 콜롬비아 국가에는 "콜럼버스의 땅은 영웅의 피로 목욕을 한다(Se baña en sangre de héroes la tierra de
Colón)"라는 구절이 있다.

*** 프리지아 모자는 머리에 꼭 눌러 쓰는 원추형 모자다. 부드러운 펠트나 양모로 만들며, 앞으로 접
히는 뾰족한 관이 특징이다. 로마에서는 자유의 몸이 된 노예가 자유의 상징으로 이 모자를 썼고 11,
12세기에 많은 사람이 다시 착용하기 시작했다. 프랑스 혁명 중인 18세기에 혁명가들이 빨간색의 프
리지아 모자를 자유의 모자로 채택하면서부터 또다시 자유의 상징이 되었다.

없었다. 국민공회,* 즉 혁명의회는 이미 여성의 정치적 결사 및 제휴를 모두 막아놓고, 여성과 남성이 동등하게 토론하는 것을 금지했었다.

올랭프 드 구주와 함께 투쟁한 여성 동료들은 정신병원에 수감되었다. 그녀가 참수당하고 난 뒤 다음 차례는 마농 롤랑이었다. 마농은 내무부 장관의 부인이었지만, 그런 사실도 그녀를 구해줄 수 없었다. "정치적 행위에 대한 그녀의 반(反)자연적인 성향"때문에 처형당했다. 그녀가, 가정을 지키고 용감한 아들을 낳기 위해 만들어진 여성의 본성을 배신하고, 국가의 남성적인 사안에 개입하는 도덕적인 무례를 저지른 것이다.

다시 기요틴이 내려졌다.

기요틴

문이 없지만 높은 문처럼 생긴, 들보와 두 기둥으로 이루어져 가운데가 텅 비어 있는 틀의 맨 위 들보에 목을 자르는 칼날이 매달려 있다.

기요틴은 기계, 과부, 면도기 등 여러 이름을 갖고 있다. 루이 왕의 목을 자름으로써 '루이제트(La Louisette)'라고도 불리게 되었다. 그리고 마침내 영원히 기요틴이라는 이름으로 불리게 되었다.

---

* 국민공회(Convention nationale)는 1792년 8월 10일 파리 시민의 봉기로 왕권이 정지된 후 입법의회를 거쳐 개설된 프랑스의 입법 기관으로, 프랑스 혁명기인 9월 20일부터 1795년 10월 26일까지 존속했다. 국민공회는 회기 2일째인 9월 21일 공화정을 선포해 왕정을 폐지하고 프랑스 제1공화국을 수립했다.

조제프 기요탱이 항의했으나 소용이 없었다. 기요탱은 공포를 유발하고 군중을 불러 모으는 그 단두대가 자신의 딸이 아니라고* 수도 없이 반론을 제기했다. 사형에 대해 적대적인 입장을 취한 배심원이었던 이 의사의 변명을 들어주는 사람은 아무도 없었다. 조제프 기요탱이 무슨 말을 하든지 간에, 사람들은 그가 파리 광장에서 가장 인기 있는 구경거리의 제일가는 여배우의 아버지라고 계속해서 믿었다.

사람들은 또한 기요탱이 기요틴에서 죽었다고 믿었고, 계속해서 믿고 있다. 실제로 그는 자신의 침대에서 머리가 몸통에 온전하게 달린 채 평화로이 마지막 숨을 쉬었다.

기요틴은, 1977년에 전자장치로 작동하는 최신식 모델이 파리 교도소 마당에서 어느 아랍 출신 이민자를 처형한 뒤로 사용하지 않게 되었다.

혁명은 자기 머리를 잃었다

지주들은 혁명을 방해하기 위해 자신들의 토지에서 생산한 수확물을 불태워 버렸다. 기아의 유령이 각 도시를 돌아다녔다. 오스트리아, 프로이센, 영국, 에스파냐, 네덜란드 왕국은 전염성이 강한 프랑스 혁명에 반대하는 전쟁을 벌일 만반의 준비를 하고 있었다. 프랑스 혁

---

* 조제프 이냐스 기요탱(Joseph Ignace Guillotin, 1738-1814)은 프랑스의 의사이자 정치가다. 1789년, 그가 국민의회 의원으로 있을 때 인도주의적 입장에서 참수형의 문제점을 지적하고, 모든 사형수는 기계를 이용해 처형할 것을 요구하고 단두대 사용을 제안해 통과시켰다. 그 뒤 그의 이름을 따서 단두대를 기요틴이라 불렀다.

명은 전통을 공격하고 왕관, 가발, 수단*의 성삼위(聖三位)를 위협하고 있었다.

혁명은 안팎으로 압박을 받으며 들끓고 있었다. 국민은 자신의 이름으로 행해지고 있던 그 드라마를 지켜보는 관객이었다. 논쟁에 참여한 사람의 수는 많지 않았다. 시간이 없었기 때문이었다. 음식을 먹기 위해 줄을 서야 했던 것이다.

견해가 다른 이들은 교수대로 인도되었다. 왜냐하면 프랑스 혁명의 모든 지도자는 군주제의 적이었으나, 일부는 마음속에 왕을 두고 있었고, 혁명의 권리, 즉 새로운 신성한 권리에 의해 절대 진리의 주인이 되었으며, 자신들에게 절대 권력을 달라고 요구했다. 자신들에게 반대하는 자는 반혁명분자, 적과 연합한 자, 외국 스파이, 대의를 배반하는 자였기 때문이다.

마라**는, 어느 광신자 아가씨가 목욕을 하고 있던 그에게 칼을 꽂아버리는 바람에 기요틴에서 죽지 못했다.

생 쥐스트는 로베스피에르로부터 영감을 받아 당통을 기소했다.

사형을 선고받은 당통은 자신의 잘린 머리를 잊지 말고 호기심 많은 군중 앞에 전시하라고 부탁했고, 자신의 고환 두 쪽을 로베스피에르에게 유산으로 남겼다. 그것들이 필요할 거라면서.

---

* 수단(soutane)은 가톨릭 사제가 제의 밑에 받쳐 입거나 평상복으로 입는, 발목까지 내려오는 긴 옷이다.

** 장 폴 마라(Jean-Paul Marat, 1743-1793)는 프랑스 혁명에서 급진적인 언론인이자 정치가로 잘 알려진 내과 의사, 철학자, 정치 이론가, 과학자다. 완고한 끈질김, 일관된 목소리와 초인적이고 예언적인 정신력 때문에 민중의 신뢰를 받았고, 민중과 급진적인 자코뱅 당의 다리 역할이 되어 1793년 6월에 권력을 얻었다. 자택 욕조에서 지롱드 당 지지자 샤를로트 코르데에게 찔려 죽음을 맞았다.

세 달이 지난 뒤, 생 쥐스트와 로베스피에르는 머리가 잘렸다.

원하지도 않고 스스로 깨닫지도 못한 채 혼란스럽고 자포자기 상태가 된 공화정은 군주제의 부활을 위해 작업하고 있었다. 자유, 평등, 박애를 표방했던 혁명은 자기 왕조를 세운 나폴레옹 보나파르트의 폭정에 길을 열어주면서 끝장이 났다.

게오르크 뷔히너

1835년에 독일 신문들은 다음과 같은 당국의 광고를 게재했다.

> **사람을 찾습니다**
> **게오르크 뷔히너, 다름슈타트 의과대학생, 21세,**
> **회색 눈, 불룩 튀어나온 이마, 큰 코, 작은 입, 근시.**

뷔히너는 사회를 뒤흔들고, 가난한 농부들을 조직하고, 자기가 속한 계급을 배반하고, 경찰을 피해 도망 다녔다.

얼마 후, 스물여섯의 나이로 죽었다.

열병으로 죽었다. 뷔히너는 그 짧은 생애에 참으로 많은 일을 해냈다. 그는 팔짝팔짝 뛰듯 빠르게 지나가는 굴곡 많은 삶에서 1세기 뒤를 내다보며 현대 연극의 토대가 될 작품을 썼다. 「보이첵」, 「레옹스와 레나」, 「당통의 죽음」 등이었다.

이 독일 혁명가는 「당통의 죽음」에서, "자유의 폭정"을 알리면서 시작되었고, 기요틴의 폭정을 정착시키면서 끝난 프랑스 혁명의 비극적인 종말을 고통스럽고 냉정하게 무대에 올리는 용기를 가졌다.

하얀 저주

아이티의 흑인 노예들은 나폴레옹 보나파르트의 군대에 무시무시한 몽둥이질을 가했다. 1804년에는 자유인들의 깃발이 폐허 위에 올려졌다.

하지만 아이티는 처음부터 초토화되었다. 프랑스 소유의 사탕수수 플랜테이션이라는 제단(祭壇)에 땅과 노동력이 희생물로 바쳐졌고, 전쟁의 참화는 인구의 3분의 1을 없애버렸다.

독립의 탄생과 노예 제도의 죽음, 즉 흑인의 위업들은 세상의 주인인 백인에게는 용서할 수 없는 굴욕이었다.

나폴레옹 수하의 장군 열여덟 명이 그 반역의 섬에 묻혔다. 핏속에서 탄생한 새로운 나라는 외부와 차단된 고독한 상태로 시작되었다. 그 나라의 물건을 사거나 그 나라에 물건을 팔거나 그 나라를 인정해주는 사람은 아무도 없었다. 아이티는 식민 모국 프랑스에 충성하지 않았기 때문에 프랑스에 엄청난 손해배상금을 지불해야 했다. 한 세기 반에 가까운 세월 동안 지불하고 있던, 권위를 침해한 죄에 대한 배상금은 프랑스가 아이티를 외교적으로 인정하기 위해 아이티에 부과한 것이었다.

프랑스 외에 그 어떤 나라도 그 나라를 인정하지 않았다. 시몬 볼리바르*의 그란 콜롬비아**마저도 그 나라를 인정하지 않았는데, 사실 시몬 볼리바르는 아이티에 많은 빚을 졌다. 아이티는 노예를 해방시켜 달라는 단 한 가지 조건으로 시몬 볼리바르에게 배, 무기, 군인을 제공했었다. 노예 해방은, 그 해방자가 미처 생각하지 못한 것이었다. 나중에 독립 전쟁에서 승리했을 때, 볼리바르는 아메리카 신생국가 회의에 아이티를 초대하지 않았다.

아이티는 아메리카에서 계속 나병 환자 같은 나라로 남아 있었다.

토머스 제퍼슨은 페스트가 그 섬에서 밖으로 나가지 않도록 가둬 놓아야 한다고 처음부터 경고했다. 아이티로부터 나쁜 예가 비롯된다는 이유 때문이었다.

페스트, 즉 나쁜 예는 바로 불복종, 혼란, 폭력이었다. 미국 사우스캐롤라이나 주의 법은 흑인들이 타고 온 배가 항구에 머무는 동안에는 전 아메리카를 위협하고 있던 반노예주의의 열병이 전염될 위험이 있다는 이유로 흑인 선원이면 누구든 가두어 놓는 것을 허용하고 있었다. 브라질에서 그 열병을 "아이티주의(haitianismo)"라 불렀다.

---

* 시몬 볼리바르(Simón Bolívar, 1783-1830)는 남아메리카의 정치 지도자로, 산 마르틴과 더불어 남아메리카와 카리브의 일부 국가를 에스파냐로부터 독립시키는 데 큰 공을 세웠다. 이로 인해 그는 '리베르타도르(Libertador)', 즉 '해방자'라 불린다.

** 그란 콜롬비아(Gran Colombia)는 1819년부터 1831년 사이의 콜롬비아 공화국(República de Colombia)을 가리킨다. 영토는 오늘날의 콜롬비아를 비롯해 베네수엘라, 에콰도르, 파나마 전체, 그리고 페루, 브라질, 가이아나, 트리니다드 토바고의 일부를 포함하고 있었다.

투생

노예로, 노예의 아들로 태어난다.

구루병에 걸린 데다 추남이다.

어린 시절은 말과 식물과 대화하면서 보낸다.

나이가 들어 주인의 마부와 정원사가 된다.

전쟁에 개입하게 되어 지금 자리에 있게 되기 전에는 파리 한 마리 죽인 적이 없다. 이제 사람들은 그가 적의 방어막을 칼로 쳐서 '뚫었기' 때문에 그를 투생 루베르튀르라 부른다.* 예정에 없이 장군이 된 이 인물은 어린 시절에 배웠거나 스스로 만들어낸 동화들을 통해 수하 병사, 문맹자 노예들에게 혁명을 해야 하는 이유가 무엇인지, 어떻게 해야 하는지 설명하면서 그들을 교육시켰다.

1803년, 이제 프랑스 군대는 패배하고 있다.

나폴레옹의 매제인 르클레르 장군이 투생에게 제안한다.

"우리 대화합시다."

투생은 대화를 하러 간다.

프랑스군이 그를 덮쳐서 사슬에 묶어 배에 싣는다.

투생은 프랑스의 가장 추운 성에 갇혀 지내다 추위로 죽는다.

---

* 투생 루베르튀르(Toussaint L'ouverture, 1743-1803)의 본명은 프랑수아 도미니크 투생(François Dominique Toussaint)인데, 1793년에 자신의 이름에 '열다', '뚫다', '장애물을 치우다'라는 의미의 '루베르튀르(L'ouverture)'를 덧붙였다.

노예 제도는 여러 번 죽었다

어떤 백과사전이든 참조해 보시라. 노예 제도를 처음으로 폐지한 나라가 어디였는지 물어보시라. 백과사전은 영국이라고 대답해 줄 것이다.

어느 날 노예 무역의 세계 챔피언 대영제국이 견해를 바꾸었다는 것은 사실이다. 손익 계산을 해본 결과 인육 장사가 이제 이문이 썩 많이 남지 않는다는 사실을 확인한 뒤였다. 런던은 1807년에 노예 제도가 나쁘다는 사실을 발견했다.* 그런데 그 사실을 도저히 납득할 수 없었기 때문에 그 후 30년 동안 노예 제도를 두 번이나 되풀이해야 했다.

프랑스 혁명이 식민지에서 노예를 해방시킨 것 역시 사실이지만, "불멸"이라고 불리던 해방 선언은 불과 얼마 뒤 나폴레옹 보나파르트에 의해 죽임을 당했다.

첫 번째 자유로운 국가, 진정으로 자유로운 국가는 아이티였다. 아이티는 영국보다 3년 빠르게, 모닥불 빛이 환하게 비치는 어느 날 밤 막 쟁취한 독립을 축하하고 그동안 잊어버린 자신들의 고유한 이름을 회복하는 사이에 노예 제도를 폐지했다.

---

* 1807년에 영국에서는 노예 무역 금지법(Slave Trade Act)이 의회를 통과했다. 이 법이 노예 제도 자체를 폐지한 것은 아니지만 당시 유럽인들이 아프리카 노예를 미주 대륙으로 강제 송환하는 것을 금지함으로써 장기적으로 노예 제도 자체를 폐지하는 방향으로 나아가는 데 크게 기여한 것으로 평가된다. 노예 제도가 완전히 폐지되는 데는 26년의 세월이 더 필요했다. 1833년 8월에 '노예 제도 폐지법(Slave Abolition Act)'이 의회를 통과한 것이다.

죽은 노예 제도가 말을 한다

노예 제도의 폐지 또한 라틴아메리카의 새로운 국가들에서 19세기 내내 반복되고 있었다.

폐지를 반복했다는 것은 국가가 무기력했다는 증거다. 1821년에 시몬 볼리바르는 노예 제도 폐지를 천명했다. 30년 뒤에, 이미 폐지되었다던 노예 제도가 여전히 활개를 치고 있었고, 노예 제도 폐지를 위한 새로운 법안이 콜롬비아와 베네수엘라에서 제정되었다.

1830년 헌법이 공포된 날과 그 후 며칠 동안 우루과이 신문들은 다음과 같은 사항을 제공했다.

"흑인 제화공 싸게 팝니다."

"유모로 적합한, 막 출산한 하녀 팝니다."

"성질 온순한 17세 흑인 여자 팝니다."

"대농장의 모든 일을 능수능란하게 하는 물라타와 커다란 냄비 팝니다."

5년 전인 1825년에 우루과이에서 인신매매를 금지하는 첫 번째 법이 공포되었는데, 그 법은 1842년, 1846년, 1853년에도 다시 공포되었다.

브라질은 아메리카에서 마지막으로, 세계에서는 끝에서 두 번째로 노예 제도를 폐지한 나라다. 그곳에서는 19세기 말까지 노예 제도가 합법적이었다. 그 후로도 노예 제도가 있었지만 불법이었다. 그리고 여전히 불법적인 노예 제도가 계속되고 있다. 1888년에 브라질 정부는 노예와 관련된 모든 문서를 불태우라고 명령했다. 그렇게 해서 노예 노동은 브라질 역사에서 공식적으로 지워져버렸다. 노예 제도는 존재한 적도 없이 죽었고, 죽었다고 하지만 여전히 존재한다.

이크발의 생애

파키스탄에는, 다른 나라들과 마찬가지로, 노예 제도가 여전히 살아 있다.

가난한 집 어린이는 부모에게서 떼어놓을 수 있는 대상이다.

이크발 마시*가 네 살 때, 그의 부모는 자식을 15달러에 팔았다.

카펫 제조업자가 이크발을 샀다. 이크발은 직조기에 묶인 채 매일 열네 시간씩 일했다. 열 살이 되었을 때 이크발의 등은 곱사등이처럼 굽고, 폐는 노인 같은 상태가 되어 있었다.

이크발은 그곳을 도망쳐 나와 파키스탄 어린이 노예들의 대변인으로 변했다.

열두 살이 되던 1995년에 총알 한 방이 자전거를 타고 가던 이크발을 넘어뜨렸다.

---

* 이크발 마시(Iqbal Masih, 1983-1995)는 파키스탄에서 아동의 노예 노동에 반대하는 운동을 펼친 파키스탄의 아동 노동자이자 활동가다. 1995년 4월 16일에 암살되었는데, 2022년에는 파키스탄 정부가 그에게 시타라에슈자트(Sitara-e-Shujaat) 상을 추서했다.

여자가 되지 말라

1804년에 나폴레옹 보나파르트는 황제가 되어 소위 '나폴레옹 법'이라 불리는 민법을 제정했고, 그 법은 전 세계 법의 모델 역할을 하고 있다.

권력을 잡은 부르주아가 만든 이 걸작은 이중 규범을 만들고, 재산 소유권을 법률들 가운데 가장 높은 자리로 올려놓았다.

결혼한 여성은 어린이, 범죄자, 정신박약자처럼 소유권을 박탈당했다. 기혼녀는 남편에게 복종해야 했다. 남편이 어디를 가든 남편을 따라가야 했고, 숨 쉬는 것을 제외하고는 거의 모든 것에서 남편의 허락이 필요했다.

프랑스 혁명이 단순한 거래로 축소시켜 버린 이혼을 나폴레옹은 심각한 결함을 지닌 것으로 변모시켜 버렸다. 부인이 간통하면 남편은 이혼을 할 수 있었다. 부인은 바람난 남편이 정부를 부부 침대에 눕혔을 경우에만 이혼할 수 있었다.

간통한 남편은 최악의 경우에 벌금만 내면 되었다. 간통한 부인은 어떤 경우든 감옥에 갔다.

민법은 부정한 부인의 과오가 놀랄 만한 정도라 해도 부인을 죽이는 것을 허용하지 않았다. 그러나 배신당한 남편이 부정한 부인을 처형했을 경우, 항상 남자로 구성되는 판사들은 휘파람을 불면서 딴청을 피웠다.

이런 재량권, 이런 관습은 프랑스에서 1세기 반 동안 지속되었다.

프랑스의 공식 예술

나폴레옹이 유럽을 정복하러 가면서 거대한 부대의 선두에 서서 알프스를 넘었다.

그 장면을 자크 루이 다비드가 그렸다.

그림 속의 나폴레옹은 프랑스군 총수의 화려한 정복을 입고 있다. 어깨에 두른 황금빛 망토가 시의적절하게 바람에 휘날리고 있다. 나폴레옹이 손을 치켜들어 하늘을 가리키고 있다. 갈기와 꼬리를 이발관에서 다듬은 그의 힘찬 백마는 앞발을 쳐들고 서 있다. 바닥에 깔려 있는 바윗돌에는 자신의 이름인 보나파르트, 동료의 이름인 한니발과 카롤루스 대제의 이름이 새겨져 있다.

실제 나폴레옹은 군복을 입지 않았다. 그는 두꺼운 회색 외투로 온몸을 가리고 겨우 눈만 내놓은 채, 이름 모를 미끄러운 바위산에서 넘어지지 않으려고 최선을 다하는 암갈색 노새를 타고 추위에 벌벌 떨면서 땡땡 얼어붙은 그 높은 산을 넘었다.

베토벤

포로 상태 같은 유년 시절을 보냈고, 자유를 종교처럼 믿었다.

자유를 위해 나폴레옹에게 세 번째 교향곡을 헌정하고는 나중에 헌사를 지워버렸고,

사람들이 나중에 뭐라 평하든 두려워하지 않고 음악을 만들었으며,

왕자들을 조롱하고,

모든 사람과 영원히 불화하면서 살고,

혼자였고, 가난했으며, 이사를 60번 이상 해야 했다.

그리고 검열을 증오했다.

검열 때문에 베토벤은 시인 프리드리히 폰 실러의 시 「자유의 송가」라는 제목을 바꾸었고, 아홉 번째 교황곡의 제목은 〈환희의 송가〉가 되어버린다.

빈에서 이루어진 교황곡 9번의 공연에서 베토벤은 복수를 했다. 베토벤이 직접 오케스트라를 지휘했는데, 합창단이 어찌나 자유분방하고 활기차게 노래했든지 검열을 받은 그 〈송가〉가 자유의 환희를 찬미하는 노래로 바뀐 것이다.

이제 작품의 공연은 끝났고, 그는 계속해서 청중에 등을 돌린 상태로 서 있었다. 결국 누군가가 그의 몸을 돌려 세웠다. 귀가 멀어 소리를 들을 수 없었던 그는 박수갈채와 환호성을 볼 수 있었다.

통신사의 기원

나폴레옹은 브뤼셀 남쪽에 있는 워털루 전투에서 영국인들에게 완전히 패배했다.

영국군 원수인 웰링턴의 공작, 아서 웰즐리 장군은 승리를 쟁취했으나, 정작 승리자는 은행가 나탄 로스차일드였다. 그는 총 한 방 쏘지 않았고, 워털루에서 멀리 떨어진 곳에 있었다.

로스차일드는 비둘기 전령으로 이루어진 아주 작은 부대를 지휘했다. 신속하고 훈련이 잘된 비둘기들은 런던에 있는 그에게 소식을 가져왔다. 그는 나폴레옹이 패배했다는 사실을 그 누구보다 먼저 알았으나, 프랑스의 승리가 확실하다는 소문을 퍼뜨렸고, 영국 것이라면, 채권이건 증권이건 돈이건 모두 팔아서 금융 시장을 혼란에 빠뜨려버렸다. 로스차일드는 자신이 하는 행위가 무엇을 의미하는지 항상 알고 있는 사람이었기 때문에 일순간에 모두 로스차일드를 따라 했다. 국채가 이제 쓸모없다고 생각한 사람들은 똥값에 국채를 팔아치웠다. 그러자 로스차일드는 다시 사들였다. 모든 것을 거저 사들인 것이다.

그렇게 해서 영국은 전장에서는 승리하고 증권거래소에서는 패배했다.

은행가 로스차일드는 자본을 스무 배나 증식시킴으로써 세계에서 가장 부유한 남자로 변했다.

몇 년 뒤인 19세기 중반경, 첫 번째 국제 통신사가 탄생했다. 지금 프랑스통신(France Presse)이라 불리는 하바스(Havas), 그리고 로이터(Reuters), 미국연합통신(Associated Press)······ 등이었다.

당시는 모든 통신사가 비둘기 전령을 이용했다.

크루아상의 기원

프랑스의 상징인 나폴레옹은 코르시카에서 태어났다. 프랑스의 적이었던 아버지는 아들의 이름을 나불리오네로 지었다.*

프랑스의 다른 상징물은 바로 빈에서 태어난 크루아상이다. 무슨 이유인지 이름과 형태가 초승달과 관계있다. 그런데 초승달은 과거도 현재도 무슬림의 상징이다. 튀르크 군대가 빈을 포위한 적이 있다. 1683년 어느 날 도시는 포위망을 뚫었고, 그날 밤, 어느 빵가게 화덕에서 피터 벤더가 전쟁에 진 사람들에게 먹일 크루아상을 발명했다.

코사크 사람으로 빈을 위해 싸운 프란츠 게오르크 콜시츠키는 자신의 업적에 대한 보상으로 튀르크 병사들이 퇴각하면서 버리고 간 커피 원두가 담긴 자루들을 달라고 요구했다. 그리고 그 도시에 첫 번째 카페테리아를 열었다. 전쟁에 진 사람들이 마실 것이었다.

프랑스 요리의 기원

절망한 혁명가 장 앙텔름 브리야 사바랭,** 그리고 군주제를 그리워하는 그리모 드 라 레니에르***는 오늘날 프랑스의 상징이 된 요리를 만

---

* 나폴레옹의 아버지는 변호사이며 귀족회의 의원인 카를로 마리아 디 부오나파르테(프랑스식 이름은 샤를 마리 보나파르트)였으며, 어머니는 마리아 레티치아 라몰리노였다. 그가 태어났을 때의 이름은 나브리오네 디 부오나파르테(Nabulione di Buonaparte)였다. 이름을 나브리오네로 지은 것은 요절한 장남인 나브리오네에서 따온 것이다. 부오나파르테가는 프랑스의 코르시카 점령에 항의하며 파스콸레 파울리가 이끄는 코르시카 독립 운동에 참여했으나 파울리가 망명하자 프랑스 측으로 전향해, 가문의 명칭을 프랑스식인 보나파르트로 개명하고 귀족 자격을 얻었다.

** 장 앙텔름 브리야 사바랭(Jean-Anthelme Brillat-Savarin, 1775-1826)은 프랑스의 법률가·정치가로, 『맛의 생리학(*Physiologie du goût*)』이라는 식도락에 관한 유명한 책을 쓰기도 했다.

*** 그리모 드 라 레니에르(Grimod de la Reynière, 1758-1837)는 세계 최초의 미식 요리 잡지 편집인으로, 『미식가 연감(*Almanach des Gourmands*)』이라는 책을 썼다.

들었다.

이제 혁명은 과거의 일이 되었고, 하인들은 신사로 바뀌었다. 새로운 질서가 탄생하고, 새로운 계급이 명령했다. 그들은 승리한 부르주아의 미각을 교육시키는 일에 몰두했다.

요리에 관한 최초의 논저를 쓴 브리야 사바랭으로부터 다음과 같은 명문이 비롯되었다. "그대가 무엇을 먹는지 내게 말해주면, 나는 그대가 어떤 사람인지 말해줄 수 있다." 수많은 사람이 이 문장을 너무 자주 인용했기 때문에 다른 표현도 인용된다. "새로운 요리 하나는 인간에게 새로운 별 하나보다 더 많은 행복을 준다." 그의 지식은 어머니 오로라에게서 물려받은 것으로, 그녀는 아흔아홉 살에 식탁에서 죽은 요리 전문가였다. 그녀는 자기 몸 상태가 좋지 않다고 느꼈고, 와인 잔을 비우고는 급히 디저트를 가져오라고 부탁했다.

그리모 드 라 레니에르는 요리 저널리즘을 창설했다. 각종 신문과 연감에 실린 그의 글은 훌륭한 음식 예술이 귀족의 살롱에만 제한된 사치가 되어버린 식당들의 주방을 인도했다. 손 없는 사람이 가장 많은 손을 가진 법이다. 펜과 국자의 대가인 레니에르는 손 없는 불구로 태어났기 때문에 갈고리를 이용해 글을 쓰고, 요리를 하고, 음식을 먹었다.

고야

1814년에 페르난도 7세는 프란시스코 데 고야 앞에 포즈를 취했다. 그런 광경은 전혀 특이하지 않았다. 에스파냐의 왕실 화가 고야는 새로 즉위한 왕의 초상화를 그리고 있었다. 하지만 화가와 왕은 서로를 미워하고 있었다.

왕은 고야의 궁정화(宮廷畵)가 사람의 마음을 끄는 데 뭔가 위선적이라며 나름대로 충분한 논리를 가지고 의심하고 있었다. 당시 화가 고야는 밥벌이 일을 하는 수밖에 달리 방도가 없었는데, 그 일이 화가 자신에게 밥을 주고 종교재판소의 급습에 대비한 좋은 갑옷을 제공해 주고 있었다. 하느님의 재판소는 고야가 〈벌거벗은 마하〉와 수사들의 온갖 덕행과 전사들의 용맹함을 조롱하는 수많은 작품의 저자였기 때문에 산 채로 화형시킬 생각을 하고 있었던 것이다.

왕은 권력을 지니고 있었고, 화가는 아무것도 가진 게 없었다. 페르난도는 다음과 같이 외치는 군중이 어깨에 멘 어가(御駕)에 올라 종교재판과 영주의 특권을 복구하기 위해 권좌에 도달했다.

"사슬들이여 살아나라!"

예상보다 일찍 고야는 왕의 화가 자리를 잃었고, 그 자리는 고분고분한 부르주아 화가 비센테 로페스가 차지했다.

일자리를 잃은 고야는 만사나레스 강변에 있는 별장에 은신처를 찾았고, 별장 벽에 소위 '검은 그림'이라는 대작들을 그렸다.

고야는 고독과 절망감에 휩싸인 밤에, 그가 쓴 모자를 길게 늘어뜨리는 촛불을 밝힌 채, 순전히 좋아서 혹은 싫어서, 자신을 위해 그림을 그렸다.

아무것도 들을 수 없었던 이 귀머거리는 그렇게 함으로써 당대의 비탄에 잠긴 목소리들을 들을 수 있었고, 그 목소리들에게 형태와 색을 주었다.

마리아나

1814년에 페르난도 왕이 페파*를 죽였다.

페파는 국민이 카디스 헌법에 붙여준 이름인데, 2년 전 이 헌법은 종교재판을 폐지하고 언론 자유, 투표권, 그리고 그 밖의 다른 무례한 것들을 보장했다.

왕은 페파가 존재하지 않았다고 결정했다. 왕은 "마치 그런 법안이 결코 통과되지 않았다는 듯이, 페파는 무효이고, 그 어떤 가치도 효과도 없으며, 당장 폐기되어야 한다"고 선언했다.

그리고 군주제 독재를 반대하는 적들을 제거하기 위해 에스파냐 전국에 교수대를 세웠다.

1831년 어느 날 아침 일찍, 그라나다 시의 어느 문 앞에서 사형 집행인이 교압기(絞壓器)를 돌리자 쇠고리가 마리아나 피네다**의 목을 부러뜨렸다.

잘못은 그녀에게 전가되었다. 그녀가 깃발 하나를 수놓고, 자유파 음모자들을 밀고하지 않고, 그녀 자신을 단죄한 판사에게 사랑을 베푸는 호의를 거부한 죄였다.

마리아나의 삶은 짧았다. 그녀는 금지된 관념, 금지된 남자, 머리와 어깨를 덮는 검은 베일, 초콜릿, 부드러운 노래를 좋아했다.

---

* 페파(Pepa)는 요셉(José) 애칭이다. 1812년 3월 19일에 카디스 헌법(Constitución de Cádiz)이 공포되었는데, 그날이 성 요셉(San José) 축일이기 때문에 헌법을 지지하는 자유주의자들이 그런 애칭을 붙였고, 그 이름이 대중적으로 유포되었다.

** 마리아나 피네다(Mariana Pineda, 1804-1831)는 페르난도 8세가 자유파를 탄압했을 때 희생당한 여성 자유주의자다.

부채들

카디스의 경찰이 "자유 부인"이라 부른 자유파 여자들은 암호로 음모를 꾸몄다.

그녀들은 안달루시아 출신 할머니들로부터 부채의 비밀스러운 언어를 배웠는데, 그 부채 언어는, 남편이나 왕에게 복종하지 않기 위해 사용되었다. 즉, 부채를 천천히 펼쳤다가 갑자기 접어버리기, 파도 치듯 흔들기, 날개를 펄럭이듯 흔들기 등이었다.

부인들이 접힌 부채로 이마의 머리카락을 들어 올리면, "나를 잊지 마세요"라고 말하는 것이다.

펼쳐진 부채로 두 눈을 가리면, "당신을 사랑해요"라고 말하는 것이다.

입술 위로 부채를 펼치면, "내게 키스해 주세요"라는 의미다.

접힌 부채 끝을 입술에 갖다 대면, "나를 믿지 마세요"라는 의미다.

손가락 하나로 부챗살을 문지르면, "우리 얘기 좀 해요"라는 의미다.

부채질을 하면서 발코니에 나타나면, "우리 밖에서 만나요"라는 의미다.

들어오면서 부채를 접으면, "나는 오늘 나갈 수 없어요"라는 의미다.

왼손으로 부채질을 하면, "그거 믿지 말아요"라는 의미다.

아르헨티나의 공식 예술

1810년 5월 25일, 부에노스 아이레스에 비가 내린다. 수많은 실크해트*가 우산을 쓰고 있다. 하늘색 장미꽃 장식과 하얀색 장미꽃 장식이 분배된다. 프록코트를 입은 신사들이 지금 '5월 광장'**이라 불리는 곳에 모여 '조국 만세'를 외치고, '부왕은 물러가라'고 요구한다.

학교 교과서에 각색되어 나오는 것과는 달리 톡 까놓고 얘기하자면, 실제로는 실크해트도, 장미꽃 장식도, 프록코트도 없었으며, 비도 전혀 내리지 않고 우산도 전혀 없었던 것 같다. 시청 건물 안에서 독립에 관해 토론하던 소수의 사람을 응원하기 위해 모여든 사람들이 시청 건물 밖에서 합창을 했다.

그들 소수, 즉 가게 주인, 밀수업자, 저명한 박사, 군사 지도자들은 여러 대로와 주요 도로에 자신의 이름을 부여한 위인들이었다.

독립이 선포되자마자 자유무역이 실시되었다.

그렇게 해서 부에노스 아이레스 항구는 막 태동하려던 국가 산업을 죽여버렸는데, 국가 산업은 방적업, 면직업, 증류주 제조업, 마구 제조업과 코르도바, 카타마르카, 투쿠만, 산티아고 델 에스테로, 코리엔테스, 살타, 멘도사, 산 후안…… 등지의 기타 수공업 공장들이었다.

---

* 실크해트는 남자들이 주로 쓰는 정장용 서양 모자로, 춤이 높고 둥글며 딱딱한 원통 모양에 겉은 새틴처럼 광택이 있는 천으로 싸여 있다.

** 1810년 5월 22일부터 25일에 걸쳐 아르헨티나의 부에노스 아이레스 시 의회가 소집되어 25일에 사실상의 독립을 선언하는데, 이것이 바로 라틴아메리카 전 지역에서 일어난 독립 운동의 커다란 계기가 된 5월 혁명이다. '5월 광장(Plaza de Mayo)'은 5월 혁명을 기념하기 위한 곳으로, 아르헨티나 민주화 운동의 상징이다.

불과 몇 년 후, 영국 외무부 장관 조지 캐닝은 아메리카에 있는 에스파냐 식민지들의 자유를 축하하며 축하주를 들었다.

"히스파노아메리카*는 영국 것이오." 그가 술잔을 들면서 확인했다.

작은 시골 마을의 돌까지도 영국 것이었다.

독립 아닌 독립

라틴아메리카 해방의 영웅들은 다음과 같은 식으로 일생을 마쳤다.

총살형을 당한 영웅: 미겔 이달고, 호세 마리아 모렐로스, 호세 미겔 카레라, 프란시스코 모라산.

암살당한 영웅: 안토니오 호세 데 수크레.

교수형을 당하고 사지가 잘려 죽은 영웅: 치라덴치스.

추방당한 영웅: 호세 아르티가스, 호세 데 산 마르틴, 안드레스 데 산타 크루스, 라몬 베탄세스.

투옥된 영웅: 투생 루베르튀르, 후안 호세 카스텔리.

호세 마르티는 전투 중에 죽었다.

시몬 볼리바르는 고독 속에서 죽었다.

1809년 8월 10일, 에콰도르의 키토 시가 해방을 축하하는 사이에 신원 미상의 어떤 사람이 벽에 다음과 같이 썼다.

"독재의 마지막 날이자

---

* 흔히 히스패닉아메리카라 부르는데, 에스파냐의 식민지, 즉 아메리카에서 에스파냐어를 사용하는 지역을 가리키는 것이다.

독재의 첫째 날이다."

2년 뒤, 안토니오 나리뇨*가 보고타에서 다음과 같이 확인했다.

"우리는 주인을 바꾸었을 뿐이다."

분실자

그는 사막에서 설교했고, 외롭게 죽었다.

볼리바르의 스승이었던 시몬 로드리게스는 노새를 타고 반세기 동안 아메리카를 돌아다니며 학교를 세우고, 그 누구도 듣고 싶어 하지 않은 말을 하고 다녔다.

그가 써놓은 거의 모든 글은 화마가 삼켜버렸다. 지금까지 남아 있는 것 몇 가지를 소개하겠다.

    * 독립에 관해: "우리는 독립적이지만, 자유롭지 않습니다. 예전보다 덜 자유로운 상태가 되어버린 몇몇 불쌍한 나라의 민중을 위해 뭔가를 하십시오. 예전에 그들에게는 그들이 죽은 뒤에야 비로소 그들을 잡아먹은 목자 왕 한 명이 있었습니다. 이제 맨 처음 도착한 목자 왕이 사람을 산 채로 잡아먹습니다."

    * 정신적인 식민주의에 관해: "유럽의 지식과 미국의 번영은 아메리카에서 사상의 자유를 위협하는 두 가지 적입니다. 새로운 공화국들은 자신

---

* 안토니오 나리뇨(Antonio Amador José de Nariño, 1765-1823)는 '누에바 그라나다'(현재의 콜롬비아)의 독립 운동에 참여한 이념적 선구자이자, 건국 초기의 정치·군사 지도자 중 한 명이다.

들이 인정할 수 없는 것은 전혀 받아들이려 하지 않습니다……. 여러분이 이왕에 다른 것을 모방하려 한다면, 독창성을 모방하십시오!"

　* 상업적인 식민주의에 관해: "일부 사람들은 자기 나라 항구에 배가…… 외국 배가 가득 차 있고, 자기 집이 상품…… 외국 상품의 창고로 변해 있는 것을 번영이라고 생각합니다. 매일 수많은 기성복이 배에 실려 도착하고, 하다못해 인디오들이 쓰는 모자까지 도착합니다. 흙을 먹는 데 익숙해진 소년들을 위해 '새로운 공정을 통해' 만들어진 점토가 에스파냐 왕실의 문장(紋章)과 함께 들어 있는 작은 금도금 짐 꾸러미들을 머지않아 보게 될 것입니다."

　* 민중 교육에 관해: "이해가 되지 않는 것을 암기하라고 명령하는 것은 앵무새처럼 지껄이도록 하는 것입니다. 어린이가 속 좁은 사람처럼 권위에 복종하거나 어리석은 사람처럼 관습에 복종하도록 가르치지 말고, 이성에 복종하는 데 익숙해지도록 호기심 많은 사람으로 가르치십시오. 무식한 사람은 무엇에든 종속됩니다. 가진 것이 없는 사람은 무엇에든 매수됩니다."

호세 아르티가스

장례 기념물을 건립하는 것은 군인들의 장기다.

　1977년, 우루과이 독재 정권은 호세 아르티가스*를 기념하는 장례 기념물을 세웠다.

---

* 호세 아르티가스(José Gervasio Artigas Arnal, 1764-1850)는 우루과이의 국민 영웅으로, '우루과이 독립의 아버지'라고도 불린다.

이 거대한 엉터리 기념물은 바로 호화 감옥이었다. 그 영웅이 죽은 지 1세기 반이 지난 시점에 독재 정권은 그가 도망칠 수도 있다는 의심을 품었던 것이다.

독재 정권은 그 영묘를 치장하기 위해, 즉 자신들의 의도를 은닉하기 위해 그 국민 영웅이 남긴 말을 찾아보았다. 그러나 아메리카에서 첫 번째로 농업 개혁을 단행한 남자, "시민 아르티가스"라 불리게 된 그 장군은 "가장 불행한 사람은 특권을 가장 많이 가진 사람"이라고 말하고, "우리의 풍부한 유산을 필요 때문에 결코 싼값에 팔지는 않겠다"고 다짐했으며, "자신의 권위는 민중으로부터 나오고 민중 앞에서 멈춘다"고 여러 차례 반복해서 말했다.

군부 독재자들은 아르티가스의 말 가운데 위험하지 않은 것은 단 한 마디도 없다고 판단했다.

그래서 그들은 아르티가스가 벙어리라고 확정해 버렸다.

검은색 대리석 벽에는 아르티가스의 생몰 연대와 이름밖에 기록되지 않았다.

두 명의 배신자

도밍고 파우스티노 사르미엔토*는 호세 아르티가스를 미워했다. 그 누구보다도 더 많이 미워했다.

---

* 도밍고 파우스티노 사르미엔토(Domingo Faustino Sarmiento Albarracín, 1811-1888)는 아르헨티나 저널리스트, 작가이자 제7대 대통령을 지낸 정치가로, 『파쿤도(*Facundo*)』라는 유명한 책을 썼다.

호세 아르티가스를 "자기 종족을 배신한 자"라 불렀고, 그것은 사실이었다. 백인에 파란 눈을 지닌 아르티가스가 메스티소 가우초,* 흑인, 인디오와 함께 싸운 것이다.

사르미엔토 역시 자기 종족을 배신한 사람이었다. 이는 사르미엔토의 초상화들을 살펴보면 확인할 수 있는 문제다.** 그는 거울을 상대로 벌인 전쟁에서*** 피부색이 짙은 아르헨티나 사람들을 말살하고 그 자리를 파란 눈의 백인 유럽인으로 대체하겠다고 선언하고 실행했다. 그는 아르헨티나의 대통령, 저명한 위인, 칭송과 찬사를 받는 인물, 불멸의 영웅이었다.

헌법들

몬테비데오의 중앙로는 우루과이 헌법의 탄생을 기리기 위해 '7월 18일 거리'라 불리고, 제1회 세계 축구 선수권 대회가 열린 경기장은 국가 설립의 토대가 되는 그 법이 태어난 세기를 축하하기 위해 건립되었다.

아르헨티나의 헌법 프로젝트를 모방한 우루과이의 1830년 마그나

---

* 가우초(gaucho)는 아르헨티나와 우루과이의 대평원에 살며 유목 생활을 하던 목동이다. 대부분은 에스파냐인과 인디오의 혼혈(메스티소)로, 18세기 중반부터 19세기 중반까지 번성했다. 아르헨티나와 우루과이의 독립에 커다란 역할을 했으나 지금은 대부분 농장의 일꾼이나 도시의 날품팔이 노동자로 전락했다.

** 사르미엔토(sarmiento)는 갈색 피부의 유색인종이다.

*** 거울을 통해 보이는 자신과 같은 피부색을 지닌 사람들과 전쟁을 벌였다는 의미로 이해된다.

카르타는 여자, 문맹자, 노예, 그리고 "월급제 하인, 날품팔이 일꾼, 일반 사병"의 시민권을 부정했다. 우루과이 국민 열 명당 한 명만이 새로운 국가의 시민이 될 권리가 있었고, 첫 번째 선거에서 국민의 95퍼센트가 투표를 하지 않았다.

북에서 남까지 전 아메리카에서 그런 식으로 일이 진행되었다. 우리의 모든 나라가 허위적으로 탄생한 것이다. 독립은, 독립을 위해 목숨을 걸고 투쟁한 사람들을 강하게 거부했다. 여자, 빈자, 인디오, 흑인은 축제에 초대받지 못했다. 헌법은 그런 절단 행위에 합법적인 권리를 부여했다.

볼리비아는 자국이 다수의 인디오가 광범위하게 포진한 나라라는 사실을 이해하는 데 181년이 걸렸다. 그 사실이 계시(啓示)된 때는 아이마라 인디오 에보 모랄레스가 몰표를 얻어 대통령이 될 수 있었던 2006년이었다.

같은 해, 칠레는 칠레 국민의 반은 여자라는 사실을 이해했고, 여자인 미첼 바첼레트가 대통령이 되었다.

훔볼트가 정의한 아메리카

19세기가 첫 행보를 시작하고 있는 동안 알렉산더 폰 훔볼트가 아메리카에 들어와 그 속내를 발견했다. 몇 년 뒤 그는 다음과 같이 기술했다.

    * 사회 계급에 관해: "멕시코는 불평등한 국가다. 권리와 재산 면에서 엄청난 불평등이 두드러진다. 하얀색이거나 하얀색에 가까운 피부가 사람이 사회에서 점유하는 계급을 결정한다."

    * 노예에 관해: "프랑스령이건, 영국령이건, 덴마크령이건, 에스파냐령이건, 안틸레스 제도에서만큼 유럽인이라는 사실에 부끄러움을 느끼는 곳은 세상에 없다. 어떤 나라가 흑인을 더 잘 대해주는지 따져보는 것은 난도질을 당하는 사람이 될 것인지, 껍질이 벗겨지는 사람이 될 것인지 선택하는 것과 같다."

    * 인디오에 관해: "모든 종교 가운데 기독교는 그 어떤 종교보다도 인간의 불행을 감춘다. 사제의 채찍에 묶여 있는 불행한 아메리카인들을 찾아가 본 사람이라면 유럽인과 그들의 신권 정치에 관해 더 이상 알고 싶어 하지 않을 것이다."

    * 미국의 팽창에 관해: "나는 미국인의 정복을 몹시 혐오한다. 나는 미국인이 열대 멕시코에서 처절하게 패배하기를 원한다. 그리고 가장 바람직한 것은 미국인이 자신들의 광적인 예속을 확산시키는 것보다 차라리 자기 집에 머무르는 것이다."

생태학의 기원

호기심 많고 용감한 이 독일인은 지속 가능한 발전이라는 말이 사용되기 훨씬 이전에 지속 가능한 발전에 관해 관심을 두고 있었다. 그는 모든 지역에서 다양한 자연 자원에 감탄했고, 사람들이 그런 자연을 거의 존중해 주지 않는다는 사실에 혐오감을 느꼈다.

홈볼트는 인디오들이 베네수엘라의 오리노코 강에 있는 우루아나 섬에서 거북이가 백사장에 낳은 알 거의 대부분을 수거하지 않음으로써 거북이가 계속해서 번식할 수 있도록 하지만, 유럽인들은 이런 좋은 풍습을 따르지 않았고, 그들의 탐식은 자연이 인간의 손이 닿는 곳에 놓아준 풍요를 말살하고 있다고 경고했다.

베네수엘라의 발렌시아 호수의 수면이 갈수록 낮아진 이유는 무엇이었을까? 식민지의 플랜테이션 농장이 그 지역 숲을 휩쓸어 버렸기 때문이다. 홈볼트는 수령이 많은 나무는 빗물을 더디게 증발시키고, 토양 침식을 막아줄 뿐만 아니라 강물과 빗물 사이의 균형을 유지시켜 준다고 말했다. 나무를 죽이면 무시무시한 가뭄과 유례가 없는 홍수를 겪게 된다.

"발렌시아 호수뿐만 아니다. 베네수엘라의 모든 강은 갈수록 수량이 줄어든다. 산맥에서는 나무가 사라져가고 있다. 유럽에서 건너온 식민지 이민자들은 숲을 파괴한다. 한 해의 대부분의 시간에 강이 마르고, 산맥에 비가 쏟아지면 격류가 되어 들판을 휩쓸어 버린다." 홈볼트가 말했다.

볼리비아가 지도에서 지워졌다

1867년 밤, 브라질 대사는 볼리비아 독재자 마리아노 멜가레호의 가슴에 대십자훈장을 걸어주었다. 멜가레호는 자신이 받은 훈장이나 말

(馬)에 대한 대가로 나라를 쪼개 그 조각들을 받치는 관행을 유지하고 있었다. 그날 밤 멜가레호의 눈에서 감사의 눈물이 쏟아졌고, 그는 바로 그 자리에서 고무가 풍부한 볼리비아 밀림 지대 65만 제곱킬로미터를 브라질 대사에게 선물했다. 브라질은 그 선물 말고도 전쟁을 통해 정복한 밀림 지대 20만 제곱킬로미터를 차지함으로써 세계 시장에 내다 팔 고무를 줄줄 쏟아내는 나무를 갖게 되었다.

　1884년, 이번에 볼리비아는 칠레와 벌인 전쟁에서 패했다. '태평양 전쟁'이라고들 불렀지만 실제로는 '초석 전쟁'이었다. 반짝반짝 빛나는 하얀색 양탄자처럼 광범위하게 퍼져 있는 초석은 유럽의 농업에서는 가장 탐나는 비료였으며, 군수 산업에서는 가장 중요한 성분이었다. 파티에서 헨리 8세로 분장하던 영국 사업가 존 토머스 노스는 페루와 볼리비아에 있는 모든 초석을 차지했다. 칠레가 전쟁에서 승리했고, 그가 전비를 지불했다. 페루는 많은 것을 잃었고, 볼리비아 역시 많은 것을 잃었다. 바다와 연결된 출구도, 400킬로미터에 달하는 해변도, 항구 네 개도, 작은 만 일곱 개도, 초석이 풍부한 12만 제곱킬로미터의 사막 지대도 없어져버렸다.

　하지만 여러 차례 몸이 절단된 이 나라는 수도 라 파스에서 어느 외교적 사건이 일어날 때까지만 해도 지도에서 공식적으로 지워지지 않았다.

　믿거나 말거나. 내가 여러 차례에 걸쳐 들은 이야기를 그대로 옮겨 보겠다. 그러니까, 주정뱅이 독재자 멜가레호는 영국 대표를 환영하면서 그에게 과거나 현재나 볼리비아의 국가 음료인 옥수수로 만든 치차 한 잔을 대접했다. 그 영국 외교관은 감사를 표하면서 치차의 장점을 칭찬했으나, 초콜릿을 더 좋아한다고 말했다. 그러자 대통령은 친절하게도 초콜릿이 가득 들어 있는 거대한 항아리를 그에게 내밀었다. 영국 대사는 그날 밤 내내 대통령에게 붙잡혀 항아리에 든 초콜릿을 마지막 한 방울까지 다 마시는 벌을 감당해야 했고, 다음날 새벽녘에 나귀에 거꾸로 실려 라 파스의 거리를 지나갔다.

버킹엄 궁에서 그 사건에 관해 알게 된 빅토리아 여왕은 세계 지도 하나를 가져오라고 했다. 여왕은 그 빌어먹을 볼리비아가 어디에 있는지 묻고는 분필로 볼리비아에 가위표를 해서 지워버린 뒤 이렇게 말했다.

"볼리비아는 더 이상 존재하지 않아."

멕시코의 지도가 잡아먹혔다

1833년과 1855년 사이에 안토니오 로페스 데 산타 안나는 대통령을 열한 번이나 역임했다.

그 시기에 멕시코는 텍사스, 캘리포니아, 뉴멕시코, 애리조나, 네바다, 유타, 그리고 콜로라도와 와이오밍의 상당 부분을 잃었다.

멕시코는 1,500만 달러라는 변변찮은 액수의 돈을 받고, 결코 계산되지 않은 수많은 전몰 용사, 인디오, 메스티소를 바쳐가며 예전의 절반 크기 나라로 축소되었다.

국가의 절단은 당시 테하스(Tejas)라 불리던 텍사스(Texas)에서 시작되었다. 그곳에서 노예 제도는 금지되어 있었다. 흑인의 주인이었던 샘 휴스턴은 노예 제도를 부활시킨 침략을 선도했다.

샘 휴스턴, 스티븐 오스틴 등 남의 땅을 도둑질한 이들 도적들은 지금 자유의 영웅이고 미국의 위인이다. 건강과 문화에 그들의 이름이 붙어 있다. 휴스턴은 중병에 걸린 사람을 치료하거나 위안을 주고 있으며, 오스틴은 지식인에게 광채를 주고 있다.

중앙아메리카의 지도가 깨졌다

프란시스코 모라산*은 첫 번째 총알을 맞고도 죽지 않았다. 그는 온 힘을 다해 일어서서 조준점을 수정하라고 명령하고 발사 명령을 내렸다.

그리고 은총의 총알이 그의 머리를 쪼갰다.

중앙아메리카 또한 쪼개졌다. 다섯 조각으로 쪼개졌는데, 현재는 여섯 조각이다. 무시당하고 혐오당하는 이 여섯 나라가 모라산의 시대에는 하나의 공화국이었다.

모라산은 1830년부터 1838년까지 중앙아메리카를 통치했다. 그는 중앙아메리카가 단일체가 되기를 원했고, 그것을 위해 투쟁했다.

마지막 전투에서 그는 5,000명의 적군과 싸울 남자 80명을 규합했다.

그가 말에 묶인 채 코스타리카의 산 호세로 들어갔을 때, 군중은 그가 지나가는 것을 말없이 바라보았다.

바로 조금 뒤, 그는 사형을 선고받아 총살형을 당했고, 여러 시간 동

---

* 프란시스코 모라산(José Francisco Morazán Quezada, 1792-1842)은 온두라스 출신 정치가로, 중앙아메리카 연방 공화국(República Federal de Centroamérica)의 대통령(1830-1838), 온두라스(1827-1828, 1829-1830), 엘살바도르(1832, 1839-1840), 코스타리카(1842)의 국가수반 등을 역임했다.

안 비가 그의 몸을 찔러댔다.

모라산이 온두라스에서 태어났을 때, 온두라스에는 공립학교가 단 한 곳도 없었고, 가난한 사람이 공동묘지로 가기 전에 들를 수 있는 병원 또한 단 한 곳도 없었다.

모라산은 온두라스와 중앙아메리카 전역에서 수도원을 학교와 병원으로 바꾸었다. 그러자 고위 성직자는 하늘에서 추방된 그 사탄에게 천연두, 가뭄, 그리고 가톨릭교회가 그에게 행한 전쟁의 책임이 있다고 선언했다.

모라산이 죽고 13년이 지난 뒤, 윌리엄 워커*가 이 땅을 침범했다.

운명이 정해진 남자

1854년, 윌리엄 워커는 스스로 니카라과의 대통령이라고 선포한다.

대통령 취임식은 연설, 군대의 열병식, 미사, 유럽산 와인을 채운 건배 53회로 이루어진다.

일주일 뒤에 미국 대사 존 H. 휠러는 이 새로운 대통령을 공식적으

---

* 윌리엄 워커(William Walker, 1824-1860)는 미국 출신 의사·변호사·저널리스트·용병대장으로, 중앙아메리카에 노예제를 바탕으로 한 '백인 제국'의 건설을 꿈꿨다. 한때 멕시코 북부에 독립공화국을 건설하려다 실패한 워커는 1855년 5월 4일 용병 57명과 함께 샌프란시스코에서 니카라과를 향해 출항했다. 불과 몇 달 만에 니카라과군을 격파하고 다음 해 스스로 대통령에 취임해 니카라과를 통치했다. 워커는 백인 제국의 확장을 위해 곧 과테말라, 엘살바도르, 온두라스, 코스타리카 등 인근 국가와 전쟁에 돌입했다. 하지만 해운·철도업계의 거부 코닐리어스 밴더빌트와 맞서면서 발목이 잡히고 말았다. 밴더빌트가 지원하는 주변국 연합군에 패한 그는 권좌에 앉은 지 채 1년도 안 돼 니카라과에서 도망쳐야 했다. 중앙아프리카를 떠돌며 재기를 모색하던 그는 미국 해군에 붙잡혀 온두라스 정부에 넘겨진 뒤 처형됐다. 사후에도 그는 미국 남부 주민들로부터 '워커 장군'이라 불리며 영웅으로 추앙받았다.

로 인정하고 어느 연설에서 그를 크리스토퍼 콜럼버스와 비교한다.

워커는 니카라과에 루이지애나 헌법을 강요하고, 중앙아메리카 전역에서 이미 30년 전에 폐기된 노예 제도를 부활시킨다. "열등한 인종은, 그들의 에너지를 인도할 백인 주인이 없으면 백인과 경쟁할 수 없"기 때문에 흑인의 복지를 위해 그렇게 한다는 것이다.

테네시 출신의 이 기사, 즉 "운명이 정해진 남자"는 하느님의 명령을 직접 받는다. 인상이 험상궂은 이 냉혈한은 항상 상복을 입고, 부두에서 모집한 품팔이 노동자 집단을 통솔했는데, 사람들은 그들을 '골든 서클 기사단(KGC)'이라 부르고, 그냥 소박하게 '불멸의 팔랑헤(Falange de los Inmortales)'*라 부르기도 한다.

워커는 "다섯 아니면 무(無)"라고 선언하고, 중앙아메리카 전체를 정복하기 시작한다.

서로 간의 원한 때문에 이혼을 해서, 서로 싸워서 서로 독을 먹였던 중앙아메리카의 다섯 나라는 그동안 잃어버린 단결을, 잠깐 동안일망정, 회복한다. 워커에 반대해 단결을 하는 것이다.

1860년, 워커는 총살당했다.

지도의 이동

1821년, 미국식민협회(American Colonization Society)는 아프리카 한 조각

---

* 팔랑헤(falange)는 에스파냐의 극단적인 민족주의 정치 단체다.

을 샀다.

워싱턴에서는 그 새로운 나라의 이름을 라이베리아라고 정하고, 수도의 이름은 당시 미국 대통령이던 제임스 먼로(James Monroe)를 기리는 의미로 '몬로비아(Monrovia)'라고 정했다. 국기 또한 워싱턴에서 디자인했는데, 미국 것과 동일하게 했으나 별은 하나만 그렸다. 각료도 선발했다. 하버드 대학교에서 헌법을 제정했다.

신생국가의 시민은 미국 남부의 플랜테이션 농장에서 자유를 찾았거나 추방당한 노예들이었다.

과거에 노예였던 사람들은 아프리카 땅에 채 착륙하기도 전에 그 땅의 주인으로 변했다. 원주민, 즉 "밀림의 야만적인 흑인들"은 그곳에 마지막으로 도착했지만 첫 번째로 도착한 사람들로 인정받은, 이들 막 도착한 사람들에게 복종해야 했다.

막 도착한 사람들은 대포의 보호를 받으며 가장 좋은 땅을 차지하고, 독점적으로 투표권을 취득했다.

그리고 몇 년이 지난 뒤 그들은 미국의 타이어 회사 파이어스톤(Firestone)과 굿리치(Goodrich)에 고무를 양도해 주고, 미국 회사들에 석유, 철강, 다이아몬드를 제공했다.

라이베리아 전 인구의 5퍼센트 정도를 차지하는 그들의 후손이 아프리카에 있는 이 해외 군사기지를 계속해서 경영하고 있다. 빈민들이 소요를 일으킬 때마다 그들은 질서를 유지하기 위해 "미국 해병대"를 부른다.

이름의 이동

숫자를 읽으면서 읽는 법을 배웠다. 숫자와 함께 노는 것은 그녀가 가장 즐기던 것이었고, 밤이면 아르키메데스를 꿈꾸었다.

아버지는 금지시켰다.

"여자가 할 일이 아니란다." 아버지가 말했다.

프랑스 혁명이 에콜 폴리테크니크*를 설립했을 때, 소피 제르맹은 열아홉 살이었다. 그녀는 그 학교에 입학하고 싶었다. 하지만 학교로부터 문전박대를 당했다.

"여자가 할 일이 아니랍니다." 학교 측 사람들이 말했다.

소피 제르맹은 자력으로, 홀로, 공부하고, 연구하고, 창조했다.

자신의 작업을 라그랑주 교수에게 우편으로 보냈다. 소피는 우편물 발신인의 이름을 당시 이 학교 학생이었던 무슈** 앙투안 오귀스트 르블랑이라 적음으로써 그 저명한 대가가 다음과 같이 대답하는 걸 피했다.

"여자가 할 일이 아니랍니다."

수학자 대 수학자로서 주고받은 편지 문답은 10년 동안 지속되었고, 마침내 그 교수는 상대가 남자가 아니라 여자라는 사실을 알게 되었다.

그 후부터 소피는 유럽 과학의 남성적인 올림포스에 받아들여진 유

---

* 에콜 폴리테크니크(Ecole Polytechnique)는 프랑스 국방부의 감독하에 운영되는 고등 고육기관으로, 세계에서 가장 오래된 명문 공과대학 가운데 하나다. 수학·기계공학·물리학·화학·경제학·인문학·사회과학 등의 학과가 개설되어 있다.

** 무슈(Monsieur)는 영어의 미스터(Mister)에 해당한다.

일한 여자가 되었다. 즉, 소피는 수학에서 이론을 심화시킨 뒤에 물리학 연구에 몰두해 탄성론(彈性論)에 관한 연구를 개혁했다.

한 세기가 지난 뒤, 그녀의 연구 업적은 다른 많은 것 가운데서도 특히 에펠탑의 건축에 크게 기여했다.

에펠탑에는 여러 과학자의 이름이 새겨져 있다.

하지만 소피는 없다.

1831년에 발행된 그녀의 사망 증명서에는 과학자가 아니라 임대업자로 기록되어 있었다.

"여자가 할 일이 아니거든요." 담당 공무원이 말했다.

에이다의 생애

열여덟 살 때, 가정교사의 팔을 붙잡고 도망친다.

스무 살 때, 가정을 꾸리기에는 아주 부적합했음에도 불구하고 결혼을 한다. 아니, 어른들이 그녀를 결혼시킨다.

스물한 살 때, 독학으로 수리논리학을 공부하기 시작한다. 숙녀에게 그것은 가장 적합한 일이 아니었으나 가족은 그녀의 변덕을 수용한다. 아마도 그렇게 해야 그녀가 부계 혈통의 유산으로 그녀에게 예정되어 있는 그 광기를 떨쳐버리고 정신을 차릴 것이라 생각하기 때문이다.

스물다섯 살 때, 경마에서 돈을 따기 위해 확률 이론에 바탕을 둔 확실한 시스템을 개발한다. 집의 귀금속을 건다. 모든 것을 잃는다.

스물일곱 살 때, 혁신적인 논문 하나를 다른 사람 이름으로 발표한다. 당시에 과학 논문을 여자 이름으로 발표한다는 것이 가능했을까? 그 논문 때문에 그녀는 세계 역사상 최초의 여성 프로그래머가 된다. 방직 노동자들의 열악한 단순 작업을 줄여주는 기계에 작업 과제를 입력하기 위한 새로운 시스템을 제안한다.

서른다섯 살에 병에 걸린다. 의사들은 히스테리라고 진단한다. 실제로는 암이다.

1852년, 나이 서른여섯에 죽는다. 시인인 아버지 바이런 경도 그 나이에 죽었기 때문에 그녀는 아버지를 단 한 번도 보지 못했다.

한 세기 반이 지난 현재 컴퓨터 프로그래밍 언어에 에이다라는 것이 있다. 이 이름은 그녀를 기리는 것이다.*

그들이 그녀들이다

1847년, 소설 세 권이 영국 독자를 감동시킨다.

엘리스 벨의 『폭풍의 언덕』은 격정과 복수의 파괴적인 이야기를 다루고, 액턴 벨의 『아그네스 그레이』는 가족 제도의 위선을 까발린다. 커러 벨의 『제인 에어』는 독립적인 한 여자의 용기를 찬양한다.

이들 작품의 작가들이 여자라는 사실은 아는 사람이 아무도 없다.

---

* 에이다 러브레이스(Ada Lovelace, 1815-1852)는 여성 최초의 프로그래머이자 컴퓨터과학의 선구자이다.

벨 형제가 실은 브론테 자매였던 것이다.*

연약한 처녀들인 에밀리, 앤, 샬럿은 요크셔의 황무지에 있는 외딴 마을에서 시와 소설을 쓰면서 고독을 이겨낸다. 남성적인 문학의 왕국에 침입한 세 자매는 비평가들이 그녀들의 무모함을 묵인해 주도록 남자의 탈을 쓴다. 하지만, 비평가들은 그녀들의 작품을 혹평했다. "거칠고, 투박하고, 잡스럽고, 야만적이고, 잔인하고, 음란하고······."

플로라

폴 고갱의 할머니, 방랑하는 여군, 혁명의 순례자 플로라 트리스탕**은 자신의 소란스러운 삶을 아내에 대한 남편의 소유권, 노동자에 대한 고용주의 소유권, 노예에 대한 주인의 소유권에 대항해 싸우는 데 바쳤다.

1833년, 플로라는 페루로 갔다. 리마 변두리에서 어느 제당 공장을 방문했다. 그곳에서 그녀는 사탕수수를 압착하는 압착기, 사탕수수즙을 끓이는 솥, 설탕을 만드는 정제소 등을 처음으로 보았다. 어느 곳에서든 공장 안을 왔다갔다하면서 말없이 작업하는 흑인들을 보았다.

---

* 영국 성공회 사제 패트릭 브론테 신부와 마리아 브랜웰 사이에는 1남 3녀가 있었는데, 이 중 세 자매인 첫째 샬럿, 둘째 에밀리, 셋째 앤은 각각 남자의 필명을 사용해 작품 활동을 했다. '엘리스 벨(Ellis Bell)'은 에밀리 브론테의, '액턴 벨(Acton Bell)'은 앤 브론테의, '커러 벨(Currer Bell)'은 샬럿 브론테의 필명이다.

** 플로라 트리스탕(Flora Trsitain, 1803-1844)은 프랑스의 작가, 사회주의자, 최초의 페미니스트로, "노동자들은 나를 지지하지 않는데, 그 이유는 내가 여성이고 여성의 인권을 지지하기 때문이다"라고, 계급 운동 내에 존재하는 여성 억압을 최초로 인식했던 인물이다.

흑인들은 플로라가 그곳에 있다는 사실도 인지하지 못했다.

제당 공장 주인은 흑인 노예의 수가 900명이라고 플로라에게 말했다. 경기가 좋았을 때는 흑인 노예의 수가 두 배였다고 했다.

"폐허가 되었지요." 주인이 불평했다.

나중에 다음과 같은 말을 할 만반의 준비가 되어 있던 그가 말했다. 흑인들은 인디오들처럼 게을러서 채찍질을 해야만 일을 하고, 또…….

플로라는 제당 공장을 떠나면서 플랜테이션 한 켠에 있는 감옥을 발견했다.

플로라는 허가도 받지 않은 채 감옥 안으로 들어갔다.

그곳, 감방 안의 캄캄한 어둠 속에서 플로라는 한쪽 구석에 벌거벗은 채 묶여 있는 흑인 여자 둘을 구분할 수 있었다.

"짐승만도 못한 것들이에요." 경비가 경멸했다. "짐승들도 자기 새끼들은 죽이지 않는 법이지요."

이 흑인 노예들이 자신들의 '강아지들'을 죽인 것이다.

두 흑인 여자는 세상의 다른 쪽에서 자신들을 바라보고 있는 그 여자를 바라보았다.

콘셉시온

그녀는 지옥 같은 감옥에 반대했고, 가정집으로 위장한 감옥에 갇힌 여자들의 존엄성을 위해 몸과 마음을 바쳐 싸웠다.

모든 것을 일반화시킴으로써 용서를 하는 관습에 반해, 그녀는 빵을 빵이라 하고 포도주를 포도주라 부르듯이 단도직입적으로 말하는 사람이었다.

"모두의 잘못이라면, 그 누구의 잘못도 아니죠." 그녀가 말했다.

그런 식으로 그녀는 몇 사람을 적으로 만들었다.

결국 그녀의 명성이 명약관화해졌다 해도, 그녀의 나라에서는 그 사실을 믿으려 하지 않았다. 그녀의 나라뿐만 아니라 그녀의 시대도 마찬가지였다.

1840년경에 콘셉시온 아레날은 코르셋을 두 개씩이나 착용해 가며 가슴을 압박하는 등 남자로 변장한 채 법과대학에 다녔다.

1850년경, 부적절한 시간에 부적절한 테마에 관해 토론하는, 마드리드의 여러 문학 모임에 참석하기 위해 계속해서 남자로 변장했다.

1870년경에는 영국의 명망 있는 단체인 '감옥을 개혁하기 위한 하워드 소사이어티(Howard Society)'가 콘셉시온을 에스파냐 대표로 지명했다. 그녀를 대표로 지명하는 신임장은 "콘셉시온 아레날 경"이라는 이름으로 발급되었다.

40년이 지난 뒤, 에스파냐 갈리시아 출신인 에밀리아 파르도 바산*이 에스파냐의 어느 대학에서 최초의 여성 전임교수가 되었다. 그 어

---

* 에밀리아 파르도 바산(Emilia Pardo Bazán, 1852-1921)은 에스파냐의 작가로, 장편소설과 단편소설 및 문학 평론을 썼다. 많은 문학 논쟁을 불러일으킨 『비평의 문제(*La cuestión palpitante*)』(1883)라는 평론을 통해 일찍부터 명성을 얻었다. 에밀 졸라와 자연주의를 논한 이 책은 프랑스와 러시아의 문학 운동을 에스파냐에 소개했으며, 중요한 문학 논쟁의 시발점이 되었다. 여기서 파르도 바산은 개인의 자유의지를 주장한 자연주의를 옹호했다. 대표작은 『여자 노예의 아들(*Los Pazos de Ulloa*)』(1886)이라는 장편소설과 그 속편인 『모성(*La madre naturaleza*)』(1887)을 들 수 있다. 이들 소설은 아름다운 자연이라는 물리적 배경과 부패한 권력이라는 도덕적 배경을 비교하며 갈리시아 지방 유지들의 육체적·정신적 파멸을 천착했다. 파르도 바산은 마드리드 대학교에서 로망스 문학 교수를 지냈으며, 1916년 여성으로서는 이례적으로 문학과장이 되었다.

떤 학생도 그녀의 강의를 들으려 하지 않았다. 그녀는 그 누구에게도 강의를 하지 않았다.

비너스

그녀*는 남아프리카에서 잡혀 런던에서 팔렸다. 그녀는 호텐토트족**의 비너스라는 익살스러운 이름으로 불렸다.

2실링을 내면 벌거벗은 상태로 우리에 갇혀 있는 그녀를 구경할 수 있었는데, 유방이 어찌나 길게 늘어져 있던지 등 뒤에 있는 아이에게도 젖을 먹일 수 있었다. 관람료를 두 배로 내면, 세상에서 가장 큰 그녀의 엉덩이를 만질 수 있었다.

어느 홍보 포스터는 반인반수인 그 야만인 여자가 "다행스럽게도, 문명화된 영국인들의 현재 모습과 완전히 다르게 형성되었다"고 설명하고 있었다.

---

* 지금으로부터 약 200여 년 전에 남아프리카 공화국 케이프타운 인근에 사르키 바트만(Sarah 'Saartje' Baartman, 1789-1815)이라는 흑인 여자가 있었다. 이 여자는 신체 구조 때문에 사람들의 시선을 끌었다. 이에 주목한 영국인 의사가 자신을 따라 유럽에서 순회 전시를 하면 돈을 많이 벌 것이라고 유혹한다. 1810년 사르키 바트만은 스무 살의 나이에 의사와 함께 대서양을 건넌다. 유럽 여자들의 신체와 비교해 특이한 둔부를 가진 사르키 바트만은 그 둔부 하나로 당시 제국주의 유럽 인종학자들의 지대한 관심을 끌게 된다. 이들 학자뿐만 아니라 일반인들에게도 신체적 차이에 대한 호기심, 나아가 성적 관음증의 대명사가 된 사르키 바트만은 런던, 파리, 암스테르담 그리고 유럽의 기타 도시에서 인종 전시를 당하면서 선풍적인 인기를 누리게 된다. 이 과정에서 이름도 부르기 쉬운 사라 바트만(Sarah Baartman)으로 바뀌게 된다. 무려 5년 동안 비인간적인 노역과 수모를 이기지 못한 사르키 바트만은 1815년 1월 1일 새벽, 프랑스 파리에서 자신의 스물여섯 번째 생일을 눈앞에 두고 숨을 거둔다.
** 호텐토트족은 '열등 인간'이라는 의미를 내포하고 있다. 남아프리카의 부시맨을 기술하는 경멸적 표현으로, 백인들의 인종적 냉소적 오만과 편견을 보여준다.

그녀는 런던에서 파리로 이동했다. 자연사박물관의 전문가들은 이 비너스가 인간과 오랑우탄 사이에 있는 어떤 종인지 알아보고자 했다.

비너스는 스무 살을 갓 넘기고 사망했다. 저명한 박물학자 조르주 퀴비에가 그녀를 해부했다. 그가 밝힌 바에 따르면, 그녀는 원숭이의 두개골에 특이한 뇌, 맨드릴개코원숭이의 둔부를 지니고 있었다.

퀴비에는 비너스의 음부에서 쭉 늘어져 있는 거대한 소음순을 절개해 플라스크에 넣어 보관했다.

2세기가 지난 뒤에도 그 플라스크는 파리 인류 박물관에서 다른 아프리카 여자와 페루 원주민 여자의 음부와 함께 계속해서 전시되고 있었다.

그 플라스크 바로 옆에는 일부 유럽 과학자들의 뇌를 담은 플라스크들이 줄지어 놓여 있었다.

심오한 아메리카

빅토리아 여왕은 버킹엄 궁에서 그들을 맞이했다. 그들은 유럽의 왕실들을 순례한 뒤 워싱턴에서 백악관에 초대받았다.

바르톨라와 막시모는 결코 본 적이 없는 소인이었다. 두 소인을 구입한 존 헨리 앤더슨은 그들을 손바닥에 올려놓고 춤을 추게 하면서 사람들에게 구경시켰다.

그 서커스를 선전하던 매체들은 그들을 아스테카 사람이라고 했지만, 앤더슨에 따르면 그들은 유카탄의 밀림에 숨어 있던 마야의 어느 도시에서 왔는데, 그 도시에서는 수탉들이 땅속에서 울고, 원주민들은 터번을 쓰고 다니고 인육을 먹었다.

바르톨라와 막시모의 특이한 두개골에 관해 연구한 유럽 과학자들은 그 소인들의 작은 뇌에는 도덕 원칙이 들어가지 않고, 두 사람은 생각하거나 말을 할 수 없는 아메리카인들의 후손이라고 진단했다. 생각도 말도 할 수 없기 때문에 몇 마디 말만 앵무새처럼 반복할 수 있을 뿐이며, 그저 주인의 명령만 이해했다.

공기 다이어트

19세기 중반경에 버나드 카바나는 영국에서 대중을 끌어모았다. 그는 7일 밤낮을 음식은커녕 물 한 방울도 먹지 않겠다고 알리고는, 그것도 부족하다는 듯이 5년 반 동안 그 메뉴를 따랐다고 말했다.

카바나는 입장료를 받지 않았지만, 성령과 성처녀에게 직접 가는 헌금은 받았다.

그는 런던을 필두로 다른 도시들을 돌며 항상 굳게 닫힌 우리 또는 방에서, 항상 의사의 통제를 받고 경찰의 감시를 받으며, 그리고 항상 호기심에 굶주린 군중에 둘러싸인 채 굶고 또 굶는 감동적인 광경을 보여주었다.

그가 죽었을 때 시체는 사라져 영영 나타나지 않았다. 많은 사람이 그가 자신의 고기를 먹었다고 믿었다. 그는 아일랜드 사람이었다. 그 당시 몇 년 동안 아일랜드에서 인육을 먹는 것은 전혀 특이하지 않았다.

과도한 인구를 지닌 식민지

굴뚝에서는 연기가 나오지 않고 있었다. 4년 동안의 기아와 역병이 끝난 1850년에 아일랜드의 농촌에는 인적이 드물어졌고, 사람 없는 집들은 차츰차츰 무너져갔다. 사람들은 공동묘지나 북아메리카의 여러 항구로 떠났다.

땅은 감자도, 그 무엇도 주지 않았다. 정신병자만 늘어가고 있을 뿐이었다. 조너선 스위프트가 후원하는 더블린 정신병원은 개원 당시 입원 환자가 90명이었다. 1세기가 지난 뒤에는 3,000명이 넘었다.

굶주림이 한창일 때, 런던 측이 긴급 구호물자를 보냈다. 하지만 몇 달 만에 자선이 끊겼다. 대영제국은 이 골치 아픈 식민지를 계속해서 지원하기를 거부했다. 총리 러셀 경이 설명한 바에 따르면, 후안무치한 아일랜드 사람들은 제국의 관대한 조치를 반란과 비방으로 갚았다. 그런 말은 여론에 나쁘게 작용했다.

아일랜드의 위기를 극복하는 책임을 맡은 고위 공무원 찰스 트리벨리언은 아일랜드의 기아를 신의 뜻으로 여겼다. 아일랜드는 유럽 전체에서 인구 밀도가 가장 높고, 그 과도한 인구 밀도는 인간의 힘으로 도저히 막을 수가 없기 때문에 하느님이 "모든 지혜를 동원해 예기치 않은 방식으로, 갑작스럽게, 하지만 아주 효율적으로" 해결하고 있다는 논리였다.

요정 이야기의 기원

16세기 초반경에 잉글랜드, 스코틀랜드, 아일랜드의 왕인 제임스 1세와 찰스 1세는 태동하고 있던 영국 산업을 보호할 수 있는 여러 가지 조치를 공포했다. 가공하지 않은 양모의 수출을 금지하고, 상복에 이르기까지 국내산 직물 사용을 의무화했으며, 프랑스와 네덜란드산 수공예품 대부분의 수입을 금지했다.

18세기 초에 로빈슨 크루소를 만들어낸 대니얼 디포는 경제학과 상업에 관한 에세이 몇 편을 썼다. 디포는 아주 널리 알려진 자신의 저술들 가운데 어떤 것에서 영국 직물 산업을 발전시키는 데 국가의 보호주의적 기능이 필요하다고 강조했다. 만약 법률이 관세 장벽과 세금을 높임으로써 영국 직물 산업의 개화를 그토록 지원하지 않았더라면, 영국은 외국의 직물 산업에 가공되지 않은 양모 자체만을 공급하는 국가로 남아 있었을 것이다. 디포는 영국의 산업이 발전하게 되면, 미래 세계는 영국의 공업 생산품에 종속된 거대한 식민지가 될 것이라고 상상했다

그 후, 디포의 꿈이 실현되고 있었을 때, 이 제국주의적 강국은 질식을 시키든 대포를 쏘든, 다른 나라들이 자기를 뒤따라오지 못하게 했다.

"영국은 위에 도달하자 사다리를 걷어차 버렸다." 독일 경제학자 프리드리히 리스트가 말했다.

그때, 영국은 자유무역을 창안했다. 우리 시대에, 불면의 밤이면 부자 나라들은 가난한 나라들에게 계속해서 그 이야기를 해준다.

집요한 어느 식민지

인도는 고급 면과 비단을 영국에 판매했고, 영국 정부는 인도 직물의 영국 침입을 막을 방도를 강구하고 있었다. 1685년부터 인도의 직물은 무거운 세금으로 벌을 받았다. 관세가 계속해서 증대되어 아주 높은 수준에까지 이르렀는데, 인도산 직물은 높은 관세와 일정 기간의 수입 중단을 교대로 겪었다.

하지만, 시간이 흐르고, 각종 장벽과 수입 금지 조치도 경쟁을 없애지 못했다. 증기기관이 발명되고 영국 산업혁명이 이루어진 지 반세기가 지난 뒤에도 여전히 인도의 직물업자들은 영국이 싸우기 버거운 상대였다. 그들의 직물 기술이 원시적이었음에도 불구하고 좋은 품질에 낮은 가격을 지닌 직물은 계속해서 고객을 끌어들이고 있었다.

이처럼 집요한 경쟁자들이 제거되지 않자, 결국 대영제국은 19세기 초에 인도의 거의 모든 영토를 인정사정없이 군사적으로 정복해 버렸고, 인도의 직물업자들에게 천문학적인 세금을 지불하도록 강요했다.

그리고 나서는 그 대학살로부터 살아남은 사람들에게 옷을 입혀 주는 친절을 베풀었다. 19세기 중반, 인도의 직조기들이 이제 템스 강에 잠겨 있을 때, 인도인들은 맨체스터 직물 산업의 가장 좋은 고객이었다.

인도의 전설적인 인물 클라이브가 다카를 런던, 맨체스터와 비교해 보았는데, 당시 다카는 텅 비어 있었다. 주민 다섯 명 중 네 명이 다카를 떠난 것이다. 다카가 벵골 면직물 산업의 중심지였지만, 벵골은 면직물 대신 아편을 생산했다. 벵골을 정복한 클라이브는 아편을 남용해 죽었으나 양귀비를 재배한 사람들은 총체적인 폐허 속에서도 건강을 향유하고 있었다.

현재 다카는 세계에서 가장 가난한 나라에 속하는 방글라데시의 수도다.

타지마할

17세기 중반에 인도와 중국의 공장에서 생산된 물품 총량은 세계 수공업 생산품 전체의 반 이상을 차지하고 있었다.

그 당시, 즉 번영의 시기에, 황제 샤 자한은 세상 여자들 가운데 가장 사랑하던 부인이 죽은 뒤에 거처할 집을 마련해 주려고 야무나 강변에 타지마할을 세웠다.

홀아비가 된 황제는 부인과 부인의 집이 서로 닮았다고 말했다. 왜냐하면 그 신전은, 자기 부인이 변하듯, 낮과 밤에 시시각각으로 변하기 때문이었다.

사람들의 말에 따르면, 타지마할은 페르시아 건축가이자 천문학자인 우스타드 아마드가 설계했다고 하는데, 이 설계자는 수많은 다른 이름으로도 불렸다.

20년 동안 매일 2만 명의 인부가 동원되어 건설되었다고 한다.

흰색 대리석, 적사암(赤砂岩), 옥, 터키석으로 이루어졌고, 1,000여 마리의 코끼리가 머나먼 이국에서 가져왔다고 한다.

이 모든 것은 다 소문이다. 하지만 타지마할의 경쾌한 아름다움과 공중에 떠 있는 것 같은 하얀 자태를 본 사람들은 타지마할이 공기로 만들어지지 않았는지 자문한다.

2000년 말경에 인도의 가장 유명한 마술사가 군중 앞에서 타지마할을 2분 동안 사라지게 함으로써 군중의 입이 떡 벌어지고 말았다.

그는 마법을 부려 그렇게 했다고 말했다.

"내가 타지마할을 사라지게 했습니다." 그가 말했다.

과연 타지마할을 사라지게 했을까 아니면 공기로 되돌려놓았을까?

삶의 시간을 위한 음악

타지마할처럼 라가*도 바뀐다. 매 순간 소리를 내지는 않는다. 그 소리는 언제, 누구에게 들려주느냐에 따라 달라진다.

2,000년도 더 지난 과거부터 인도의 라가스는 하루의 시간이 시작될 때와 낮이 밤으로 진행되는 각 시각에 음악을 제공하고, 1년의 계절 또는 영혼의 계절이 바뀔 때마다 소리를 낸다.

멜로디들은 반복되는 어느 악보 위에서 자유롭게 올라갔다 내려가며, 세상의 빛깔들과 영혼의 풍경들이 늘 바뀌듯이, 항상 바뀐다.

동일한 라가는 없다.

라가는 매번 소리를 낼 때마다 태어나고, 죽고, 다시 태어난다.

라가는 사람들이 라가 자신을 쓰는 것을 싫어한다. 라가를 정의하고, 부호화하고, 분류하려고 시도했던 전문가들은 모두 실패했다.

---

* 라가(raga)는 인도 음악의 선율 형식 또는 그 형식에 따르는 즉흥 연주를 말한다.

라가는 라가의 근원이 되는 고요처럼 신비롭다.

호쿠사이

일본 역사에서 가장 유명한 예술가 호쿠사이*는 자기 나라가 떠다니는 땅이라고 말했다. 그는 일본을 간결하고 정확하게 바라보고, 예술을 통해 보여줄 줄 알았다.

　태어났을 때의 이름은 가와무라 도키타로였는데, 죽을 때의 이름은 후지와라 이이츠였다. 그는 살아가면서 예술 또는 삶에서 서른 번 다시 태어남으로써 이름과 성을 서른 번이나 바꾸고, 이사를 아흔세 번이나 했다.

　새벽부터 밤까지 작업해서 3만 장이 넘는 그림과 판화를 남겼지만 결코 가난에서 벗어나지 못했다.

　그는 자신의 작품에 관해 다음과 같이 썼다.

　"내 나이 일흔이 되기 전에 내가 그린 모든 것에서 그럴 만한 가치가 있는 것은 전혀 없다. 내 나이 일흔둘에 이르렀을 때 결국 나는 새, 짐승, 곤충, 물고기의 진정한 성질과 잡초와 나무의 생명의 본성에 관해 배우게 되었다. 내 나이 백 살이 되면 나는 경이로운 사람이 될 것이다."

　하지만 그는 아흔 살을 넘기지 못했다.

---

* 가쓰시카 호쿠사이(葛飾北齋, 1760-1849)는 일본의 우키요에(浮世繪) 화파에 속하는 탁월한 화가·판화가다.

근대 일본의 토대

19세기 중반에 일본은 자국의 해변을 겨냥하고 있던 전함들에 주눅이 든 나머지 도저히 받아들일 수 없는 불평등 조약들을 받아들이고 말았다.

일본은 서양 열강으로부터 이런 굴욕을 당함으로써 근대 국가로 탄생했다.

새로운 황제는 메이지 시대를 열었고, 황제의 신성성(神聖性)을 부여받은 일본국은

공공 소유의 공장들을 세우고 보호해 60개 부문의 산업 활동을 발전시키고,

유럽의 기술자를 고용해 일본 기술자들에게 선진 기술을 가르치고 최신 정보를 제공했으며,

공공 철도망과 전신망을 만들었으며,

영주들의 땅을 국유화하고,

새로운 군대를 조직해 사무라이들을 해체해 직업을 바꾸도록 하고,

무상 의무교육을 시행했으며,

조선소와 은행의 수를 늘렸다.

메이지 시대에 가장 중요한 대학을 설립한 후쿠자와 유키치는 위에서 언급한 통치 프로그램을 다음과 같이 요약했다.

"비록 세계 전체가 적대적이라 할지라도, 그 어떤 나라도, 모든 간섭에 대항해 자신들의 자유를 수호하는 데 두려움을 갖지 말아야 한다."

그렇게 해서 일본은 자신들에게 부과된 불평등 조약을 파기하고,

굴욕을 당한 나라에서 굴욕을 주는 강국으로 변했다. 중국, 한국, 그리고 주변 국가들은 이내 그 사실을 제대로 알아차렸다.

자유무역? 고맙지만 사양합니다

메이지 시대가 첫걸음을 떼고 있을 때, 미국 대통령 율리시스 그랜트가 일본 황제를 방문했다.

그랜트는 일부 국가가 정말 관대해서 돈 빌려주기를 그리도 좋아하는 것이 아니기 때문에 영국 은행들의 덫에 걸려들지 말라고 일본 황제에게 충고하면서, 황제의 보호주의 정책을 칭찬했다.

그랜트는 선거를 통해 대통령에 당선되기 전에 공업화된 북부가 거대한 플랜테이션들이 있는 남부와의 전쟁에서 승리한 장군이었기 때문에 관세가 노예 제도처럼 중요한 전쟁의 요인이라는 사실을 잘 알고 있었다. 미국이 영국과 맺은 예속의 유대를 끊어버렸다는 사실을 남부가 인지하기까지는 4년의 세월이 걸리고, 60만 명이 사망했다.

이제 대통령이 된 그랜트는 영국의 지속적인 압력에 다음과 같이 대답해야 했다.

"200년 안에, 보호주의가 우리에게 제공할 수 있는 모든 것을 우리가 얻게 되었을 때, 우리 또한 자유무역을 채택할 것이다."

그 말대로 하자면, 세계에서 가장 보호주의적인 나라 미국은 2075년에야 비로소 자유무역을 채택하게 될 것이다.

피와 더불어 이해되는 말들

미국과 일본이 독립을 이루어가고 있는 사이에
다른 나라 파라과이는 똑같은 일을 했다는 이유로 없어져버렸다.

파라과이는 영국 상인들과 은행가들로부터 납으로 만든 구명조끼
를 구입하지 않은 유일한 라틴아메리카 국가였다. 파라과이와 인접한
세 나라 아르헨티나, 브라질, 우루과이는 부에노스 아이레스에서 발
간되는 영자 신문 《스탠더드(*Standard*)》가 설명했듯이, "문명국들의 관
습"을 파라과이에게 폭력적인 방식으로 가르쳐주어야 했다.

모두 잘못 끝나버렸다.

학생들은 몰살되었다.

교사들은 녹초가 되었다.

파라과이가 당연히 얻어야 할 교훈을 얻는 데는 3개월이 걸릴 것이
라고 알려졌으나 그렇게 되는 데는 5년이 걸렸다.

영국 은행들이 이 교육적인 임무에 재정 지원을 했는데, 비싼 값을
치렀다. 승전국들은 결국 5년 전에 진 빚의 두 배나 되는 빚을 졌고,
그 동안 그 누구에게도 단 1센타보의 빚도 지지 않고 있던 패전국 파
라과이는 의무적으로 외채를 빌려 써야 했다. 파라과이는 100만 파운
드의 차관을 받았다. 승전국들에게 전쟁 배상금으로 지불될 돈이었
다. 살해당한 나라가 살해한 나라들에게 자기를 살해하는 데 든 비용
만큼의 돈을 지불한 것이다.

파라과이에서는 자국의 산업을 보호하던 관세가 철폐되었고,

국영 기업, 공유지, 제강로(製鋼爐), 남아메리카에서 처음으로 건설

된 철도 가운데 하나인 철도 등이 사라져버리고,

3세기 동안의 역사를 기록해 놓은 국가 기록물이 사라져버리고,

사람들도 사라져버렸다.

아르헨티나 대통령이자 교양 있는 교육자인 도밍고 파우스티노 사르미엔토는 1870년에 다음과 같이 인정했다.

"전쟁은 끝났습니다. 이제 열 살이 넘는 파라과이 국민은 아무도 남아 있지 않습니다."

그리고 축하했다.

"인간이 만들어내는 그런 온갖 부산물에 오염된 이 땅을 정화하는 것이 필요했습니다."

전통 복장

남아메리카는 항상 '예'라고 대답하는 시장이었다.

여기서는 영국으로부터 오는 것은 모두 환대를 받았다.

브라질은 스케이트를 샀다. 볼리비아는 실크해트와 중산모자*를 샀는데, 이들 모자는 현재 인디오 여성의 전통 복식이다.

아르헨티나와 우루과이에서 말을 모는 목동들이 전통 축제에서 반드시 착용하는 전통 복장은 영국 직물 산업이 튀르키예의 군인을 위해 제조한 것이었다. 크림 전쟁이 종결되자, 영국 상인들은 엄청난 수

---

* 중산모자는 꼭대기가 둥글고 높은 서양 모자다. 예장용은 검은색이며, 승마용 또는 산책용은 회색 또는 밤색이 보통이다.

의 헐렁한 자루바지를 라 플라타 강으로 올려 보냈는데, 그 옷은 현재 가우초의 봄바차*로 변했다.

10년이 지난 뒤, 영국은 자기에게 파라과이를 멸망시키라고 위임한 브라질, 아르헨티나, 우루과이의 군인에게 튀르키예 군인이 입던 그 제복을 입혔다.

여기가 파라과이였다

브라질 제국에는 150만 명의 노예에 소수의 공작, 후작, 백작, 자작, 남작이 살고 있었다.

이 노예 제국은 파라과이의 해방을 완수하기 위해 프랑스 왕의 손 자이자 브라질 왕좌를 물려받은 여자의 남편인 데우 백작**에게 군대 의 지휘권을 맡겼다.

초상화에는 승리의 총사령관이라 불리는 이 남자, 움푹 들어간 턱, 높은 코에 가슴에는 메달을 주렁주렁 매단 이 남자가 불쾌한 전쟁에 대해 지닌 혐오감이 드러나 있었다.

그는 늘 신중한 태도로 전쟁터와 일정한 거리를 유지했는데, 그곳 에서 그의 영웅적인 군인들은 가짜 수염을 붙이고 몽둥이로 무장한 파라과이의 용맹스러운 소년들과 대적했다. 그는 멀리서 자신의 마지

---

* 봄바차(bombacha)는 가우초가 주로 입는, 발목까지 내려오는 길고 주름 잡힌 윗옷이다.
** 데우 백작(Conde D'eu)은 브라질 이사벨 공주의 남편이다.

막 무훈을 완수했다. 즉, 파라과이의 피리베부이 부족이 항복하기를 거부하자 병원의 창문과 문을 죄다 막도록 해놓고는 안에서 불을 지르라고 명령한 것이다.

그는 1년이 조금 넘는 기간 동안 전투에 임했으나 귀환하면서 다음과 같이 고백했다.

"파라과이 전쟁은, 어떤 작전이든 지지부진하게 오래 걸렸기 때문에, 내게 극복할 수 없는 혐오감을 심어주었다."

언어의 기원

멸망한 파라과이로부터 첫 번째 것이 살아남았다. 즉, 수많은 죽음 가운데 몇 가지 것이 살아남은 것이다.

원주민 언어 과라니가 살아남았고, 그 언어와 더불어 말은 성스럽다는 확신이 살아남았다.

가장 오래된 전통에 따르면, 이 땅에서는 빨간 매미가 노래하고, 푸른색 메뚜기가 노래하고, 자고새가 노래했으며, 삼나무가 노래했다고 말한다. 과라니어로 첫 번째 파라과이 사람들을 부르던 그 노래가 삼나무의 혼에서 나와 울려 퍼졌다.

지금 그 파라과이 사람들은 존재하지 않는다.

그들은 자신들을 지칭했던 그 말로부터 태어났다.

압박의 자유의 기원

아편은 중국에서 금지되어 있었다.

영국 상인들은 인도에서 중국으로 아편을 밀수했다. 그들의 노력 덕분에 헤로인과 모르핀의 어머니인 그 마약에 꿰인 중국인의 숫자가 늘어갔다. 아편은 중국인에게 거짓 행복을 주고, 삶을 망가뜨렸다.

마약 밀수업자들은, 중국 당국이 귀찮게 했기 때문에, 짜증이 난 상태였다. 시장의 발전은 거래의 자유를 요구하고 있었고, 거래의 자유는 전쟁을 요구하고 있었다.

친절하고 다정한 윌리엄 자딘은 영향력이 가장 큰 마약 밀수업자로, 의료선교협회를 이끌었는데, 이 협회는 중국에서 윌리엄 자딘 자신이 공급하는 아편에 중독된 사람들을 치료했다.

자딘은 전쟁에 적합한 분위기를 조성하기 위해 런던에서 영향력 있는 일부 작가와 기자를 매수했다. "베스트셀러" 작가인 새뮤얼 워렌과 정보통신 분야의 다른 전문가들은 자유를 얻은 이 사람들을 하늘 높이 칭송했다.

거래의 자유에 도움이 되는 표현의 자유, 즉, 비처럼 쏟아진 팸플릿과 기사가 중국의 폭정에 대항해 싸우는 한편, 그 잔인한 왕국에서 투옥, 고문, 죽음을 무릅쓰는 정직한 시민들의 희생을 강조함으로써 영국의 여론을 주도했다. 일단 분위기가 조성되자 폭풍이 몰아쳤다. 1839년부터 시작된 아편전쟁은 몇 년 동안의 휴전기를 포함해 1860년까지 지속되었다.

바다의 여주인, 마약 밀수의 여왕

사람 장사는 대영제국의 가장 영양가 있는 사업이었다. 하지만 영원히 지속되는 행복은 없다는 것을 다들 알고 있다. 3세기에 걸친 번영기가 지나자 영국 왕실은 노예 무역업에서 은퇴했고, 마약 장사는 제국이 번영하는 데 가장 유리한 샘이 되었다.

빅토리아 여왕은 중국의 닫힌 문을 여는 수밖에 별 도리가 없었다. 영국 해군 함정들에는 그리스도의 선교사들이 무역의 자유를 위해 싸우는 전사들과 함께 타고 있었다. 함정 뒤로는 예전에는 흑인을 운반했고 현재는 독(毒)을 실은 배들이 따라가고 있었다.

아편전쟁의 초기 단계에서 대영제국은 홍콩 섬을 차지했다. 신임 총독 존 보우링 경은 다음과 같이 선언했다.

"자유무역은 예수 그리스도고, 예수 그리스도는 자유무역이다."

여기가 중국이었다

중국인은 외국과의 교역을 조금밖에 하지 않았고, 국경 밖으로 전쟁을 벌이는 관습도 없었다.

중국인은 상인과 전사를 멸시했으며, 영국인을, 그리고 자신들이 본 소수의 유럽인을 "야만인"이라고 불렀다.

그래서 다음과 같은 얘기들이 나돌았다. 중국은 세상에서 가장 치명적인 전쟁을 수행하는 해군 앞에, 즉 일렬로 늘어서 있는 적군 열두

명을 단 한 방에 꿰뚫어 버릴 수 있는 대포들 앞에서 패배할 수밖에
없었다는 것이다.

1860년, 영국인들은 여러 항구와 도시를 휩쓸어 버린 뒤에 프랑스
인들을 대동한 채 베이징에 입성해 이화원(頤和園)을 약탈하고, 전리
품의 나머지를 인도와 세네갈에서 모집한 식민지 개척 군인들에게 나
누어주었다.

만주 왕조의 권력 중심지인 자금성은 실제로 궁 여럿, 그리고 낙원
을 닮은 연못과 정원들 사이로 200채가 넘는 주택과 불탑들로 이루어
져 있었다. 승리자들은 가구와 커튼, 옥으로 만든 조각품, 비단옷, 진
주 목걸이, 황금 시계, 다이아몬드 장신구…… 등 크고 작은 모든 것
을 약탈했다. 도둑질당하지 않고 온전하게 남아 있게 된 것은 도서관,
그리고 영국 왕이 60년 전에 선물한 망원경 하나와 총 한 정뿐이었다.

당시 그들은 비어 있던 건물들을 불 질렀다. 화마가 여러 날 땅과
하늘을 밤낮으로 붉게 물들이고, 모든 것이 재로 변해버렸다.

작은 전리품

제국의 궁을 불태우라고 명령한 엘긴 경은 자주색 제복을 입은 가마
꾼 여덟 명이 운반하는 가마를 타고, 기병 400명의 호위를 받으며 베
이징에 도착했다. 파르테논 신전의 조각품을 대영박물관에 판 엘긴
경의 아들인 이 엘긴 경은 궁의 도서관에 소장되어 있던 모든 도서를
대영박물관에 기증했는데, 그로 인해 도서관이 약탈과 화재로부터 안

전할 수 있었다. 얼마 되지 않아 다른 궁, 즉 버킹엄 궁은 패배한 왕의 황금과 옥으로 만든 지팡이, 그리고 유럽으로 온 첫 번째 베이징 강아지를 빅토리아 여왕에게 선물했다. 강아지 역시 전리품의 일부였다. 강아지의 이름을 작은 전리품이라는 의미의 "루티(Lootie)"라 지어 주었다.

중국이 문명화된 국가들의 공동체에 포함되는 데는 비싼 값을 치러야 했다. 중국은 자신의 사형 집행인들에게 엄청난 배상금을 지불해야 했고, 얼마 지나지 않아 주요 아편 시장으로, 영국 랭커셔에서 생산된 직물의 대고객으로 변모했다.

19세기 초반에 중국의 공장들은 전 세계 산업 생산량의 3분의 1을 생산하고 있었다. 19세기 말에는 6퍼센트 정도를 생산하고 있었다.

당시 중국은 일본의 침략을 받고 있었다. 일본의 중국 침략은 어렵지 않은 일이었다. 중국은 마약에 중독되고, 굴욕을 당하고, 폐허가 된 나라였다.

자연재해

사람 발자국도 목소리도 없는 사막은 바람에 휘날리는 먼지일 뿐이다.

많은 중국인은 굶주림 때문에 타인을 죽이기 전에, 또는 굶주림이 자신들을 죽이기 전에 목을 매달아 자살한다.

아편전쟁에서 이긴 영국의 상인들은 중국의 기아를 해결하기 위한 원조 기금을 런던에 설립한다.

이 자선 단체는 음식을 베풀어 이교도 나라에 복음을 전파하겠다고 약속한다. 하늘에서 예수가 보낸 양식이 비처럼 쏟아지게 될 것이다.

세 번의 겨울에 연속으로 그 비가 내리지 않음으로써 1879년에는 결국 중국인의 수 1,500만 명이 줄어든다.

다른 자연재해

세 번의 겨울에 연속으로 비가 내리지 않음으로써 1879년에는 결국 인도인의 수 900만 명이 줄어든다.

잘못은 자연에게 있다.

"자연재해지요." 그에 대해 아는 사람들이 말한다.

하지만 인도에서는 이처럼 잔인한 몇 년 동안에 시장이 가뭄보다 더 심한 벌을 내린다.

시장의 법칙에 따라 자유가 억압을 한다. 판매를 강요하는 무역의 자유가 먹는 것을 가로막는다.

인도는 일종의 식민지 플랜테이션이지 자선의 집이 아니다. 시장이 명령한다. 시장의 보이지 않는 손은 많은 것을 알고 있어서, 그 손이 만들고 부순다. 그 누구도 시장을 고쳐보겠다는 생각을 하지 않는다.

영국 정부는 구호(救護) 수용소라고 불리는 노동 수용소에서 죽어가는 사람들이 죽도록 도와주고, 농민들이 감당할 수 없는 세금을 요구한다. 농부들은 자기 땅을 잃는다. 그 땅이 거저나 다름없이 팔리는 것이다. 땅을 경작하는 노동력도 거저나 다름없이 팔린다. 반면에 사업가들이 매점한 곡식은 시중에서 귀해지기 때문에 가격이 천정부지로 오른다.

수출업자들은 그 어느 때보다 많이 판다. 산만 한 분량의 밀과 쌀이 런던과 리버풀의 부두에 하역된다. 굶주린 식민지 인도 사람들은 정작 자신들은 먹지도 못하면서 영국에 먹을 것을 대준다. 영국 사람들은 인도 사람들의 굶주림을 먹고 산다.

'굶주림'이라 불리는 이 상품은 시장에서 높은 가격이 매겨지는데, 굶주림은 투자의 기회를 확대하고, 생산비를 줄이고, 생산품 가격을 올린다.

지당한 영광

빅토리아 여왕은 인도의 부왕이었던 리튼 경의 시를 열광적으로 좋아했고, 유일한 독자였다.

시인 부왕은 열독자인 여왕에게 고마움을 표하기 위해 그리고 애국적인 열정에 이끌려 여왕을 기리는 성대한 만찬을 베풀었다. 빅토리아 여왕이 여제가 되었음을 선포했을 때 리튼 경은 델리에 있는 부왕궁에서 7일 밤낮에 걸쳐 하객 7,000명을 받았다.

일간지 《더 타임스(The Times)》는 이 만찬이 "세계 역사상 가장 비싸고 가장 대단한 성찬이었다"고 과시했다.

가뭄이 한창 기승을 부릴 때, 낮에는 해가 들판을 태우고 밤에는 들판이 꽁꽁 어는 가운데 부왕은 만찬에서 빅토리아 여왕의 격려사를 대독했는데, 여왕은 격려사를 통해 인도 신하들의 "행복, 번영, 복지"를 축원했다.

당시 인도에 머물고 있던 영국 저널리스트 윌리엄 딕비가 계산한 바에 따르면, 그 엄청난 잔치가 벌어지던 7일 밤낮 동안 약 10만 명의 인도인이 굶어 죽었다.

위층과 아래층

느리고 복잡하게 진행되는 의식, 반복되는 연설, 각종 상징물의 인도(引渡), 선물 교환식에서 인도의 왕자들은 영국 신사로 변해 빅토리아 여왕에게 충성을 맹세했다. 왕자들은 여왕의 신하였다. 여왕 폐하의 대사가 한 말에 따르면, 선물을 교환하는 것은 "공물을 통한 뇌물의 교환"이었다.

수많은 왕자가 카스트 피라미드의 꼭대기를 점유하고 있었다. 카스트 제도의 피라미드는 대영제국의 힘에 의해 재생산되고 완성되었다.

제국을 통치하기 위해 분리를 할 필요는 없었다. 사회적·인종적·문화적 경계들은 역사를 통해 설정되어 대대로 신성시되어 왔기 때문이다.

1872년부터 영국 통계 조사는 인도의 인구를 카스트에 따라 분류했다. 그렇듯 영국의 법은 이 국가적 전통의 정통성을 인정했을 뿐만 아니라, 게다가 한 사회를 훨씬 더 계급화하고 엄격하게 조직하기 위해 그 정통성을 이용했다. 그 어떤 경찰도 각 개인의 기능과 운명을 통제하기 위한 것으로 이보다 더 나은 방법을 상상할 수는 없었다. 제국은 그 계급 제도와 노예 계급을 성문화했고, 그 누구도 자신의 신분을 이동할 수 없도록 만들었다.

못이 박힌 손

영국 왕에게 봉사하던 왕자들은 밀림에 호랑이 수가 적어지고, 하렘을 어지럽히는 심각한 질투심 때문에 힘든 삶을 영위하고 있었다.

20세기가 한창일 때 왕자들은 가능한 한 최대로 즐겼다.

바랏푸르의 왕자는 런던에서 사들일 수 있는 롤스로이스를 죄다 사서 자신의 영토에 있는 쓰레기 수거장으로 보냈다.

주나가드의 왕자는 수많은 개를 키웠는데, 개마다 방, 전화, 하인이 딸려 있었다.

알와르의 왕자는 자신의 조랑말이 노선을 벗어나자 경마장을 불태웠다.

카푸르탈라의 왕자는 베르사유 궁을 그대로 모방한 궁을 건립했다.

마이소르의 왕자는 윈저 궁을 그대로 모방한 궁을 건립했다.

괄리오르의 왕자는 금과 은으로 만든 작은 열차를 샀고, 궁의 식당에서 기차를 이용해 손님들에게 소금과 향신료를 날랐다.

바로다의 왕자가 갖고 있던 대포들은 순금으로 만든 것이었다.

하이데라바드의 왕자는 184캐럿짜리 다이아몬드를 문진으로 사용했다.

플로렌스

세상에서 가장 유명한 간호사 플로렌스 나이팅게일은 구십 평생 대부분을 인도에 헌신했다. 물론 사랑하던 인도에는 결코 갈 수 없었다.

플로렌스는 병든 간호사였다. 크림 전쟁에서 불치병에 걸렸다. 하지만 런던에 있는 침실에서 영국의 여론 앞에 인도의 현실을 알리려는 기사와 편지를 무수하게 썼다.

* 굶주림에 대한 제국의 무관심에 관해: "인도에서 굶어 죽는 사람 수는 프랑스-프로이센 전쟁에서 죽은 사람 수보다 다섯 배나 많습니다. 하지만 그 누구도 이런 상황을 이해하지 않습니다. 당국의 의도적인 묵인하에 오디샤 주민 3분의 1이 자신들의 뼈로 들판을 하얗게 덮었을 때, 우리는 오디샤의 굶주림에 관해 아무 말도 하지 않습니다."

* 농촌의 재산권에 관해: "북은 두들겨 맞음으로써 값을 치릅니다. 가난한 농부는 자신이 하는 모든 것에 대한 세금과 지주가 자기는 하지 않고 가난한 농부더러 자기를 대신해 일을 하도록 시키는 모든 것에 대한 세금을 바치고 있습니다."

* 인도에서 시행되는 영국의 재판에 관해: "가난한 농부는 스스로를 보호하기 위해 영국의 정의에 의존한다고 사람들이 우리에게 말합니다. 하지만 사실은 그렇지 않습니다. 그 누구든, 자신이 사용할 수 없는 것은, 결국 갖지 못한 것이 됩니다."

* 가난한 사람들의 인내에 관해: "농부들의 소요는 인도 전역에서 정상적인 것이 될 수 있습니다. 인도의 조용하고 인내심 있는 수백만의 농부가 모

두 영원히 조용하게, 인내하며 살아갈 것인지 우리는 전혀 확신하지 못합니다. 벙어리도 말을 할 것이고, 귀머거리도 들을 것입니다."

다윈의 여행

젊은 찰스 다윈은 살아가면서 무엇을 할지 모르고 있었다. 아버지가 그를 자극했다.

"너는 너 자신뿐만 아니라 가족에게도 불행이 될 거다."

1831년 말에 다윈은 집을 떠났다.

5년 동안 남아메리카와 갈라파고스 제도와 다른 곳들을 돌아다닌 뒤에 런던으로 돌아왔다. 거대한 거북이 세 마리를 가져왔는데, 그 가운데 한 마리는 2007년에 오스트레일리아의 어느 동물원에서 죽었다.

그는 다시 바뀌었다. 그의 아버지까지도 그것을 알아차렸다.

"너는 뇌 구조가 아주 희한한 놈이야!"

다윈은 거북이만 가져온 것이 아니었다. 여러 가지 질문도 가져왔다. 그의 머리는 온갖 질문으로 가득 차 있었다.

다윈의 질문

왜 매머드는 빽빽한 털로 뒤덮여 있는 것일까? 빙하기가 시작되었을 때 따뜻하게 지내는 법을 발견한 어느 코끼리는 혹시 매머드가 아니었을까?

기린의 목이 그토록 긴 이유는 무엇일까? 나무 꼭대기에 있는 과일을 따 먹으려고 오랜 세월 동안 고개를 늘여 뺐기 때문일까?

토끼는 눈 위를 달리는데, 원래 하얀색이었을까, 아니면 여우를 속이기 위해 하얗게 변해 왔을까?

갈라파고스의 방울새는 왜 살아가는 지역에 따라 부리 모양이 다를까? 기나긴 진화 과정에서 과일의 껍질을 쪼고, 유충을 덮치고, 과일즙을 빨아 먹기 위해 환경에 적응해 갔기 때문이 아닐까?

난초의 기다란 암술은, 나비를 기다리는 난초의 암술만큼이나 혀가긴 나비가 난초 근처에서 날아다니고 있다는 것을 의미하지 않을까?

아마도 이런 질문이 1,000개도 넘었을 텐데, 다윈이 지닌 이 질문들은 세월이 흐르고, 온갖 의구심과 모순이 해결되어 가면서 종의 기원과 세상에 있는 생명의 진화에 관한 폭발적인 책의 페이지들로 변해갔다.

다윈은 불경한 생각을 하고, 기독교의 입장에서는 참을 수 없을 정도로 모욕적인 견해를 밝혔다. 이 하느님이 일주일 만에 이 세상을 창조하지도 않았고, 하느님의 형상과 닮은 모습으로 우리를 만들지도 않았다는 것이다.

그 최악의 뉴스는 제대로 수용되지 않았다. 성서를 고치려 드는 이 남자는 스스로를 누구라고 생각했을까?

옥스퍼드의 주교가 다윈의 독자들에게 물었다.

"당신은 할아버지가 원숭이였나요, 할머니가 원숭이였나요?"

그대에게 세계를 보여줄게요

다윈은 늘 제임스 홀먼*의 여행 기록을 인용했다.

인도양의 동물군에 관해 제임스 홀먼보다 더 잘 기술한 사람은 없었다.

화염에 휩싸인 베수비오의 하늘에 관해,

아라비아의 밤의 섬광에 관해,

잔지바르의 더위의 색깔에 관해,

계피 냄새를 풍기는 스리랑카 섬의 공기에 관해,

에든버러의 겨울 어둠에 관해,

그리고 러시아 감옥들의 음울한 분위기에 관해.

홀먼은 하얀 지팡이를 짚으며 세계를 처음부터 끝까지 돌아다녔다.

우리가 세상을 널리 볼 수 있도록 많이 도와주었던 그 여행가는 맹인이었다.

"나는 발로 봅니다." 그가 말했다.

인간

다윈은 우리가 천사의 사촌이 아니라 원숭이의 사촌이라고 우리에게 알려주었다. 그 후로 우리는 우리가 아프리카의 밀림에서 왔지, 프랑

---

* 제임스 홀먼(James Holman, 1786-1857)은 '맹인 여행가'로 알려진 영국의 모험가, 작가다. 전 세계 200여 개의 문화권을 탐사한 그의 여행에 관한 저술은 다윈에게 큰 영향을 주었다.

스 파리에서 황새가 데려온 것이 결코 아니라는 사실을 알게 되었다. 그리고 우리의 유전자가 쥐의 유전자와 거의 같다는 사실을 우리가 알게 된 지도 얼마 되지 않는다.

이제 우리는 우리가 하느님의 걸작인지 악마의 사악한 농담의 결과물인지 잘 알지 못한다. 우리 인간은 다음과 같다.

모든 것을 없애는 몰살자,

이웃을 사냥하는 사냥꾼,

원자폭탄, 수소폭탄, 그리고 사람만 죽이고 사물을 그대로 놔두기 때문에 폭탄 중에서 가장 건전한 중성자폭탄의 창조자,

기계를 발명하는 유일한 동물,

자신이 발명한 기계를 위해 살아가는 유일한 동물,

자신의 가정을 황폐화시키는 유일한 동물,

자신이 마시는 물과 자신에게 먹을 것을 주는 땅을 오염시키는 유일한 동물,

스스로를 임대하거나 팔고, 자신과 닮은 존재를 임대하거나 팔 수 있는 유일한 동물,

쾌락으로 사람을 죽이는 유일한 동물,

고문을 하는 유일한 동물,

강간을 하는 유일한 동물이다.

그리고 또

웃는 유일한 동물,

깨어 있으면서 꿈을 꾸는 유일한 동물,

누에고치로 비단을 만드는 동물,

쓰레기를 아름답게 변모시키는 동물,

무지개가 알지 못하는 색깔들을 발견하는 동물,

세상의 여러 목소리에 새로운 음악을 주는 동물,

그리고 현실도, 자신의 기억도 벙어리가 되지 않도록 말을 창조하는 동물이다.

자유의 광기

1840년에 워싱턴에서 일어난 일이다.

공식 통계조사는 미국 내 흑인의 정신질환을 측정했다.

통계조사에 따르면, 노예 상태의 흑인보다 자유를 얻은 흑인의 정신질환 발생 빈도가 10배나 높았다.

북부는 광범위한 정신병원이었다. 상황은 북쪽으로 갈수록 더 열악했다. 반면에 북쪽에서 남쪽으로 갈수록 광증이 줄어들고 이성적인 태도가 늘어갔다. 면화, 담배, 쌀 농장에서 일하는 노예들이 정신이상이 되는 경우는 적거나 없었다.

통계조사는 주인들의 확신을 인정해 주었다. 노예 제도는 좋은 약으로서, 도덕적 균형을 함양하고 분별력을 키워주었지만, 반면에 자유는 광증을 유발했다는 것이다.

북부의 25개 도시에 이성적인 흑인은 단 한 명도 없었고, 오하이오주의 39개 도시와 뉴욕 주의 20개 도시에서 정신이상자 흑인의 수는 모든 흑인의 수를 상회했다.

통계조사는 썩 믿을 만하지 않으나, 에이브러햄 링컨이 노예를 해방시키고 전쟁에서 승리하고 목숨을 잃기까지 사반세기 동안은 여전히 공식적인 사실이었다.

황금 허리케인

1880년에 워싱턴에서 일어난 일이다.

몇 년 전부터, 존 서터가 여기저기를 꿰맨 대령 제복을 입고 서류가 가득 들어 있는 가방을 든 채 발을 질질 끌며 국회의사당과 백악관 주위를 어슬렁거렸다. 존 서터가 자기 이야기를 들어줄 만한 사람을 기적적으로 만나자 그는 자신이 샌프란시스코와 그 주변의 광범위한 지역의 주인이라는 사실을 밝히며 황금 허리케인 때문에 빈털터리가 되어버린 백만장자에 관한 얘기를 했다.

그는 새크라멘토 계곡에 자신의 제국을 세우고 수많은 인디언 신하와 대령 타이틀을 사고, 플레엘 피아노* 한 대를 샀다. 그러자 금이 밀처럼 싹터, 그의 땅과 집들이 침입을 당하고, 그의 암소와 양들이 잡아먹히고, 농작물이 황폐화되어 버렸다.

그는 모든 것을 잃었고, 그때부터 소송을 하는 생활을 시작했다. 판사가 그의 손을 들어주었을 때 군중은 법원을 불질러 버렸다.

그는 워싱턴으로 이사했다.

---

* 플레엘 피아노는 오스트리아 태생의 프랑스 작곡가, 음악 출판업자, 피아노 제조업자인 이그나츠 요제프 플레엘(Ignaz Joseph Pleyel, 1757-1831)이 만든 피아노다.

그곳에서 기다리면서 살았고, 기다리다가 죽었다.

이제 샌프란시스코 시의 어느 거리는 '서터'라 불린다.

나중에 위안이 찾아온 것이다.

휘트먼

1882년에 보스턴에서 일어난 일이다.

뉴잉글랜드 해악척결협회는 새로 출간된 시집 『풀잎』의 배포를 막을 수 있었다.

몇 년 전 이 시집의 작가 월트 휘트먼은 첫 번째 판본이 출간되었을 때 직장을 잃었다.

그 책이 밤의 쾌락을 고양시켰기 때문에 공중도덕적인 측면에서는 용납하기 어려운 것이었다.

휘트먼이 가장 금지된 것을 감추기 위해 섬세하게 조정을 했건만, 그런 일이 생기고 만 것이다. 휘트먼은 『풀잎』의 어느 구절에서 그 금지된 것을 넌지시 말할 수 있었다. 하지만 그 밖의 시에서는, 그리고 심지어는 자신의 내밀한 일기에서도 과거에 'he'라고 썼던 것을 'she'라고 쓰면서 'his'를 'her'로 바꾸는 노력을 기울였다.

눈부신 나체를 찬양했던 위대한 시인은 생존하기 위해 위장을 하는 수밖에 별다른 도리가 없었다. 생전 가져보지도 못한 자식 여섯을 꾸며냈고, 단 한 번도 겪어보지 못한 여자들과의 모험을 거짓으로 말했으며, 손을 타지 않은 소녀들의 몸을 열고 아무도 밟지 않은 풀밭에

들어감으로써 스스로를 아메리카의 남성성을 표상하는 털보 깡패로
그리기도 했다.

에밀리

1886년에 애머스트에서 일어난 일이다.

에밀리 디킨슨이 죽었을 때 가족은 에밀리의 침실에 보관된 시
1,800편을 발견했다.

그녀는 은밀하게 살고, 은밀하게 글을 썼다. 평생 동안 시 열한 편밖
에 발표하지 않았다. 거의 모든 시는 무명씨로, 또는 다른 사람 이름
으로 발표했다.

그녀는 청교도 선조들로부터 권태를 물려받았는데, 이는 그녀의 인
종과 계급을 구분해 주는 특징이었다. 즉, 사람들과 접촉도, 대화도 하
지 말아야 했다.

신사는 정치와 사업을 하고, 숙녀는 종족을 보존하면서 아픈 몸으
로 살았다.

에밀리는 고독과 침묵 속에서 살았다. 침실에 틀어박혀 온갖 법률,
문법, 자신의 고립 생활의 법칙을 위반하는 시를 창작하고, 그곳에서
매일 올케 수잔에게 편지 한 통을 썼다. 수잔이 바로 옆집에 살고 있
었지만, 편지를 우편으로 보냈다.

그 시들과 편지들은 그녀의 비밀 성소의 기반이 되었는데, 그곳에서
는 그녀의 숨겨진 고통과 금지된 욕망이 자유로워지기를 원하고 있었다.

세계적인 독거미 타란툴라

1886년에 시카고에서 일어난 일이다.

5월 1일, 노동자들의 파업이 시카고와 다른 도시들을 마비시켰을 때, 일간지 《필라델피아 트리뷴(*Philadelphia Tribune*)》은 다음과 같이 예측했다. "노동의 기본 요소가 일종의 세계적인 독거미에 물려 완전히 미쳐버렸다."

완전히 미쳐버린 노동자들이 하루 여덟 시간의 노동과 노동조합 결성의 권리를 위해 싸우고 있었다.

그다음 해, 노동계 지도자 넷이 암살 혐의로 기소되어 아주 웃기는 재판에서 증거도 없이 사형을 선고받았다. 조지 엥겔, 아돌프 피셔, 앨버트 파슨스, 오귀스트 스파이스는 교수대로 향했다. 다섯 번째로 사형을 선고받은 루이스 링은 수감되어 있던 감방에서 목이 잘렸다.

매년 5월 1일이 되면 전 세계가 그들을 기억한다.

세월이 흐르면서 각종 국제회의, 헌법, 법률이 그들이 옳았음을 증명해 주었다.

그럼에도 불구하고, 가장 성공한 회사들은 여전히 이해하지 못하고 있다. 그 회사들은 노동조합을 금지하고 하루 노동 시간을 살바도르 달리가 그린 '녹아내리는 시계'로 잰다.

기업 씨

1886년에 워싱턴에서 일어난 일이다.

거대한 기업들은 통속적이고 거친 시민들과 동일한 법적 권리를 획득했다.

대법원은 그 기업들의 비즈니스 활동을 통제하고 제한하는 법률 200개 이상을 폐기하고 동시에 인권 개념을 민간 기업들에게까지 확대했다. 법은, 거대 기업들 역시 숨 쉰다는 듯이, 이들 기업에게 사람이 지닌 것과 동일한 권리를 인정했다. 그 권리는 바로 살 권리, 자유롭게 표현할 권리, 사적인 권리…… 등이었다.

21세기 초에도 여전히 그렇게 진행되고 있다.

내 꽃을 밟지 마세요

1871년에 혁명 하나가 발생해 파리는 두 번째로
코뮌당원의 수중에 들어갔다.

샤를 보들레르는 경찰을 유피테르 신과 비교했고, 귀족 사회가 없다면 아름다움에 대한 숭배도 사라진다고 경고했다.

테오필 고티에가 증언했다.

"악취를 풍기는 짐승들이 야만적으로 으르렁거리며 우리를 침략한다."

코뮌은 짧은 기간 통치를 하면서 기요틴을 불태우고, 병영을 점령하고, 교회와 국가를 분리했으며, 주인이 폐쇄한 공장을 노동자에게 넘기고, 야간 작업을 금지하고, 대중적인 무상 의무교육을 실시했다.

"대중적인 무상 의무교육은 바보의 숫자를 늘리게 될 뿐이다." 귀스타브 플로베르가 예언했다.

코뮌은 오래 지속되지 못했다. 두 달 하고 며칠 동안이었다. 베르사유로 피해 있던 군대가 공격을 재개했고, 며칠 동안의 전투 끝에 노동자들의 바리케이드를 쓸어버리고, 총으로 사람들을 사살하면서 승리를 축하했다. 일주일 동안 밤낮으로 사람을 쏘아 죽였는데, 기관총의 섬광이 한꺼번에 스무 명씩 죽여댔다. 당시에 플로베르는 "미친 개들"에게는 연민을 갖지 말라고 충고하면서 첫 번째 방책으로, "보통선거는 인간 정신의 수치이기 때문에 중지하라"고 권유했다.

아나톨 프랑스 역시 그런 살육을 축하했다.

"코뮌당원은 살인자 위원회 회원들이고, 망나니 패거리다. 결국 범죄의 정부, 실성한 정부는 총살형 집행 부대 앞에서 썩어가고 있다."

에밀 졸라가 밝혔다.

"파리 시민은 열기를 식히고 지식과 영광 속에서 성장할 것이다."

승리자들은 자신들에게 부여된 승리에 대해 하느님께 감사하기 위해 몽마르트르 언덕에 사크레 쾨르 대성당을 건립했다.

이 거대한 '크림 케이크'*는 수많은 관광객을 끌어모은다.

---

* 크림 케이크(Torta de crema)는 사크레 쾨르 대성당의 색깔과 형태를 빗댄 표현이다.

코뮌의 여성 당원

모든 권력을 마을에. 각 마을은 하나의 의회였다.

사방에 여자들, 즉 노동자, 재봉사, 제과제빵사, 요리사, 꽃장수, 보모, 청소부, 세탁부, 작부(酌婦)가 있었다. 적은, 자신들에게 엄청나게 많은 의무를 부과하던 사회가 부정하는 권리들을 요구하던 이 격렬한 여자들을 "페트롤뢰즈(pétroleuses)", 즉 "방화녀(放火女)"라 불렀다.

여성의 투표권은 여자들이 요구하던 권리 가운데 하나였다. 그 이전에 일어난 혁명, 즉 1848년의 혁명에서 코뮌 정부는 반대 899표, 찬성 1표(만장일치에 단 한 표가 부족한)로 그 권리를 부결시켰다.

이 두 번째 코뮌은 여자들의 요구에 여전히 귀를 닫고 있었지만, 코뮌이 지속되는 동안, 비록 그 기간이 짧았다 할지라도, 여자들은 모든 토론회에서 자신들의 견해를 피력하고, 바리케이드를 쳤으며, 부상자를 치료하고, 병사들에게 먹을 것을 주고, 쓰러진 병사들의 무기를 들고, 여자 부대의 제복인 빨간 머플러를 목에 두른 채 싸우다 쓰러졌다.

그러고 나서, 공격당했던 공권력이 복수할 시간이 도래했을 때, 군사법정은 1,000명이 넘는 여자를 기소했다.

추방형을 선고받은 여자들 가운데 하나가 루이즈 미셸이었다. 이 아나키스트 교사는 중고 카빈 소총 한 정을 들고 전투에 참여했고, 전투에서는 신형 레밍턴 라이플총 한 정을 손에 넣었다. 마지막 순간의 혼란 속에서 그녀는 죽음에서 벗어났다. 그러나 법정은 그녀를 아주 멀리 보내버렸다. 그녀는 누벨칼레도니 섬에 정착했다.

루이즈 미셸

"나는 당신들이 알고 있는 것을 알고 싶어요." 그녀가 말했다.

그녀의 추방 동료들이 그녀에게 그 야만인들은 인육을 먹는 방법 외에는 아무것도 모른다고 알려주었다.

"당신은 살아서 나오지 못할 거요."

하지만 루이즈 미셸은 누벨칼레도니의 원주민어를 배웠고, 밀림 속으로 들어갔다가 살아서 나왔다.

원주민들은 그녀에게 자신들의 슬픔을 얘기하고는 왜 그녀가 그곳으로 보내졌는지 물었다.

"남편을 죽였나요?"

그러자 그녀는 코뮌에 관한 모든 것을 그들에게 얘기해 주었다.

"아하."―그들이 그녀에게 말했다―"그러니까, 당신은 패배자로군요. 우리처럼 말이에요."

빅토르 위고

그는 자신의 시대였다. 그는 자신의 나라였다.

그는 군주주의자이며 공화주의자였다.

그는 프랑스 혁명의 이념을 구현하고, 펜의 예술을 통해 스스로 가난 때문에 도둑질을 하는 불쌍한 인물로, 그리고 노트르담의 꼽추로 변할 줄도 알았지만, 프랑스의 무기가 세상에서 구원자적 임무를 수행한다고 믿기도 했다.

1871년에 그는 코뮌당원에 대한 탄압을 거의 혼자서 규탄했다.

그전에 그는 많은 사람과 함께 식민지 정복에 박수를 보냈다.

"이것은 문명이 야만을 향해 나아가는 것입니다. 이것은 계몽된 국민이 암흑 속에 있는 국민을 만나게 되는 행위입니다. 우리는 세계의 그리스인으로서 세상을 교화시켜야 합니다."

식민 문화 교육

1856년, 프랑스 정부는 알제리를 계몽하기 위해 마술사 중의 마술사로 평가받는 로베르 우댕*과 계약을 체결했다.

계약은 그가 알제리의 마술사들에게 한 수 가르치는 것이었다. 유리를 삼키고, 상처를 만지기만 해도 치료하는 그 사기꾼들은 식민지 권력에 대항하는 반란의 씨앗을 뿌리고 다녔다.

우댕은 불가사의한 마술을 보여주었다. 지방의 주요 도지사들과 유명한 마술사들은 우댕의 그런 초자연적인 힘을 보고는 몹시 난처해져 버렸다.

마술의 정점에 이른 순간 유럽에서 보낸 그 마술사가 바닥에 작은 궤 하나를 놓더니 알제리에서 힘이 가장 센 장사에게 들어보라고 했

---

* 장 유진 로베르 우댕(Jean Eugène Robert-Houdin, 1805-1871)은 프랑스의 시계 제작자, 마술사이며, 현대 마술의 아버지로 널리 알려져 있다. 그는 마술을 박람회 등에서 볼 수 있는 하층민의 오락거리에서 부유층을 위한 엔터테인먼트로 탈바꿈시켰다.

다. 하지만 그 근육질의 남자는 궤를 들어올릴 수 없었다. 장사는 계속해서 시도하고 또 시도해 보았지만 도저히 들 수가 없었다. 마지막으로 힘을 쓰던 장사는 몸을 부르르 떨다가 엉덩방아를 찧더니 공포에 질려 자리를 피해 버렸다.

그들에게 굴욕을 준 상황이 종료되고 우댕은 천막에 홀로 남았다. 그는 궤를 집어들고 바닥에 깔아놓은 판지 밑에 있는 강력한 전기 자석과 강한 전기 자극을 가하던 작은 발전기를 챙겼다.

여기가 인도였다

프랑스 사람들에게 아시아의 이국적 정취를 팔던 피에르 로티는 1899년에 인도를 방문했다.

기차로 여행했다.

기차가 각 정거장에 설 때마다 배고프다는 합창 소리가 그를 기다리고 있었다.

요란한 기차 소리보다도 어린이들이 뭔가를 달라고 하는 떠들썩한 소리, 아니, 입술은 보랏빛으로 변하고, 눈에는 초점이 없으며, 온몸이 모기에 물린, 피골이 상접한 어린이들이 돈이나 먹을 것을 달라고 요구하는 소리가 그의 가슴을 더 깊숙이 찔러댔다. 2, 3년 전에 여자아이 또는 남자아이 하나 값이 1루피였다. 하지만 이제는 아이들을 거저 준다고 해도 아무도 받으려 하지 않았다.

기차는 사람만 싣는 게 아니었다. 객차 뒤에는 수출용 쌀과 기장을 가득 실은 화차들이 달려 있었다. 경비원들이 방아쇠에 손가락을 건 채 감시하고 있었다. 화차들에는 아무도 가까이 다가가지 못했다. 비둘기들만 모여들어 자루를 쪼다가 하늘로 날아가 버렸다.

유럽 식탁에 공헌한 중국

중국에서는 굶주림, 페스트, 가뭄이 절대 끊이지 않았다.

비밀 조직으로 시작된 일명 '의화단원(義和團員)'들은 외국인과 기독교 교회를 몰아내고 잃어버린 국가의 존엄성을 회복하고자 했다.

"만약 비가 오지 않으면, 뭔가 사연이 있을 겁니다. 교회들이 하늘을 꼭꼭 가두어놓을 수 있다니까요."

19세기 말에 중국 북부에서부터 시작된 의화단의 난은 중국 농촌을 불지르고 베이징까지 도달했다.

당시에 영국, 독일, 프랑스, 이탈리아, 오스트리아, 러시아, 일본, 미국, 이 8개국은 배에 군인을 실어 중국에 보냄으로써 목이 달린 것은 모두 자르면서 질서를 수립했다.

곧이어 이들 국가는 중국을 "피자"처럼 조각냈고, 항구와 토지, 도시가 분할되었는데, 유령 같은 중국 왕조는 이것들을 99년 동안 양허했다.

유럽 식탁에 공헌한 아프리카

영국의 행보를 뒤따라, 어느 날 유럽은 노예 제도가 하느님의 눈에 불쾌하게 보일 수 있다는 사실을 발견하게 되었다.

그러자 유럽은 아프리카 내부를 식민화하기 시작했다. 예전에 차가운 땅에 살던 사람들은 자신들이 흑인을 샀던 항구들 너머로는 가본 적이 없었으나, 그 당시 몇 년 동안 탐험가들은 더운 땅에 통로를 열었다. 그들을 뒤따라 대포에 몸을 실은 전사들이 도착했으며, 전사들 뒤로는 십자가를 든 선교사들이, 선교사들 뒤로는 상인들이 도착했다. 아프리카에서 가장 경이로운 폭포와 가장 넓은 호수는 썩 아프리카적이지 않은 어느 여왕을 기리기 위해 빅토리아라 불리게 되었고, 침략자들은 자신들이 '본 것'은 모두 '발견한 것'으로 여기고서 그 강과 산들의 이름을 마음 내키는 대로 붙여버렸다. 과거에 노예 상태로 일을 하던 흑인들은 이제 노예라 불리지 않게 되었다.

정복자들은 1년 동안 서로 수없이 주먹질을 한 끝에 1885년에 베를린에서 아프리카의 분배 문제에 관해 의견의 일치를 보게 되었다.

30년이 지난 뒤, 독일은 제1차 세계대전에서 패배하고, 그 바람에 아프리카의 식민지도 잃게 되었다. 영국과 프랑스가 토고와 카메룬을 나눠 가졌고, 현재 탄자니아는 영국인의 수중에 넘어갔으며, 벨기에는 르완다와 부룬디를 차지했다.

아주 오래전에 프리드리히 헤겔이 아프리카는 역사가 없고, "야만과 미개에 관한 연구를 위해"서만 흥미로울 수 있다고 설명했고, 허버트 스펜서는 문명화된 종족이 열등한 종족들을 지도에서 지워버려야 한다고 단언했는데, 그 이유는 "인간이든 짐승이든 모든 장애물은 제거되어야 하기 때문"이었다.

1914년에 발발한 제1차 세계대전이 끝난 뒤의 30년을 "세계 평화기"라 불렀다. 이 달콤한 몇 년 동안에 지구의 4분의 1이 반 다스 정도밖에 안 되는 나라들의 뱃속으로 들어갔다.

암흑의 대위

아프리카를 분배할 때, 벨기에의 국왕 레오폴드는 콩고를 개인 재산이나 되는 것처럼 받았다.

레오폴드 왕은 코끼리를 죽임으로써 자신의 식민지를 상아가 가장 풍부하게 생산되는 샘으로 바꾸었다. 흑인을 때리고 불구로 만들어가면서 풍부하고 값싼 고무를 세계의 도로에 굴러다니기 시작하던 자동차의 바퀴로 제공했다.

레오폴드 왕은 모기 때문에 콩고에 있어본 적이 없다. 반면에 작가 조지프 콘래드는 레오폴드 왕이 콩고를 방문했다고 확인했다. 콘래드의 대표작 『암흑의 핵심』에 등장하는 커츠는 식민지 군대의 유명한 장교 레온 롬 대위*를 문학적으로 형상화한 인물이다. 원주민들은 엎드린 채 커츠의 명령을 받았고, 커츠는 원주민들을 "미련한 짐승"이라고 불렀다. 그는 자기 집 출입구에 있는 정원의 꽃들 사이로 창 스

---

* 레온 롬(Leon Rom, 1861-1924)은 벨기에의 군인으로 나중에 콩고의 마타디 지방 행정관이 된다.

무 개를 꽂아놓음으로써 출입구의 장식을 완성시켰다. 창마다 모반을 일으킨 흑인의 두개골이 꿰어져 있었다. 그리고 그의 사무실 출입구에 있는 정원의 꽃들 사이로 바람에 흔들거리는 교수대 하나가 세워져 있었다.

흑인도, 코끼리도 사냥하지 않는 한가한 시간이면 대위는 그곳의 풍경을 유화로 그리고, 시를 쓰고, 나비를 수집했다.

두 여왕

빅토리아 여왕은 죽기 조금 전에 진주가 빽빽하게 박힌 자신의 왕관에 진주 하나를 더 집어넣는 즐거움을 향유했다. 광대한 금광인 아샨티 왕국이 영국 식민지가 된 것이다.

영국은 아샨티 왕국을 점령하느라 한 세기 내내 여러 차례 전쟁을 치러야 했다.

최종 전투는 영국 사람들이 아샨티 사람들에게 국가의 영혼이 들어 있는 그들의 왕좌를 넘기라고 요구함으로써 벌어졌다.

아샨티 사람들이 아주 호전적이어서 그들과 대적하는 것보다는 피하는 것이 더 나았다. 마지막 전투를 지휘한 사람은 여자였다. 어머니 여왕 야 아산테와는 전사들의 대장들을 쫓아버렸다.

"용기는 도대체 어디에 내버린 거야? 당신들에게는 용기가 없어."

전투는 치열했다. 세 달이 지난 뒤, 영국 대포들은 자신들의 논리를 강요할 수 있었다.

승리한 여왕 빅토리아*는 런던에서 죽었다.

패배한 여왕 야 아산테와는 자기 고향에서 멀리 떨어진 곳에서 죽었다.

승리자들은 결코 그 성스러운 왕좌를 찾아내지 못했다.

몇 년이 지난 뒤, 현재 가나라 불리는 아샨티 왕국은 검은 아프리카에서 처음으로 독립을 쟁취한 나라가 되었다.

오스카 와일드

영국 왕실의 시종장은 단순한 시종 이상의 특별한 의미를 지니고 있었다. 그가 맡은 임무 가운데는 극장의 검열에 관한 것이 있었다. 그는 전문가들의 도움을 받아 국민의 풍기를 문란하게 할 위험을 차단하기 위해 삭제 또는 공연을 금지해야 할 작품이 무엇인지 정했다.

1892년에 프랑스의 연극배우 사라 베르나르가 오스카 와일드의 신작 『살로메』를 런던에서 연극으로 공연할 것이라고 알렸다. 그런데 공연이 시작되기 2주 전에 공연이 금지되었다.

작가를 제외하고는 그 누구도 항의하지 않았다. 와일드는 자신이 위선자들의 나라에서 살아가는 아일랜드인이라는 사실을 깨달았지만, 영국인들은 그에게 농담을 하며 비아냥거렸다. 단춧구멍에 하얀 꽃 한 송이를 꽂고, 혀에 칼을 물고 다니는 이 기발한 배불뚝이는 연

---

* 빅토리아(Victoria)라는 이름에는 '승리'라는 의미가 들어 있다.

극계와 런던의 살롱에서 가장 존경받는 인물이었다.

와일드는 모든 것을 조롱하고, 자기 자신까지 조롱했다.

"나는 유혹을 제외하고는 모든 것에 저항할 수 있다." 그가 말했다.

어느 날 밤, 와일드는 자기 침대에 퀸즈베리 후작의 아들과 함께 누웠다. 와일드가 후작 아들의 신비로울 정도로 젊으면서도 황혼기의 남자처럼 보이는, 그 무기력한 아름다움에 반해버린 것이다. 와일드에게는 그 어느 밤과도 다른 밤이었다. 후작이 그 사실을 알고는 와일드에게 싸움을 걸었다. 그리고 후작이 이겼다.

언론에 일상의 만찬을 베풀고, 풍기문란 사범에 대한 시민의 분노를 유발한 세 차례의 굴욕적인 재판 끝에 판사는 와일드가 자기를 고발한 즐거움을 누린 소년들과 추잡하고 음탕한 행위를 저지른 것에 대해 유죄를 선고했다.

와일드는 2년 동안 투옥되어 모진 고생을 다했다. 그의 채권자들은 그의 전 재산을 경매에 붙였다. 그가 감옥에서 나왔을 때 그의 책은 서점에서 사라지고, 그의 작품은 연극 무대에서 사라지고 없었다. 그 누구도 그에게 박수를 보내지도, 그를 초대하지도 않았다.

그는 혼자 살았고, 아무도 들어주지 않는 멋진 문장을 뱉어내며 혼자 술을 마셨다.

죽음은 친절했다. 죽는 데 그리 오랜 시간이 걸리지 않았다.

냉정하고 엄격한 도덕

왓슨 박사는 아무 말도 하지 않았으나 셜록 홈즈는 그에게 대답했다. 셜록 홈즈는 왓슨 박사의 생각을 하나하나 알아맞혀 가면서 그의 침묵에 대답하고 있었다.

이 빛나는 추리 파티는 그 영국 탐정이 행한 두 개의 각기 다른 모험의 첫 부분에 마디마디 반복되었다. 이는 작가의 무신경 때문이 아니었다.

원작인 『소포 상자』는 자기 아내와 아내의 정부를 살해한 어느 광부의 이야기를 다룬다. 여러 잡지에 발표된 이야기들을 책 한 권에 모으는 시점에 작가 아서 코난 도일은 독자들의 감수성도 손상시키지 않고, 여왕의 반감도 사지 않으려 애썼다.

'좋은 매너'를 추구하던 당시는 예의와 침묵을 요구했다. 당시는 간통이 존재하지 않았기 때문에 구태여 간통이라는 이름을 쓸 이유가 없었다. 코난 도일은 자기 검열을 통해 그 죄받을 이야기를 삭제했으나, 이야기가 시작되는 부분의 독백은 자신이 만든 유명한 탐정의 다른 이야기에 살짝 끼워넣음으로써 남겨두었다.

그럼에도 불구하고, 셜록 홈즈는 런던이 그에게 평범한 시체들만 제공하고, 그의 고등 지식에 걸맞은 불가사의는 전혀 제공하지 않을 때, 즉 지루한 날에는 코카인을 흡입했다. 코난 도일은 세계에서 가장 유명한 탐정의 여러 모험에 이런 습관을 포함하는 데 전혀 주저하지 않았다.

마약에 관해서는 전혀 문제가 없었던 것이다. 빅토리아 여왕 시대의 도덕은 그런 것에 관여하지 않았다. 여왕은 자신이 먹는 음식 접시에는 침을 뱉지 않았다. 그녀의 이름이 붙어 있는 시대에는 욕정을 금했으나 위안을 팔았다.

보이스카우트의 아버지

아서 코난 도일은 "경"이라는 직위를 받았는데, 이는 셜록의 공 때문이 아니었다. 그가 제국주의적인 목적을 위해 썼던 선전 책자들 덕분에 귀족 계급에 진입하게 된 것이다.

아서 코난 도일의 영웅들 가운데 하나가 바로 보이스카우트를 만든 베이든 파월이었다. 아서 코난 도일은 아프리카의 야만인들과 싸우는 도중에 베이든 파월을 만났다.

"베이든 파월이 전쟁에 관해 예리하게 평가할 때는 늘 뭔가 스포츠맨 같은 점이 있었죠." 아서 경이 말했다.

타자의 흔적을 찾아내고 자기 흔적을 지우는 기술이 탁월했던 베이든 파월은 사자, 멧돼지, 사슴, 줄루족, 아샨티족, 느데벨레족을 사냥하는 스포츠를 성공적으로 수행하고 있었다.

그는 아프리카 남부에서 느데벨레족을 상대로 치열한 전투를 벌였다.

그 전투에서 흑인 209명과 영국인 한 명이 전사했다.

베이든 파월 대령은 적이 경보를 발하기 위해 불던 뿔나팔에 대한 기억을 가져갔다. 쿠두 영양의 뿔로 만든 그 나선형 나팔을 부는 것은

보이스카우트의 관례에 포함되었으며, 성스러운 삶을 사랑하는 청소
년들의 상징이 되었다.

적십자의 아버지

적십자는 제네바에서 태어났다. 그것은 전쟁 시 전장에 방치되어 있는
부상자를 구호하고자 했던 스위스의 일부 목동이 발의한 것이었다.

　귀스타브 므와니에는 40년이 넘게 국제적십자위원회의 초대 회장
을 역임했다. 그는 복음주의적 도덕에서 영감을 얻은 적십자사가 문
명화된 나라들에서는 잘 수용되었으나 식민지 국가들은 그 은혜를 모
른다고 설명했다.

　"동정심은 식인 풍습을 유지하는 이 야만적인 부족이 잘 모르는 개
념이다." 그가 썼다. "동정심은 그들에게 아주 낯선 것이어서 그들의
언어에는 그런 관념을 표현하는 단어가 단 하나도 없다."

처칠

흔히 말브룩이라 불리는 말보로 경의 자손들이 지닌 영향력은 전능하
다. 젊은 윈스턴 처칠은 자기 가문 덕에 수단에서 싸우기로 되어 있던
창기병 부대에 들어갈 수 있었다.

　그는 군인이었고, 1898년에 나일 강변의 하르툼 근처에서 발발한

옴두르만 전투에 군인 겸 기록관으로 참여했다.

영국 왕실은 카이로에서부터 아프리카 남쪽 끝 케이프타운에 이르는 아프리카 종단 도로를 건설하고 있었다. 수단의 정복은 그 제국주의적 확장 계획을 수행하기 위해서는 필수적인 것이었는데, 이에 관해 런던은 다음과 같이 설명했다.

"우리는 무역을 통해 아프리카를 문명화하고 있다."

하지만 정작 하고 싶었던 말은 다음과 같다.

"우리는 문명을 통해 아프리카를 상업화하고 있다."

이런 구세주적 임무는 인정사정없이 수행되었다. 구루병에 걸린 아프리카 사람들의 뇌는 그 임무가 무엇인지 이해하지 못했기 때문에, 그들이 이에 관해 어떤 견해를 가지고 있는지 애써 물어보는 사람은 아무도 없었다.

옴두르만 시를 폭격했을 때 처칠은 "전투에 참여하지 않은 불행한 사람들이 많이 죽었다"는 사실을 인지했는데, 그 희생자들은 한 세기가 지난 뒤에 "부수적인 손실"이라 불리게 되었다. 하지만, 처칠의 말에 따르면, 제국의 무기는 결국 "과학적인 무기가 야만적인 무기에 대해 예전에 이루어낸 적이 없는 감동적인 승리와, 유럽의 근대적인 힘에 대항해 봉기한 가장 강력하고 훌륭한 야만족 무장 부대의 패배"를 이끌어낼 수 있었다.

승리자들이 밝힌 공식 자료에 따르면, 이 승리는 옴두르만 전투의 결과였다.

문명국 군대에서는 2퍼센트의 사상자가 발생하고,

야만족 군대에서는 90퍼센트의 사상자가 발생했다.

거인 로즈

그는 삶에서 겸손한 계획 하나를 지니고 있었다.

"그것이 가능하다면, 다른 위성들을 정복하련만."

그의 에너지는 요람에서 비롯되고 있었다.

"우리는 세상에서 첫 번째 종족이다. 우리가 이 세상에서 더 많이 살수록 인류를 위해 더 좋을 것이다."

아프리카에서 가장 부유한 세실 로즈*는 다이아몬드의 왕이며, 금광까지 가는 유일한 철도의 주인이었다. 그가 명확하게 설명했다.

"우리는 우리의 영토를 차지해야 한다. 우리는 우리의 과도한 인구를 그곳으로 보낼 것이고, 우리는 우리의 공장과 광산에서 생산된 물건을 팔 수 있는 새로운 시장을 발견할 것이다. 내가 늘 말했다시피, 제국은 위(胃)의 문제다."

로즈는 일요일이면 자신의 흑인 가신들이 입으로 물어 가도록 수영장에 동전을 던지면서 재미를 보았으나 주중에는 땅을 차지하는 데 몰두했다. 이 욕심쟁이는 자연권을 통해 흑인들의 땅을 빼앗고, 식민지 경쟁을 통해 "보어인"**이라 불리는 백인들을 내쫓음으로써 영국

---

* 세실 로즈(Cecil John Rhodes, 1853-1902)는 케이프 식민지의 수상이다. 1870년 남아프리카에 이주해 킴벌리에서 다이아몬드 채굴에 종사했고, 로디지아를 개발하기 위해 남아프리카 회사 설립의 특허를 받았다. 그사이 다이아몬드 광산을 통합 독점해 거부가 되었다. 케이프 식민지 정계에 투신해 1890년에 수상이 되었으며, 행정 개혁, 영국 세력의 확대를 위해 노력했으나, 린더 스타 제임슨의 침입을 도와주었다는 이유로 사직했다. 그 후로도 로디지아 개발을 위해 노력했고, 보어 전쟁이 일어나자 킴벌리에서 농성을 했으나, 건강이 나빠져서 전쟁이 끝나기 전에 케이프타운 근처에서 죽었다.

** 네덜란드어로 '남편' 또는 '농부'라는 뜻을 지니고 있는 '보어(boer)인'은 네덜란드계 또는 위그노(신교도)계 남아프리카인을 가리킨다. 특히 트란스발과 오렌지 자유주에 최초로 자리 잡은 정착민 중 하나이다. 오늘날에는 보어인의 후손을 보통 '아프리카너(Afrikaner)'라 부른다.

지도를 다섯 배나 키웠다. 과업을 진척시키기 위해 강제수용소를 고안했다. 말하자면 독일 사람들이 나미비아에 세우고 나중에는 유럽에도 세운 그런 강제수용소였다.

그 영국 정복자의 업적을 기리기 위해 아프리카의 두 나라가 로데시아(Rhodesia)*라 불렸다.

대포 바로 앞에 늘 하프를 두고 있던 러디어드 키플링은 자신의 묘비명을 직접 썼다.

황금 왕좌

세실 로즈가 출현하기 불과 몇 년 전에 이미 프리지아의 왕 미다스는 자신의 손이 지닌 마력을 통해 세상이 온통 황금으로 바뀌기를 바랐었다.

미다스가 만지는 것은 모두 황금으로 변할 필요가 있었다. 미다스는 자신에게 그런 권능을 달라고 디오니소스 신에게 부탁했다. 황금이 아니라 와인을 믿고 있던 디오니소스 신이 미다스에게 그 권능을 주었다.

미다스가 물푸레나무 가지를 잡아당겼다. 가지가 황금으로 변했다. 그가 벽돌을 만지자 벽돌이 황금으로 변했다. 그가 손을 씻자 샘에서 황금 비 한 줄기가 솟아올랐다. 그가 음식을 먹으려고 식탁에

---

* 북부 로데시아는 현재의 잠비아이고 남부 로데시아는 짐바브웨다.

앉았을 때 음식이 그의 이빨을 부러뜨렸다. 그 어떤 음료수도 목으로 넘길 수가 없었다. 그가 자기 딸을 껴안자 딸이 황금상(像)으로 변해버렸다.

미다스는 배가 고프고, 갈증이 나고, 고독해서 죽을 지경이었다.

디오니소스는 불쌍한 마음이 들어 미다스를 팍톨로스 강 물에 집어넣었다.

그 이후로 팍톨로스 강에는 황금 모래가 있게 되었다. 마법을 잃고 삶을 구한 미다스는 당나귀 귀를 갖게 되었는데, 그 귀를 감추려고 빨간 모자를 썼지만, 살짝 드러나게 되었다.

강제수용소의 기원

나미비아가 1990년에 독립했을 때 수도의 중심가는 여전히 괴링이라 불리고 있었다. 나치의 그 유명한 헤르만 괴링이 아니라 괴링의 아버지 하인리히 괴링을 기리기 위해서인데, 그는 20세기에 처음으로 인종 학살을 자행한 사람들 가운데 하나다.

아프리카 남서부에 있는 그 나라의 독일 대표였던 하인리히 괴링은 친절하게도 1904년에 로타르 폰 트로타 장군이 공포한 몰살 명령에 서명했다.

흑인 유목민족인 헤레로족이 반란을 일으켰다. 식민지 당국은 반란자들을 모두 추방해 버렸고, 나미비아에 있는 헤레로족은, 무장한 자든 무장하지 않은 자든, 남녀노소를 불문하고 모두 죽이겠다고 경고했다.

헤레로족 네 사람 가운데 셋이 죽었다. 그들은 대포에 맞아 쓰러지거나 사막에 내버려져 강렬한 태양빛을 이기지 못해 쓰러졌다.

학살에서 살아남은 사람들은 괴링이 계획했던 강제수용소로 갔다. 외무부 장관 폰 뷜로는 처음으로 "강제집단수용소(Konzentrationslager)" 라는 말을 사용하는 명예를 누렸다.

남아프리카의 영국인 선조에게 영감을 불어넣은 그 강제수용소에서는 감금, 강제 노역, 생체 실험이 이루어졌다. 금과 다이아몬드 광산에서 기력이 쇠해버린 포로들은 저능한 인종에 관해 조사하기 위한 인간 모르모트가 되었다. 그 실험실에서는 테오도르 몰리슨과 오이겐 피셔가 일했는데, 이들은 요제프 멩겔레의 스승이었다.

멩겔레는 1933년부터 자신의 가르침을 발전시킬 수 있었다. 그해 괴링은 자기 아버지가 아프리카에서 실험했던 모델을 따라 독일에 첫 강제수용소를 설립했다.

서부의 기원

권총 한 자루가 기관총보다 더 많은 총알을 발사하는 서부 영화의 무대는 지저분한 작은 마을들이었다. 그곳에서는 하품 소리만 들렸다. 하품 소리는 진탕 마시고 노는 파티보다 더 오래 지속되었다.

꼿꼿한 자세로 말을 탄 채 세상을 돌아다니며 고난에 처한 아가씨를 구해주는 과묵한 기사(騎士)인 "카우보이"들은 사실 배가 고파 곧 죽어가는 일꾼들로, 이들에게는 쥐꼬리만 한 급료를 받고 목숨의 위험을 무릅쓴 채 사막을 건너며 몰고 다니는 암소들 말고는 여성 동반자가 전혀 없었다. 그들은 흑인, 멕시코인, 혹은 여자 미용사의 손을 단 한 번도 거치지 않은 이빨 빠진 백인이었기 때문에 게리 쿠퍼, 존 웨인, 앨런 래드와는 전혀 닮지 않은 사람들이었다.

극악무도한 악당 역의 단역 배우로 출연해야 했던 인디언들은 화살을 맞아 상처투성이가 된 역마차를 둘러싸고 무슨 말인지도 모를 괴성을 질러대는 그 정신박약자들, 깃털로 치장한 남자들, 몸을 더덕더덕 칠한 남자들과는 전혀 상관이 없었다.

서부의 무용담은 동유럽에서 온 일부 사업가가 꾸며낸 것이었다. 사업에 탁월한 안목을 지니고 있던 렘리, 폭스, 워너, 메이어, 주커* 같은 이민자들은 할리우드의 스튜디오에서 20세기의 가장 성공적인 세계 신화를 만들어냈다.

버팔로 빌

18세기에 메사추세츠의 식민지 당국은 인디언에게서 벗긴, 머리털 붙은 머리가죽 하나당 100파운드를 지불했다.

미국이 독립을 쟁취했을 때 머리털 붙은 머리가죽 "스칼프(scalp)"는 달러로 가격이 매겨졌다.

---

* 이들은 할리우드의 영화감독 또는 제작자들이었다.

19세기에 버팔로 빌은 인디언 껍질 벗기기 고수로, 그에게 버팔로 빌이라는 이름과 명성을 안겨준 버팔로 죽이기의 대가로 활동했다.

버팔로 6,000만 마리가 1,000마리 미만으로 줄어들고 최후까지 반항하던 인디언들이 굶주림에 지쳐 항복을 했을 때, 버팔로 빌은 자신이 만든 엄청난 스펙터클, '와일드 웨스트 서커스(Wild West Circus)'로 세계 순회공연을 했다. 한 도시당 이틀에 걸쳐 이루어진 공연에서 그는 야만인들에게 괴롭힘을 당하는 승합마차를 구출하고, 길들이지 않은 말을 타고, 총알을 발사해 공중에 있는 파리를 토막냈다.

그 영웅은 20세기 첫 크리스마스를 가족과 함께 보내기 위해 "쇼"를 중단했다.

그는 가정의 온기 속에서 식구들에 둘러싸인 채 술잔을 들고, 마시고, 몸이 뻣뻣하게 굳어지면서 바닥으로 쓰러졌다.

그는 아내 룰루에게 이혼을 요구하기 위해, 아내가 자기를 독살하려 했다는 주장을 하면서 아내를 고소했다.

룰루는 버팔로 빌이 마시는 음료수에 뭔가를 넣기는 했지만, 그것은 어느 집시가 그녀에게 판 '드래곤스 블러드(Dragon's Blood)'라는 상표의 사랑의 미약이었노라고 말했다.

앉아 있는 황소의 생애

서른두 살 때, 불로 세례를 받는다. '앉아 있는 황소'*는 적군의 공격에 맞서 부하들을 보호해 준다.

서른여섯 살 때, 자신의 인디오 나라에서 수장으로 뽑힌다.

마흔한 살 때, 앉아 있는 황소가 자리에 앉는다. 옐로우스톤 강변에서 이루어진 전투에서 자신에게 총을 쏘는 병사들을 향해 걸어가 땅바닥에 앉는다. 파이프에 불을 붙인다. 말벌을 쫓아버리듯 총알을 쫓아버린다. 그는 꼼짝도 하지 않고 담배를 피운다.

마흔세 살 때, 백인들이 인디언 보호구역인 블랙힐스에서 금을 발견하고 침입을 시작했다는 사실을 알게 된다.

마흔네 살 때, 기나긴 의식을 거행하며 춤을 추는 동안 환상을 본다. 병사 수천 명이 메뚜기처럼 하늘에서 떨어지고 있다. 그날 밤, 꿈에서 계시를 받는다. "너의 부하들이 적을 물리칠 것이다."

마흔다섯 살 때, 그의 부하들이 적을 물리친다. 샤이엔족 인디언들과 수족 인디언들이 연합해 조지 커스터 장군과 그의 병사들을 몽둥이로 사정없이 두들겨 팬다.

쉰두 살 때, 몇 년 동안 도피와 감옥 생활을 한 끝에, 철로 공사를 끝

---

* 앉아 있는 황소(Sitting Bull, 1831-1890)는 라코타 인디언의 추장으로, 본명은 '타탕카 이오타케'인데 나중에 '홍케스니'라 불렸다. '앉아 있는 황소'는 관대함, 용기, 인내, 백인의 침입에 대한 저항 등 인디언의 미덕을 고루 상징하는 대표적인 인물이었다. 성격이 워낙 신중하고 차분해 한 번도 혈기를 부린 적이 없고, 지나칠 정도로 침착해 'Slow(느린 남자)'라는 별명을 갖게 되었다. 1876년에 리틀 빅혼 전투에서 남북전쟁의 영웅 커스터 장군의 기병대와 싸워 승리했다. 나중에 그는 버팔로 빌의 '와일드 웨스트 쇼' 공연에도 참여했다. 1890년 12월 15일, 그를 체포하기 위해 파견된 인디언 경찰, 군인과 싸우다 총에 맞아 죽었다.

마친 노던 퍼시픽(Northern Pacific) 철도 회사에 경의를 표하는 연설문을 읽는다. 연설 말미에 연설문을 내려놓고는 군중을 바라보며 말한다.

"백인은 모두 도둑이고 거짓말쟁이입니다."

통역자는 그의 말을 다음과 같이 통역한다.

"우리는 문명에 감사하고 있습니다."

군중이 박수를 보낸다.

쉰네 살 때, 버팔로 빌의 쇼에서 일한다. 서커스의 모래판에서 '앉아 있는 황소'는 앉아 있는 황소 역을 연기한다. 현재의 할리우드는 아직 할리우드가 아니었으나 비극은 쇼에서처럼 반복된다.

쉰다섯 살 때, 꿈에서 계시를 받는다. "네 부하들이 너를 죽이리라."

쉰아홉 살 때, 부하들이 그를 죽인다. 경찰 제복을 입은 인디언들이 체포 영장을 가져온다. 총격전을 벌이다 그는 쓰러진다.

실종의 기원

매장되지 않은 시체 수천 구가 아르헨티나 팜파스 지역에 떠돌아다닌다. 마지막 군부 독재 시대에 실종된 사람들이다.

비델라 장군의 독재 정권은 실종을 전례가 없는 규모의 전쟁 무기로 응용했다. 응용을 했지 새롭게 발명한 것은 아니었다. 한 세기 전에 로카* 장군은 잔인함의 상징인 이 걸작을 인디오들에게 이용했는

---

* 훌리오 아르헨티노 로카(Julio Argentino Roca, 1843-1914)는 아르헨티나의 군인이자 정치가로, 파타고니아 지역의 인디오를 토벌하고 대초원 지대의 식민 정책에 성공했다. 나중에 아르헨티나의 대통령

데, 이 걸작은 죽은 사람 각자가 여러 번 죽도록 강요하고, 죽은 사람이 사랑했던 사람들이 그의 덧없는 그림자를 쫓느라 미쳐버리게 한다.

아메리카 전체에서 그랬던 것처럼 아르헨티나에서는 인디오들이 첫 번째로 실종되었다. 세상에 모습을 드러내기도 전에 실종되었다. 로카 장군은 자신이 인디오의 땅을 침범하는 행위를 "사막을 정복하는 것"이라고 불렀다. 파타고니아는 "비어 있는 공간", 즉 아무도 살지 않고, 아무것도 없는 왕국이었다.

그러고 나서도 인디오들은 계속해서 사라져갔다. 정복자들에게 굴복하고 땅과 모든 것을 포기한 인디오들은 "줄어든 인디오"라 불렸는데, 그들의 수는 사라져버릴 정도로 줄어들었다. 복종하지는 않고 총과 칼에 패배한 인디오들은 소수로 전락해, 이름 없이 죽어, 군대의 일부가 되어 사라져버렸다. 그들의 자식들 역시 사라져버렸다. 그 자식들은 전리품처럼 분배되고, 다른 이름으로 불리고, 기억이 비워진 상태로 자기 부모를 죽인 사람들의 어린 노예가 되었다.

가장 높이 세워진 상

19세기 말에 아르헨티나 파타고니아에서 이루어진 주민 소개(紹介) 작업은 레밍턴 라이플총을 쏘면서 절정에 달했다.

이 되었다.

살아남은 인디오 몇이 삶터를 떠나면서 학살을 노래했다.

> 내 땅이여, 내가 아무리 멀리 갈지라도,
> 내 곁에서 멀어지지 말아다오.

그 지역을 여행하던 찰스 다윈은 인디오가 "자연 선택"에 의해 전멸되는 것이 아니라 정부의 정책 때문에 근절된다고 경고했다. 도밍고 파우스티노 사르미엔토는 야만적인 종족은 "사회의 위험"이라고 믿었고, 아르헨티나의 마지막 사파리를 만든 홀리오 아르헨티노 로카 장군은 자기가 희생시킨 사람들을 "야만적인 동물"이라 불렀다.

군대는 사회 안전이라는 이름으로 인간 사냥을 전개했다. 인디오는 위협이었고, 인디오의 땅은 유혹이었다. 농촌 사회가 로카 장군에게 임무 완수를 축하하자 장군은 이렇게 밝혔다.

"인디오의 지배로부터 영원히 자유로워진 그 광활한 영토는 이제 외국인 이민자와 외국 자금에 대해 온갖 눈부신 약속을 하고 있습니다."

600만 헥타르의 토지를 67명이 소유하게 되었다. 1914년, 죽음에 이른 로카 장군은 인디오들로부터 빼앗은 토지 6만 5,000헥타르를 자손들에게 물려주었다.

아르헨티나 사람 모두가 이 조국의 전사가 행한 헌신의 가치를 그가 살았을 때 제대로 평가할 줄 알았던 것은 아니었다. 이제 그의 상(像)은 아르헨티나에서 가장 높이 세워져 있고, 그의 기념물은 35개나 되며, 그의 초상은 가장 많은 액수의 지폐를 장식하고, 도시 하나, 수많은 대로, 공원, 학교에는 그의 이름이 붙었다.

가장 긴 대로

인디오 학살 사건이 우루과이 독립의 서막이었다.

1830년에 우루과이 헌법이 승인되고, 1년 뒤에 이 신생국은 피와 더불어 태어났다.

정복기를 거치면서도 살아남은 차루아족 인디오 500여 명이 자신들의 땅에서 내쫓기고, 박해당하고, 추방되어 리오 네그로 강 북쪽에 살고 있었다.

새로운 당국자들이 차루아족 인디오들을 소집했다. 그들에게 평화와 일자리를 보장하고 그들을 존중해 주겠다고 약속했다. 인디오 족장들이 부족 사람들을 데리고 소집에 응했다.

그들은 먹고 마시고, 잠이 들 때까지 마셨다. 그리고 총검에 찔리고, 칼에 베여 처형되었다.

이 배신은 전투라 불렸다. 학살이 일어난 개울은 그때부터 살시푸에데스*라 불렸다.

아주 소수만이 도망칠 수 있었다. 여자들과 아이들은 분배되었다. 여자들은 병영의 고기가 되고, 아이들은 몬테비데오 귀족 가문의 노예가 되었다.

우루과이의 초대 대통령 프룩투오소 리베라는 "야만 유목민족의 떠돌이 생활을 끝내주기 위해 이 문명 작업"을 계획하고, 실행했다.

그는 그 범죄 행위에 관해 알리면서 이렇게 썼다. "위대해질 것이

---

* 살시푸에데스(Salsipuedes)는 '가능하면 여기서 빠져 나가시오(Sal, si puedes)' 라는 의미다.

고, 정말 아름다워질 것이다."

몬테비데오 시를 관통하는, 우루과이에서 가장 긴 대로에는 그의
이름이 붙어 있다.

호세 마르티

아버지와 아들이 꽃이 피어 있는 아바나의 거리를 거닐다가 두 사람
을 향해 일부러 천천히 걸어오고 있는 것처럼 보이는, 빼빼 마른 대머
리 신사와 마주쳤다.

그러자 아버지가 아들에게 경고했다.

"저 사람을 잘 봐두거라. 겉으로는 백인이지만 속은 흑인이다."

아들 페르난도 오르티스*는 열네 살이었다.

세월이 흐른 뒤, 페르난도는 수 세기에 걸친 인종차별적인 부정에
맞서 쿠바 흑인의 감추어진 뿌리를 복구할 수 있는 인물이 될 터였다.

빼빼 마른 대머리의 위험한 신사, 마치 일부러 천천히 걸어오고 있
는 것처럼 보이던 그 신사의 이름은 호세 마르티**였다. 그는 에스파

---

* 페르난도 오르티스(Fernando Ortiz Fernández, 1881-1969)는 쿠바 출신 에세이스트, 종족음악학자(Eth-
nomusicologist), 아프로-쿠바 문화학자다. 오르티스는 1940년 출간된 『담배와 설탕의 쿠바적 대위법
(Contrapunteo cubano del tabaco y el azúcar)』에서 처음으로 '문화횡단(transculturacion)'이라는 용어를 사용
했다. 오르티스는 유럽 문화와 아프리카 문화가 만나 상호 동화작용과 상호 반작용을 겪은 후에 탄
생한 것이 쿠바 문화라고 규정하고, 라틴아메리카의 문화 전체를 통문화 개념에 의거해 설명하는 것
이 좋겠다는 의견을 개진했다.
** 호세 마르티(José Julián Martí Pérez, 1853-1895)는 쿠바의 시인, 수필가, 애국지사다. 에스파냐에 대항
해 싸우다가 순국한 쿠바 독립 운동의 상징이자 쿠바의 국부로 추앙받고 있다.

냐 사람의 아들로서 가장 쿠바 사람다운 인물이었다. 그가 다음과 같이 밝혔다.

"우리는 영국 바지에, 파리 조끼에, 미국 반코트에, 에스파냐의 모자를 쓴 하나의 가면이었다."

그는 문명이라고 불리는 허위적인 박학다식을 혐오했고, 다음과 같이 요구했다.

"이제 토가*와 견장은 더 이상 필요 없다."

그리고 다음과 같이 확인했다.

"세상의 모든 영광은 옥수수 알갱이 하나 속에 다 들어간다."

마르티는 아바나에서 그 부자와 마주친 지 얼마 되지 않아 산으로 들어갔다. 전투가 한창일 때, 에스파냐 병사가 쏜 총알 한 방이 쿠바를 위해 싸우고 있던 그를 말에서 떨어뜨렸다.

근육

호세 마르티는 다음 사실을 알리고 고발했다. 북아메리카의 젊은 나라는 게걸스러운 제국으로 변하고 있었으며, 세계에 대한 그 나라의 탐욕은 끝이 없었다. 그 나라는 인디언의 모든 땅을 게걸스럽게 집어삼키고 멕시코의 반을 먹어치웠지만 그 탐욕은 멈추지 않았다.

---

* 토가(toga)는 고대 로마 시민들이 시민권의 상징으로 입은 낙낙하고 긴 겉옷이다.

"평화 시에 얻은 그 어떤 승리도 전쟁을 통해 얻은 최상의 승리만큼 위대하지는 않다." 시어도어 루스벨트는 이렇게 선언했다. 그는 노벨 평화상을 받았다.

미스터 테디*는 1909년까지 미국 대통령을 지냈고, 대통령을 그만 둔 뒤로는 더 이상 다른 나라를 침입하는 않고 아프리카 코뿔소를 상대로 전투를 하러 떠났다.

후임 대통령 윌리엄 태프트는 자연의 질서를 예로 들었다.

"모든 반구는, 우리가 인종적으로 우월하기 때문에 관례에 따라 이미 우리의 것이듯, 실제로도 우리 것이 될 것이다."

마크 트웨인

조지 부시는 이라크를 침공하면서 필리핀 섬의 해방 전쟁이 그 전쟁의 모델이라고 선언했다.

두 전쟁은 하늘로부터 영감을 받은 것이었다.

부시는 하느님의 명령에 따라 그렇게 했다고 밝혔다. 1세기 전에 월리엄 매킨리 대통령 역시 '저 높은 곳'의 목소리를 들은 적이 있었다.

"필리핀 사람들은 자치를 할 능력이 되어 있지 않기 때문에 우리가 필리핀 사람들을 그들의 손에 내버려둘 수 없다고 하느님께서 내게 말하셨습니다. 우리가 그들을 떠맡아 교육하고, 향상시키고, 문명화하

---

* 루스벨트는 '테디(Teddy)'라는 애칭으로도 불렸다.

고, 기독교화하지 않는다면 우리가 할 수 있는 것은 전혀 없습니다."

그래서 필리핀은 필리핀적인 위험으로부터 해방되었고, 미국은 내 친김에 쿠바, 푸에르토리코, 온두라스, 콜롬비아, 파나마, 도미니카 공화국, 하와이, 괌, 사모아…… 역시 구했다.

당시, 작가 앰브로스 비어스는 다음과 같이 인정했다.

"전쟁은 하느님께서 우리에게 지리를 가르쳐주기 위해 선택하신 길이다."

그리고 그의 동료이자 반제국주의 연맹(Anti-imperialism League)의 지도자였던 마크 트웨인은 새로운 미국 지도를 디자인했다. 지도에는 별 대신 작은 해골들이 그려져 있었다.

프레더릭 펀스턴 장군은 그 신사를 조국을 배반한 죄로 교수형에 처할 필요가 있다는 의견을 내놓았다.

톰 소여와 허클베리 핀은 자기 아버지를 옹호했다.

키플링

반면에 정복 전쟁은 러디어드 키플링을 고무시켰다. 이 작가는 봄베이에서 태어났지만 런던에서 작가로 성장했고, 당시 성공적인 시 「백인의 짐」을 발표했다.

키플링은 자신의 시를 통해 침략국은 침략당한 땅이 문명화될 때까지 그 땅에 머물 것을 권유했다.

그대가 백인으로서 져야 할 짐을 져라.
그대의 훌륭한 자식들을 보내라,
그대의 자식들이 그대의 포로들이 필요로 하는 것을 해주도록
국외로 내보내라.
그대가 막 포획한 민족이,
거칠고, 분노에 사로잡힌,
반은 악마고 반은 어린이 같은 민족이
그대에게 채워주는
그 무거운 굴레를 수용하라.

　인도에서 태어난 이 시인은 노예들이 너무 무식하기 때문에 자신들이 필요로 하는 것이 무엇인지도 모르고, 은혜를 너무 모르기 때문에 주인들이 그들을 위해 하는 희생의 가치를 결코 모른다고 알렸다.

옛날에 받은 것을 되갚기 위해
그대가 백인으로서 져야 할 짐을 져라.
잘 대접받은 사람들의 저주,
잘 보호된 사람들의 증오,
빛을 향해 (아! 천천히!)
잘 인도된 사람들의 불평……

제국의 칼

넬슨 마일스 장군은 사우스다코타 주의 운디드니 지역에서 인디언 여자들과 아이들의 몸에 무차별 총질을 가해 벌집을 만들어버림으로써 인디언 문제를 해결했다.*

시카고에서, 넬슨 마일스 장군은 풀먼 사의 파업 지도자들을 묘지로 보냄으로써 노동자 문제를 해결했다.

푸에르토리코의 산 후안에서는 에스파냐 국기를 내리고 막대기들과 별이 그려진 깃발**을 올림으로써 식민지 문제를 해결했다. 혹시 누군가 모르고 있을까 봐, "여기서는 영어를 사용함(English spoken here)"이라는 포스터를 사방에 붙였다. 그리고 스스로 식민지의 통치자가 되었다. 침략자들은 전쟁을 하러 온 것이 아니라 여러분뿐만 아니라 여러분의 재산을 보호해 주고, "여러분의 번영을 증진시키고, 또 ……하기 위해 왔노라"고 침략당한 자들에게 설명했다.

문명화된 쌀

필리핀 섬의 구원은 처음부터 자선부인회(慈善婦人會)의 헤아릴 수 없

---

* 1890년 12월 29일, 미군이 운디드니 언덕에서 벌인 인디언 대학살 사건(Wounded Knee Massacre)을 가리킨다. 기관총 등으로 무장한 제7 기병대 병사 500여 명이 수족 인디언을 무장 해제하던 중, 수족 용사 하나가 칼을 놓지 않는다는 이유로 총격을 가해 여성과 어린이 200명 이상을 학살했다. 이 사건은 미군과 인디언 사이의 마지막 전투로 기록되어 있다.

** 막대기와 별이 그려져 있는 깃발은 미국의 국기를 가리킨다.

을 정도로 값진 후원 덕이었다.

　침략국 고위 당국자들과 침략군 지휘관들의 부인이자 훌륭한 정신을 소유한 여자들이 마닐라의 감옥을 방문하기 시작했다. 부인들은 그곳에 수감된 죄수들이 피골이 상접해 있다는 사실을 알아차렸다. 감옥 식당으로 들어간 부인들은 그 불행한 인간들이 먹는 음식을 보고 절망했다. 원시 부족들이 먹는 '야생 쌀'*이었다. 볍씨의 크기가 다양하고, 불투명하고, 거무스름한 것으로, 껍질과 유아(幼芽)와 온갖 잡씨가 뒤섞여 있는 것이었다.

　부인들이 남편들에게 도와달라고 부탁하자 남편들은 선행을 거부하지 않았다. 미국에서 온 첫 번째 배는 모든 낱알의 크기나 생김새가 균일하고, 껍질이 벗겨지고, 도정이 잘되어 반질반질하고, 활석처럼 하얀, 소위 '문명화된 쌀'을 싣고 왔다.

　1901년 말부터 필리핀 죄수들은 그 쌀을 먹기 시작했다. 쌀을 먹은 지 첫 열 달 동안에 역병이 돌았고, 4,825명이 병에 걸려 216명이 사망했다.

　미국인 의사들은 그 재난의 원인을 후진국 특유의 위생 불량 때문에 발생하는 미생물 탓으로 돌렸다. 하지만 여러 가지 의구심 때문에 의사들은 죄수들에게 과거에 먹던 야생 쌀을 다시 먹으라고 명령했다.

　죄수들이 야생 쌀을 다시 먹으면서 역병이 사라졌다.

---

* 여기서 말하는 야생 쌀은 '지자니아 팔루스트리스(Zizania palustris)'의 열매다.

민주주의의 기원

1889년에 브라질의 군주가 사망했다.

그날 아침 군주주의자 정치가들은 공화주의자가 되어 잠에서 깨어났다.

몇 년 뒤에 보통선거를 보장하는 헌법이 공포되었다. 문맹자와 여자를 제외한 모든 국민이 선거에 참여할 수 있었다.

그런데 당시에는 거의 모든 브라질 사람이 문맹자이거나 여성이었기 때문에 투표를 할 사람이 거의 없었다.

그 첫 번째 민주주의적 선거에서 브라질 사람 100명 가운데 98명이 투표함의 부름에 응하지 못했다.

대단한 영향력을 행사하던 커피 농장주 프루덴테 지 모라이스*가 브라질 대통령으로 선출되었다. 그는 상파울루에서 리우까지 갔는데, 그 누구도 그 사실을 눈치채지 못했다. 그 누구도 그를 영접하러 나가지 않았고, 그 누구도 그를 알아보지 못했다.

그의 이름이 아름다운 이파네마 해변의 길 이름이 됨으로써 현재 그는 약간의 유명세를 누리고 있다.

---

* 프루덴테 지 모라이스(Prudente José de Morais e Barros, 1841-1902)는 브라질의 제3대 대통령(1894-1898)이다.

대학의 기원

식민지 시대에 호사를 누리던 브라질 사람들은 자식을 포르투갈의 코임브라 대학에 유학 보냈다.

나중에, 브라질에도 법학이나 의학 분야의 박사를 양성하기 위한 학교 몇 개가 설립되었다. 하지만, 수많은 사람이 그 어떤 권리도 가지지 않고, 죽음 외에는 약도 없는 한 나라에서 고객의 수가 적었기 때문에 박사의 수도 적었다.

당시에 대학교는 없었다.

하지만 1922년에 벨기에 왕 레오폴드 3세가 브라질을 방문하겠다고 알렸고, 왕의 방문이 워낙 장엄한 행사였기 때문에 명예박사학위를 받을 가치가 있었는데, 명예박사학위는 대학만이 수여할 수 있는 것이었다.

그것을 위해 대학이 탄생했다. 대학은 제국맹인협회가 차지하고 있던 저택에 급조되었다. 애석하게도 맹인들은 쫓겨나는 수밖에 없었다.

음악, 축구, 음식, 즐거움의 최고 장점을 흑인에게 빚지고 있는 브라질은 그렇게 해서 콩고의 흑인 말살 전문가였던 어느 가계의 후손이라는 사실이 유일한 공적인 어느 왕에게 박사학위를 수여할 수 있었다.

슬픔의 기원

몬테비데오는 회색이 아니었다. 희끄무레한 색이었다.

1890년대에 우루과이의 수도를 방문한 여행객들 가운데 하나는 "화려한 원색들이 지배하는 도시"라고 경의를 표했다. 집들은 여전히 빨간색, 노란색, 파란색…… 을 지니고 있었다.

불과 얼마 뒤, 박식한 사람들은 그 야만적인 관습이 유럽적인 도시에 어울리지 않는다고 설명했다. 유럽적인 도시가 되기 위해서는, 지도상 어디에 위치해 있든지 간에, 문명화되어야 했다. 문명화가 되기 위해서는 진지해져야 했다. 진지해지기 위해서는 슬퍼져야 했다.

1911년과 1913년에 시 당국은 보도(步道)의 포장용 판석은 회색이어야 한다는 행정명령을 공포하고, 주택의 앞면 벽은 "비소(砒素), 벽돌, 일반 석재 같은 건축 재료와 유사한 색깔만이 허용된다"는 규정을 제정했다.

화가 페드로 피가리는 식민지의 이 어리석은 조치를 조롱했다.

"유행은 현관문, 창문, 격자까지도 회색으로 칠하도록 요구한다. 우리의 도시는 파리 같은 도시가 되기를 원한다…… 그들은 밝은 도시 몬테비데오를 지저분하게 덕지덕지 바르고, 으깨버리고, 거세시켜 버리고……."

몬테비데오는 유럽 도시를 복제하는 일에 굴종했다.

그럼에도 불구하고, 그 당시 몇 년 동안 우루과이는 라틴아메리카에서 가장 대담한 면모를 보여주고, 국가의 창조적인 에너지를 실제 행위로 증명한 곳이었다. 우루과이는 영국보다 먼저 무상 보통교육을 실시하고, 프랑스보다 먼저 여성의 투표권을 인정하고, 미국보다 먼저 하루 여덟 시간의 노동을 보장하고, 에스파냐보다 70년 먼저 합법적인 이혼을 인정했다. 일명 '페페'라 불리는 호세 바트예 대통령은 공공 서비스를 국유화하고, 정교를 분리했으며, 달력에 수록된 기념일의 이름을 바꾸었다. 우루과이에서는 부활절을, 마치 예수가 운이 없어 그날에 고문을 받고 죽임을 당했다는 듯이, 여전히 '관광 주간'이라 부른다.

장소의 밖에 머문 여자들

일요일의 전형적인 광경 하나는 에두아르 마네에게 명성을 안겨준 그림이다. 남자 둘과 여자 둘이 파리 근교로 소풍을 나와 잔디밭에 앉아 있는 그림이다.

그림에서 한 가지 사항을 제외하면 특이한 것이 전혀 없다. 남자들은 티 하나 없이 깔끔한 신사복 차림이고 여자들은 실오라기 하나 걸치지 않은 상태다. 남자들은 뭔가 남자들만의 심각한 대화를 나누고 있고, 여자들은 주변의 나무들보다 덜 중요하다.

그림의 전경(前景)에 나타난 여자가 우리를 바라보고 있다. 그녀는 뜨악한 태도로 우리에게 "나는 어디에 있는 거지, 나는 여기서 무엇을 하는 거지"라고 묻고 있을 것이다.

그녀들은 불필요해 보인다. 그림 속에서뿐만이 아니다.

영혼이 없는 여자들

아리스토텔레스는 자신이 한 말의 의미를 알고 있었다.

"암컷은 기형적인 수컷과 같다. 암컷에게는 근본적인 요소, 즉 영혼이 없다."

조형 예술은 영혼이 없는 인간인 여자에게는 금지된 영역이었다.

16세기에 볼로냐에는 남자 화가가 524명이었는데, 여자 화가는 단한 명이었다.

17세기에 파리 아카데미에는 남자 화가가 435명이었고, 여자 화가는 15명이었는데, 여자들은 모두 남자 화가의 부인이거나 딸이었다.

19세기에 쉬잔 발라동은 채소장수였으며 서커스 곡예사였고, 툴루즈 로트레크*의 그림 모델이었다. 그녀는 당근으로 만든 코르셋을 입고, 작업실에 염소 한 마리를 데리고 있었다. 그녀가 감히 남자 누드화를 처음으로 그린 화가였다는 사실에는 그 누구도 놀라지 않았다.

로테르담의 에라스무스는 자신이 한 말의 의미를 알고 있었다.

"여자는 항상 여자다. 즉, 미친 사람이다."

---

* 앙리 드 툴루즈 로트레크(Henri de Toulouse Lautrec, 1864-1901)은 프랑스의 화가다. 남부 프랑스 알비의 귀족 집안에서 태어난 그는 본래 허약한데다가 소년 시절에 다리를 다쳐 불구자가 되었다. 드가, 고흐와 친분을 맺어 그들로부터 커다란 영향을 받은 그는 귀족 사회의 허위와 위선 등을 증오했다. 서커스, 놀이터, 운동 경기, 무용장, 초상화 등을 즐겨 그렸으며, 포스터를 예술적 차원으로 끌어올렸다.

카미유 클로델의 부활

카미유 클로델의 가족은 그녀가 미쳤다고 밝히고는 정신병원에 넣어 버렸다.

카미유 클로델은 죽기 전까지 30년 동안 정신병원에 갇혀 지냈다.

사람들은 그녀를 위해서라고 말했다.

냉혹한 감옥인 정신병원에서 카미유 클로델은 그림을 그리지도 조각을 하지도 않았다.

어머니와 여동생은 단 한 번도 그녀를 찾아가지 않았다.

덕스러운 동생 폴이 가끔 누나를 찾아갔다.

죄 많은 카미유 클로델이 죽었을 때, 그 누구도 그녀의 시신을 수습하지 않았다.

카미유 클로델이 단지 오귀스트 로댕에게서 버림받은 애인에 불과하지만은 않았다는 사실이 세상에 알려지는 데는 몇 년이 걸렸다.

그녀가 죽은 지 거의 반세기가 지난 뒤 그녀의 작품들, 즉 춤을 추는 브론즈, 우는 대리석, 사랑을 하는 돌은 다시 태어났고, 이곳저곳에서 전시되거나 팔렸고, 사람들을 놀라게 했다. 도쿄에서는 맹인들이 그녀의 조각품들을 만지게 해달라고 부탁해서 만질 수 있었다. 그들은 조각품이 숨을 쉬고 있다고 말했다.

반 고흐

삼촌 넷과 동생은 미술품 판매업을 하고 있었으나 반 고흐는 평생 그림을 단 한 점만 팔 수 있었다. 그림이 마음에 들었기 때문이든 고흐가 안쓰럽다는 생각이 들었기 때문이든, 어느 친구의 누나가 유화 한 점을 400프랑에 사주었다.* 아를에서 그린 〈붉은 포도밭〉이었다.

한 세기 이상의 세월이 흐른 뒤, 그의 작품은 그가 단 한 번도 읽은 적이 없던 신문의 경제면을 장식하는 뉴스거리가 되고 있다.

그의 작품은 그가 단 한 번도 들어가보지 못한 미술품 갤러리에서 값이 가장 비싸다.

고흐를 무시했던 박물관들에서 가장 많은 사람이 보는 작품이다.

고흐더러 다른 일을 해보라고 권유했던 학교들에서 가장 칭찬받는 작품이다.

이제 반 고흐는 그에게 음식 팔기를 거부했을 레스토랑들,

그를 정신병원에 가두었을 의사들의 진료실,

그를 감옥에 집어넣었을 변호사들의 사무실을 장식하고 있다.

---

* 친구의 누나는 시인 외젠 보흐(Eugène Boch, 1855-1941)의 누나 안나 보흐(Anna Boch, 1848-1936)다.

그 절규

에드바르 뭉크는 하늘의 절규를 들었다.

이미 저녁노을이 사그라졌지만, 태양은 지평선으로부터 올라가고 있던 불길의 혀들에 살아남아 있었고, 그때 하늘이 절규했다.

뭉크는 그 절규를 그렸다.

이제 그의 그림*을 본 사람은 귀를 막는다.

새로운 세기는 절규하면서 시작되고 있었다.

20세기의 예언

카를 마르크스와 프리드리히 엥겔스는 19세기 중반경에 『공산당 선언』을 썼다. 세상을 해석하기 위해서가 아니라 세상을 바꾸는 데 도움을 주기 위해서다. 한 세기가 지난 뒤, 인류의 3분의 1이 23쪽에 불과한 이 팸플릿으로부터 영감을 받은 사회에서 살아가고 있었다.

『공산당 선언』은 확실한 예언이었다. 자본주의는 자신이 풀어준 힘을 통제할 수 없는 마법사 같은 것이라고 저자들은 말했는데, 오늘날 우리 시대에는 눈을 가진 사람이라면, 한번 보기만 해도 그 사실을 알 수 있다.

하지만 저자들은 마법사가 고양이보다 더 오래 살 수 있다는 생각

---

* 뭉크의 대표작 〈절규〉(1893)를 가리킨다.

을 하지 못했다.

큰 공장들이 생산비와 노동자 봉기의 위협을 줄이기 위해 노동력을 분산시킬 수 있다는 사실도 생각하지 못했다.

사회 변혁이 "문명화된 나라들"에서보다는 "야만적인 나라들"에서 더 자주 발생할 수 있다는 사실도 생각하지 못했다.

모든 나라에서 프롤레타리아들의 연대보다 분열이 더 자주 발생할 수 있다는 사실도 생각하지 못했다.

프롤레타리아 계급의 독재는 바로 관료들의 독재를 예술적으로 부르는 것이 될 수 있다는 사실도 생각하지 못했다.

그렇게 불렸든 불리지 않았든, 그렇게 해서 『공산당 선언』은 그 저자들의 가장 깊은 확신을 확인시켜 주었다. 현실은 그 현실을 해석한 사람들보다 훨씬 더 강력하고 놀랍다. 괴테는 악마의 입을 빌려 "모든 이론은 회색이요, 영원히 푸르른 것은 삶의 나무"라고 말했다. 마르크스는 자신이 마르크스주의자가 아니라고 늘 말하면서 마르크스주의를 완전무결한 과학이나 반론의 여지가 없는 종교로 바꿔줄 사람들을 기다렸다.

광고의 기원

러시아 의사 이반 파블로프는 조건반사를 발견했다.

그는 이 자극과 반응 과정을 "학습"이라고 불렀다.

방울 소리가 나고, 개가 음식을 먹고 침을 흘린다.

몇 시간 뒤에 방울 소리가 나고, 개가 음식을 먹고 침을 흘린다.

다음 날 방울 소리가 나고, 개가 음식을 먹고 침을 흘린다.

매일 몇 시간 간격으로 이런 과정을 되풀이해 결국 개는 방울이 울리면 음식을 먹지 않아도 침을 흘리게 된다.

몇 시간 뒤, 며칠 뒤, 방울이 울리면 개는 밥그릇이 비어 있어도 계속해서 침을 흘리게 된다.

물약

포스텀 사(社)의 시리얼은 당신을 '복지 도시'와 '찬란한 태양빛'을 향해 가는 '행복의 길'로 인도하고 있었다. 액체 위에 뜨는 그 알갱이들은 종교적인 속성을 지니고 있었다. 그 알갱이들은 어떤 이유로 선지자 "엘리야의 만나"*라 불렸고, 또 시리얼의 호두가 맹장염, 폐결핵, 말라리아, 그리고 이빨이 빠지는 것을 막을 수 있다는 것이었다.

1883년에 홀러웨이 교수는 비누와 알로에를 바탕으로 생산한 어느 제품을 광고하는 데 5만 파운드를 썼다. 그 제품이 광고지에 열거된 질병 50가지에 특효가 있다는 것이었다.

그레고리 박사의 분말위장약은 튀르키예산 대황, 탄산마그네슘과 자메이카 생강을 섞은 특이한 물질로, 위장을 새롭게 해주고, "왕립

---

* 엘리야의 만나는 이스라엘 민족이 모세의 인도로 이집트에서 탈출해 가나안 땅으로 가던 도중, 광야에서 먹을 음식과 마실 물이 없어 방황하고 있을 때 여호와가 하늘에서 날마다 내려주었다고 하는 기적의 음식이다.

의학아카데미 회원들이 인정한" 베론 박사의 바르는 약은 감기, 천식, 홍역을 퇴치했다.

스탠리 박사의 뱀기름은 뱀과 전혀 상관이 없는데, 이는 파라핀, 장뇌(樟腦), 테레빈유를 섞은 것으로, 류머티즘을 없앴다. 가끔은 류머티즘 환자를 죽이기도 했지만, 그런 사항은 광고에 나오지 않았다.

광고는 윈슬로우 부인의 진정(鎭靜) 시럽에 들어 있는 모르핀에 관해서는 밝히지 않았는데, 그 이유는 이 시럽을 평온한 삶을 영위하는 어느 가족이 만들었기 때문이다. 그리고 광고는 펨버턴 박사가 만들어 팔았던 '뇌에 좋은 음료' 코카콜라의 이름이 어떤 코카를 언급하는 것인지도 밝히지 않았다.

마케팅

1920년대 말에 광고는 이 경이로운 신제품을 떠들썩하게 알렸다. "당신은 날 수 있다!" 유연휘발유는 더 빨리 달렸고, 더 빨리 달리는 사람은 인생에서 승리했다. 당시의 광고들은 거북이처럼 느린 자동차에 타고 있던 어린이가 수치스러워하는 모습을 소개했다. "아이, 아빠, 모든 차가 우리 차를 추월하잖아요!"

유연휘발유는 미국에서 발명되었고, 미국으로부터 쏟아져 나온 광고 폭탄은 세계에 유연휘발유를 강요했다. 1986년, 마침내 미국 정부가 유연휘발유의 사용을 금지했을 때는 이미 전 지구상에 중독 피해자가 수를 헤아릴 수 없는 지경이었다. 유연휘발유가 매년 미국 성인

5,000명을 죽였고, 60년 동안 어린이 수백만 명의 신경계와 정신 수준에 해를 끼쳤다는 것은 익히 알려졌다.

그런 범죄 행위를 저지른 주요 인물은 바로 제너럴 모터스의 두 경영자 찰스 케터링과 알프레드 슬론이었다. 두 사람은 인류에게 은혜를 베푸는 사람으로 역사에 기록되었다. 거대한 병원 하나를 세웠기 때문이다.

마리 퀴리

노벨상을 받은 첫 번째 여자였다. 노벨상을 두 번이나 받았다.

소르본 대학의 첫 번째 여자 정교수였고, 여러 해 동안 유일한 여자 정교수였다.

그 후, 이제 그런 것을 향유할 수 없게 되었을 때, 그녀는 남자도 아니었고 더군다나 폴란드에서 태어나고 자랐음에도 불구하고 "프랑스의 위대한 남자들"을 안장하는 장엄한 영묘 판테온*에 안장된 첫 번째 여자가 되었다.

19세기 말에 마리 스크워도프스카와 남편 피에르 퀴리는 방사능이 우라늄보다 400배나 강한 물질을 발견했다. 두 사람은 그 물질의 이름을 "폴로늄"이라 불렀다. 마리의 고국인 폴란드에서 따온 것이었다.

---

* 1934년에 사망한 마리 퀴리는 1995년에 파리의 판테온에 안장됨으로써 생전의 업적으로 이런 영예를 얻은 최초의 여성이 되었다. 판테온은 원래 성당이었는데 프랑스 혁명 이후 위대한 문인들의 무덤으로 바뀌었다.

얼마 지나지 않아 두 사람은 "방사능"이라는 용어를 발명했으며, 방사능이 우라늄보다 3,000배나 강한 라듐을 가지고 방사능 실험을 했다. 두 사람은 노벨상을 받았다.

피에르는 이미 자신들의 작업에 대해 의구심을 지니고 있었다. 그들이 하늘의 선물을 전해주는 사람들인가 아니면 지옥의 선물을 전해주는 사람들인가? 피에르는 스톡홀름에서 열린 학회에서 다이너마이트를 발명한 알프레드 노벨의 경우가 그 예였다고 경고했다.

"강력한 폭약은 인류가 감탄할 만한 작업들을 끝낼 수 있도록 했습니다. 하지만 국민을 전쟁으로 몰아가는 거대한 범죄자들의 손에서는 가공할 만한 파괴 수단이 되기도 합니다."

그로부터 불과 얼마 뒤, 피에르는 군사용 자재 4톤을 적재한 짐마차에 깔려 사망했다.

마리는 피에르보다 오래 살았는데, 그녀의 몸은 성공에 대한 대가를 지불했다. 방사능이 마리에게 화상, 종양, 강한 통증을 유발했고, 결국 마리는 악성 빈혈로 죽었다.

방사능의 새로운 영역을 정복함으로써 역시 노벨상을 받은 딸 이렌은 백혈병으로 죽었다.

전구의 아버지

그는 열차 안에서 신문을 팔았다. 여덟 살에 학교에 들어갔다. 선생님이 그를 집으로 돌려보내며 다음과 같이 설명했다. "이 아이는 머리가 비어 있어요."

토머스 알바 에디슨은 어른이 되어 1,100개의 발명 특허를 취득했다. 백열등, 전기 엔진, 축음기, 영사기…….

1880년에 그는 제너럴 일렉트릭 사를 설립하고, 첫 번째 발전소를 만들었다.

30년이 지난 뒤, 현대의 삶을 밝혀 준 이 남자는 기자 엘버트 허버드와 대담을 하면서 다음과 같이 말했다.

"언젠가는 불에 관한 이 낡고, 터무니없고, 프로메테우스적인 계획*을 대신해 누군가 태양빛을 집중시키고 저장하는 방법을 발명하게 될 거요."

그리고 이런 말도 했다.

"태양빛은 에너지의 한 형태고, 바람과 조수는 에너지의 발현이에요. 우리가 지금 혹시 그 에너지들을 사용하고 있나요? 오호, 아니지요! 우리는 집 울타리를 부수어 땔감으로 사용하는 세입자들처럼 나무와 석탄을 태우고 있다고요."

테슬라

니콜라 테슬라는 늘 자신이 라디오를 발명했는데, 노벨상은 굴리엘모 마르코니가 가져가 버렸다고 말했다. 1943년, 여러 해에 걸친 소송 끝에 미국 대법원은 테슬라의 특허권이 앞선다고 판명했으나, 그는 그

---

* 신화에 따르면, 프로메테우스가 제우스 몰래 회향나무 가지를 꺾어 하늘로 올라가서 불씨를 붙여와 인간에게 주었다. 그 후 인간은 불로 무기와 농사짓는 기구를 만들고, 집을 따뜻하게 할 수 있었다.

사실을 알 수 없었다. 판결이 나기 다섯 달 전부터 무덤 속에 잠들어 있었기 때문이다.

테슬라는 현재 전 세계 도시를 밝혀주고 있는 교류발전기를 발명 했다는 말을 늘 했으나 그 발명품이 사형수를 전기의자에 앉혀놓고 새까맣게 굽는 데서 첫선을 보임으로써 테슬라에게 나쁜 명성을 주 었다.

테슬라는 400킬로미터 떨어진 곳에 전선을 연결하지 않은 채 전등 에 불을 밝힐 수 있다고 늘 말했으나 막상 그렇게 했을 때 콜로라도 스프링스 발전소가 폭발해 버렸고, 그로 인해 이웃 사람들이 몽둥이 를 들고 그를 쫓아갔다.

테슬라는 원격 제어로 조종되는 작은 강철 인간과 인체 내부를 촬 영하는 광선을 발명했다고 늘 말했으나, 죽은 친구 마크 트웨인과 대 화하고 화성의 메시지를 받는 이 '서커스 마술사'를 진지하게 대해주 는 사람은 몇이 되지 않았다.

테슬라는 60년 전에 자신을 크로아티아에서 그곳으로 데려온 배에 서 내릴 때처럼 호주머니가 텅 빈 상태로 뉴욕의 어느 싸구려 호텔에 서 숨졌다. 그를 기리는 의미에서 현재 자속밀도*의 단위와 100만 볼 트 이상의 전류를 생산해 내는 터빈의 이름을 테슬라라 부른다.

---

* 자속밀도(magnetic flux density)는 단위 면적을 수직으로 지나는 자기력선의 수를 말하며, 자기장의 크기를 나타내는 데 사용한다. 단위로는 테슬라와 가우스가 있다(1테슬라는 10,000가우스다).

공중 폭격의 기원

1911년, 이탈리아 비행기들이 리비아 사막의 일부 마을에 수류탄을 투하했다.*

이 실험은 하늘로부터 공격하는 것이 땅에서 공격하는 것보다 더 파괴적이고, 신속하고, 값이 싸다는 것을 보여주었다. 공군 사령관은 다음과 같이 보고했다.

"폭격은 적군의 사기를 저하시키는 데 특효가 있었습니다."

다음에 이어지는 체험담들도 아랍 시민들에 대한 유럽의 학살에 관한 것이었다. 1912년에 프랑스 비행기들이 모로코를 공격했는데, 목표물을 맞히지 못하는 일이 없도록 사람이 많은 장소를 선택했다. 다음 해에 에스파냐 항공 부대가 역시 독일로부터 막 수입한 신무기를 모로코에서 시험했다. 그것은 바로 치명적인 쇳조각들을 사방에 퍼뜨리는 성공적인 파쇄폭탄(破碎爆彈)이었다.

그 후로는······.

산투스 두몽의 생애

브라질의 비행사 아우베르투 산투스 두몽**은 수많은 비행 참사 끝에

---

* 이탈리아-튀르크 전쟁이 벌어지고 있던 1911년 12월 초, 정찰 비행 중이던 이탈리아 조종사가 튀르크군을 향해 네 개의 수류탄을 투하한 것이 공습의 시초다.
** 아우베르투 산투스 두몽(Alberto Santos-Dumont, 1873-1932)이 만든 세계 최초의 비행기 14-Bis는 3미

불가사의하게 살아남아 서른두 살에 프랑스의 레종도뇌르 기사장*을 받는다. 신문은 그를 가장 멋진 남자로 소개한다.

서른세 살에 그는 현대 비행의 아버지가 된다. 그는 엔진이 달린 새 한 마리를 발명하는데, 그 새는 캐터펄트** 없이 이륙해서 지상 6미터 상공까지 올라가 비행한다. 착륙한 뒤 그가 말한다.

"나는 비행기의 미래에 크나큰 믿음을 갖고 있습니다."

그는 제1차 세계대전이 발발한 지 조금 뒤인 마흔아홉 살에 국제연맹에 다음과 같이 경고한다.

"항공 기계가 이룬 위업을 통해 우리는 전투를 하는 군대뿐만 아니라 불행하게도 무방비 상태의 사람들에게 죽음의 씨앗을 뿌리는 그 기계들이 가질 수 있는 엄청난 파괴력을 공포를 느끼며 예측합니다."

쉰세 살에 그는 다음과 같이 말한다.

"나는 물에 독극물을 뿌리는 것이 금지되어 있는 시대에 폭탄을 투하하는 비행기들을 금지할 수 없는 이유가 무엇인지 모르겠습니다."

쉰아홉 살에 그는 자문한다.

"사랑하는 데 도움을 주는 것이 아니라 빌어먹을 전쟁 무기로 변해버린 이것을 내가 무엇 때문에 발명했을까?"

그리고 그는 스스로 목을 매단다. 그는 체구가 아주 작기 때문에 몸

터 고도로 60미터를 비행했다.

* 기사장(슈발리에)은 레종도뇌르 훈장 중 최고급에 해당한다.

** 캐터펄트(catapult)는 좁은 공간에서 항공기를 이륙시키는 장치로, 압축 공기나 증기의 힘으로 고속 이동하는 실린더 내의 피스톤 장치를 항공기에 연결하여서 발진한다.

무게도 거의 나가지 않고, 키도 작아 넥타이 하나면 목을 매달기에 충분하다.

사진들: 여러 사람 가운데 하나

뮌헨의 오데온 광장, 1914년 8월.

높이 매달린 제국의 깃발이 휘날린다. 깃발 아래로 수많은 군중이 모여 독일 정신에 고무된다.

독일이 선전포고를 한다. "전쟁, 전쟁", 기쁨에 들떠 제정신이 아닌 군중이 전장에 한시바삐 도착하고 싶은 조바심을 내며 소리를 지른다.

사진 하단 한쪽 모서리에는 군중 속에 파묻힌 사내 하나가 입을 벌린 채 하늘을 쳐다보고 있는 모습이 보인다. 그는 은총을 받고 있는 상태에 있다. 그를 아는 사람들은 그가 바로 아돌프라고 우리에게 말할 수 있을 것이다. 오스트리아 출신으로 못생긴 그는 아주 날카로운 목소리로 말하고, 늘 금방이라도 히스테리 발작을 일으킬 상태에 있으며, 다락방에서 잠을 자고, 술집에 들어가 테이블을 돌아다니며 달력에 나오는 풍경을 모사해 그린 수채화를 팔아 궁색하게 살고 있다.

사진사 하인리히 호프만은 그의 얼굴을 모른다. 그 '머리의 바다'에서 자신의 사진기가 메시아, 니벨룽과 발퀴레*의 구원자, 이 위대한 독

---

* 여기서 니벨룽(Nibelung)이란 극중에 나오는 모든 난장이를 통칭하는 말이며 발퀴레(Valkyrie)는 북유럽 신화에 나오는 전쟁의 여신으로 발키리아라고도 하는데, 이 이름의 뜻은 고대 노르드어(북구어)로 '전사자를 고르는 자'이다. 발퀴레는 전쟁터에서 죽음을 맞이할 영웅들을 선택해 이들을 천상의 발할라 궁전으로 인도하는 역할을 한다.

일의 패배와 굴욕을 복수할 지그프리드, 노래를 부르며 정신병원에서 도살장을 향해 행진하는 그 남자의 존재를 포착했다는 사실을 전혀 깨닫지 못한다.

카프카

첫 번째 세계적인 도살의 북소리가 가까이 들려오고 있을 때 프란츠 카프카는 「변신」을 쓰고 있었다. 그러고서 얼마 지나지 않아 전쟁이 이미 시작된 뒤에 「판결」이 탄생했다.

이 두 작품은 집단적인 악몽을 표현한 것이다.

남자 하나가 잠에서 깨어나 보니 자신이 거대한 갑충으로 변해 있는데, 사람들이 그를 빗자루로 쓸어버릴 때까지 자신이 갑충으로 변해버린 이유를 모른다.

다른 남자는 체포되어 기소되고, 재판을 받고 사형당한다. 그런데 그는 사형 집행인들의 칼에 찔려 죽을 때까지 자신이 사형을 당하는 이유를 이해하지 못한다.

어떤 식으로든 그 이야기들, 그 작품들은 전쟁 기계가 잘 작동되고 있다는 뉴스를 전해주던 신문들의 지면에 매일 연재되고 있었다.

뭔가를 찾기 위해 혈안이 되어 있는 유령 같은 작가, 실체가 없는 그림자 같은 작가는 번민이 곧 폭발할 것 같은 상태에서 글을 썼다.

그가 쓴 것 가운데 출간이 된 것은 조금밖에 되지 않았고, 아무도 그의 글을 읽지 않았다.

그는 살아생전 그랬듯이 조용히 세상을 떴다. 고통스러운 마지막 순간에 그는 의사에게 이런 부탁만 했다.

"선생님이 살인자가 아니라면, 나를 죽여주세요."

니진스키

1919년 스위스의 장크트모리츠의 슈브레타호텔에서 바슬라프 니진스키*는 생애 마지막 춤을 추었다.

세상에서 가장 유명한 그 무용수는 백만장자 관객들 앞에서 전쟁을 춤으로 묘사해 보겠노라고 밝혔다. 그리고 가지촛대 조명 아래서 전쟁을 춤으로 표현했다.

니진스키는 분노한 회오리바람 속에 들어 있는 듯 빙빙 돌고, 땅을 박차고 공중으로 뛰어올랐다가 돌발적으로 착지해서 대리석 바닥이 진흙 바닥이나 된다는 듯이 몸을 뒤집고, 다시 일어나 몸을 빙그르 돌리고, 공중으로 뛰어올랐다가 바닥에 내리꽂듯 착지하기를 여러 차례 반복하고, 결국은 그의 유체가, 무언의 아우성이 유리창을 치고 나가 눈 속으로 사라져버렸다.

니진스키는 자신이 망명한 땅인 광증의 왕궁으로 들어갔다. 그리고 결코 돌아오지 않았다.

---

* 바슬라프 니진스키(Vaslav Nijinsky, 1890-1950)는 폴란드계 러시아 역사상 가장 재능 있는 남성 무용가로 손꼽히는 발레 무용수이자 안무가다.

재즈의 기원

1906년이 지나가고 있었다. 뉴올리언스의 가난한 동네인 로스트(Lost) 거리를 따라 사람들이 평소처럼 오가고 있었다. 다섯 살배기 남자아이가 창문 밖으로 고개를 내밀더니 뭔가 일어나기를 기대하고 있다는 듯이 눈을 똥그랗게 뜨고 귀를 쫑긋 세운 채 그 따분한 거리를 내려다보고 있었다.

그때 일이 벌어졌다. 길모퉁이에서 터져 나온 음악이 길 전체를 차지한 것이다. 남자 하나가 하늘을 향해 코넷을 치켜든 채 불어대고, 그 주위로 수많은 사람이 박수를 치면서 노래하고 춤을 추었다. 창가에 서 있던 소년 루이 암스트롱은 몸을 어찌나 심하게 흔들어댔던지 하마터면 창 밑으로 떨어질 뻔했다.

코넷을 불던 그 남자는 며칠 뒤 정신병원에 수용되었다. 그는 흑인만 수용하는 곳에 갇혔다.

버디 볼든*이라는 그 남자의 이름이 신문에 등장한 것은 그때가 처음이었다. 그는 그 정신병원에서 4반세기 후에 사망했는데, 신문들조차도 그 사실을 알지 못했다. 하지만 단 한 번도 오선지에 옮겨지지도 녹음되지도 않았던 그의 음악은 축제나 장례식에서 그 음악을 즐긴 사람들의 마음속에서 계속 울려 퍼졌다.

재즈의 유래를 아는 사람들이 전하는 바에 따르면, 그 유령 같은 인간이 바로 재즈의 창시자였다.

---

* 버디 볼든(Charles 'Buddy' Bolden, 1877-1931)은 가장 뛰어난 재즈 아티스트로 간주되는 전설적인 인물이다. '코넷과 호른 연주의 일인자', '뉴올리언스 하층민 음악의 왕자'로 꼽힌다.

장고의 부활

그는 집시들의 동굴에서 태어났다. 벨기에로 가는 길에서 자신이 연주한 밴조* 음악에 따라 곰과 산양이 춤을 추는 가운데 유년 시절을 보냈다.

그의 달구지가 불에 탔을 때 그의 나이 열여덟이었다. 그는 죽은 목숨이나 다름없는 상태가 되어버렸다. 다리 하나는 불구가 되었다. 손 하나를 잃었다. 의사들은 여행이나 음악은 더 이상 할 수 없다고 말했다. 하지만 다리를 자르려 했을 때, 다리가 되살아났고, 잃어버린 손에서 손가락 두 개는 구할 수 있었다. 그리고 그런 상태로 그는 재즈 역사상 가장 위대한 기타리스트가 될 수 있었다.

장고 라인하르트**와 그의 기타 사이에 비밀스러운 협정이 있었다. 그가 기타를 연주하도록, 기타가 그에게 부족한 손가락들을 주었던 것이다.

탱고의 기원

아르헨티나 라 플라타 강의 변두리 사창가에서 태어났다. 남자들은 창녀가 다른 손님과 함께 침대에 들어 있는 사이에 자기 순서를 기다

---

* 밴조는 미국의 민속 음악이나 재즈에 쓰는 현악기로, 기타와 비슷하나 공명동이 작은북처럼 생겼으며 현은 네다섯 줄이다.
** 장고 라인하르트(Jean Baptiste Reinhardt, 1910-1953)는 벨기에 출신의 프랑스 재즈기타 연주자다. 그라펠리와 함께 '핫클럽 5중주단'을 조직하고 독특한 기교와 광시곡 스타일의 기타 솔로로 미국에까지 알려졌다.

리면서 사창가 성매매 업소들 사이에서 탱고를 추었다. 느리고 더듬거리는 그 소리는 칼과 슬픔이 지배하는 골목길로 사라져갔다.

탱고는 밑바닥 세계의 거친 삶으로 특징지어졌고, 그래서 외부로 유출되는 것이 금지되었다.

하지만 남 앞에 내놓지 못하던 탱고가 길을 열었다. 1917년에 카를로스 가르델의 손에 의해 탱고는 부에노스 아이레스 시내에 침입했고, 에스메랄다 극장 무대에 올랐으며, 탱고라는 이름으로 소개되었다. 가르델은 〈나의 슬픈 밤〉을 불러 박수갈채를 받았다. 그리고 탱고의 유배 생활은 끝났다. 무감각한 중산층마저 눈물을 흘리면서 탱고를 열렬하게 환영하고 탱고의 원죄를 사해주었다.

그것이 바로 카를로스 가르델이 음반에 처음으로 녹음한 탱고였다. 탱고는 계속해서 들리고, 매일매일 더 좋게 들린다. 사람들은 카를로스 가르델을 마술사라고 부른다. 전혀 과장되지 않은 표현이다.

삼바의 기원

삼바는 탱고와 마찬가지로 품위 있는 것이 아니었다. "싸구려 음악, 흑인의 것"이었다.

1917년, 카를로스 가르델이 탱고가 들어갈 수 있는 거대한 문을 연 바로 그해에 리우 카니발에서 삼바가 처음으로 폭발하는 사건이 일어났다. 그날 밤, 벙어리들이 노래를 하고 길모퉁이의 가로등들이 춤을 추었던 장면은 그 후 몇 년 동안 지속되었다.

　그로부터 그리 많지 않은 세월이 흐른 뒤 삼바는 파리로 갔다. 파리
가 미쳐버렸다. 경이로울 정도로 음악적인 한 나라의 모든 음악이 모
여 있는 그 도시에서 삼바는 못 견디게 매혹적인 것이었다.

　하지만 당시까지만 해도 축구 국가대표팀에 흑인을 받지 않고 있던
브라질 정부는 삼바가 유럽에서 받은 축복을 전혀 달가워하지 않았
다. 가장 유명한 삼바 음악가들은 흑인이었고, 게다가 유럽 사람들이
브라질을 아프리카에 있는 나라라고 믿어버릴 위험성이 있었기 때문
이다.

　삼바 음악가들 가운데 가장 뛰어난 사람은 바로 플루트과 색소폰의
대가였던 피싱기냐*로, 그는 독특하기 이를 데 없는 음악 스타일을 창
안했다. 프랑스 사람들은 그 음악과 동일한 음악은 결코 들어본 적이
없었다. 그는 음악을 연주한다기보다는 놀이를 했다. 놀이를 하면서
사람들을 초대했다.

할리우드의 기원

가면을 쓴 사람들이 하얀 튜니카를 입고, 하얀 십자가를 들고, 횃불을
치켜든 채 말을 타고 몰려온다. 숙녀의 정조와 신사의 명예를 지키기
위해 복수하는 이 기병들 앞에서 백인 아가씨들에게 굶주린 흑인들이
몸을 부르르 떨고 있다.

---

* 피싱기냐(Pixinguinha, 1897-1973)의 본명은 알프레두 다 호샤 비아나 필유(Alfredo da Rocha Viana Filho)
로, 현대 브라질 음악의 시효가 된 1930년대 전설적인 음악가다.

(흑인들에 대한) 린치가 절정에 오른 상황에서 D. W. 그리피스 감독의 영화 〈국가의 탄생〉은 쿠 클럭스 클랜*에 대한 찬가 소리를 높인다.

할리우드의 첫 번째 블록버스터인 이 영화는 당시까지 생산된 무성영화로는 최고의 흥행 실적을 올린다. 또한 백악관에서 상영된 첫 번째 영화이기도 하다. 우드로 윌슨 대통령은 기립 박수를 친다. 그는 영화에 박수를 치고, 스스로에게 박수를 친다. 이 자유의 기수는 웅장한 이미지들을 동반하는 주요 텍스트들의 저자다.

대통령의 말은 노예 해방이 "남부 지역에서 문명의 진정한 몰락, 즉 검은 남부의 발뒤꿈치에 깔린 백인 남부의 진정한 몰락"이라고 설명한다.

그때부터 혼란이 지배한다. 왜냐하면, 흑인은 "권위의 무례함은 알지만 권위의 용도는 전혀 모르는 사람들"이었기 때문이다.

하지만 대통령은 희망의 불을 밝힌다. "마침내 위대한 쿠 클럭스 클랜이 탄생했다."

영화의 끝 부분에서는 예수까지 개인적으로 하늘에서 내려와 축복을 내린다.

현대 예술의 기원

아프리카의 조각가들은 항상 노래를 부르면서 작업한다. 노래가 작품 속으로 들어가고 작품 안에서 계속 소리를 내도록 작품이 완성될 때

---

* 흑인을 극단적인 방법으로 차별한 '쿠 클럭스 클랜(Ku Klux Klan)'은 '원(circle)'을 뜻하는 그리스어 'kyklos'와 영어 'clan(집단)'을 합성해서 만든 것으로, 흔히 약어인 'KKK'단으로 부른다.

까지 노래를 멈추지 않는다.

1910년에 레오 프로베니우스는 노예 해안(Slave Coast)에서 만난 고대 조각품들에 반해버렸다.

조각품들을 처음으로 발견한 독일 탐험가는 그것들이 너무 아름다웠기 때문에 아테네에서 가져온 그리스의 조각품이거나 아마도 사라져버린 아틀란티스에서 만들어졌을 것이라고 믿었다. 동료들도 같은 생각이었다. 멸시받는 딸이자 노예의 어머니인 아프리카는 그 경이로운 작품들의 작가가 될 수 없다는 것이었다.

하지만 조각품들은 아프리카 것이었다. 음악이 가득 들어 있는 그 형상들은 약 4세기 전에 세상의 배꼽인 이페(Ifè), 즉 신들과 요루바족이 여자와 남자를 탄생시킨 성스러운 장소에서 만들어진 것이다.

아프리카에는 찬양해 줄 가치가 있는 예술의 끝없는 샘 하나가 계속해서 분출하고 있다. 그 샘은 도둑맞을 정도의 가치가 있다.

아주 성의가 없는 화가 폴 고갱은 콩고에서 조각품 두어 개에 자기 이름을 적은 것 같다. 그 오류는 전염되었다. 그 이후로, 피카소, 모딜리아니, 클레, 자코메티, 에른스트, 무어, 그리고 다른 수많은 유럽 화가가 자주 그런 오류를 저질렀다.

식민법에 의해 약탈당한 아프리카는 20세기에 유럽의 예술을 가장 현란하게 정복한 그림과 조각이 아프리카에게 많은 빚을 지고 있다는 사실을 이해하지 못했다.

현대 소설의 기원

1,000년 전에 일본 여성 둘이 현시대의 작가처럼 글을 썼다.

호르헤 루이스 보르헤스와 마르그리트 유르스나르*에 따르면, 남성들의 모험과 여성들의 굴욕에 관한 대작인 무라사키 시키부**의 『겐지 이야기』보다 뛰어난 소설은 그 누구도 결코 쓴 적이 없다.

또 다른 일본 여성 세이 쇼나곤***은 1,000년이 지난 뒤에 무라사키와 더불어 칭송을 받는 특이한 영광을 누렸다. 그녀의 책 『마쿠라노소시』****는 "붓 가는 대로"라는 의미를 지닌 "즈이히츠(舍隨筆)" 장르의 효시가 되었다. 짧은 이야기, 메모, 회상, 소식, 시로 이루어진 다양한 색조의 모자이크였다. 다양하기 이를 데 없는 각각의 단편들은 우리를 그 시대, 그 장소로 들어가도록 초대한다.

무명용사

프랑스는 제1차 세계대전에서 150여만 명을 잃었다.

사망자의 약 3분의 1에 해당하는 40여만 명은 이름도 밝혀지지 않았다.

---

* 마르그리트 유르스나르(Marguerite Yourcenar, 1903-1987)는 벨기에에서 태어나 프랑스에서 활동한 소설가, 수필가, 단편작가다.
** 무라사키 시키부(紫式部, 978?-1014?)는 헤이안 시대 일본의 소설가이자 시인이다. 그가 쓴 『겐지 이야기』는 인류 역사에서 가장 오래되고 유명한 소설 중 하나다.
*** 세이 쇼나곤(清少納言, 966?-1025?)은 일본의 일기 작가, 여류 시인이다.
**** 『마쿠라노소시』는 일본 수필의 효시로 알려진 작품이다. '마쿠라(枕, 베개)'는 몸 가까이 은밀히 지니는 것을 의미하고, '소시(草子)'는 묶은 책을 의미한다. 말하자면, '베갯머리 책'이라 할 수 있다.

정부는 이 무명씨 순교자들을 기리기 위해 무명용사의 묘를 파헤치기로 결정했다.

베르됭 전투에서 죽은 어느 병사가 무작위로 선정되었다.

무덤에서 시체가 드러났을 때, 누군가 그 시체는 세네갈의 프랑스 식민지 소속 부대원인 흑인 병사라고 말했다.

오류는 때맞춰 수정되었다.

다른 주검 역시 무명이었으나 백인이었다. 1920년 11월 11일, 개선문 아래에 매장된 것이었다. 프랑스 군대는 그 주검을 조국의 국기로 감싸고 각종 추모사를 읽는 의식을 거행했다.

가난하지 말라

"범죄는 만들어지는 것이 아니라 태어난다"라고 말한 이탈리아 신경과 의사 체사레 롬브로소*는 신체적 특징을 보기만 해도 범죄자를 알아볼 수 있다고 허세를 부렸다.

브라질 의사 세바스티앙 레앙**은 "범죄 인간(homo criminalis)"은 태어날 때부터 '악'을 저지르도록 예정되어 있다는 사실을 확인하기 위해 포르투 알레그레 감옥의 죄수들을 계량하고 조사했다. 그의 연구는 다음과 같은 사실을 밝혀냈다.

---

* 체사레 롬브로소(Cesare Lombroso, 1835-1909)는 이탈리아의 범죄학자다.
** 세바스티앙 레앙(Sebastião Affonso de Leão, 1866-1903)은 브라질의 의사, 저널리스트, 작가다.

범죄의 원천은 생물학적인 것이 아니라 가난이다.

열등하다고 간주되는 인종의 일원인 흑인 죄수들은 다른 인종과 비슷하거나 더 영리하다.

나약하고 열등한 인종의 일원이라 간주되는 물라토 죄수들은 아주 평화롭게 노령에 이르렀다.

모든 범죄자가 무식하고 거친 것은 아니라는 사실을 확인하려면 감방 벽에 쓰인 시구들만 보아도 충분하다.

롬브로소가 '칼의 친구'의 특징이라 생각한 신체적인 낙인, 즉 주걱턱, 돌출 귀, 뻐드렁니를 가진 사람의 수는 길거리보다 감옥에서 더 적다.

롬브로소는 수염이 나지 않는 것이 공공의 적들이 지닌 한 가지 특징이라고 했지만, 포르투 알레그레의 수많은 죄수 가운데 수염이 나지 않은 죄수는 채 열 명이 넘지 않았기 때문에 그 논리 또한 성립될 수 없다.

그리고 범죄율이 여름에 높아지지 않은 것으로 보아 더운 기후 또한 범죄에 호의적이지 않다.

눈에 띄지 않은 남자들

1869년에 수에즈 운하는 두 바다 사이를 항해하는 것을 가능하게 해주었다.

우리는 다음과 같은 사실을 알고 있다. 페르디낭 드 레셉스가 운하의 건설 계획을 짰는데, 이집트의 태수 사이드 파샤와 그의 후계자들이 운하를 프랑스 사람들과 영국 사람들에게 돈을 조금 받고, 또는 거저 팔아버렸다.

주세페 베르디는 수에즈 운하의 개통을 축하하기 위해 오페라 〈아이다〉를 작곡했다.

90년이 지난 뒤, 길고 지난한 투쟁 끝에 이집트의 가말 압델 나세르 대통령이 운하를 이집트의 소유로 만드는 데 성공했다.

강제 노역에 차출되어 운하 건설에 참여했다가 기아와 과로, 콜레라로 죽은 죄수와 농부가 12만 명에 달한다는 사실을 누가 기억하겠는가?

1914년에 파나마 운하는 두 대양 사이에 있는 장벽을 열었다.

우리는 다음과 같은 사실을 알고 있다. 페르디낭 드 레셉스가 운하의 건설 계획을 짰는데,

운하 건설을 맡은 회사가 프랑스 역사에서 가장 수치스러운 사건으로 파산해 버렸다.

미국 대통령 시어도어 루스벨트가 파나마 운하, 파나마, 그리고 가는 길에 마주치는 것이면 모두 미국 것으로 만들어버렸다.

60년이 지난 뒤 길고 지난한 투쟁 끝에 파나마의 오마르 토리호스* 대통령은 파나마 운하를 파나마 소유로 만드는 데 성공했다.

파나마 운하를 건설하면서 쓰러졌던 안틸레스 제도, 인도, 중국 노동자들을 누가 기억하겠는가? 운하 1킬로미터를 건설하는 데 700명이 죽었고, 기아와 과로와 황열병과 말라리아로 600명이 죽었다.

---

* 오마르 토리호스(Omar Efraín Torrijos Herrera, 1929-1981)는 파나마의 군인 출신으로 대통령을 지냈다. 그는 파나마 운하와 운하 지대를 파나마의 주권하에 두는 것을 주된 목표로 삼아 1977년 9월 7일 미국의 지미 카터 대통령과 협정에 조인했다.

눈에 띄지 않은 여자들

여자가 자신이 머무를 곳이 어디인지 알고, 여자는 부엌으로부터 나오지 말아야 한다는 사실을 빨리 배우도록 갓난 여자아이의 탯줄을 부엌의 재 속에 묻는 풍습이 전해지고 있었다.

멕시코 혁명이 발발했을 때 수많은 여자아이가 태어났으나, 등에 부엌을 지고 다녔다. 좋건 나쁘건, 납치를 당했건 자발적이건, 여자는 남자를 따라 전쟁터 이곳저곳을 돌아다녔다. 아기에게 젖을 물린 채 솥과 냄비를 짊어지고 다녔다. 군수품 또한 책임졌다. 가족의 입에서 토르티야*가 떨어지지 않고, 무기에 총알이 떨어지지 않도록 신경을 썼다. 남자가 쓰러지면 대신 무기를 잡았다.

기차에서 남자와 말이 객차 안을 점유하고, 여자는 기차 지붕에 앉아 가면서 비가 오지 않도록 해달라고 하느님께 기도했다.

여자, 군인의 부인, 라 쿠카라차,** 아델리타,*** 비반데라,**** 과자, 마리화나, 날품팔이 여자, 고아가 없었다면, 멕시코 혁명은 존재하지도 않았을 것이다.

---

* 토르티야(tortilla)는 옥수수 가루로 만든 전병으로, 멕시코 사람들이 일용하는 음식이다.

** 라 쿠카라차(la cucaracha)는 원래 15세기 말 무어인들을 축출할 즈음 자연 발생적으로 만들어진 에스파냐 민요이지만, 에스파냐의 라틴아메리카 침략과 함께 멕시코에 전래되어 1910년에 발발한 멕시코 혁명 당시 농민혁명군이 즐겨 불렀다. '라 쿠카라차'는 '바퀴벌레'인데, 농민혁명군과 농민들의 끈질긴 생명력을 아무리 죽여도 나타나는 바퀴벌레에 비유한 것이다. 일설에는 멕시코 전통 의상(판초)과 모자(솜브레로)를 쓰고 떼를 지어 가는 농민혁명군의 모습이 마치 바퀴벌레 떼와 유사하기 때문이라는 해석도 있다.

*** 아델리타(adelita)는 멕시코 혁명에 참가한 여전사를 의미한다. 이들은 주로 음식 조리, 부상자 간호를 담당했으나 정부군에 대항해 싸우기도 했다.

**** 비반데라(vivandera)는 멕시코 혁명군 병사들에게 식료품을 팔던 여자다.

하지만 이들 누구에게도 연금이 지불되지 않았다.

농부가 되지 말라

자아도취적인 말 도둑 판초 비야*가 멕시코 북부를 불태우고 있을 때 침울한 마부 에밀리아노 사파타**는 남부의 혁명을 지휘하고 있었다.

전국에서 농부들이 무기를 치켜들었다.

"정의는 하늘로 올라가 버렸다. 이제 여기에 없다." 농부들이 말했다.

농부들은 하늘로 올라가 버린 정의를 땅으로 끌어내리기 위해 싸웠다. 그 밖에 무슨 수가 있었겠는가?

남쪽에서는 설탕이 자신의 성벽 뒤에서 힘을 행사하고 있었고, 옥수수는 자갈밭에서 비참하게 살아가고 있었다. 세계 시장은 영세한 지역 시장을 욕보이고, 땅과 물을 빼앗은 자들이 빼앗긴 자들에게 다음과 같이 충고했다.

"화분에 씨앗을 뿌려요."

봉기를 한 사람들은 전사가 아니라 농부였는데, 그들은 파종을 하

---

* 판초 비야(Pancho Villa, 1878-1923)는 멕시코 혁명에 참여해 포르피리오 디아스(Porfirio Díaz)와 빅토리아노 우에르타(Victoriano Huerta) 정권에 맞서 싸운 지도자다. 부자들에게서 훔친 재물을 가난한 사람들에게 나눠줌으로써 민중의 신망을 얻어, '멕시코의 로빈 후드'라는 이미지를 갖고 있다. 원래 이름은 호세 도로테오 아랑고 아람불라(José Doroteo Arango Arámbula)다.

** 에밀리아노 사파타(Emiliano Zapata Salazar, 1879-1918)는 포르피리오 디아스의 독재 정권에 대항한 멕시코 혁명의 지도자로, 농업 개혁을 주장해 국민 영웅으로 칭송된다. 멕시코의 농민·노동자 운동에서 사파타는 커다란 구심점이 되었다. 멕시코 치아파스 주를 기반으로 활동하는 사파티스타 민족해방군(Ejército Zapatista de Liberación Nacional, EZLN)은 에밀리아노 사파타의 이념을 따른다.

기 위해서거나 추수를 하기 위해 혁명을 중단하기도 했다.

월계수 나무 그늘에서 닭과 말에 관해 대화를 나누는 이웃 사람들 틈에 앉아 있던 사파타는 많이 듣고 적게 말했다. 하지만 이 말 없는 사내는 자신이 주창하는 농업 개혁으로 인한 새로운 부(富)가 가장 멀리 떨어져 있는 지역들을 휘젓도록 만드는 데 성공했다.

국가 멕시코가 그토록 많이 변한 적은 결코 없었다.

국가 멕시코가 변화를 위해 그토록 많은 벌을 받은 적은 결코 없었다.

100여만 명이 죽었다. 일부는 군복을 입고 있었지만, 모두, 아니 거의 모두가 농부였다.

사진들: 왕좌

멕시코 시티의 대통령궁, 1914년 12월.

혁명을 일으킨 시골이 도시 세계에 침입한다. 북부에서 온 판초 비야와 남부에서 온 에밀리아노 사파타가 멕시코 시티를 점령한다.

부하들이 맹인처럼 앞뒤 가리지 않고 총격전을 벌인 뒤 먹을 것을 구걸하면서 거리를 싸돌아다니고, 생전 처음 보는 자동차들을 피하고 있는 사이에 판초 비야와 에밀리아노 사파타가 대통령궁으로 들어간다.

판초 비야가 에밀리아노 사파타에게 금으로 도금한 대통령의 의자를 권한다.

에밀리아노 사파타는 그 의자를 사양한다.

"우리 이 의자를 태워버려야 할 것 같소." 에밀리아노 사파타가 말한다. "마귀가 끼었거든요. 착한 사람이 이 의자에 앉으면 악해져 버리죠."

판초 비야는 그 말이 농담이라도 된다는 듯이 씩 웃고는 털썩 의자에 앉아 아구스틴 빅토르 카사솔라의 사진기 앞에서 포즈를 취한다.

그 옆에 있는 에밀리아노 사파타는 그 상황과 무관한 사람처럼, 없는 사람처럼 보인다. 하지만 섬광이 아니라 총알을 쏘는 것처럼 카메라를 쳐다본다. 그의 두 눈이 다음과 같이 말한다.

"작별하기에 좋은 곳이군."

에밀리아노 사파타는 자신의 고향이자 성전인 아네네쿠일코 마을로 돌아가 도둑맞은 땅을 탈환하는 작업을 계속하기 위해 곧 대통령궁을 떠난다.

판초 비야가 이내 에밀리아노 사파타를 따라 한다.

"이 란초*는 우리가 살기에는 너무 크지."

그 후 그 욕심나는 금박 의자에 앉은 사람들이 질서를 수립하는 학살을 주도했다.

에밀리아노 사파타와 판초 비야는 배신자들에게 살해당했다.

에밀리아노 사파타의 부활

에밀리아노 사파타는 가슴에 작은 손 하나가 그려진 상태로 태어났다고들 한다.

---

* 란초(rancho)는 오두막 형태의 집이다.

그는 총알 일곱 방에 구멍투성이가 되어 죽었다.

살인자는 살인에 대한 대가로 상금 5만 페소와 여단장의 직위를 받았다.

살해당한 에밀리아노 사파타는 모자를 벗어 든 채 그를 추모하는 수많은 농부들을 맞이했다.

농부들은 인디오 할아버지 할머니들로부터 침묵을 물려받았다.

그들은 아무 말도 하지 않았거나 다음과 같이 말했다.

"불쌍한 인간."

그들은 더 이상 아무 말도 하지 않았다.

하지만 나중에 각 마을 광장에서는 차츰차츰 말들이 쏟아져 나왔다.

"그가 아니었어."

"다른 사람이었다니까."

"내가 본 그는 아주 뚱뚱했는데."

"눈 위에 점이 없던데."

"배를 타고 아카풀코를 떠났어."

"밤에 백마를 타고 달아나버렸다니까."

"아라비아로 가버렸어."

"저기 저 아라비아에 있다니까."

"아라비아는 아주 멀지, 오아하카보다 더 멀어."

"조금 있으면 돌아올 거야."

레닌

레닌의 것이라고 하는 그 유명한 문장을 레닌은 결코 쓰지 않았는데, 말로 했는지는 누가 알겠는가.

"목적이 수단을 정당화한다."

그리고 다른 악들도 그의 탓으로 돌려진다.

어찌 되었든, 그는 자신이 무엇을 하고 싶은지 알고 있었기 때문에 그가 했던 것을 실제로 했다는 것은 의심의 여지가 없고, 그는 그것을 하기 위해 살았다. 그는 매일 낮과 밤을 조직하고, 논쟁하고, 공부하고, 글을 쓰고, 음모를 꾸미면서 보냈다. 그는 숨 쉬고 먹는 것은 스스로 허용했다. 하지만 잠을 자는 것은 결코 허용하지 않았다.

그는 스위스에서 10년 동안 망명 생활을 했다. 스스로에게 엄격하고, 낡은 옷과 남에게 보여주기도 민망한 부츠를 착용하고, 어느 구두 수선공의 집 위층 방에서 살았는데, 집 옆 도살장에서는 역겨운 소시지 냄새가 올라왔다. 하루 종일 공공도서관에서 지냈고, 당시 조국의 노동자들과 농부들보다는 헤겔과 마르크스와 더 자주 접촉했다.

1917년 상트페테르부르크, 즉 나중에 그의 이름을 따 '레닌그라드'로 불리게 될 도시로 돌아가는 기차에 올랐을 때, 그가 누구인지 아는 러시아 사람은 적었다. 그가 만들어 절대 권력을 차지하게 될 당은 아직 대중에게 뿌리를 제대로 내리지 않은 상태였으며, 지나치게 이상적이어서 현실감이 약간 결여되어 있었다.

하지만 레닌은 러시아 민중이 가장 원하는 것이 무엇인지 그 누구보다 잘 알고 있었다. 바로 "평화와 토지"였다. 그는 기차에서 내리자마자 첫 번째 역에서 첫 번째 연설을 했고, 전쟁과 굴욕에 질린 군중은 레닌에게서 자신들의 대변자, 자신들의 도구를 발견했다.

알렉산드라 콜론타이

사랑이 우리가 마시는 물처럼 자연스럽고 깨끗하도록, 우리는 사랑을 자유롭게, 함께 공유해야 한다. 하지만 마초는 복종을 강요하고 쾌락을 거부한다. 새로운 도덕이 없으면, 일상생활에서 과격한 변화가 없으면, 온전한 해방은 없을 것이다. 만약 사회주의 혁명이 거짓말을 하지 않는다면, 여자에 대한 남자의 소유권, 삶의 다양성을 훼손하는 엄격한 규칙들을 법과 관습에서 없애버려야 한다.

이는, 레닌 정부의 각료급으로는 유일한 여성인 알렉산드라 콜론타이*가 단 한 마디도 붙이거나 빼지 않고 요구한 것이었다.

그녀 덕분에 동성애와 낙태는 더 이상 범죄가 되지 않고, 결혼은 영원한 감옥형이 아니게 되고, 여자도 투표권을 갖게 되고 남자와 동등한 임금을 받게 되었으며, 무상 유치원, 공동 식당, 집단 세탁소가 있게 되었다.

몇 년 뒤, 스탈린이 혁명의 목을 베었을 때 알렉산드라 콜론타이는 목을 보존할 수 있었다. 하지만 더 이상 예전의 알렉산드라가 아니었다.

---

* 알렉산드라 콜론타이(Alexandra Kollontai, 1872-1952)는 노르웨이, 멕시코의 소련 공사를 지낸 세계 첫 여성 외교관이자 전투적인 정치가로, 혁명적 사랑과 자유연애를 꿈꾸었다. 1917년의 소비에트 혁명에 기여했지만, 노조의 독립을 주장하다 레닌과 대립하고, 권력의 핵심에서 밀려났다.

스탈린

스탈린은 고향인 조지아의 말을 배웠으나 수사들은 신학교에서 러시아 말을 하도록 강요했다.

몇 년 뒤, 모스크바에 있었을 때도 스탈린의 말투에는 여전히 코카서스 남부의 억양이 두드러졌다.

그래서 그는 러시아 사람보다 더 러시아 사람답게 되고자 했다. 혹시 코르시카 출신인 나폴레옹은 프랑스 사람보다 더 프랑스 사람이었을까? 그리고 독일 출신인 러시아의 예카테리나 여왕은 러시아 사람보다 더 러시아 사람이었을까?

조지아 태생인 이오시프 주가시빌리는 러시아 이름 하나를 선택했다. 새로운 이름은 "강철"을 의미하는 스탈린이었다.

강철 인간의 상속자는 강철 같은 인간이어야 했다. 스탈린의 아들 야코프는 유년 시절부터 불과 얼음으로 단련되고, 망치질을 당함으로써 형체가 갖추어졌다.

하지만 일이 제대로 이루어지지 않았다. 그는 강철 인간 아버지의 자식이 아니라 어머니의 자식이었다. 열아홉 살 야코프는 더 이상 원하는 것도, 할 수 있는 것도 없었다.

그는 방아쇠를 당겼다.

총알은 그를 죽이지 않았다.

그는 병원에서 깨어났다.

침대 옆에서 아버지가 말했다.

"넌 결코 그런 짓을 할 줄 몰라."

알리바이

'내부의 권력자들과 외부의 제국주의자들에 의해 공격받은 사회주의 혁명은 자유의 호사를 누릴 수 없다'는 말이 회자되었고, 지금도 회자 되고 있다.

그럼에도 불구하고, 러시아 혁명의 창조적 에너지가 더 자유롭게 꽃핀 때는 바로 몇 년 동안의 내전과 외국의 침입 같은 적대적인 박해 가 한창이던 러시아 혁명의 초기 단계였다.

그러고 나서 더 좋은 시기에 공산주의자들이 나라를 통제하고 있을 때, 관료주의적 독재는 자기 것이 유일한 진실이라고 강요하고, 다양 성을 용서할 수 없는 이교로 단죄했다.

마르크 샤갈과 바실리 칸딘스키 같은 화가들은 나라를 떠나 다시는 돌아오지 않았다.

시인 블라디미르 마야콥스키는 심장에 총 한 방을 쏘았다.

역시 시인인 세르게이 예세닌은 목을 매달아 자살했다.

소설가 이사크 바벨은 총살당했다.

극장에서 전혀 꾸미지 않은 무대에서 혁명을 시도한 프세볼로트 메 이예르홀트* 역시 총살당했다.

붉은군대를 창설한 레온 트로츠키가 망명지에서 살해당하는 사이 에 혁명 초기의 혁명가였던 니콜라이 부하린, 그리고리 지노비예프,

---

* 프세볼로트 메이예르홀트(Vsevolod Emilievich Meyerholt, 1874-1940)는 러시아의 반사실주의적인 연극 운동을 주도한 연출가다. 그는 사실주의 연극에서는 배우의 자세와 제스처, 움직임 등 몸 전체가 이 용되지 않고 단지 배우의 음성과 얼굴 표정만이 중요시되고 있다고 비난하면서 사실주의 연극에 등 을 돌렸다. 메이예르홀트는 일련의 혁명적인 공연으로 연극에 새로운 지평을 열었다.

그리고 레프 카메네프는 총살당했다.

혁명 초기의 혁명가들 가운데 남아 있는 사람은 없었다. 모두 숙청당했다. 땅에 묻히거나 감금되거나 추방당했다. 그들은 영웅들의 사진에서 삭제되고 역사책에서 제거되었다.

혁명은 지도자들 가운데 가장 진부한 사람을 왕좌에 올려놓았다.

스탈린은 자기에게 음영을 드리운 사람, 아니라고 말하는 사람, 예라고 말하지 않은 사람, 그들이 행했거나 행하게 될 일 때문에 오늘 위험한 사람, 내일 위험해질 사람을 벌을 통해 또는 의심을 함으로써 희생시켰다.

사진들: 민중의 적

모스크바, 볼쇼이 극장 광장, 1920년 5월.

레닌은 폴란드 군대와 싸우기 위해 우크라이나 전선으로 떠나는 소련 군인들에게 일장 연설을 한다.

군중을 내려다보게 세워진 단상의 레닌 옆에는 이 행사의 또 다른 연사 레온 트로츠키과 레프 카메네프의 모습도 보인다.

G. P. 골드스타인의 사진은 공산주의 혁명의 세계적인 상징물로 변했다.

하지만 불과 몇 년 안에 트로츠키와 카메네프는 사진과 삶에서 사라져버렸다.

사진 수정 전문가들이 사진에서 그들의 모습을 지우고 대신 나무 계단 다섯 개를 삽입시켰고, 사형 집행인이 그들을 삶에서 지워버렸다.

스탈린 시대의 종교재판

이사크 바벨은 글쓰기를 금지당한 작가였다. 그가 설명했다.

"그러니까 나는 새로운 장르를 개발했습니다. 그것은 바로 침묵입니다."

1939년에 그는 투옥되었다.

그다음 해에 그는 재판을 받았다.

재판 시간은 20분이었다.

그는 작은 부르주아적 비전을 가지고 혁명적인 현실을 왜곡하는 책 몇 권을 쓴 적이 있다고 고백했다.

소비에트 국가에 대한 범죄를 저지른 적이 있다고 고백했다.

외국 스파이들과 말을 한 적이 있다고 고백했다.

외국 여행 시 트로츠키파들과 접촉한 적이 있다고 고백했다.

스탈린 동무를 죽이기 위한 음모를 알고 있으면서도 고발하지 않았다고 고백했다.

조국의 적들에게 매력을 느낀 적이 있다고 고백했다.

자신이 고백한 것은 모두 거짓이라고 고백했다.

그는 재판을 받은 바로 그날 총살형을 당했다.

그의 부인은 그 사실을 15년이 지난 뒤에 알았다.

로자 룩셈부르크

로자 룩셈부르크*는 폴란드에서 태어나 독일에서 살았다. 그녀는 살해당할 때까지 자신의 삶을 혁명에 바쳤다. 1919년 초에 독일 자본주의의 수호천사들이 소총 개머리판으로 그녀의 두개골을 쪼개버렸다.

그 일이 있기 조금 전에 로자는 러시아 혁명의 첫 번째 행보에 관한 글을 썼다. 그녀가 투옥되어 있던 독일 감옥에서 탄생한 그 글은 사회주의와 민주주의의 결별에 반대하는 것이었다.

* 새로운 민주주의에 관해: "사회주의적 민주주의는 사회주의 경제의 근본이 무너졌을 때만 약속의 땅에서 시작되는 무엇이 아니다. 사회주의적 민주주의는 잠시 몇 사람의 사회주의 독재자를 용납하지 않음으로써 사회주의적 민주주의를 향유할 권리가 있는 사람들에게 일종의 크리스마스 선물처럼 도달하지는 않는다. 사회주의적 민주주의는 지배 계급의 파괴와 사회주의의 건설이 시작됨과 동시에 시작된다."

* 민중의 에너지에 관해: "트로츠키와 레닌이 발견한 수단은 그런 민주주의를 없애버리는 것인데, 이는 치료를 해야 하는 질병 자체보다 더 나쁜 것이다. 왜냐하면 그런 방법은 사회 제도의 모든 한계를 수정할 수 있는 유일한 샘을 덮어버리기 때문이다. 그 샘은 광범위한 대중의 정치적 삶을

---

* 로자 룩셈부르크(Rosa Luxemburg, 1870-1919)는 폴란드 출신의 독일 마르크스주의자, 정치 이론가이며 사회주의자, 철학자, 혁명가다. 독일공산당(KPD)이 된 마르크스주의자 혁명그룹 스파르타쿠스단을 공동으로 조직해 1919년 1월에 베를린에서 혁명을 기도했으나 실패했다. 그녀의 지도 아래 수행된 혁명은 자유군단이라 불리는 우익 의용군과 잔류 왕당파 군대에 의해 진압되고, 룩셈부르크와 수백 명의 혁명군은 체포되어 고문당하고 살해되었다.

활기 있고, 제한 없이 만들고, 에너지를 주는 것이다."

　＊공적 통제에 관해: "공적 통제는 반드시 필요하다. 공적 통제가 없을 때 상호간에 다양한 경험을 교환하는 일은 새로운 체제의 지도자들로만 이루어진 닫힌 집단으로 축소되어 버린다. 이렇게 되면 부패가 불가피하다."

　＊자유에 관해: "친정부 사람들만을, 한 정당의 당원들만을 위한 자유는, 아무리 많다고 해도 자유가 아니다. 자유는 항상, 오로지 다른 의견을 지닌 사람들을 위한 것이다."

　＊관료적 독재에 관해: "보통선거가 없으면, 언론과 결사의 무제한의 자유가 없으면, 의견을 자유롭게 개진할 수 없으면, 삶은 온갖 공공 제도 안에서 죽고, 관료제만이 살아 있는 요소가 되는 만화 같은 삶으로 변해버린다. 정치적인 삶은 차츰차츰 잠에 빠져버리고, 지칠 줄 모르는 에너지를 소유하고 무한한 경험을 지닌 소수의 정당 지도자 몇이 통치하고 명령하게 된다. 그들 사이에서 10여 명의 우두머리가 실제적으로 지도를 하고, 노동자 계급에서 선발된 소수가 가끔 당 대회에 초대받아 지도자들의 연설에 박수를 보내고, 결의안을 만장일치로 승인한다."

두 나라의 기원

처칠이 이런 말을 했다고 한다.

"요르단은 봄날 오후 네 시 반경에 내 머리에 떠오른 아이디어였다."

　실제로 1921년 3월, 식민부 장관 윈스턴 처칠과 그의 보좌관 40명은 중동의 새로운 지도 하나를 단 3일 만에 발명해, 나라 둘을 만들어 이름을 붙여주고, 나라의 군주를 지명하고, 손가락 하나로 모래에 나라의 국경을 그렸다. 그들은 티그리스 강과 유프라테스 강이 감싸고 있는 땅, 즉 첫 번째 책의 재료가 된 진흙을 이라크라 부르고, 팔레스타인에서 잘라낸 새로운 나라를 요르단이라 불렀다.

식민지들이 이름을 바꾸고, 아랍 국가가 되거나 아랍 국가처럼 보이도록 할 필요가 시급했다. 또한 그들 식민지를 분리하고, 깨뜨리는 일도 시급했다. 제국의 경험이 그렇게 하도록 가르쳤던 것이다.

그사이 프랑스가 레바논을 침공했고, 처칠은 방랑하는 왕자 파이살에게 이라크의 왕관을 건네주었다. 영국 국민은 국민투표를 통해 찬성 96퍼센트로 그것을 비준했는데, 이는 참으로 의심스러운 열정이다. 파이살의 동생 압둘라 왕자는 요르단의 왕이었다. 두 군주는 아라비아의 로렌스*의 추천으로 영국 예산을 지원받은 가문에 속해 있었다.

국가들을 만든 사람들은 카이로에 있는 세미라미스 호텔에서 이라크와 요르단의 국가 설립 인가증에 서명하고는 피라미드 사이에서 산책을 하기 위해 떠났다.

처칠은 낙타에서 떨어져 한 손을 다쳤다.

다행히 부상 상태가 경미했기 때문에 처칠이 가장 좋아했던 화가는 계속해서 풍경을 그릴 수 있었다.**

---

* 영국 정보국 소속 장교 토머스 에드워드 로렌스(Thomas Edward Lawrence, 1888-1935)는 영국의 모험가·고고학자·군인이다. 아랍 전쟁을 승리로 이끌었으며, 옥스퍼드 대학교에서 동양어학을 전공하고, 대영박물관의 탐험대에 참가해 아라비아와 시리아를 조사했다. 제1차 세계대전 중에는 정보 장교로 카이로에서 활약하고, 이때부터 아라비아 독립을 위해 오스만 제국에 대항했다. 아랍인에게 헌신적으로 활약해 '아라비아의 로렌스'라고 불린다.
** 처칠은 사람들이 말리는데도 뿌리치고 피라미드를 그리겠다고 낙타에 그림 도구를 싣고 나섰다가 낙타가 뒷발질을 하는 바람에 사막 모래 위에 거꾸로 떨어지고 말았다. 가지고 간 물감이 엎어져 얼

은혜를 모르는 왕

1932년에, 메카와 메디나에 대한 기나긴 정복 전쟁을 마친 이븐 사우드는 스스로를 성스러운 이 두 도시와 주변에 있는 광활한 사막의 왕과 술탄으로 선포했다.

이븐 사우드는 겸손하게도 자기 왕국에 자기 가족의 이름을 붙였다. 사우디아라비아였다. 그리고 기억상실증에 걸린 그는, 정부 회계문서에 명시되어 있다시피 1917년과 1924년 사이에 자신과 가족이 영국 제국의 손 덕분에 먹고살았다는 사실을 잊은 채, 석유를 스탠더드 오일 사*에게 넘겼다.

사우디아라비아는 중동에서 민주주의의 모델로 변했다. 5,000명에 달하는 사우디아라비아 왕자들은 첫 번째 선거를 실시하기까지 73년이라는 세월을 보냈다. 그들이 치른 지방 선거에는 정당이 참여하지 않았다. 선거 참여가 금지되어 있었기 때문이다. 여자도 참여하지 못했다. 역시 금지되어 있었기 때문이다.

굴이 총천연색이 됐다. 여기서 '처칠이 가장 좋아했던 화가'는 처칠 자신을 일컫는다.

* 스탠더드 오일(Standard Oil)은 석유의 생산, 운송, 정제, 마케팅에서 다른 회사들에 비해 월등한 영향력을 가진 미국 회사였다. 1870년에 설립된 이 회사는 1911년 미국 대법원의 판결에 의해 분리되기 전까지 세계에서 가장 오래되고 거대한 다국적 기업들 가운데 하나였다. 창업자와 대표이사인 존 D. 록펠러는 이 회사를 통해 억만장자가 되었고, 근대 미국 역사상 가장 부유한 사람이 되었지만 스탠더드 오일이 경쟁사에게 비도덕적인 행동을 했다는 주장도 있었다.

조세핀의 생애

아홉 살에 미시시피 강 인근의 세인트 루이스의 집 청소 일을 한다.

열 살에 거리에서 동전을 얻기 위해 춤을 추기 시작한다.

열세 살에 결혼한다.

열다섯 살에 재혼한다. 첫 번째 남편에 관해서는 나쁜 기억조차도 남아 있지 않다. 두 번째 남편은 성이 마음에 들었기 때문에 자기 이름에 남편 성을 간직한다.

열여섯 살에 조세핀 베이커*는 브로드웨이에서 찰스턴**을 춘다.

열여덟 살에 대서양을 건너 파리를 정복한다. "검은 비너스"는 바나나 허리띠 외에는 아무것도 걸치지 않은 맨몸으로 무대에 나타난다.

스물한 살에 어릿광대와 팜 파탈이 특이하게 뒤섞여 있는 그녀는 유럽에서 가장 사랑받고 가장 돈을 많이 받는 "유명 연예인"이 된다.

스물네 살에 지구상에서 사진을 가장 많이 찍힌 여자가 된다. 파블로 피카소는 무릎을 꿇은 채 그녀를 그린다. 파리의 아가씨들은 그녀와 닮고 싶은 나머지 피부를 검게 만들어주는 호두 기름을 바른다.

서른 살에는 일부 호텔과 마찰을 빚는다. 그녀가 침팬지 한 마리, 뱀한 마리, 산양 한 마리, 앵무새 두 마리, 물고기 여러 마리, 고양이 세마리, 개 일곱 마리, 목에 다이아몬드 목걸이를 걸친 치키타라 불리는

---

* 조세핀 베이커(Josephine Baker, 1906-1975)는 미국에서 태어나 프랑스에서 활동한 무용수이자 가수로, 1920년대의 파리를 사로잡았다. 미국 흑인 문화의 아름다움과 활력을 상징한다.

** 찰스턴(charleston)은 1920년대에 유행하던 재즈 형식의 음악, 또는 그 음악에 맞춰 추는 4분의 4박자 춤이다.

표범 한 마리, 그녀가 워스의 "제 레빈스" 향수로 목욕을 시키는, 앨버트라 불리는 아기 돼지 한 마리를 데리고 다녔기 때문이다.

마흔 살에는 나치가 프랑스를 점령했을 때 프랑스의 저항에 공헌한 공로로 레지옹 도뇌르 훈장을 받는다.

마흔한 살에 네 번째 남편과 함께 살면서 다양한 지역의 다양한 피부색을 지닌 아이 열두 명을 입양해, "무지개 부족"이라 부른다.

마흔다섯 살에 미국으로 돌아간다. 자신의 공연에 모든 인종의 혼혈인, 백인, 흑인이 참여하도록 요구한다. 그러지 않으면, 그녀는 공연을 하지 않는다.

쉰일곱 살에 자신의 연단을 마틴 루터 킹과 함께 공유하고 소위 워싱턴 행진*을 하는 엄청난 수의 시위대 앞에서 인종차별에 반대하는 연설을 한다.

예순여덟 살에 갑작스러운 파산 상태에서 회복한 뒤, 파리의 보비노 극장에서 연기 생활 50주년 기념 공연을 한다.

그리고 세상을 떠난다.

사라

"나는 항상 연기를 합니다. 나는 극장 안이건 밖이건 연기를 합니다. 나는 나의 분신입니다." 그녀가 말했다.

---

* 워싱턴 행진(March on Washington)은 1963년 8월 28일 워싱턴 DC에서 열린 시위다. 약 25만 명이 참가해 인종차별에 항의하고 의회에 계류 중인 주요 민권 법안에 대한 지지를 표명했다.

사라 베르나르*가 역사상 가장 훌륭한 여배우인지 세상에서 가장 뛰어난 거짓말쟁이인지, 또는 이 두 가지 면모를 동시에 지니고 있는지는 알려지지 않았다.

1920년대 초반에 절대군주제가 시행된 지 반세기가 넘었을 때, 그녀는 계속해서 파리의 극장들을 지배하고, 결코 끝나지 않을 순회공연을 계획했다. 이미 80년을 살아왔기 때문에 그림자조차도 생기지 않을 정도로 몸이 말라버린데다 외과 의사들이 그녀의 다리 하나를 자른 상태였다. 파리 전체가 그 사실을 알고 있었다. 하지만 파리의 모든 사람은, 자신이 지나갈 때마다 사람들의 한숨 소리를 유발하던 그 매혹적인 소녀가 다리 하나가 잘린 불쌍한 노파를 훌륭하게 재현하고 있다고 믿었다.

파리의 굴복

이름 없는 길거리에서 헝겊으로 만든 공을 차던 맨발의 꼬마였을 때, 그는 늘 도마뱀 기름으로 무릎과 발목을 문질러댔다. 그는 그렇게 말했고, 그때부터 다리의 마술이 그에게 찾아왔다.

호세 레안드로 안드라데**는 말수가 적은 선수였다. 자신이 넣은 골과 축구에 대한 사랑을 자랑하지 않았다. 무표정한 얼굴에 특유의 거

---

* 사라 베르나르(Sarah Bernhardt, 1844-1923)는 프랑스 연극계를 주름잡은 전설적인 배우다.
** 호세 레안드로 안드라데(José Leandro Andrade, 1901-1957)는 우루과이 출신 축구선수다.

만한 걸음새로 공을 발에 매달고 다니면서, 여자를 자기 몸에 찰싹 붙인 채 탱고를 추듯이, 상대방 선수를 움직이게 만들었다.

1924년 올림픽에서 파리를 현혹시켰다. 군중은 열광했고, 언론은 그를 "검은 경이(驚異)"라 불렀다. 유명해지자 여자들이 쇄도했다. 편지가 비 오듯 쏟아졌다. 은근히 종아리를 내보이고, 쭉 내민 황금색 입술로 바퀴 모양 담배 연기를 뿜어대는 여자들이 향수 편지지에 써 보낸 편지가 어찌나 많았던지 제대로 읽을 수조차 없었다.

고국 우루과이로 돌아왔을 때, 그는 비단 기모노를 입고, 연노랑 장갑을 끼고, 손목에 시계를 찾고 있었다.

그 모든 것은 얼마 가지 않았다.

그 당시 축구는 포도주, 음식, 관중의 환희를 받는 대가로 행해졌다.

그는 거리에서 신문을 팔았다.

메달을 팔았다.

그는 국제 축구계의 첫 번째 흑인 스타였다.

하렘의 밤

작가 파테마 메르니시*는 파리의 박물관에서 앙리 마티스가 그린 튀르크의 오달리스크**들을 보았다.

---

* 파테마 메르니시(Fatema Mernissi, 1940-2005)는 모로코 출신의 무슬림 페미니스트 작가이자 사회학자로, 이슬람의 율법인 샤리아에 의해 학대받는 여성의 인권을 위한 투쟁가로도 유명하다.
** 오달리스크는 오스만 제국 술탄의 궁전인 하렘에서 시중을 들던 여성 노예를 말한다. 18세기 말부

오달리스크들은 하렘의 고깃덩이였다. 풍만하고, 게으르고, 고분고분했다.

파테마는 그림들에 적혀 있는 날짜를 비교해 보고 다음과 같은 점을 확인했다. 마티스가 20, 30대에 그렇게 오달리스크를 그리고 있는 사이에 튀르크 여자들은 대학에 입학하고, 의회에 진입하고, 이혼을 하고, 자기 얼굴을 가리던 베일을 벗겨냈다.

여자들의 감옥인 하렘은 튀르키예에서는 실제로 폐쇄되었으나 유럽 사람들의 상상 속에서는 그대로 존속하고 있다. 철야 기도 시간에는 일부일처제를, 꿈속에서는 일부다처제를 유지하던 고매한 기사들은 우둔하고 말없는 암컷들이 자신들을 가두어 놓은 수컷들에게 쾌락을 주는 데 몰두하던 그 이국적인 천국에 자유롭게 출입할 수 있었다. 평범한 관료는 누구든, 나체 상태의 수많은 처녀가 자신들의 주인이자 주군인 그 관료 옆에서 밤을 보내는 은총을 달라며 배꼽춤을 추면서 행하는 애무를 받으며 스르륵 눈을 감고 즉시 강력한 칼리프가 되었다.

파테마는 어느 하렘에서 태어나고 자랐다.

페소아의 또 다른 인물들

그는 하나였고, 많은 사람이었고, 모든 사람이었고, 아무도 아니었다.

터 장 오귀스트 도미니크 앵그르, 앙리 마티스, 피에르 오귀스트 르누아르 등 프랑스의 화가들이 그림의 소재로 많이 다루었다.

서글픈 관료이자, 시간의 포로이자, 결코 부치지 않은 연애편지들의
주인공인 페르난두 페소아*는 자기 안에 정신병원 하나를 가지고 있
었다.

우리는 그 정신병원에 입원해 있는 사람들의 이름, 태어난 날짜와
심지어는 태어난 시각까지 알고 있으며, 태어날 때 별의 위치, 체중,
신장까지도 알고 있다.

그리고 그들 모두 시인이었기 때문에 그들의 작품들까지 알고 있다.

형이상학을 조롱하고, 삶을 관념으로 축소시킨 지식인들의 곡예를
조롱한 이교도 알베르투 카에이루는 감정을 분출하는 글을 썼다.

군주제 옹호론자, 그리스 문화 연구자, 고전기 문화의 아들로 여러
번 태어난 리카르두 레이스는 태어날 때 별의 위치가 아주 다양했는
데, 그는 해석학적인 글을 썼다.

글래스고의 엔지니어이자 전위주의자이며 에너지를 연구한 사람으
로서 삶의 피로를 두려워했던 알바루 드 캄푸스는 감각적인 글을 썼다.

역설의 전문가이자, 산문을 쓰는 시인이고, 어느 사서의 용감한 조
수라고 말하는 학자 베르나르두 소아레스는 모순적인 글을 썼다.

정신과 의사이자 미치광이로, 카스카이스의 병원에서 수련의로 근
무한 안토니우 모라는 현학적이고 광적인 글을 썼다.

페소아 또한 글을 썼다. 위에서 언급한 인물들이 잠을 자고 있을 때.

---

* 페르난두 페소아(Fernando António Nogueira Pessoa, 1888-1935)는 포르투갈의 대표적인 시인이다. 모더
니즘 시파(詩派)를 개척했으며 알베르투 카에이루, 리카르두 레이스, 알바루 드 캄푸스, 베르나르두
소아레스, 안토니우 모라라는 별명을 썼다.

월 스트리트

20세기 초반부터 자명종들이 뉴욕 증시의 하루 일과가 시작될 때와 끝날 때 인사를 한다. 그 소리는, 지구를 놓고 도박을 하고, 각 사물과 각 나라의 값어치를 결정하고, 백만장자와 거지를 만들어내고, 그 어떤 전쟁이나 전염병, 가뭄보다 더 많은 사람을 죽일 수 있는 투기꾼들의 헌신적인 노력에 경의를 표하는 것이다.

1929년 10월 24일*에, 늘 그렇듯이 자명종들이 부산하게 울렸으나, 그날은 금융의 대전당의 역사에서 최악의 날이었다. 금융의 대전당이 붕괴됨으로써 수많은 은행과 공장이 문을 닫을 수밖에 없었고, 실업률이 구름 위로 오르고 임금이 지하실로 추락하는 등 전 세계가 그 대가를 치렀다.

미국 재무부 장관 앤드루 멜런은 경제 공황의 희생자들을 위로했다. 위기가 긍정적인 측면을 지니고 있다는 것이었다. "그렇게 되면 사람들이 더 열심히 일하고 더 도덕적인 삶을 살게 될 것이기 때문이다."

선거에서 이기는 것이 금지되었다

월 스트리트의 위기는 사람들이 더 열심히 일하고 더 도덕적으로 살도록 커피 값을 뒤집어놓았고, 엘살바도르 정부를 뒤집어놓았다.

---

* 1929년 10월 24일은 이른바 '검은 목요일(Black Thursday)'이다. 뉴욕의 주식 시장이 걷잡을 수 없는 주식 투매로 붕괴되면서 전 세계를 뒤덮는 대공황이 시작됐다.

막시밀리아노 에르난데스 마르티네스* 장군이 국가의 고삐를 잡았고, 그는 자신이 먹을 수프에 독이 들어 있는지 알아내고, 지도에서 적을 찾아내기 위해 마술 진자를 사용했다.

장군이 민주 선거를 실시했으나 국민은 제공된 기회를 잘못 사용했다. 국민 대부분이 공산당에게 표를 던졌다. 장군은 투표를 무효화하는 수밖에 다른 방법이 없었고, 민중 반란이 일어남과 동시에 여러 해 동안 자고 있던 이살코 화산이 폭발했다.

기관총이 평화를 정착시켰다. 국민 수천 명이 죽었다. 정확히 몇 명인지는 지금도 제대로 알려지지 않고 있다. 죽은 자들은 일용직 노동자, 가난한 사람, 인디오였다. 경제는 그들을 "노동력"이라 부르고, 죽음은 그들을 '정체불명 인간'이라 불렀다.

피필족 원주민 족장 호세 펠리시아노 아마**가 올리브 나무 가지에 매달려 죽었을 때는 이미 여러 번 죽은 뒤였다. 그는 올리브 나무 가지에 매달려 바람에 흔들리는 상태로 있었다. 교양 교육이라는 명목으로 전국에서 온 학생들이 그 모습을 볼 수 있도록 하기 위해서였다.

---

* 막시밀리아노 에르난데스 마르티네스(Maximiliano Hernández Martínez, 1882-1966)는 엘살바도르의 군인 출신 정치인으로, 1931년 부통령으로 추대되고, 같은 해 아르투로 아라우호를 쿠데타로 축출하고 집권했다. 1931년부터 1944년까지 대통령을 역임했다.

** 호세 펠리시아노 아마(José Feliciano Ama, 1881-1932)는 1932년 엘살바도르에서 일어난 농민 반란의 지도자들 가운데 하나다.

비옥해지는 것이 금지되었다

월 스트리트의 위기는 사람들이 더 열심히 일하고 더 도덕적으로 살도록 설탕값 또한 무너뜨렸다.

그 재난은 카리브해 섬들을 강하게 벌했고, 브라질 북동부에 최후의 일격을 가했다.

브라질 북동부는 이미 세계 설탕의 중심지가 아니었고, 오히려 사탕수수 단일경작의 가장 비극적인 상속자였다.

브라질 북동부가 세계 시장의 여러 제단에서 희생되기 전에 그 거대한 사막은 푸른색이었다. 설탕이 숲과 비옥한 땅을 죽였다. 북동부는 갈수록 설탕 생산량이 줄어들고 갈수록 가시와 범죄가 늘어갔다.

이런 고독 속에서 가뭄의 용*과 산적 람피앙**이 살게 되었다.

람피앙은 하루 일이 시작되기 전에 으레 칼에 입을 맞추었다.

"당신 용기 있어?"

"용기 같은 건 잘 모르겠고, 늘 하던 습관은 갖고 있지."

결국 그는 습관과 함께 머리를 잃어버렸다. 주앙 베제라 중위가 자동차 열두 대를 받는 대가로 람피앙의 목을 자른 것이다. 그 당시 정부는 람피앙이 공산주의자들을 색출하도록 람피앙에게 군대의 대위 계급을 주었다는 사실을 잊어버리고는 그에게서 압수한 것들을 의기

---

* '가뭄의 용'은 인도 신화에 등장하는 거대한 용이자 아수라의 일종인 브리트라(Vritra)의 은유다. 브리트라는 하늘에서 흘러내리는 강물을 막아 가뭄을 일으켜서 땅 위의 인간을 괴롭힌다.
** 본명이 비르굴리누 페레이라 다 시우바(Virgulino Ferreira da Silva, 1897-1938)인 '람피앙(Lampião)'은 1920-1930년대에 브라질에서 활약한 유명한 의적이다.

양양하게 전시했다. 동전들이 비오듯 쏟아졌던 나폴레옹식 모자 하나, 모조 다이아몬드 반지 다섯 개, "화이트 호스(White Horse)" 위스키 한 병, "플뢰르 다무르(Fleurs d'Amour)" 향수 한 병, 우비 하나와 장신구 몇 개였다.

조국이 되는 것이 금지되었다

차양 넓은 모자를 쓰면 얼굴이 보이지 않는다.

1929년부터 아우구스토 세사르 산디노*라고 불리는 벼룩 한 마리가 거대한 침략자에게 미친 듯이 대들고 있다.

미 "해병대" 수천 명이 니카라과에서 몇 년 동안 주둔하고 있으나 미국의 무거운 병기는 애국농민대의 방정맞은 행위를 진압할 수 없다.

"신과 산이 우리의 동맹자지." 산디노가 말한다.

그는 자신과 니카라과가 심한 라틴아메리카병을 앓는 행운까지 누리고 있다고 말한다.

산디노는 자신의 오른팔 같은 비서 둘에 의지하고 있다. 한 사람은 엘살바도르 출신인 아구스틴 파라분도 마르티고, 다른 사람은 온두라스 출신인 호세 에스테반 파블레티츠다. 과테말라의 마누엘 마리아

---

* 아우구스토 세사르 산디노(Augusto César Sandino, 1895-1934)는 니카라과의 혁명 지도자로, 반제국주의와 민족주의에 입각해 미국의 침공에 맞서 저항했다. 1979년에 니카라과 정부를 장악한 혁명 단체 산디니스타 민족해방전선의 명칭이 그의 이름에서 유래되었다.

히론 루아노 장군은 출라*라고 불리는 작은 포를 다룰 줄 아는 유일한 사람인데, 그가 그 포를 잡으면 비행기들을 뒤집어놓을 수 있다. 전투에서는 엘살바도르의 호세 레온 디아스, 온두라스의 마누엘 곤살레스, 베네수엘라의 카를로스 아폰테, 멕시코의 호세 데 파레데스, 도미니카의 그레고리오 우르바노 힐베르트, 그리고 콜롬비아의 알폰소 알렉산데르와 루벤 아르디야 고메스가 지휘권을 획득했다.

침략자들은 산디노를 "도적"이라 부른다.

산디노는 농담을 해준 그들에게 고마움을 표한다.

"그렇다면, 같은 이유로 싸운 조지 워싱턴도 도적이었겠네?"

그리고 기증품을 준 그들에게 감사한다. 기증품이란 침략들이 용감하게 도망치면서 놔두고 간 브라우닝 라이플총, 톰슨 기관총, 그리고 각종 무기와 탄약이다.

산디노의 부활

1933년, 굴복당한 미국 "해병대"가 니카라과를 떠났다.

떠났지만 남았다. 그들은 자신들의 자리를 아나스타시오 소모사와 그의 병사들로 채웠는데, 소모사와 병사들은 침략자들이 자신들을 대행할 수 있도록 훈련을 시킨 사람들이었다.

그리고 전쟁에서 승리한 산디노는 배신을 당해 패배했다.

---

* 출라(chula)는 예쁘고 귀여운 여자를 의미한다.

1934년에 복병들에게 당하고 말았다. 복병들이 산디노의 등 뒤에서 공격한 것이다.

"죽음을 진지하게 받아들일 필요가 없어. 아주 짧은 불쾌한 순간에 불과하거든." 산디노는 즐겨 말했다.

시간이 지났고, 비록 그의 이름이 금지되고 그에 관해 기억하는 것도 금지되어 있었다 할지라도, 45년이 지난 뒤 산디니스타들은 산디노를 살해한 사람과 살해자의 아들들의 독재를 뒤엎었다.

작은 나라, 맨발의 나라 니카라과는 세계 강대국 군대의 강습에 10년 동안 저항하는 무례를 범할 수 있었다. 이 일은 1979년부터 일어났는데, 그것은 다 그 어떤 해부학 논문에도 실려 있지 않은 그 비밀 근육 덕분이었다.

아메리카에 뿌려진 민주주의의 씨앗에 관한 간략한 역사

1915년에 미국이 아이티를 침공했다. 로버트 랜싱이 미국 정부의 이름으로 설명했다. 흑인은 본래 야만적인 삶을 사는 성향을 지니고 있으며, 신체적으로 문명을 감당할 수 없기 때문에 스스로를 통치할 수 없다고. 침략자들은 아이티에 19년 동안 머물렀다. 아이티 애국자들의 지도자 샤를마뉴 페랄테는 양팔을 벌린 채 어느 문에 못 박혔다.

미국의 니카라과 점령은 21년 동안 지속되다가 소모사*의 독재로

---

* 아나스타시오 소모사(Anastasio Somosa Debayle, 1925-1980)는 1967년부터 1972년까지, 1974년부터 1979년까지 집권했다.

이어졌다. 미국의 도미니카 공화국 점령은 9년 동안 지속되다가 트루히요의 독재로 이어졌다.*

1954년에 미국은 폭격을 가해 자유선거와 다른 '혼란들'을 종식시키고, 과테말라에서 민주주의를 개시했다. 1964년에 브라질에서 자유선거와 다른 혼란들을 종식시킨 장군들은 백악관으로부터 돈, 무기, 석유, 축하를 받았다. 볼리비아에서도 그와 비슷한 일이 일어났다. 볼리비아의 어떤 학자는 세계에서 쿠데타가 일어난 적이 없는 유일한 국가가 미국인데, 그 이유는 미국에 미국 대사관이 없었기 때문이라는 결론에 도달했다.

그런 결론은 피노체트 장군이 헨리 키신저의 경고에 복종하고, 칠레가 자기 국민의 무책임 때문에 공산주의 국가가 되는 것을 피했을 때 확인되었다.

그 무렵, 미국은 미국에 불충하는 공무원 한 명을 체포하기 위해 가난한 파나마 국민 3,000명에게 폭탄을 퍼부었고,** 국민의 투표에 의해 신임을 받은 어느 대통령의 귀환을 막기 위해 도미니카의 산토 도밍고에 군대를 파병했으며,*** 니카라과가 텍사스를 거쳐 미국을 침공하는 것을 막기 위해 니카라과를 공격하는 수밖에 없었다.

---

* 라파엘 레오니다스 트루히요(Rafael Leonidas Trujillo Molina, 1891-1961)는 1930-1938, 1942-1952년에 대통령으로 재임했다.

** 1989년 12월, 미국의 조지 부시 대통령은 파나마의 군부 지도자이자 방위군 사령관 마누엘 노리에가(Manuel Antonio Noriega Moren, 1983-1989)를 마약 매매 혐의로 체포하도록 했다. 파나마 시티 전역이 공격 대상이 되었다.

*** 도미니카 혁명당의 후안 보쉬(Juan Bosch, 1909-2001)가 대통령으로 당선되었으나 그의 사회주의 정책은 미국에 의해 거부당했다. 미국의 린든 존슨 대통령은 1965년 4월 24일 미 해군이 도미니카 공화국을 장악하도록 명령했다.

당시, 쿠바는 이제 교육적 임무를 띠고 워싱턴에서 보낸 비행기, 배, 폭탄, 인부들과 백만장자들의 다정한 방문을 받았다. 그들은 쿠바 남부의 코치노스 만*을 통과할 수 없었다.

노동자가 되는 것이 금지되었다

찰리는 길거리에 떨어져 있는 붉은 헝겊을 들어 올린다. 그것이 무엇인지, 누구 것인지 자문하고 있을 때, 어떻게 된 영문인지, 그 이유가 무엇인지도 모른 채 경찰과 충돌하는 시위대와 갑자기 마주친다.

〈모던 타임스〉는 이 캐릭터의 마지막 영화다. 그리고 그 아버지인 채플린은 자신의 사랑스러운 자식에게 안녕이라고 말한다. 그리고 무성영화와도 영원히 작별을 고한다.

영화는 오스카상에 단 한 번도 지명되지 못한다. 할리우드는 영화가 다루는 불쾌한 현실을 전혀 좋아하지 않는다. 이 현실은 1929년의 위기로 향하는 몇 년 동안 산업 시대의 톱니바퀴에 둘러싸인 한 작은 남자의 서사시다.

웃음을 유발하는 비극이자, 흘러가는 세월을 집요하고 마음에 사무치게 묘사한 것이다. 기계가 사람을 잡아먹고, 일자리를 도둑질하고, 인간의 손이 다른 연장과 구분이 되지 않으며, 기계를 모방하는 노동자들은 병들지 않고 녹이 슨다.

---

* 미국에서는 피그 만이라 부른다.

19세기 초에 바이런 경은 다음과 같이 확인했다.

"지금은 기계를 만드는 것보다 인간을 만드는 것이 더 쉽다."

비정상적인 사람이 되는 것이 금지되었다

신체적으로, 정신적으로, 또는 도덕적으로 비정상인 사람들, 살인자들, 사악한 자들, 불구자들, 바보들, 미친 사람들, 자위하는 자들, 술주정뱅이들, 부랑자들, 거지들, 그리고 창녀들이 미국의 고결한 땅에 악의 씨를 심을 준비를 하고 호시탐탐 노리고 있다.

1907년에 인디애나 주는 세계 최초로 강제 불임을 법으로 인정했다.

1942년 미국 27개 주의 공공병원에서 4만 명의 환자가 불임 수술을 받아야 했다. 모두 가난하거나 아주 가난한 사람들이었다. 대다수가 흑인이고, 일부는 푸에르토리코 출신이었으며, 인디언도 적지 않았다.

인류를 구원하기 위해 설립된 단체인 인간개선기금(Human Betterment Foundation)의 우편함에는 도움을 요청하는 편지가 넘친다. 어느 여학생은 정상적인 외모를 지닌 청년과 결혼할 생각이었다고 얘기했지만, 그 청년의 귀가 너무 작고, 거꾸로 달려 있는 것처럼 보였다고 한다.

"의사는 우리가 기형아를 낳을 수 있다고 내게 경고했어요."

키가 엄청나게 큰 부부가 도움을 청했다.

"우리는 지나치게 큰 아이를 이 세상에 태어나게 하고 싶지 않아요."

1941년 6월, 어느 여학생이 편지로 정신이 박약한 동료 여학생 하나를 고발했다. 그 여학생이 바보를 낳을 위험이 있다는 것이었다.

인간개선기금의 이념을 설정한 해리 로플린은 인종 위생이라는 독일 제국의 대의에 기여한 공로로 1936년에 하이델베르크 대학교에서 명예박사학위를 받았다.

해리 로플린은 간질병 환자에 대해 강박관념을 지니고 있었다. 그는 간질병 환자가 정신박약자와 동등하나 더 위험하고, 정상적인 사회에서는 그들을 위한 곳이 어디에도 없다는 견해를 견지했다. "결함이 있는 후손의 탄생을 막기 위해" 히틀러가 만든 법은 정신박약자, 정신분열증 환자, 기형아, 조울병 환자, 청각 장애인, 시각 장애인……그리고 간질병 환자의 불임을 의무화했다.

해리 로플린은 간질병 환자였다. 하지만 알려지지 않았을 뿐이다.

유대인이 되는 것이 금지되었다

1935년에 공포된 독일의 '혈통과 명예 보호법'과 동시대의 다른 법들은 국가 정체성의 생물학적 토대를 다졌다.

단 몇 방울에 불과할지라도 유대인 피를 가진 사람은 독일 국민이 될 수도 없었고 독일 국민과 결혼할 수도 없었다.

당국자들의 말에 따르면, 유대인은 종교나 언어 때문이 아니라 인종 때문에 유대인이었다. 유대인이냐 아니냐를 규정하는 것은 결코 쉬운 일이 아니었다. 나치의 전문가들은 세계 인종의 울창한 역사에서 영감을 얻고, IBM 사로부터 가격을 환산할 수 없는 도움을 받았다.

IBM의 엔지니어들은 개인의 신체적 특징과 유전학적 이력을 기록하기 위해 천공(穿孔) 카드를 발명했다. 그들은 처리 속도가 높고 용량이 큰 자동 시스템을 가동시켰는데, 그 시스템은 완전한 유대인, 반(半)유대인, 그리고 혈관에 유대인 피가 16분의 1 이상 흐르는 사람을 구별할 수 있도록 해주었다.

사회적 위생, 인종적 순수성

약 25만 명의 독일인이 1935년과 1939년 사이에 불임 수술을 받았다.

그러고는 몰살이 이루어졌다.

기형아, 정신지체아, 그리고 정신병자는 히틀러의 캠프에서 가스실의 실험 대상이었다.

정신질환자 6만여 명이 1940년과 1941년 사이에 살해되었다.

곧이어 유대인, 빨갱이, 집시, 동성애자…… 등에 대한 "최종 해결책"이 적용되었다.

길 위의 위험

세비야 주변, 1936년 겨울. 에스파냐 총선이 다가오고 있다.

고향 땅을 산책하던 신사가 길에서 누더기 차림의 남자와 맞닥뜨린다.

신사는 말에서 내리지 않은 채 누더기 차림의 남자를 불러 동전 한 닢과 투표용지 한 장을 손에 쥐여준다.

누더기 차림의 남자는 동전과 투표용지를 떨어뜨린 뒤 등을 돌리며 말한다.

"내 배고픈 문제는 내가 처리해요."

빅토리아

마드리드, 1936년 겨울. 빅토리아 켄트는 당선된 국회의원이다.

그녀의 인기는 감옥의 개혁으로부터 비롯된 것이다.

그녀가 개혁을 시작했을 때 수많은 적이 그것은 무기력한 에스파냐를 범죄자들의 수중에 넘겨주는 것이라고 비난했다. 하지만 감옥에서 일한 적이 있기 때문에 인간의 고통을 귀로 들어서만 아는 것이 아니었던 빅토리아 켄트는 자신의 계획을 실행해 나갔다.

거의 대부분의 감옥이 사람이 살 수 없을 정도로 열악한 상태였는데, 그런 감옥들을 폐쇄하고,

외출 허가를 시작했으며,

70세 이상의 죄수를 모두 석방하고,

죄수들이 운동할 수 있는 공간과 자발적으로 작업할 수 있는 작업장을 만들었다.

징벌방을 없애고,

모든 쇠사슬, 족쇄, 쇠창살을 녹여,

콘셉시온 아레날*의 상을 만드는 데 썼다.

악마는 붉은색이다

멜리야, 1939년 여름. 에스파냐 공화국에 반항하는 쿠데타가 발발한다.

쿠데타의 이데올로적 배경은 어느 정도의 세월이 흐른 뒤 정보부 장관 가브리엘 아리아스 살가도에 의해 설명될 것이다.

"악마는 바쿠에 있는 어느 유정(油井)에 사는데, 그곳으로부터 공산주의자들에게 지령을 내립니다."

유황에 대한 향, 악에 대한 선, 카인의 손자들에 대한 기독교 십자군. 빨갱이들이 에스파냐를 끝장내기 전에 빨갱이들을 없애버려야 한다. 죄수는 왕처럼 살고, 선생님은 학교에서 사제들을 몰아내고, 여자는 남자인 것처럼 투표하고, 이혼이 성스러운 결혼을 모독하고, 농지 개혁이 토지에 대한 가톨릭교회의 지배권을 위협하고······.

쿠데타는 사람을 죽이면서 시작되는데, 처음부터 아주 노골적이다.

프란시스코 프랑코 총통이 말한다.

"어떤 값을 치르더라도 에스파냐를 마르크스주의로부터 구하겠습니다."

"그런데 그게 에스파냐 사람 반을 총살시키겠다는 의미입니까?"

"어떤 대가를 치르더라도."

---

* 콘셉시온 아레날(Concepción Arenal, 1820-1893)은 에스파냐의 작가이자 여성 인권 활동가다.

호세 미얀 아스트라이가 말한다.

"죽음 만세!"

에밀리오 몰라 장군이 말한다.

"인민전선*을, 공공연하게든 비밀스럽게든, 옹호하는 자는 누구든 총살당할 것입니다."

곤살로 케이포 데 야노 장군이 말한다.

"그대들은 죽을 각오로 전진하라!"

에스파냐 내전은 쿠데타가 유발한 피의 목욕의 다른 이름이다. 언어는 그렇듯 스스로를 방어하는 민주주의와 민주주의를 공격하는 군부 쿠데타 사이, 민병대와 군대 사이, 국민의 투표로 선출된 정부와 하느님의 은총으로 선출된 카우디요 사이의 평등을 상징하는 기호다.

마지막 소원

라 코루냐, 1936년 여름. 베벨 가르시아는 총살형을 당한다.

베벨 가르시아는 운동을 할 때도 생각을 할 때도 왼손잡이다.

축구 경기장에서는 데포르(Depor)의 셔츠를 입는다. 축구 경기장을 나설 때는 사회주의청년단의 셔츠를 입는다.

프랑코 군부 쿠데타가 발생한 지 11일이 지난 뒤 막 스물두 살이 된 베벨 가르시아는 총살형 집행대원들 앞에 서 있다.

---

* 인민전선(Frente Popular)은 1936년에 에스파냐에서 조직된 좌익 정당이다.

"잠깐." 베벨 가르시아가 명령한다.

그러자 그와 같은 갈리시아 출신이고, 그처럼 축구를 좋아하는 병사들이 그의 말을 따른다.

그러자 베벨 가르시아는 바지 앞트임 부분의 단추를 하나씩 천천히 끄르고 나서는 총살형 집행대원들 앞에 기다란 소변 줄기를 쏘아댄다.

그러고 나서 바지 앞트임 부분의 단추를 잠근다.

"이제 됐어."

로사리오

비야레호 데 살바네스, 1936년 여름. 로사리오 산체스 모라가 전선(戰線)으로 간다.

그녀가 재단과 재봉 수업을 받고 있을 때 민병대원 몇이 교실로 들어와 지원병을 찾는다. 막 열일곱 살이 된 그녀는 재봉사 일을 내팽개치고는 막 만든 주름치마를 입고, 7킬로그램짜리 소총을 아기처럼 안은 채 단번에 민병대 트럭에 올라탄다.

전선에서 그녀는 폭파병이 된다. 그리고 어느 전투에서 사제폭탄, 즉 못이 가득 담긴 연유병의 심지에 불을 붙이는데, 던지기도 전에 터져버린다. 그녀는 손을 잃어버리나 목숨은 건진다. 남자 동료 하나가 신고 있던 에스파드리유*의 끈으로 묶어 지혈을 시켜준 덕분이다.

---

* 에스파드리유는 캔버스 천으로 만든 납작한 신발로, 끈을 발목에 감아 고정하고, 밑창은 삼베를 엮어 만든다.

그 뒤, 로사리오는 전선의 참호 속에서 계속 머무르기를 원하나 상관들이 허락하지 않는다. 공화파 민병대는 군대로 전환될 필요가 있고, 군대에서 여자는 설 자리가 없다. 수많은 토론을 거친 끝에 그녀는 상사 계급장을 달고 참호에 편지를 배급하는 일이나마 맡게 된다.

내전이 끝나자, 그녀의 마을 이웃 사람들이 그녀를 당국에 고발하는 호의를 베풀고, 그녀는 죽음을 선고받는다.

매일 날이 새기 전에 그녀는 총살당할 것이라 생각한다.

시간이 흐른다.

하지만 그녀는 총살당하지 않는다.

몇 년이 지난 뒤, 감옥에서 나온 그녀는 마드리드에 있는 키벨레 여신의 분수대 주변에서 밀수 담배를 판다.

게르니카

파리, 1937년 봄. 파블로 피카소가 잠에서 깨어나 독서를 한다.

작업실에서 아침 식사를 하면서 신문을 읽는다.

커피가 잔 속에서 식어간다.

독일 폭격기들이 게르니카 시를 초토화시켰다. 세 시간 동안 나치의 비행기들이 화염에 휩싸인 도시에서 도망치던 시민들을 뒤쫓으며 기관총 사격을 가했다.

프랑코 장군은 게르니카가 아스투리아스의 폭파병들과 공산당 군대에 입대한 바스크의 방화광들에 의해 불타버렸다고 확신한다.

2년이 지난 뒤의 마드리드, 에스파냐 주둔 독일군의 볼프람 폰 리히트호펜 장군은 승리를 축하하는 공연의 관람석에 프랑코 장군과 함께 앉아 있다. 히틀러는 에스파냐 사람들을 죽이면서 자신이 다음에 개시할 세계 전쟁을 시험했다.

그 후 여러 해가 지난 뒤의 뉴욕, 유엔에서 콜린 파월은 이라크를 즉시 절멸시키자는 연설을 한다.

콜린 파월이 연설하는 동안 연설회장의 뒷면이 보이지 않고, 〈게르니카〉도 보이지 않는다. 벽을 장식하고 있는 피카소의 〈게르니카〉 복제품이 거대한 파란 모직 천으로 가려져 있었던 것이다.

유엔 관계자들은 그 그림이 새로운 학살을 선포하는 장소에 있는 것이 썩 적합하지 않다고 결정했었다.

멀리서 온 사령관

마드리드 외곽 브루네테, 1937년 여름. 전쟁이 한창일 때 총알 한 방이 올리버 로*의 가슴을 꿰뚫는다.

올리버 로는 흑인 빨갱이 노동자다. 그는 링컨 여단에 소속되어 에스파냐 공화국을 위해 싸우려고 시카고에서 온 사람이다.

여단에서 흑인들은 독립 연대에 따로 소속되어 있지 않다. 미국 역사상 처음으로 백인과 흑인이 뒤섞여 있다. 미국 역사상 처음으로 백

---

* 올리버 로(Oliver Law, 1899-1937)는 아프리카계 미국인 공산주의자, 노동 운동 조직가, 사회 운동가로, 에스파냐 내전에 링컨 여단의 일원으로 참전했다.

인 군인이 흑인 사령관의 명령을 따랐다.

특이한 지휘관이었다. 공격 명령을 내린 올리버 로는 쌍안경으로 자기 부하들을 관찰한 것이 아니라 부하들 앞에서 직접 싸움에 뛰어들었다.

하지만, 어찌 되었든, 이 국제적인 여단들에 자원 입대한 병사들은 모두가 특이하다. 그들은 훈장을 받기 위해서라거나 영토를 정복하기 위해서라거나 유정(油井)을 빼앗기 위해 싸우지 않는다.

가끔 올리버는 자문했다.

"만약 이것이 백인들 사이의 전쟁이라면, 백인들이 여러 세기 동안 우리를 노예로 만들어왔는데, 도대체 내가 여기서 무엇을 하는 거지? 흑인인 내가 여기서 무엇을 하느냐고?"

그리고 스스로 대답했다.

"파시스트들을 막아야 해."

그는 웃으며 덧붙였다. 농담이나 된다는 듯이 말이다.

"우리 가운데 일부는 이 과업을 수행하면서 죽어야 할 거야."

라몬 프랑코

지중해, 1938년 가을. 라몬 프랑코가 공중에서 폭파한다.

1926년, 라몬 프랑코는 비행기 플루스 울트라(Plus Ultra)를 타고 에스파냐 우엘바에서 부에노스 아이레스까지 대서양을 횡단했다. 전 세계가 그의 위업에 박수갈채를 보내고 있는 사이 그는 밤이면 흥청거리는 술파티를 벌여 영광을 마시고 〈라 마르세예즈〉를 부르면서, 그리고 왕들과 교황들에게 저주를 퍼부으면서 자신의 위업을 자축했다.

그리 오랜 시간이 지나지 않아, 언젠가 술에 취한 상태에서 마드리드 왕궁 위로 비행기를 몰았는데, 정원에서 아이들이 놀고 있었기 때문에 폭탄은 투하하지 않았다.

그는 상황을 종합적으로 생각해 보고 행동을 계속했다. 그는 공화파의 깃발을 높이 세웠고, 무정부주의자의 반란에 참여했으며, 카탈루냐 민족주의에 의해 카탈루냐 주 지방의원으로 선출되었다. 어느 여자가 그를 중혼(重婚) 죄로 고소했는데, 실제로는 삼중혼(三重婚) 상태였다.

하지만 라몬 프랑코는 형 프란시스코가 반란을 일으켰을 때 갑자기 가족주의의 공격을 받아, 십자가와 칼의 대열에 합류해 버렸다.

2년 동안의 전쟁이 끝난 뒤, 고물이 다 된 그의 비행기가 지중해에서 사라져버렸다. 폭탄을 장착한 라몬 프랑코가 바르셀로나를 향해 가고 있었던 것이다. 과거의 동료들과 과거에 그 자신이었던 멋쟁이 미치광이를 죽이기 위해서였다.

마차도

전선(戰線), 1939년 겨울. 에스파냐 공화국이 붕괴되고 있다.

안토니오 마차도*는 폭탄을 피해 바르셀로나를 떠나 프랑스에 도착

---

* 안토니오 마차도(Antonio Machado, 1875-1939)는 에스파냐의 '98세대' 시인으로, 에스파냐 내전 시 민족주의자들을 피해 프랑스로 떠났다가 1939년에 프랑스 남부에서 사망했다.

하게 된다.

그는 실제보다 훨씬 더 나이가 들어 보인다.

기침을 하면서 지팡이에 의지해 걷고 있다.

바다에 모습을 나타낸다.

종이 쪼가리에 글을 쓴다.

"유년 시절의 이 태양."

이것은 그가 마지막으로 쓴 글이다.

마틸데

팔마 데 마요르카의 감옥, 1942년 가을. 길 잃은 양.

모든 것이 준비되어 있다. 여자 죄수들이 대형(隊形)을 이루어 기다리고 있다. 주교와 지사가 도착한다. 오늘 빨갱이들의 여성 지도자이고, 유죄가 입증되어 죄를 자백한 무신론자 마틸데 란다*는 가톨릭으로 개종해 영세를 받을 것이다. 속죄한 그녀는 주님의 양 떼에 속할 것이며, 사탄들은 동료 사탄 하나를 잃을 것이다.

늦어진다.

마틸데가 나타나지 않는다.

그녀가 옥상에 있지만 아무도 그녀를 보지 못한다.

그녀가 저 위 옥상에서 몸을 던진다.

---

* 마틸데 란다(Matilde Landa, 1904-1942)는 에스파냐의 반(反)프랑코주의자다.

몸이 감옥 마당에 부딪쳐 폭탄처럼 폭발한다.

아무도 움직이지 않는다.

미리 계획되어 있었다는 듯이 의식이 이루어진다.

주교가 십자성호를 긋고, 복음서 한 페이지를 읽고, 마틸데가 악을 포기하도록 훈계하고, 사도신경을 암송하고, 마틸데의 이마에 성수를 묻힌다.

세계에서 가장 싼 감옥

프랑코는 매일 아침 식사를 하면서 사형 선고 건에 서명했다.

총살형을 당하지 않은 사람은 감금되었다. 총살형을 당하는 사람은 각자 자신이 묻힐 묘 구덩이를 직접 팠고, 죄수들은 자신이 갇힐 감옥을 지었다.

노동에 대한 대가는 없었다. 마드리드에 유명한 카라반첼 감옥을 세우고 에스파냐 전국에 수많은 감옥을 세운 공화파 죄수들은 거의 대부분이 눈에 잘 띄지도 않는 조그만 동전 한 주먹을 받고 작업을 했는데, 하루 열두 시간 이하로 일한 적은 단 한 번도 없었다. 게다가 그들은 다른 보상을 받았다. 하나는 자신들이 정치적으로 회생하는 데 공헌했다고 생각하는 데서 오는 만족감이었고, 또 하나는 폐결핵이 그들을 더 빨리 데려감으로써 삶의 고통을 줄여준 것이었다.

수많은 세월 동안, 군부 쿠데타에 저항한 잘못을 저지른 범죄자 수천 명이 감옥만을 건설한 것은 아니었다. 그들은 폐허가 된 마을을 재

건하고, 관개용 운하, 항구, 공항, 경기장, 공원, 다리, 도로를 건설하는
의무도 맡았다. 새로운 철로를 깔았고, 자신들의 폐를 석탄, 수은, 석
면, 주석 광산에 남겨놓았다.

총검에 내몰린 그들은 자신들을 처형한 사람들을 기리기 위해 거대
한 '전몰자의 계곡'*을 세웠다.

카니발의 부활

태양은 밤에 나왔고,

사자(死者)는 자신의 무덤에서 도망쳐 나왔고,

어릿광대는 누구든 왕이었고,

정신병원은 법률을 제정했고,

거지는 주인이었고,

숙녀는 불을 질렀다.

마침내 재의 수요일이 되자 사람들은 가면을 벗어 진짜 얼굴을 드
러냈고, 다음 해 카니발 때까지 맨얼굴로 지냈다.

16세기에 카를로스 황제는 마드리드에서 카니발과 그 방탕함을 처

---

* 전몰자의 계곡(Valle de los Caídos)은 마드리드 북서쪽 구아다라마 산맥 남쪽 기슭에 있다. 거대한 암
반 위에 세워진 높이 150미터의 세계 최대 석재 십자가와 강철 같은 암반층을 260미터나 뚫어 세운
대사원은 에스파냐 내전 때 희생된 무명용사 약 5만 명의 영혼을 위로하기 위해 프랑코 총통의 지시
로 전쟁 포로를 동원해 1958년에 완공한 것이다. 전쟁 포로들은 하루 일하는 대가로 이틀을 감형받
았다. 십자가는 직경 42미터의 예배당 원형 천장과 연결되어 있는데, 천장에는 영웅, 순교자, 에스파
냐 성인들을 주제로 한 벽화가 그려져 있다. 예배당 내에는 프랑코 총통 및 혁명 동지 호세 안토니오
의 묘소가 있다.

벌하겠다고 공포했다. "하층민 사람이면 사람들이 보는 데서 채찍으로 100대를 때리고, 귀족이면 6개월 동안 추방하고……."

4세기가 지난 뒤, 프란시스코 프랑코 총통은 정부가 마련한 첫 법규들 가운데 하나를 통해 카니발을 금지시켰다.

결코 굴복하지 않는 이교도 축제는 금지하면 할수록 더욱더 의욕적으로 되풀이되었다.

흑인이 되는 것이 금지되었다

아이티와 도미니카 공화국은 마사크레*라 불리는 강으로 분리되어 있다.

강이 그렇게 불린 것은 1937년인데, 이름이 하나의 예언이 되었다. 도미니카 공화국 쪽에서 사탕수수를 자르는 노동자 수천 명이 그 강변에서 마체테**를 맞고 죽은 것이다. 쥐를 닮은 얼굴에 나폴레옹의 모자를 쓴 총사령관 라파엘 레오니다스 트루히요는 국민의 피부색을 하얗게 만들고, 흑인의 불순한 피를 제거하기 위해 흑인을 학살하라는 명령을 내렸다.

도미니카의 신문은 그 새로운 소식을 알지 못했다. 아이티의 신문

---

* 마사크레(Masacre)는 '학살'이라는 의미다.
** 마체테(machete)는 풀이나 잡목을 벨 때 사용하는 기다란 칼로, '벌목도' 또는 '정글도'라고도 부른다. 본래 용도는 공구지만 실제 전쟁에서 무기로도 많이 쓰였다. 에스파냐어로 남자라는 뜻을 지닌 '마초(macho)'의 어원이기도 하다.

도 마찬가지였다. 침묵의 3주가 지난 뒤 신문에 그 사건에 관한 뭔가가 몇 줄짜리로 실렸고, 트루히요는 과장하지 말라면서 죽은 사람 수가 고작 18,000명에 불과했다고 말했다.

많은 토론을 거친 뒤 트루히요는 죽은 사람 각자에게 29달러의 보상금을 지불하는 것으로 사건을 종결했다.

무례

1936년 올림픽에서 히틀러의 조국 축구팀이 페루의 축구팀에게 패배했다.

심판이 총통의 심기를 불편하게 만들지 않으려고 온갖 수를 다 부려 페루의 골 세 개를 무효로 만들어버렸으나, 결국 오스트리아는 4 대 2로 패배했다.

그다음 날 올림픽 당국과 축구 관계자들이 상황을 바로잡았다.

경기는 무효가 되었다. 검은 롤러*라 불릴 만한 이유가 있는 공격진 앞에서 아리안족의 패배를 수용할 수 없었기 때문이 아니라, 올림픽 당국이 밝힌 바에 따르면, 경기가 끝나기 전에 관중이 경기장으로 뛰어들었기 때문이다.

페루는 올림픽을 포기했고 히틀러의 나라는 경기에서 2위를 차지했다.

---

* 검은 롤러(Rodillo negro)는 페루 축구 클럽 알리안사 리마(Alianza Lima)가 뛰어난 역량을 지닌 공격수들에게 붙인 별명이다. '롤러'는 공격진이 상대를 굴려서 넘어뜨리는 롤러와 같은 공격력과 골 결정력을 지녔기 때문이며, 공격진 대다수의 피부색이 검었기 때문에 '검은'이라는 별명이 붙었다.

이탈리아, 무솔리니의 이탈리아가 우승했다.

검은 날개들

히틀러가 자기 종족의 우위를 과시하기 위해 조직한 그 올림픽에서 가장 빛나는 스타플레이어는 앨라배마에서 태어난 어느 흑인, 흑인 노예의 손자였다.

히틀러는 네 번 분노를 삭이는 수밖에 없었다. 오언스*가 단거리 달리기와 멀리뛰기에서 네 개의 금메달을 따버린 것이다.

인종주의에 대항한 그 민주주의의 승리를 전 세계가 기념했다.

챔피언이 자기 나라에 돌아갔을 때, 그는 대통령으로부터 축하도 받지 못하고, 백악관에 초대받지도 못했다. 예전의 그 위치로 돌아갔다.

버스에 타고 내릴 때도 뒷문을 이용하고,

흑인 전용 식당에서 식사를 하고,

흑인 전용 화장실을 사용하고,

흑인 전용 숙박업소에 묵었다.

몇 년 동안 돈벌이 육상을 해서 먹고살았다. 야구 경기가 시작되기 전에 그 올림픽 챔피언은 말, 개, 자동차, 오토바이 등과 경주를 함으로써 관중을 즐겁게 했다.

---

* 제시 오언스(James Cleveland 'Jesse' Owens, 1913-1980)는 미국의 육상 선수이자 흑인 민권 운동가다. '제시'는 그의 성명 첫 글자 J.C를 딴 것이다. 육상 역사상 가장 위대한 선수라고 평가받는 그는 총 일곱 개의 세계 신기록을 세우고, 1936년 베를린 하계 올림픽에서 100미터, 200미터, 400미터 계주, 멀리뛰기 종목에서 우승해 4관왕을 차지했다.

나중에, 다리가 예전 같지 않아졌을 때, 오언스는 강연자가 되었다. 조국, 종교, 가정의 가치에 관해 강연함으로써 대단한 성공을 거두었다.

검은 별

야구는 백인의 전유물이었다.

1947년 봄, 역시 노예의 손자인 재키 로빈슨*은 야구가 백인의 전유물이라는 불문율을 위반하고 메이저리그에서 경기를 했다. 최우수 선수였다.

그는 비싼 값을 치렀다. 그가 실수를 하면 대가를 두 배로 치렀고, 그의 장점에 관한 평가는 반값이었다. 그의 동료들은 그에게 말을 걸지 않았고, 관중은 그더러 아프리카 정글로 돌아가라고 권유하고, 그의 아내와 자식들은 살해 위협을 받았다.

그는 독극물을 마셨다.

2년이 지난 뒤, 쿠 클럭스 클랜(KKK단)은 재키 로빈슨이 소속된 브루클린 다저스가 애틀랜타에서 벌이기로 한 경기를 금지했다. 하지만 금지 조치는 시행되지 않았다. 흑인들과 백인들이 재키 로빈슨에게 환호와 박수갈채를 보냈고, 그가 경기장에 들어가고 나갈 때면 수많은 군중이 그를 뒤따랐다.

---

* 재키 로빈슨(Jack Roosevelt 'Jackie' Robinson, 1919-1972)은 인종차별이 극심하던 20세기 미국에서 유색인종으로는 처음으로 메이저리그 야구 선수로 활약했다. 스포츠계에서는 흑인 인권 운동의 상징으로 평가되는 인물로, 은퇴 후에는 흑인 저소득층에게 집을 지어주기 위한 사업을 하는 등 흑인 인권 운동을 위해 헌신했다.

그에게 린치를 가하기 위해서가 아니라 그를 껴안아주기 위해서
였다.

검은 피

첫 번째로 수혈한 피는 새끼 양의 피였다. 그 피 때문에 몸에 양털이
난다는 소문이 나돌았다. 1670년에 유럽에서 그 실험은 금지되었다.

많은 세월이 흐른 1940년경에 찰스 드루의 연구는 플라스마의 처
리와 저장을 위한 신기술 개발에 기여했다. 찰스 드루는 제2차 세계
대전에서 수백만 명의 목숨을 살린 연구의 성과를 인정받아 미국 적
십자사의 첫 번째 혈액은행 책임자가 되었다.

그는 그 직책을 8개월 동안 맡았다.

1942년에 어느 군령은 수혈하는 데 흑인 피와 백인 피가 뒤섞이는
것을 금지했다.

흑인의 피? 백인의 피? "이건 대단히 어리석은 것이지." 찰스 드루
는 이렇게 말하고 피를 차별하는 것을 거부했다.

그는 사안을 이해하고 있었다. 그는 과학자였고 흑인이었던 것이다.

그리고 사임했다. 또는 해임되었다.

검은 목소리

미국 음반 회사 컬럼비아는 그 노래를 녹음하기를 거부했고, 작곡가는 다른 이름으로 계약해야 했다.

하지만, 빌리 홀리데이가 〈이상한 열매〉*를 불렀을 때, 검열과 두려움의 장벽이 무너졌다. 그녀는 두 눈을 감은 채 노래를 불렀다. 노래는 바로 그 노래를 부르기 위해 세상에 태어난 그 목소리의 작업 덕분에 일종의 성가(聖歌)가 되었고, 그때부터 린치를 당한 흑인은 나무에 매달려 햇빛을 받으며 썩어가는 이상한 열매보다 훨씬 더 큰 의미를 지니게 되었다.

빌리,

열네 살에 음악이 먹을 것과 교환되던 할렘의 시끌벅적한 성매매 업소에서 사람들의 입을 다물게 만든 기적을 이루어낸 여자,

치마 속에 칼 한 자루를 숨기고 다니던 여자,

자기 정부들, 남편들의 몽둥이질로부터 자신을 방어할 줄 모르던 여자,

마약과 감옥에 잡혀 살던 여자,

날카로운 것에 찔린 흉터를 비롯해 온갖 흉터가 온몸에 지도처럼 나 있는 여자,

늘 최고의 노래를 부르던 여자.

---

* 〈이상한 열매(Strange Fruit)〉(1939)는 나무에 매달려 흔들리는 흑인의 시체를 과일에 비유한 노래로, 단순히 인종차별만이 아니라 세계 각지에서 일어나는 약자에 대한 폭력을 처연한 가사와 음률로 고발한다.

처벌받지 않는 것은 망각의 딸이다

오스만 제국은 산산조각 났고, 그 피해는 아르메니아 사람들에게 돌아갔다. 제1차 세계대전이 발발했을 때, 정부에 의해 계획된 학살 하나는 튀르키예에 있는 아르메니아 사람들 절반을 없앴다.

집들이 약탈당하고 불탔다.

마실 물도 그 어떤 것도 없이 옷이 벗겨진 채 길에 내던져진 사람들의 행렬,

백주 대낮에 마을 광장에서 강간당한 여자들,

사지가 잘린 채 강물에 떠다니는 시체들.

갈증이나 배고픔이나 추위로 죽지 않은 사람은 칼이나 총을 맞고 죽었다. 아니면 목이 졸려 죽었다. 아니면 연기에 질식해 죽었다. 시리아 사막에서는 튀르키예에서 추방당한 아르메니아 사람들이 동굴에 갇혀 연기에 질식되어 죽었는데, 그것은 나치하의 독일이 운영하던 가스실의 전조와 같은 무엇이었다.

20년이 지난 뒤, 히틀러는 보좌관들과 폴란드 침공을 계획하고 있었다. 히틀러는 작전의 장단점을 헤아려 보면서 일부가 항거하고, 국제적인 추문이 될 수도 있고, 절규가 나올 수도 있을 것이라 인지했으나, 그 절규는 썩 오래가지는 않을 것이라 확신했다. 그리고 다음과 같이 물으면서 확인했다.

"누가 아르메니아 사람들을 기억하겠는가?"

톱니바퀴

독일군 부대가 낮에는 햇빛 아래서, 밤에는 군용 트럭의 전조등 불빛을 밝혀놓고 유대인을 소탕하면서 폴란드의 마을 마을을 휩쓸어버렸다.

거의 모두가 민간인, 공무원, 노동자, 학생인 군인들은 사전에 쓰여진 어느 비극의 배우들이었다. 그들은 사형 집행인으로 변할 예정이었고, 구역질이나 설사를 견뎌낼 수 있었다. 무대의 막이 열리자 그들은 무대에 올라 연기를 했다.

1942년 7월, 폴란드의 작은 마을 요제푸프에서 101 경찰 예비대는 전혀 저항을 하지 않던 노인, 여자, 아이 1,500여 명에게 총알 세례를 가했다.

사령관은 군인들, 이 전투에 처음 참여한 신병들을 모아놓고, 그들에게 이 임무를 수행할 상황이라고 느끼지 않는 병사는 하지 않을 수도 있다고 말했다. 원하는 사람은 앞으로 한 걸음만 나가면 충분하다고 말했다. 사령관은 그렇게 말하고 나서 기다렸다. 한 걸음 앞으로 나온 사람의 숫자는 아주 적었다.

희생자들은 벌거벗은 몸으로 엎어져 누운 채 죽음을 기다렸다.

군인들은 어깨뼈에 총을 밀착한 채 일제히 사격을 개시했다.

비능률은 금지되었다

가정은 공장에 붙어 있었다. 침실 창문을 통해 공장 굴뚝을 볼 수 있었다.

공장 감독은 매일 점심 때 집으로 돌아와 부인과 다섯 자식 옆에 앉아 주기도문을 암송하고 점심 식사를 한 뒤에 정원을 산책하며 나무와 꽃을 보고, 암탉들과 노래하는 새들을 살펴보았다. 하지만 공장에서 생산이 제대로 이루어지고 있는지 알아보기 위해 단 한 순간도 공장에서 눈을 떼지 않았다.

그는 가장 먼저 출근하고 가장 늦게 퇴근했다. 그는 존경을 받으면서도 두려움의 대상이었다. 언제든 어디든지 불시에 모습을 나타냈다.

그는 자원이 낭비되는 것을 참지 못했다. 높은 생산비와 낮은 생산성은 그의 삶을 괴롭히는 것이었다. 위생이 불량하거나 정리 정돈이 되지 않으면 구토를 할 정도였다. 그 어떤 죄도 용서했으나 비능률은 용서하지 않았다.

석탄에서 빼낸 황산과 일산화물을 독가스 치클론 B로 대체한 사람도 그였고, 트레블린카의 화장로보다 효율이 열 배나 높은 화장로를 개발한 사람도 그였으며, 단시간에 많은 사람을 죽이는 법을 개발한 사람도 바로 그였고, 인류의 전 역사에서 가장 좋은 '몰살 센터'를 세운 사람도 바로 그였다.

1974년, 루돌프 회스는 자신이 건설하고 관장했던 아우슈비츠 수용소에서, 그가 시 몇 편을 바친 적이 있던 꽃나무 사이에서 교수형에 처해졌다.

요제프 멩겔레

가스실 출입구에는 위생을 위해 격자 모양 쇠그물이 깔려 있었다. 수용소 직원들은 쇠그물에서 장화에 묻은 진흙을 털었다.

반면에 사형 선고를 받은 사람들은 벌거벗은 몸으로 가스실에 들어갔다. 그들은 금니, 지방, 머리카락 등 가치가 있는 것은 모두 제거당한 뒤 문으로 들어가 굴뚝으로 나왔다.

그곳 아우슈비츠에서 요제프 멩겔레* 박사는 실험을 진행했다.

그는 나치에 부역한 다른 학자들처럼 그 또한 미래의 슈퍼 인종을 만들어낼 수 있는 사육장을 만들 꿈을 꾸었다. 유전적인 결함을 근절하는 법을 알아내기 위해 날개가 네 개인 파리, 다리가 없는 쥐, 난쟁이, 유대인을 이용해 실험을 했다. 하지만 쌍둥이 아이들만큼 그의 과학적 열정을 고조시킨 것은 없었다.

요제프 멩겔레는 자신의 어린 모르모트들에게 초콜릿을 나눠주고 다정하게 등을 토닥거려 주었는데, 대부분의 경우 과학적인 실험 과정에서 유용한 결과를 내지 못했다.

그는 일부 쌍둥이의 등을 열어 혈관을 서로 연결함으로써 샴쌍둥이로 만들려고 시도했다. 하지만 쌍둥이들은 서로 떨어진 채 고통스럽게 비명을 지르며 죽었다.

다른 실험 대상 아이들의 경우는 성별을 바꾸려고 시도했는데, 그

---

* 요제프 멩겔레(Josef Mengele, 1911-1979)는 독일 친위대(SS) 장교이자 아우슈비츠 비르케나우(Auschwitz-Birkenau) 나치 강제수용소의 내과 의사였다. 그는 수용소로 실려온 수감자들 중 누구를 죽이고 누구를 강제 노역에 동원할지 결정했으며 수용소 내에서 수감자들을 대상으로 생체 실험을 한 것으로도 악명이 높다. 그의 별명은 '죽음의 천사'로 알려져 있다.

들은 불구가 되어 죽었다.

다른 실험 대상 아이들의 경우는 목소리를 바꾸기 위해 성대를 수술했다. 하지만 그들은 벙어리가 되어 죽었다.

인종을 아름답게 만들기 위해 검은 눈의 쌍둥이들에게 파란색 물감을 주사했다. 하지만 그들은 맹인이 되어 죽었다.

하느님

플로센뷔르크 수용소에 디트리히 본회퍼*가 잡혀 있다.

경비원들은 모든 죄수가 사형수 세 사람의 처형식에 참석해야 한다고 강제한다.

디트리히 곁에서 누군가가 속삭인다.

"그런데, 하느님은 어디 계신가요?"

그러자 신학자 디트리히는 목이 매달린 채 아침 햇살을 받으며 흔들거리고 있는 그 사형수들을 가리킨다.

"저기요."

며칠 뒤에 디트리히가 사형당할 순서가 된다.

---

* 디트리히 본회퍼(Dietrich Bonhoeffer, 1906-1945)는 독일 루터교회 목사이자, 신학자이며, 반나치 운동가다. 그는 아돌프 히틀러를 암살하려는 계획에 가담했다가 1943년 3월 체포되어 수감되고, 결국 1945년에 독일 플로센뷔르크 수용소에서 교수형에 처해졌다.

나를 많이 사랑해 줘

아돌프 히틀러의 친구들은 기억력이 좋지 않다. 하지만 그들의 도움이 없었더라면 나치의 모험도 가능하지 않았을 것이다.

히틀러는 동료 무솔리니와 프랑코처럼 가톨릭교회의 빠른 승인을 받아냈다.

그의 비행기들은 스탠더드 오일 사의 연료 덕에 날 수 있었고, 그의 군인들은 포드 사의 트럭과 "지프" 덕에 이동할 수 있었다.

휴고 보스*가 히틀러의 부대를 방문했다.

베르텔스만은 히틀러 부대의 장교들을 교육시키는 책을 출간했다.

자동차를 만들고 『국제 유대인』이라는 책을 쓴 헨리 포드는 히틀러에게 영감을 주는 뮤즈였다. 히틀러는 헨리 포드에게 나치 훈장을 주어 감사를 표했다.

히틀러는 유대인들의 신원을 확인할 수 있도록 해준 IBM 사의 회장에게도 훈장을 주었다.

록펠러 재단은 나치의 인종적이고 인종차별적인 의학 연구에 재정 지원을 했다.

대통령의 아버지 조 케네디는 주 영국 대사였으나, 주 영국 대사라기보다는 주 독일 대사처럼 보였다.

두 대통령의 아버지이자 할아버지인 프레스콧 부시는 히틀러에게 자신의 재산을 바친 프리츠 티센에게 협조하던 사람이었다.

---

* 휴고 보스(Hugo Boss, 1885-1948)는 독일의 의류, 안경, 향수, 신발, 액세서리, 시계, 화장품 등을 생산하는 브랜드의 창설자다. 초기에는 나치의 제복과 군복, 관리들의 유니폼, 작업복을 주로 만들었다.

도이체방크는 아우슈비츠 수용소를 건설하는 데 재정 지원을 했다.

독일 화학업계의 거인 이게파르벤 연합*은 나중에 바이엘, 바스프 또는 회흐스트라고 불리게 되었는데, 이게파르벤은 수용소의 죄수들을 인도 토끼처럼 이용하고, 또 그들에게 강제 노동을 시켰다. 이들 노예 노동자들은 모든 것을 생산해 냈는데, 심지어는 자신들을 죽이게 될 가스까지 생산했다.

죄수들은 크루프, 티센, 지멘스, 바르타, 보쉬, 다임러 벤츠, 폭스바겐, BMW 같은 다른 회사를 위해서도 일을 했는데, 이들 회사는 나치가 지닌 망상의 경제적 토대였다.

스위스 은행들은 죽은 죄수들의 장신구와 이빨에서 뽑은 금을 히틀러에게 구입해 막대한 이익을 남겼다. 금은, 피난자들에게는 견고하게 닫혀 있던 국경을 통해 놀랄 만큼 쉽게 스위스로 반입되었다.

코카콜라는 전쟁이 한창일 때 독일 시장에 진출하기 위해 환타를 발명했다. 그 시기에 유니레버, 웨스팅하우스, 제너럴 일렉트릭 역시 독일에 투자와 이익을 늘렸다. 전쟁이 끝났을 때, ITT** 사는 엄청난 전쟁 배상금을 받았다. 연합군이 독일에 있는 ITT의 공장들을 폭격해 손해를 입었기 때문이다.

---

* 이게파르벤(IG Farben)은 1925에 설립되어 제2차 세계대전 이후 연합국 측에 의해 해체되기까지 세계 최대 규모를 자랑하던 독일의 화학 기업 카르텔이다.

** 미국의 국제전화전신회사(International Telephone and Telegraph)의 약자다.

사진들: 승리의 깃발

이오지마 섬, 수리바치 화산, 1945년 2월.

"해병" 여섯 명이 화산 꼭대기에 미국의 국기를 꽂는다. 그들은 일본군과 치열한 전투를 끝내고 그곳을 막 점령한 상태였다.

조 로젠탈*이 찍은 이 사진은 이 전쟁과 향후에 이어지는 다른 전쟁들에서 애국적인 승리의 표상이 될 터였으며, 각종 포스터와 우표에, 그리고 심지어는 재무부가 발행하는 공채에까지 수백만 번 사용되었다.

사실, 이 깃발은 그날 두 번째로 꽂힌 성조기다. 서사시적인 이미지가 되기에는 너무 작고 약간은 부적절한 첫 번째 깃발은 두 번째 성조기가 꽂히기 두어 시간 전에 꽂혔는데, 그 장면은 전혀 멋지지 않았다. 게다가 승리를 기념하는 사진을 찍었을 때, 이 전투는 아직 끝난 상태가 아니라 막 시작된 상태였다. 해병 여섯 명 가운데 세 명은 전쟁에서 살아남지 못하고, "해병" 7,000명 이상이 태평양에 있는 이 작은 섬에서 죽게 된다.

---

* 존 로젠탈(Joseph John Rosenthal, 1911-2006)은 당시 AP 통신의 종군 사진기자였다.

사진들: 세계지도

크림 반도 해안, 얄타, 1945년 2월.

　제2차 세계대전의 승전국들이 모인다.

　처칠, 루스벨트, 스탈린이 비밀 협정서에 서명한다. 강대국들이 여러 나라의 운명을 결정짓는데, 정작 해당국들의 국민은 그 결정에 관해 2년 동안 모르고 지낸다. 그토록 무시무시한 역사적 도약이 밖에서, 위에서 결정되는 한낱 이름 바꾸기에 불과할 뿐이라는 듯이, 일부는 계속해서 자본주의 국가가 될 것이고, 다른 국가들은 공산주의 국가가 될 것이다.

　세 사람이 새로운 세계지도를 그리고, 국제연합을 창설하고, 거부권을 갖고, 절대 권력을 보장받는다.

　리처드 사르노와 로버트 홉킨스의 카메라가 처칠의 태평스러운 미소, 이미 죽음이 찾아든 루스벨트의 얼굴, 스탈린의 교활한 눈을 찍는다.

　스탈린은 여전히 '엉클 조(Uncle Joe)'*다. 하지만 곧 상영될 영화 〈냉전〉에서는 악인으로 등장하게 될 것이다.

---

* 루스벨트가 처칠과 전보를 주고받을 때 스탈린을 '엉클 조(Uncle Joe)'라고 불렀다고 하는데, '엉클'에 해당하는 러시아어 '자자(дядя, Dyadya)'는 쉽게 속아 넘어가는 사람을 의미하기도 한다. 〈미션 투 모스크바(Mission to Moscow)〉(1943) 같은 미국 영화는 스탈린을 '엉클 조'로 묘사하고 소련을 독일에 대항하는 미국의 동맹국으로 찬양하는 등 러시아에 동정적인 태도를 보이기도 했다.

사진들: 승리의 다른 깃발

베를린, 제국의회 의사당, 1945년 5월.

병사 둘이 독일 권력의 정점에 소련 깃발을 세우고 있다.

예브게니 칼데이가 찍은 이 사진은 전쟁에서 더 많은 자식을 잃어버린 그 나라의 승리를 기록한 것이다.

타스(TACC) 통신이 사진을 유포한다. 하지만 그전에 사진을 수정한다. 군인이 원래 차고 있던 시계는 두 개였는데, 수정된 사진에서는 하나만 보인다. 프롤레타리아 전사는 시체를 약탈하면서 다니지 않는다는 점을 드러내기 위해서다.

페니실린의 아버지와 어머니

그는 자신의 명성을 비웃었다. 알렉산더 플레밍은, 페니실린이 어느 미생물을 통해 발명되었는데, 그 미생물이 실험실을 지배하던 혼란을 틈타 다른 것을 배양하는 곳에서 생겨났다고 말했다. 그리고 항생제의 공로는 그의 것이 아니라 그 과학적 호기심을 실제적인 약품으로 변모시킨 연구원들의 덕분이라고 말했다.

이렇듯 플레밍은 침입자 미생물의 도움으로 1928년에 페니실린을 발명했다. 하지만 당시에는 누구도 그에게 신경을 쓰지 않았다. 페니실린은 몇 년 뒤에 개발되었다. 페니실린은 제2차 세계대전의 딸이었다. 감염은 폭탄보다 더 많은 사람을 죽이고 있었고, 독일인들은 게르

하르트 도마크가 술파닐아미드*를 발명한 이후부터 전쟁에서 우위를 점유하고 있었다. 연합국에게 페니실린의 생산은 시급한 사안이었다. 군수 산업으로 변모한 화학 산업은 사람을 죽이기도 했지만 살리기도 해야 했던 것이다.

비발디의 부활

활활 타오르는 것 같은 황금색 머리카락을 지닌 안토니오 비발디와 에즈라 파운드는 세상에 깊은 족적을 남겼다. 만약 세계가 비발디의 음악과 파운드의 시를 갖지 않았더라면 세계는 살 만한 가치가 훨씬 덜했을 것이다.

비발디의 음악은 2세기 동안 침묵을 지키고 있었다.

파운드가 비발디의 음악을 복구시켰다. 그동안 세상이 잊고 있던 그 음악 소리는 이탈리아로부터 파시스트의 선전을 영어로 전파하던 시인의 라디오 프로그램이 시작되고 끝날 때 시그널 뮤직으로 사용되었다.

그 프로그램은, 어떤 프로그램과는 달리, 무솔리니에 호의적인 청취자를 그리 많이 확보하지 못했으나, 베네치아 출신의 음악가에게 열광하는 청취자를 많이 확보했다.

파시스트 권력이 붕괴되자 파운드는 체포되었다. 파운드의 조국인

---

* 술파닐아미드(sulfanilamide)는 최초로 개발되어 상용화된 항생제로, 게르하르트 도마크는 술파닐아미드를 개발한 공을 인정받아 1939년 노벨 생리의학상 수상자로 지명된다. 나치의 수상 포기 종용으로, 실제 수상은 1947년에 이루어졌다.

미국의 군인들은 노천에 설치된 가시 철조망 우리에 파운드를 가두었다. 사람들이 파운드에게 동전을 던지고 침을 뱉을 수 있도록 하기 위해서였다. 나중에 파운드는 정신병원으로 보내졌다.

사진들: 하늘처럼 커다란 버섯

히로시마의 하늘, 1945년 8월.

비행기 B-29는 이놀라 게이(Enola Gay)라 불리는데, 이는 기장 어머니의 이름에서 따온 것이다.*

이놀라 게이는 복부에 아이 하나를 데리고 있다. 리틀 보이(Little Boy)라 불리는 그 아이는 크기가 3미터에 무게가 4톤이 넘는다.

오전 8시 45분에 리틀 보이가 떨어진다. 지상에 닿기까지 1분이 걸린다. 폭발력은 다이너마이트 폭약통 4,000만 개의 위력과 같다.

그곳 히로시마 위로 원자폭탄 구름이 솟아오른다. 비행기 꼬리에서 군대 전속 사진사 조지 캐론이 카메라를 작동시킨다.

이 거대한, 아름다운, 하얀 버섯은 뉴욕의 55개 회사와 라스 베가스의 미스 원자폭탄 선발대회의 로고로 변한다.

사반세기가 지난 뒤인 1970년에 원자폭탄 방사선에 의한 희생자들의 일부 사진이 처음으로 공개되었다. 그동안 비밀에 부쳐졌던 사진들이다.

---

* 기장은 폴 티비츠(Paul Tibbets) 대령이고, 어머니의 이름은 이놀라 게이 티비츠(Enola Gay Tibbets)다.

1995년에 스미스소니언 재단은 워싱턴에서 히로시마와 나가사키의 원자폭탄 폭발에 관한 전시회를 개최한다고 알린다.

하지만 정부는 전시회를 불허한다.

다른 버섯

히로시마에 원자폭탄을 투하한 지 3일이 지난 뒤, 다른 B-29 비행기가 일본 상공을 비행한다.

그 비행기가 가져온 선물은 더 뚱뚱한 것으로, 이름이 뚱보(Fat Man)다.

전문가들은 히로시마에서 우라늄을 실험한 뒤 플루토늄을 가지고 운을 시험해 보고 싶어 한다. 두꺼운 구름층이 실험을 위해 선정된 도시 고쿠라를 뒤덮고 있다. 비행기는 공중을 세 번 선회해 본 뒤 폭탄 투하를 포기하고 항로를 바꾼다. 날씨가 나쁘고 연료가 충분하지 않기 때문에 나가사키를 멸망시키기로 결정한다.

히로시마에서처럼, 나가사키에서 죽은 수만 명은 모두 일반인이다. 히로시마에서처럼 나중에 수천 명이 더 죽게 된다. 핵의 시대가 시작되고, 문명의 마지막 울음인 새로운 질병이 탄생한다.

즉, 원자폭탄 투하 후에 방사능에 오염됨으로써 수 세기에 걸쳐 사망자가 발생하고 있는 것이다.

폭탄의 아버지

첫 번째 원자폭탄 실험은 미국 뉴멕시코 주의 사막에서 실시되었다. 폭탄이 터지자 하늘이 불타올랐고, 실험을 주도했던 로버트 오펜하이머는 자신의 작업이 성공적으로 이루어진 것에 자부심을 느꼈다.

하지만 히로시마와 나가사키에 원자폭탄이 투하된 지 3개월이 지난 뒤 오펜하이머가 해리 트루먼 대통령에게 말했다.

"내 손이 피로 더럽혀진 것 같은 느낌이 듭니다."

그러자 트루먼 대통령이 국무부 장관인 딘 애치슨에게 말했다.

"이 개 같은 자식을 내 사무실에서 절대로 보고 싶지 않군요."

사진들: 세상에서 가장 슬픈 눈들

뉴저지, 프린스턴, 1947년 5월.

사진사 필리프 홀스먼이 그에게 묻는다.

"선생께서는 평화가 있을 거라고 믿으시나요?"

그때 카메라가 찰칵 하는 소리를 내고, 그 사이에 알베르트 아인슈타인이 말하거나 혼자 중얼거린다.

"아니오."

사람들이 믿는 바에 따르면, 아인슈타인은 상대성 이론으로 노벨상을 받았고, 다음과 같은 유명한 말을 한 사람이었다. "모든 것은 상대적이다." 그리고 그는 원자폭탄을 발명한 사람이었다.

사실 그는 상대성 이론 때문에 노벨상을 받은 것이 아니고, 또 그런 말은 결코 한 적이 없다. 그는 폭탄을 발명하지도 않았다. 물론, 그가 실제로 발견했던 것을 발견하지 않았더라면 히로시마와 나가사키는 그런 상태가 되지 않았을 것이다.

그리고 생명을 찬양하는 데서 비롯된 그의 발견들이 생명을 없애는 데 기여했다는 사실을 그는 아주 잘 알고 있었다.

그들은 할리우드의 영웅이 아니었다

소련은 죽은 자들을 만들었다.

그 점에서는 제2차 세계대전의 모든 통계가 일치한다.

역사상 가장 피를 많이 흘린 이 전쟁에서 예전에 나폴레옹을 굴복시켰던 사람들이 전쟁을 일으킨 히틀러에게 패배를 안겨주었다. 대가는 가혹했다. 연합국 측에서 죽은 사람 전체의 반 이상을 소련 사람이 차지했는데, 이는 추축국(樞軸國) 전체 사망자의 두 배 이상에 해당한다.

일부 예들을 대충 어림잡아 보면 다음과 같다.

레닌그라드를 포위함으로써 약 100만 명을 굶겨 죽였다.

스탈린그라드의 전투에서 사망하거나 부상당해 쓰러진 사람의 수가 80만 명에 달했다.

모스크바를 수호하다가 70만 명이 쓰러졌고, 쿠르스크에서는 60만 명이 쓰러졌다.

베를린을 함락하는 과정에서 30만 명이 쓰러졌다.

드네프르 강을 건너는 과정에서는 노르망디 상륙 작전에서 발생한 희생자보다 100배 많은 희생자가 발생했는데, 이 작전은 노르망디 상륙 작전보다 100배 덜 유명하다.

차르들

러시아의 초대 차르 이반 뇌제(雷帝)*는 어린 시절 즉위했을 때 그의 빛을 가리는 왕자를 죽이도록 명령했고, 40년이 지난 뒤 황제로서의 임무를 끝마치면서 자기 아들의 머리를 지팡이로 내리쳐 두개골을 부숴버렸다.

그가 황제로 재임하면서 저지른 이 두 가지 사건 때문에 다음과 같은 것들이 명성을 얻었다.

돌도 떨게 만든 그의 검은 친위대의 전사, 검은 말, 검은색 긴 망토,

그의 거대한 대포들,

그의 난공불락의 요새들,

그가 지나갈 때 머리를 조아리지 않은 사람들에게 "배반자"라고 부르는 그의 습관,

그의 제국주의적인 정복의 위업을 하느님께 바치기 위해 그가 건립한 모스크바의 상징 성 바실리 성당,

동양 기독교의 능보(稜堡)가 되겠다는 그의 의지,

---

* 이반 뇌제(雷帝)는 '잔혹한 이반(Ivan the Terrible)'이라는 뜻의 '이반 그로즈니(Ivan Grozny)'라 불렸다. 국내에서는 '폭군 이반' 또는 '이반 뇌제'라 번역된다.

후회를 하고 피눈물을 흘리면서 가슴을 치고, 벽에 손톱자국이 나도록 벽을 긁어대고, 자신의 죄를 용서해 달라고 울부짖으며 간청하는 등 그가 오랫동안 행한 신비주의적 고행.

4세기가 지난 뒤, 제2차 세계대전에서 가장 비극적인 순간인, 독일이 침략당하는 시간에 스탈린은 세르게이 에이젠슈타인에게 이반 뇌제에 관한 영화 한 편을 만들어달라고 부탁했다.

에이젠슈타인은 예술 영화 한 편을 만들었다.

스탈린은 그 영화가 전혀 마음에 들지 않았다.

스탈린이 에이젠슈타인에게 선전용 영화 한 편을 만들어달라고 부탁했는데, 에이젠슈타인이 스탈린의 말을 제대로 이해하지 못했던 것이다. 러시아 역사의 마지막 황제이자 적들에게는 무자비한 채찍을 휘둘러댔던, 스탈린 뇌제는 쇄도하는 나치에 대항하는 애국적인 저항을 자기 개인의 위업으로 바꾸고자 했다. 모든 국민이 보여준 그 희생은 집단적인 존엄성을 표현한 하나의 서사시가 아니라 선택받은 사람의 천재적인 영감(靈感)이자, 당(黨)이라 불리는 어느 종교와 국가라 불리는 어느 신의 최고 사제가 만든 걸작이었다.

전쟁 하나가 끝나가고, 다른 전쟁들이 시작되고 있었다

1945년 4월 28일, 무솔리니가 밀라노의 어느 광장에서 거꾸로 매달려 흔들거리고 있는 사이에 히틀러는 베를린의 어느 벙커에 갇혀 있었다. 도시는 불타고 아주 가까운 곳에서 폭탄이 폭발하고 있었으나 히틀러는 주먹으로 책상을 치고, 아무도 없는데 고래고래 소리를 지르며 명령하고 있었다. 손가락 하나로 지도를 짚어가며 있지도 않은 군대를 배치하라고 명령하고, 작동하지도 않는 전화기를 들고는 이미 죽어 있거나 도망쳐 버린 부하들을 소집하고 있었다.

4월 30일, 히틀러는 제국의회 의사당 꼭대기에서 이미 소련 국기가 흔들거리고 있을 때 권총 한 방을 쏘아 자살했다. 5월 7일 밤에 독일이 항복했다.

5월 8일, 아침 일찍부터 군중은 세계 각 도시의 거리로 모여들었다. 6년 동안 5,500만 명의 희생자를 낸 세계적인 악몽이 끝나는 순간이었다.

알제리 역시 축제 분위기였다. 알제리의 수많은 군인이 자유, 즉 프랑스의 자유를 위해 양차 세계대전에서 목숨을 바쳤다.

세티프 시에서는 온통 축하 분위기가 무르익는 가운데, 식민지 권력에 의해 금지되어 있던 깃발 하나가 승전국들의 국기 사이로 게양되었다. 군중은 알제리의 상징인 초록색과 하얀색으로 이루어진 깃발을 보고 박수갈채를 보냈고, 사르 알 부지드라 불리는 알제리 소년은 국기를 몸에 두른 채 총알 세례를 받았다. 총탄의 섬광이 그의 등을 찔러 죽인 것이다.

군중의 분노가 폭발했다.

알제리와 베트남, 그리고 모든 곳에서 분노가 폭발했다.

세계대전이 끝나자마자 식민지의 봉기가 시작되고 있었다. 유럽의 참호에서 대포밥이 되었던 식민지 사람들이 자기 주인들에 대항해 봉기한 것이다.

호치민

단 한 사람도 빠지지 않았다.

베트남의 모든 사람이 광장에 모였다.

빼빼 말라 뼈밖에 없고 염소수염을 기른 농부 하나가 하노이에 모여 있는 군중에게 말했다.

그는 많은 이름을 지니고 있었다. 당시는 호치민으로 불리고 있었다.

그는 걸음걸이만큼이나 말을 느리고 부드럽게 하는 사람이었다. 그는 서두르지 않은 채 수많은 곳을 방문했고, 수많은 불행을 겪으면서도 살아남았다. 그가 무수한 군중에게 말을 할 때는 마을의 이웃 사람에게 말하는 것 같았다.

"프랑스는 자유와 평등과 박애의 깃발*을 세워놓고는 우리 나라를 학교라기보다는 감옥으로 변모시켜 버렸습니다."

그는 기요틴에 목이 잘릴 뻔한 적이 있고, 투옥되어 발에 쇠고랑을 찬 것도 여러 번이었다. 그의 조국은 여전히 프랑스의 속국이었다. 하지만 1945년 9월의 그날 아침, 호치민이 독립을 선언한 그 순간부터 이제는, 결코 프랑스의 속국이 아니었다. 그는 차분하고 단순하게 말했다.

"우리는 자유인입니다."

그리고 이렇게 알렸다.

"우리는 결코 굴복당할 수 없습니다. 결코!"

광장의 군중이 봉기했다.

---

* 트리콜로르(Tricolore), 곧 '삼색기'로 불리는 프랑스의 국기가 지닌 세 가지 색깔에는 '자유', '평등', '박애'라는 상징성이 있다.

호치민의 강력한 허약함에는, 그 자신처럼, 고통과 인내로 무장한 그의 땅의 에너지가 들어 있었다.

호치민은 나무로 지은 오두막집에 살면서 자유를 위한 두 번의 기나긴 전쟁을 지휘했다.

그는 최종 승리를 달성하기 전에 폐결핵으로 죽고 말았다.

그는 죽은 뒤 자신의 뼛가루가 자유롭게 바람에 날리기를 바랐으나 동료들은 그의 몸을 미라로 만들어 유리관에 넣었다.

선물이 아니었다

30년 동안의 기나긴 전쟁에서 베트남은 제국주의 강대국 두 개를 몽둥이로 사정없이 패버렸다. 프랑스를 패배시켰으며 미국을 물리친 것이다.

국가 독립의 위대함, 독립이 유발한 공포는 다음과 같다.

베트남은 제2차 세계대전에서 사용된 모든 폭탄보다 더 많은 폭탄 세례를 받았다.

베트남의 정글과 들판 위로 고엽제 8,000만 리터가 살포되었다.

베트남 사람 200만 명이 죽었다.

사지가 잘린 사람, 폐허가 된 마을, 초토화된 숲, 황폐해진 땅, 그리고 후손이 입은 중독의 피해는 그 수를 헤아릴 수 없었다.

침략자들은 역사가 허용하고 권력이 보증하는 면책 특권을 갖고 활동했다.

진실이 밝혀지는 데는 시간이 걸렸다. 2006년, 거의 40년 동안 유지되던 비밀이 밝혀졌다. 펜타곤이 아주 세밀한 조사를 한 끝에 작성한 9,000쪽짜리 보고서가 존재했다. 그 보고서는 베트남에 주둔했던 미군의 모든 부대가 민간인에게 전쟁 범죄를 저질렀다는 사실을 확인해 주고 있었다.

객관적인 정보

민주주의 국가에서는 객관성 유지 의무가 매스컴을 인도한다.

객관성이라는 것은 각종 갈등 상황에 개입되어 있는 당사자들 각자의 관점을 널리 알리는 것이다.

베트남 전쟁이 벌어지던 몇 년 동안 미국 매스컴은 자국 정부의 입장과 적국의 입장을 여론에 알렸다.

이 문제에 관심이 많았던 조지 베일리는 1965년과 1970년 사이에 ABC, CBS, NBC의 텔레비전 방송이 미국의 입장과 상대국의 입장을 보도하는 데 각각 얼마 정도의 시간을 할애하는지 측정했다. 침략국의 입장을 전달하는 데 전체 보도 시간의 97퍼센트를 할애한 데 반해, 피침략국의 입장을 전달하는 데는 단 3퍼센트만을 할애했다.

97퍼센트 대 3퍼센트의 비율이었다.

침략을 당한 나라에게는 전쟁을 견뎌야 하는 의무가 있었고, 반면에 침략을 행한 나라에게는 전쟁에 관해 홍보할 권리가 있었던 것이다.

정보가 현실을 만들지, 현실이 정보를 만들지는 않는 모양이다.

이 땅의 소금

1947년에 인도는 독립국이 되었다.

당시 인도의 거대 영자 신문들은 논조를 바꾸었다. 과거에 그 신문들은 마하트마 간디가 1930년에 소금 행진*을 시작하자 간디를 "웃기는 사람"이라고 비웃었다.

대영제국은 인도의 소금이 운송되는 것을 막으려고 히말라야와 오디샤 해변 사이의 4,600킬로미터에 달하는 거리에 통나무 울타리를 세웠다. 자유 경쟁이 자유를 막고 있었던 것이다. 인도는 자국의 소금이 리버풀에서 수입된 소금보다 질이 좋고 값도 쌌음에도 불구하고 자국의 소금을 소비할 수 있는 자유가 없었다.

세월이 흐르면서 통나무 울타리는 썩어 무너져버렸다. 하지만 인도산 소금 소비 금지 조치는 여전히 지속되었고, 금지 조치에 항거해 뼈만 앙상한 작은 체구에 근시 안경을 쓴 남자가 반쯤 벌거벗은 몸으로 나무 지팡이에 몸을 의지한 채 행진을 시작한 것이다.

마하트마 간디는 몇 안 되는 순례자의 선두에 서서 바다를 향한 긴

---

* 소금 행진은 간디가 영국이 만든 '소금 전매법'(인도에서 소금 생산과 판매를 금지하고, 반드시 영국에서 소금을 수입하도록 강제하고 높은 세금을 부과하던 법)에 대항하기 위해 한 행진이다. 처음에는 청년 79명과 더불어 시작했지만 나중에는 수많은 사람이 이 행진에 자발적으로 참여했다. 이들은 동쪽 해안에 이르러, 손으로 바닷물을 떠다가 햇볕에 말려 소금을 만들어서 '우리도 소금을 만들 수 있다'는 것을 보여줌으로써 영국에 말 없는 선전포고를 했다. 25일 동안 이어진 소금 행진에는 수천 명이 따르고, 사람들은 길에다 꽃을 뿌렸다고 한다.

도보 여행을 시작했다. 약 한 달이 지났을 무렵, 머나먼 길을 걷고 있을 때 한 무리의 군중이 마하트마 간디와 함께하고 있었다. 그들은 해변에 도착해 소금 한 주먹씩을 집어들었다. 그렇게 해서 각자 법을 어겼다. 그것은 영국 제국에 항거하는 시민 불복종 운동이었다.

불복종 운동을 하던 사람 여럿이 기관총을 맞고 쓰러졌고, 100명 이상이 체포되었다.

그들의 나라 역시 포로 상태였다.

그 불복종 운동이 17년 뒤에 나라를 자유롭게 만들었다.

프랑코 시대의 교육

안드레스 소페냐 몬살베가 훑어본 자국 교과서들에는 다음과 같은 내용이 실려 있었다.

* 에스파냐인, 아랍인, 유대인에 관해: "우리는 에스파냐가 성립 초기부터 편자 같은 유용한 물건을 발명해 세상에서 가장 앞선 민족에게 가르쳐주었기 때문에, 결코 뒤처진 나라였던 적이 없었다는 사실 역시 만방에 공포해야 한다.

아랍인이 에스파냐에 도착했을 때는 사막의 단순하고 난폭한 전사들이었지만 에스파냐 사람과 접촉함으로써 예술과 지식에 대한 꿈을 갖게 되었다.

유대인은 많은 경우에 기독교도 아이들에게 무시무시한 체형을 가해 괴롭혔다. 이 모든 이유로 에스파냐 사람은 유대인을 경멸했다."

＊아메리카에 관해: "어느 날 크리스토퍼 콜럼버스라 불리는 선원이 가톨릭 여왕 도냐 이사벨을 알현하면서 자신이 바다를 항해해서 바다 안에 있는 땅을 찾아 그 지역 사람들에게 착한 사람이 되는 법과, 기도하는 법을 가르쳐주고 싶노라고 말했다.

에스파냐는 아메리카에 사는 그 불쌍한 사람들을 몹시 가엾게 생각했다."

＊세계에 관해: "영어와 프랑스어는 너무 많이 사용된 언어이기 때문에 곧 온전하게 사멸되는 길로 접어들 것이다.

중국 사람은 매주 휴일이 없기 때문에 신체적으로 정신적으로 다른 민족보다 열등하다."

＊부자와 빈자에 관해: "모든 것이 눈과 얼음으로 뒤덮여 있기 때문에 작은 새들은 아무것도 찾을 수 없어서 현재는 가난하다. 그래서 부자가 빈자를 부양하고 양식을 주는 것과 마찬가지로 내가 그 어린 새들에게 먹을 것을 준다.

사회주의는 빈자가 부자를 파괴하도록 빈자를 조직화한다."

＊프랑코 총통의 임무에 관해: "러시아는 유럽의 한 쪼가리인 이 아름다운 땅에 자국의 깃발에 새겨진 피 묻은 낫을 박겠다는 꿈을 꾸었고, 모든 공산주의 집단과 사회주의 집단은 비밀 공제조합원, 유대인과 단결해 에스파냐에서 승리하겠다는 열망을 지니고 있었다……. 그때 세상을 구원해 줄 남자, 카우디요＊가 나타났다. 난해한 통치술과 한 국가를 지도하는

＊중남미에서 19세기를 거치면서 등장한 군인 출신 권력자와 그 권력을 빼앗으려는 독재 정치인을 '카우디요(Caudillo)'라 부른다. 군사력과 카리스마를 지닌 이들은 대부분 쿠데타를 일으켜 권력을 잡으며, 일반 대중의 숭배를 받는 특징이 있다. 에스파냐의 독재자 프란시스코 프랑코 또한 카우디요라 할 수 있다.

데 필요한 책임감을 공부한 적도 배운 적도 없는 민중에게 권력을 위임하는 것은 어리석거나 나쁜 짓이다."

　*건강에 관해: "커피, 담배, 알코올, 신문, 정치, 영화, 사치처럼 사람을 흥분시키는 것은 우리의 신체를 끊임없이 파들어 가고 마모시킨다."

프랑코 시대의 재판

단상의 높은 곳 저 위에 검은색 법의를 입은 재판장이 앉아 있다.
　오른쪽에 변호사가 있다.
　왼쪽에 검사가 있다.
　계단 아래, 피고인들의 의자는 아직 비어 있다.
　새로운 재판이 시작될 예정이다.
　판사 알폰소 에르난데스 파르도가 경위를 보고 명령한다.
　"죄수를 출두시키세요."

도리아

1951년, 카이로에서 여자 1,500명이 국회의사당에 난입했다.
　여자들은 몇 시간 동안 국회의사당에서 버텼는데, 여자들을 꺼낼 방도가 없었다. 여자들이 국회를 인정할 수 없다고 외쳤다. 국민 절반이 선거권과 피선거권을 가지지 못했기 때문이었다.

하늘을 대표하는 각 종교 지도자들은 하늘에서 절규했다. "투표는 여자를 폄하하고 자연에 반하는 것이다!"

조국을 대표하는 각 민족의 지도자들은 여성의 투표권을 요구하는 여전사들을 조국에 대한 배반자라고 밝혔다.

여성의 투표권을 쟁취하는 데는 노력과 희생이 필요했지만, 결국은 얻어냈다. 그것은 나일의 딸 연합*이 쟁취한 성과들 가운데 하나였다. 당시 정부는 그 여전사 집단이 정당이 되는 것을 금지하고, 그 운동의 살아 있는 상징인 도리아 샤픽을 가택 연금시켰다.

특이할 것이 전혀 없는 조치였다. 사실 이집트의 거의 모든 여성은 가택 연금 상태에 있는 것이나 마찬가지였기 때문이다. 아버지나 남편의 허락이 없으면 움직일 수도 없었다. 거의 세 가지 경우에만 집밖으로 나갈 수 있었다. 메카에 가는 경우, 자신의 결혼식에 가는 경우, 그리고 자신의 장례식에 가는 경우였다.

요르단 가족의 초상화

1998년 어느날, 야스민 압둘라가 울면서 집에 들어왔다.

야스민은 이 말만 되풀이할 뿐이었다.

"이제 난 소녀가 아니에요."

야스민은 결혼한 언니를 찾아갔었다.

---

* 나일의 딸 연합(Bint Al-Nil, Daughters of the Nile)은 1948년에 이집트의 여성 운동가 도리아 샤픽(Doria Shafik)이 창당한 여성 정당이다.

그런데 형부가 야스민을 강간해 버린 것이다.

야스민은 즈웨이다 감옥에 수감되었다가 아버지가 앞으로는 딸을 잘 보살피겠다고 약속하고 보석금을 지불한 뒤에야 풀려났다.

당시 아버지, 어머니, 삼촌들, 그리고 동네 사람 700여 명이 회의를 한 끝에 가족의 불명예는 피를 통해 씻을 수 있다고 결정했다.

당시 야스민은 열여섯 살이었다.

야스민의 오빠 사르한이 야스민의 머리에 권총 네 발을 쏘았다.

사르한은 6개월간 복역했다. 그는 영웅 대접을 받았다. 그와 유사한 경우로 복역한 남자 27명 역시 영웅으로 대접받았다.

요르단에서 발생한 범죄 4건 가운데 1건은 "명예 범죄"다.

풀란 데비

풀란 데비*는 가난하게, 여자로, 그리고 인도의 최하층 카스트 가운데 하나에 속해 태어나는 불행을 겪었다.

1974년, 풀란 데비가 열한 살이 되었을 때, 부모는 자신들보다 카스트가 조금 더 높은 남자에게 소 한 마리를 받고 딸을 시집보냈다.

풀란 데비가 결혼의 의무를 무시했기 때문에 남편은 그녀를 고문하고 강간하면서 가르쳤다. 풀란 데비가 도망치자 남편이 그녀를 고발했다. 풀란 데비를 체포한 경찰관들이 그녀를 고문하고 강간했다. 그

---

* 풀란 데비(Phoolan Devi, 1963-2001)는 '도둑의 여왕'으로 불리는 인도의 민중 영웅이다. 정치가로 변해 활동하다가 괴한들에게 피살당했다. 영화 〈밴디트 퀸(Bandit Queen)〉(1994)의 모델이다.

녀가 고향 마을로 돌아갔을 때, 그녀를 불결하다고 비난하지 않은 것은 그 황소, 자신의 황소뿐이었다.

그리고 풀란 데비는 자기 집을 떠났다. 전과가 화려한 남자를 알게 되었는데, 그는 그녀에게 추운지, 몸은 괜찮은지 물은 유일한 남자였다.

풀란 데비의 정부인 그 도둑은 베마이 마을에서 난도질을 당했고, 그녀는 길거리에서 질질 끌려다니고, 여러 명의 지주로부터 고문을 당하고 강간을 당했다. 어느 정도의 시간이 지난 뒤, 풀란은 한밤중에 무법자들 한 무리를 이끌고 베마이 마을로 돌아와, 과거 자기에게 해를 가한 남자들을 찾아 집집마다 돌아다닌 끝에 스물두 명을 찾아내 잠에서 깨운 뒤, 하나하나 죽여버렸다.

당시 풀란 데비는 열여덟 살이었다. 야무나 강 물로 목욕을 하는 그 지역 사람 모두는 풀란 데비가 여신 두르가*의 딸이고, 엄마처럼 아름답고 과격한 딸이라 알고 있었다.

냉전의 지도

가슴에 털이 난 남자를 마초라 부르는데, 마초는 바로 조지프 매카시 상원의원이다. 20세기 중반에 그는 주먹으로 탁자를 치면서, 자신의

---

* 힌두 여신 두르가는 여덟 개의 팔을 가지고 있는데, 삼지창, 칼, 방패, 뱀, 방울, 북, 컵, 활, 화살, 바퀴, 소라, 곤봉, 물 주전자 등 경우에 따라 손에 들고 있는 것이 다르다. 두르가는 두 겹으로 된 연꽃 위에 요가 자세로 앉아 있거나 호랑이나 사자의 등에 앉아 있는 모습으로 묘사된다.

조국이 철의 장막 뒤에 있는 공포의 왕국들처럼 전체주의의 발톱에 휘말릴 위험에 처해 있다고 소리를 고래고래 질러댄다. 철의 장막 뒤에는

자유가 질식되고,

책이 금지되고,

사상이 금지되고,

시민들은 자신들이 고발당하기 전에 남을 고발하고,

국가의 안전에 위해를 가할 생각을 하는 사람이 있고,

불화를 유발함으로써 제국주의자 적을 이롭게 하는 스파이가 있다.

매카시 상원의원은 미국에 공포를 퍼뜨린다. 그리고 겁을 주는 방식으로 통치를 하는 공포 체제하에는

자유가 질식되고,

책이 금지되고,

사상이 금지되고,

시민들은 자신들이 고발당하기 전에 남을 고발하고

국가의 안전에 위해를 가할 생각을 하는 사람이 있고,

불화를 유발함으로써 공산주의자 적을 이롭게 하는 스파이가 있다.

컴퓨터의 아버지

가슴에 털이 난 남자를 마초라 부르는데, 앨런 튜링*은 마초가 아니어서 단죄를 받았다.

그는 끽끽 소리를 지르고, 까욱까욱 울고, 말을 더듬거렸다. 낡은 넥타이를 허리끈으로 이용했다. 잠은 조금밖에 자지 않고 면도도 하지 않은 채 며칠을 보내고, 도시를 한쪽 끝에서 다른 쪽 끝까지 달려 가로지르는 동안 머릿속으로는 복잡한 수학적 법칙들을 만들어냈다.

영국의 지성을 위해 작업했고, 몇 년 뒤에는 독일군 수뇌부가 만든 난공불락의 암호를 풀 수 있는 기계를 발명함으로써 제2차 세계대전을 빨리 종결짓도록 만들었다.

당시에 그는 이미 전자 컴퓨터의 원형을 생각해 놓고 있었고, 현대 정보과학의 기술적인 기반을 마련해 놓고 있었다. 그리고 통합 프로그램들과 더불어 작동하는 초기 컴퓨터 제작을 지휘했다. 그 컴퓨터로 체스 게임을 끝없이 할 수 있었다. 그는 컴퓨터를 미치게 만드는 질문들을 하고, 컴퓨터더러 자기를 대신해 연애편지를 써달라고 요구했다. 그 기계는 종잡을 수 없는 메시지들을 내보냄으로써 그의 명령에 복종했다.

하지만 1952년에 맨체스터에서 그는 진짜 경찰에게 체포되었다. 심

---

* 앨런 튜링(Alan Mathison Turing, 1912-1954)은 영국의 수학자, 암호학자, 논리학자다. 특히 컴퓨터 과학에 지대한 공헌을 했기 때문에 '컴퓨터 과학의 아버지'라고 불린다. 1943년, 튜링은 높이만 3미터에 달하는 세계 최초의 연산 컴퓨터 '콜로서스(Colossus)'를 만들어냈다. 이 컴퓨터는 1초에 약 5,000자를 천공하는데, 암호문이 종이테이프를 타고 들어가면서 에니그마(Enigma)의 암호와 일치할 때까지 비교하는 방식이다. 그는 콜로서스를 통해 독일이 자랑하는 난공불락의 에니그마 암호를 풀었다.

각한 음란죄를 저질렀다는 죄목이었다.

재판에 회부된 앨런 튜링은 동성애 죄를 저질렀다고 밝혀졌다.

그는 자유롭게 풀려나기 위해 정신과적 치료를 받겠다고 했다.

약을 지나치게 많이 복용해서 발기부전이 되었다. 가슴이 여성처럼 커져버렸다. 그는 칩거했다. 대학에도 출근하지 않았다. 누군가가 자기에게 속삭이는 것처럼 느끼고, 사람들이 자기 등을 쏘아보고 있다고 느꼈다.

잠을 자기 전에 습관처럼 사과 하나를 먹었다.

어느 날 밤 자신이 먹을 사과에 치사량의 청산가리를 주입했다.

민권 운동의 어머니와 아버지

앨라배마의 몽고메리 거리를 달리는 버스 속에서 흑인 승객 로자 파크스가 백인 승객에게 자리를 양보하지 않았다.

운전기사가 경찰을 불렀다.

경찰관들이 도착해 말했다. "법은 법입니다." 그리고 질서를 문란케 한 혐의로 로사를 체포했다.

그러자 이름이 알려지지 않은 목사 마틴 루터 킹이 자기 교회에서부터 들고일어나 버스 승차 거부 운동을 벌였다. 그는 다음과 같이 제안했다.

"비겁이 묻습니다.

—그거 안전해요?

편리함이 묻습니다.

—그거 적절해요?

허영심이 묻습니다.

—그거 인기 있는 거예요?

하지만 양심은 이렇게 묻습니다.

—그거 정당해요?"

마틴 루터 킹 역시 체포되었다. 승차 거부 운동은 1년 넘게 지속되었고, 인종차별에 반대하는 억제할 수 없는 물결이 전국으로 퍼져갔다.

1968년에 미국 남부에 위치한 멤피스 시에서 전투 병기가 베트남에서 흑인을 잡아먹고 있다고 폭로하는 마틴 루터 킹 목사의 얼굴을 총알 한 방이 부숴버렸다.

FBI에 따르면, 마틴 루터 킹은 위험 인물이었다.

로자 파크스처럼. 기존의 것을 휩쓸어 버리는 다른 수많은 태풍처럼.

축구에서의 민권 운동

텅 빈 축구 경기장들에 잔디가 자라고 있었다.

스트라이커들이 스트라이크를 했다. 소속 클럽의 노예나 마찬가지인 우루과이 축구 선수들은 그저 자신들의 노조가 존재하고, 자신들이 그 노조를 지속할 권리를 지니고 있다는 사실을 축구 지도자들이 인정하도록 요구할 뿐이었다. 무작정 시간이 흘러가고, 또 매주 일요일에 축구 경기가 없으면 참을 수 없이 따분하기는 했지만, 사람들은 선수들이 밝힌 이유가 너무나도 정당했기 때문에 파업을 하는 선수들을 지지했다.

파업 중인 선수들의 요구에 요지부동인 지도자들은 선수들이 배가 고파 항복하기만을 앉아서 기다리고 있었다. 하지만 선수들은 느슨해지지 않았다. 아주 당당하고 말수가 적은 어느 남자, 벌을 받으며 성장했고, 넘어진 사람들을 일으켜 세워주고 피곤한 사람들을 북돋아주던 어느 남자의 예가 그들에게 큰 도움이 되었다. 그 남자는 문맹이나 다름없는 흑인 옵둘리오 바렐라였다. 축구선수이면서 날품팔이 미장이였다.

그렇게 해서 일곱 달이 지나고 난 뒤 우루과이 축구 선수들은 연좌농성에서 승리했다.

1년이 지난 뒤, 세계 축구 선수권 대회에서도 우승했다.

1950년, 홈팀 브라질은 두말할 필요도 없이 사랑을 받는 팀이었다. 브라질은 에스파냐를 6 대 1로 꺾고, 스웨덴을 7 대 1로 꺾었다. 운명의 결정에 따라 우루과이는 마지막 의식의 제단에서 희생 제물이 될 예정이었다. 일은 그렇게 진행되고 있었고, 우루과이는 패배해 가고 있었는데, 20만 군중이 관중석에서 포효하는 가운데 발목이 부은 상태로 경기를 하던 옵둘리오가 이를 악물었다. 파업 선수들의 대장을 하던 그는 불가능한 승리의 대장이 되었다.

마라카낭 경기장

죽어가는 사람들은 자신들의 죽음을 늦추고, 새로 태어나는 아이들은 자신들의 탄생을 서둘렀다.

리우 데 자네이루, 1950년 7월 16일, 마라카낭 경기장.

전날 밤은 아무도 잠을 잘 수 없었다.

다음 날 아침은 아무도 깨어나려 하지 않았다.*

펠레

챔피언 결정전 마지막 경기에서 영국의 두 클럽 팀이 경기를 벌이고 있었다. 마지막 휘슬이 울리기까지는 시간이 많이 남아 있지 않았고, 계속해서 동점 상황이었다. 그때 선수 하나가 다른 선수와 부딪치더니 필드에 쓰러져 사지를 뻗고 기절해 버렸다.

부상당한 선수를 들것에 실어 필드 밖으로 옮겨 놓자마자, 일순간에 팀닥터들이 총동원되어 조치를 취해봤지만 기절한 선수는 깨어나지 않았다.

몇 세기 같은 몇 분이 지났고, 감독은 시계를 바늘까지 통째로 삼켜 버리고 싶은 심정이었다. 규정에 정해진 선수 교체 횟수를 이미 다 써

---

* 1950년 브라질 월드컵, 마라카낭 경기장에서 열린 마지막 경기에서 개최국 브라질이 우루과이에 역전패를 당하는, 브라질 축구사에 일대 비극적인 사건이 발생함으로써 브라질 국민이 느낀 비애는 이루 말할 수 없었다. 당시 브라질은 무승부만 해도 우승할 수 있는 상황이었다.

버린 상태였다. 상대 팀의 선수 열한 명을 상대하던 자기 팀의 선수 열 명은 최선을 다해 수비하고 있었으나 그들이 할 수 있는 것은 그리 많지 않았다.

패배가 다가오고 있을 때 팀닥터가 감독에게 달려와 기쁨에 겨운 목소리로 알렸다.

"우리가 해냈어요! 그 친구가 깨어났다고요!"

그리고 이번에는 작은 목소리로 덧붙였다.

"근데 그 친구가 자신이 누군지를 몰라요."

감독이 그 선수에게 다가가보니 그는 몸을 일으켜 세우려고 애를 쓰면서 뭐라 횡설수설했다. 감독이 그의 귀에다 이렇게 말했다.

"넌 펠레야."

결국, 그 팀이 5 대 1로 이겼다.

몇 년 전, 나는 런던에서 진실을 말하는 이 거짓말에 관해 들었다.

마라도나

축구 사업가들을 공개적으로 비난한 축구 스타플레이어는 단 한 명도 없었다. 유명하지도 않고 인기도 없는 선수들을 옹호하고 나선 그는 역사상 가장 유명하고 인기 있는 선수였다.

관대하고 인심 좋은 이 우상은 단 5분 만에 축구 역사상 가장 모순된 두 골을 넣을 수 있었다. 그의 팬들은 그 두 골 때문에 그를 숭배했다. 그의 장난스러운 발재간이 만들어낸, 가히 예술적이라 할 수 있는 골은 찬탄받을 만했고, 그의 손이 훔친 그 '도둑 골'은 더욱더 찬탄받을 만했다. 디에고 아르만도 마라도나는 경이로운 곡예를 부릴 줄 알았기 때문만이 아니라 그가 부정한 신이자, 죄인이자, 신들 가운데 가장 인간적인 신이었기 때문에 사람들의 존경과 사랑을 받았다. 누구든 그가 인간적인 약점, 아니 적어도 남성적인 약점의 움직이는 종합체임을 인식할 수 있었다. 그는 여자를 밝히고, 폭식을 하고, 술주정을 하고, 속임수에 능하고, 거짓말을 잘하고, 허세를 좋아하고, 무책임한 사람이었다.

하지만 신들은, 제아무리 인간적이라 할지라도, 은퇴하지 않는다.

마라도나는 과거 자신이 속해 있던 무명의 군중 속으로는 결코 돌아갈 수 없었다.

그를 빈곤에서 구해주었던 명성이 오히려 그를 옥죄는 것이었다.

마라도나는 자기 스스로를 마라도나라고 믿도록 운명지어져 있었고, 모든 파티의 주인공이, 모든 세례식의 아이가, 모든 장례식의 망자가 될 수밖에 없었다.

코카인보다 더 그를 황폐화시킨 것은 바로 엑시토이나*다. 하지만 이 마약은 소변 검사나 혈액 검사에서도 검출되지 않는다.

---

* 엑시토이나(Exitoína)는 에스파냐어의 'éxito(성공)'와 'heroína(헤로인)', 'cocaína(코카인)' 등 마약 이름에 사용되는 접미사 '-ína(-이나)'를 합친 것으로, 그 의미는 '자신이 성공했다고 생각하게 만드는 마약'이라 할 수 있다.

사진들: 전갈 킥

런던, 웸블리 경기장, 1995년 가을.

콜롬비아 축구 대표팀이 영국의 대신전(大神殿)에서 유서 깊은 잉글랜드 대표팀과 경기를 하고 있다. 콜롬비아 골키퍼 레네 이기타가 신기에 가까운 자세로 공을 막아낸다.

잉글랜드 공격수 한 명이 대포알 슛을 쏜다. 골키퍼 이기타는 몸을 수평으로 공중에 띄워놓고 공이 몸 위로 지나가도록 한 뒤, 꼬리를 공중으로 들어올려 구부린 전갈 같은 자세로 다리를 구부려 발뒤꿈치로 공을 걷어내 버린다.

콜롬비아의 이 문서에 실린 사진들은 찬찬히 살펴볼 가치가 있다. 의외성을 예측하는 이기타의 능력은 그 같은 스포츠적 위업을 이루는 데 있는 것이 아니라, 결코 용서할 수 없는 불경을 저질렀으면서도 입이 귀에 걸리도록 얼굴 가득 퍼지는 그의 함박웃음에 있다.

브레히트

베르톨트 브레히트는 현실이 쓰고 있는 가면을 조롱하는 것을 특히 좋아했다.

1953년, 공산주의 동독에서 노동자들이 봉기했다.

노동자들이 거리로 몰려나오자 소련 탱크들이 노동자들의 입을 봉쇄하는 임무를 맡았다. 그때 공산당 기관지가 집권당을 지원하는 내

용이 담긴 브레히트의 편지를 실었다. 신문사는 브레히트의 편지를
군데군데 삭제하고 왜곡함으로써 브레히트가 한 말을 제대로 전하지
않았다. 하지만 브레히트는 다음과 같은 시를 써서 다양한 지하 매체
를 통해 유포함으로써 검열을 조롱할 수 있었다.

> "6월 17일 봉기가 일어난 뒤
> 작가 연맹 사무총장은
> 스탈린 대로에 전단지를 살포하라고 했다
> 전단지에는 인민이 정부에 대한 신뢰를 잃어버렸기 때문에
> 정부가 커다란 노력을 기울어야만
> 그 신뢰를 회복할 수 있다고 쓰여 있었다.
> 정부가 자기 인민을 해체하고
> 다른 인민을 선택하는 것이
> 더 쉽지 않을까?"

꽃 백 송이와 정원사 한 명

중국에서 마오쩌둥의 통치 말기 몇 년 동안, 현실의 실상이 당의 명령
대로 되지 않고 답보 상태로 있었다는 것을 감히 증명하려는 사람은
국가에 반역하는 죄를 저지르는 것이었다.

하지만 예전의 마오쩌둥은 말기와는 달랐다. 20대 초반에는 노자
와 카를 마르크스의 이론을 제시하고, 다음과 같은 과감한 말을 했다.

"상상하는 것은 생각하는 것이고, 현재는 과거와 미래이며, 작은 것은 크고, 남성적인 것은 여성적이며, 많은 것은 하나고 변화는 영구적인 것이다."

당시는 중국에 공산주의자가 60명이었다.

40년이 지난 뒤 혁명은 마오쩌둥을 맨 앞에 내세워 권력을 장악했다. 이제 여자가 잔혹한 전통인 전족 때문에 고통스럽게 걷는 일은 법령으로 금지되고, 공원에서는 다음과 같은 경고 문구가 사라졌다.

> ## 중국인과 개 출입 금지

혁명은 인류의 4분의 1을 바꾸고 있었다. 마오쩌둥은 스탈린으로부터 물려받은 관습과 자신의 생각이 다르다는 사실을 감추지 않았다. 스탈린에게는 모순이 삶의 증거도, 역사의 흐름도 아니었으며, 제거되기 위해서만 존재하는 번거로운 것이었다.

마오쩌둥이 말했다.

"창의성과 진취적인 기상을 질식시키는 규율은 철폐되어야 한다."

이런 말도 했다.

"두려움은 해결책이 아니다. 그대가 놀라면 놀란 만큼 더 많은 유령이 그대를 찾아온다."

그리고 다음과 같은 수칙을 발표했다.

"백화제방(百花齊放), 백가쟁명(百家爭鳴)."*

---

* 1956년 2월, 소련의 흐루쇼프가 스탈린을 공공연히 비난하면서 공산당의 엄격한 통제 정책을 완화하자, 이에 자극을 받은 마오쩌둥은 중국 고대 역사책에서 따온 '백화제방 백가쟁명(온갖 꽃이 함께 피

하지만 꽃 피는 시절은 오래가지 않았다.

1957년에 그 위대한 조타수는 대약진 운동을 전개했고, 곧 중국의 경제가 세계에서 가장 부유한 나라들을 굴복시킬 것이라고 선포했다. 그 후로 그는 자기 견해와 다른 것, 자기의 정책에 의구심을 표하는 것을 금지했다. 인민은 관료들이 직장과 목숨을 잃지 않기 위해 거짓말로 제시한 숫자를 의무적으로 믿어야 했다.

마오쩌둥은 자기 목소리를 듣고 싶어 하는 사람에게만 했던 말의 메아리만 들었을 뿐이다. 대약진 운동은 허공을 맴돌았다.

붉은 황제

대약진 운동이 실패한 지 3년이 지났을 때 나는 중국에 있었다. 아무도 대약진 운동에 관해 말하지 않았다. 그것은 국가의 비밀이었다.

나는 마오쩌둥에게 경의를 표하는 마오쩌둥을 보았다. 마오쩌둥은 천안문(天安門) 위에 서서 거대한 마오쩌둥의 상(像)이 선도하는 엄청난 행렬을 주재했다. 석고로 만든 마오쩌둥이 한 손을 쳐들고 있고, 실제 마오쩌둥이 그 상에게 인사를 했다. 군중은 온갖 꽃과 온갖 색깔의 풍선이 바다를 이루는 곳으로부터 실제 마오쩌둥과 마오쩌둥의 상에게 박수갈채를 보냈다.

고 많은 사람이 각기 주장을 편다)'이라는 유명한 구호와 함께 반공 지식인들에게 공산당의 정책을 자유롭게 비판하라고 권유했다. '백화제방'은 문학·예술에 대한 것이고, '백가쟁명'은 학술·과학에 대한 것이었다.

마오쩌둥은 중국이었고, 중국은 마오쩌둥의 성소(聖所)였다. 마오쩌둥은 레이펑(雷鋒)*의 예를 따를 것을 권고했고, 레이펑은 마오쩌둥의 예를 따르라고 권고했다. 그 존재가 상당히 의심스러운 레이펑은 병자를 위문하고, 과부를 위해 일하고, 고아에게 음식을 나눠주고, 밤이면 마오쩌둥의 연설문과 저서 전집을 읽었다. 잠을 잘 때는 마오쩌둥의 꿈을 꾸었다. 낮에는 마오쩌둥이 그의 발길을 인도했다. 레이펑은 사소한 일에 시간을 허비하고 싶지 않았기 때문에 여자 애인도 남자 애인도 없었으며, 삶이 모순적일 수 있고, 현실이 다양할 수 있다는 생각이 뇌리에 떠오르지도 않았다.

노란 황제

1908년에 푸이(溥儀)가 천자(天子)에게 예비된 황위에 올랐을 때는 겨우 세 살이었다. 그 꼬마 황제는 노란색을 사용할 수 있는 유일한 중국인이었다. 진주로 만든 관(冠)이 너무 커서 그의 눈을 가릴 정도였는데, 꼬마 황제가 바라볼 것은 그리 많지 않았다. 비단과 금으로 만든 황포(黃袍)에 묻혀 자신의 궁궐이자 감옥인 거대한 '금지된 도시(紫

---

* 레이펑(雷鋒, 1940-1962)은 중국 인민해방군의 모범 병사다. 1957년에 중국 공산주의 청년단에 들어가, 중국 각지의 농장이나 공장에서 봉사 활동을 계속한다. 스물두 살 때인 1962년 8월 15일, 요녕성 푸순에서 사고로 순직한다. 그가 죽은 뒤 마오쩌둥 등의 공산당 지도자의 말을 인용한 그의 일기가 발견된다. 이로 인해 그는 이상적 군인상으로 널리 선전되기 시작해, 1963년 3월 5일에는 마오쩌둥이 직접 '레이펑 동지에게 배우라(向雷鋒同志學習)' 운동을 지시하기에 이른다. 이 슬로건은 문화대혁명 중 각종 신문이나 교과서에 수없이 인용되고, 레이펑은 우상으로 떠받들어진다. 오늘날에도 정부의 공식 캠페인에 수없이 활용되고, 3월 5일을 '레이펑에게 배우는 날'로 지정해 학생들이 공원이나 거리를 청소하게 한다.

禁城)'에서 늘 수많은 환관에 둘러싸인 채 따분한 삶을 살았다.

청 왕조가 멸망하자 푸이는 영국인에게 봉사하기 위해 스스로를 헨리(Henry)라 불렀다. 나중에 일본인이 그를 만주국의 황제로 앉혔다. 그가 먹고 남긴 90가지 요리를 먹는 조신(朝臣)이 300명이었다.

중국에서 거북이와 학은 영생을 상징한다. 푸이는 거북이도 학도 아니었건만 어깨 위에 있는 자기 머리를 보존할 수 있었는데, 이는 그의 위태로운 직업을 고려할 때 특이한 것이었다.

1949년에 마오쩌둥이 권력을 잡았을 때, 푸이는 마르크스-레닌주의자가 됨으로써 자신의 경력을 최종적으로 마무리했다.

1963년 말에 나는 베이징에서 그를 인터뷰했다. 그는 중국 인민이 흔히 입는, 단추가 목까지 달려 있는 청색 인민복을 입고 있었는데, 겉옷 소매 밖으로 드러난 셔츠의 소매부리가 헤진 상태였다. 그는 베이징 식물원에서 나무를 전정하는 일로 밥벌이를 하고 있었다.

누군가 그에게 관심을 보이고 말을 걸라치면 그는 흠칫 놀랐다. 그가 "나는 배반자예요, 나는 배반자예요"라고, 자기 탓을 하는 말이 내 귀에 울렸다. 그는 내게 두어 시간 동안 단조로운 목소리로 공산당의 선전 문구들을 읊어댔다.

가끔 나는 그의 말을 자를 수 있었다. 푸이는 자기 고모*인 황후, 즉 불사조의 얼굴이 죽은 사람 같았다는 것만 기억하고 있었다. 푸이는 고모의 얼굴을 보고서 깜짝 놀라 눈물을 흘렸다. 고모가 푸이에게 캐러멜 한 개를 주자 푸이가 캐러멜을 땅에 던져버렸다. 푸이의 부인들

---

* 푸이의 고모는 바로 '서태후'를 가리킨다.

에 관해서는, 늘 관리들이나 영국인들이나 일본인들이 그에게 선택하라며 준 사진을 통해서만 맞선을 보았다고 내게 얘기했다. 결국 마지막에는 마오쩌둥 주석 덕분에 진정으로 사랑하는 여자와 결혼할 수 있었다.

"이런 걸 물어도 괜찮다면, 그 여자가 누구인지 말해주실 수 있나요?"

"병원에서 간호사로 일하던 여자예요. 우리는 어느 5월 1일에 결혼했어요."

나는 그에게 공산당원인지 물었다. 그는 아니라고 대답했다.

그가 공산당원이 되고 싶은지 물었다.

통역자의 이름은 프로이트(Freud)가 아니라 왕(Wang)이었다. 하지만 지금 생각해 보면 통역자는 피곤했던 것 같다. 그가 푸이의 대답을 이렇게 통역했던 것이다.

"내게는 큰 화덕이었겠죠."*

독립적인 인간이 되는 것이 금지되었다

1960년대 중반에 당시까지 벨기에의 식민지였던 콩고의 독립 기념 행사가 열렸다.

계속해서 연설이 이어지고, 군중은 더위와 지루함에 지쳐 녹초가 되고 있었다. 감사해야 하는 학생인 콩고는 품행을 방정하게 하겠다

---

* 원문은 "Sería para mí un grande horno"인데, 통역자가 'honor(영광)'를 'horno(화로)'로 말해버린 것이다. 즉, 푸이는 원래 "내게는 아주 큰 영광이었겠죠"라고 말했을 것이다.

고 약속하고 있었다. 엄격한 교사인 벨기에는 자유의 위험에 대해 경고하고 있었다.

그때 파트리스 루뭄바*가 사자후를 토했다. 그는 "침묵의 제국"에 반대하는 말을 했고, 침묵하는 사람들이 그의 입을 통해 말했다. 독립 기념 행사의 흥을 깨는 이 사람은 독립을 만든 사람, 살해당한 사람, 죄수, 고문당한 사람, 그리고 수많은 세월 동안 "식민지 권력의 굴욕적인 예속에 대항해" 투쟁하다 국외로 추방당한 사람들을 기렸다.

연단에 앉아 있는 유럽인들이 얼음장 같은 침묵을 지키며 듣고 있던 그의 연설은 아프리카 청중의 박수갈채로 여덟 번이나 중단되었다.

이 연설이 그의 운명을 봉인해 버렸다.

불과 얼마 전에 출감한 루뭄바는 콩고에서 실시된 첫 번째 자유선 거에서 승리해 첫 번째 정부를 이끌었으나, 벨기에의 언론은 그를 "글도 모르는 정신착란자에 도둑"이라고 불렀다. 벨기에의 정보국 직원들은 자기들끼리 교신할 때 루뭄바를 사탄이라 불렀다. CIA의 앨런 덜레스 국장이 직원들에게 다음과 같은 지침을 내렸다.

"루뭄바를 하야시키는 것이 우리의 긴급 목표가 되어야 합니다."

미국 대통령 드와이트 아이젠하워가 영국 외상 홈 경에게 말했다.

"루뭄바가 악어로 가득한 강에 빠져버리면 좋겠습니다."

홈 경은 일주일 만에 다음과 같이 답했다.

"우리가 그를 제거할 순간이 되었습니다."

---

* 파트리스 루뭄바(Patrice Émery Lumumba, 1925-1961)는 콩고민주공화국의 독립 운동가이자 정치인이다. 1960년 6월 24일부터 1960년 9월 20일까지 콩고민주공화국의 초대 총리를 역임했고, 총리직에서 해임된 지 얼마 되지 않아 암살되었다.

그리고 벨기에 정부의 아프리카부 장관은 이 의견에 자신의 의견을 덧붙였다.

"루뭄바는 단번에 영원히 제거되어야 합니다."

1961년 초, 벨기에 장교들이 군인 여덟 명과 경찰 아홉 명을 지휘해 루뭄바와 그의 가장 절친한 협조자 두 명을 함께 사살했다.

콩고의 벨기에 앞잡이 모부투*와 촘베,** 그리고 벨기에 정부는 민중 봉기가 두려워 그 범죄를 숨겼다.

15일 뒤, 미국의 새 대통령 존 케네디가 다음과 같이 밝혔다.

"우리는 루뭄바가 정부로 되돌아오는 것을 용인하지 않을 것입니다."

이미 사살당해 황산이 담긴 나무통 안에서 녹아버린 루뭄바는 정부로 돌아올 수 없었다.

루뭄바의 부활

루뭄바를 살해한 행위는 식민지를 재정복하는 행위였다.

납, 코발트, 다이아몬드, 금, 우라늄, 석유 같은 콩고의 풍부한 광물 자원이 땅속으로부터 명령했다.

유엔의 공모로 루뭄바에 대한 선고가 이루어졌다. 스스로 다국적

---

* 모부투 세세 세코(Mobutu Sese Seko, 1930-1997)는 자이르(지금의 콩고민주공화국)의 정치가다. 1965년 쿠데타로 대통령이 되어 32년 동안 절대 권력을 휘둘렀다.

** 모이스 촘베(Moise Tshombe, 1919-1969)는 콩고의 사업가이자 정치인이다. 1960년부터 1963년까지 분리주의 국가인 카탕가(Katanga)의 대통령을 역임하고, 1964년부터 1965년까지 콩고민주공화국의 총리를 지냈다.

군이라고 말하는 부대의 장교들을 신뢰하지 않을 만한 이유를 충분히 갖고 있던 루뭄바는 "아프리카를 사자 사냥터, 노예 시장, 식민 지배의 대상으로 전락시켜 버리는 이 사람들의 인종차별주의와 내정 간섭"을 고발하면서 이렇게 말했다. "자연히, 이 사람들의 인종차별주의와 내정 간섭은 벨기에 사람들의 이해와 일치할 것이다. 지금까지 이들은 모두 동일한 욕심을 갖고 동일한 방식으로 우리의 부(富)를 약탈해 오고 있다."

자유로운 세상의 영웅 모부투가 루뭄바를 붙잡았고, 그를 박살내 버리라고 명령하고는 30년이 넘게 권력을 향유했다. 국제 신용 평가 기구들은 모부투의 장점을 인정하고 그에게 관대했다. 모부투가 죽었을 때, 그의 개인 재산은 그가 최대의 에너지를 투여했던 나라의 총외채보다 조금 적은 액수였다.

루뭄바는 이렇게 말했다.

"언젠가는 역사가 말할 것이다. 아프리카는 유엔, 워싱턴, 파리 또는 브뤼셀이 가르친 역사가 아니라, 자기 자신의 역사를 쓸 것이다."

루뭄바가 묶여 사살당했던 나무는 여전히 므와딩구샤 숲 속에 남아 있다. 루뭄바처럼 총알 세례를 받은 상태로 여전히 존재한다.

마우 마우

1950년대에 공포는 검은색이었고, 이름은 마우 마우*였다. 그는 케냐 밀림의 암흑 속에 숨어 염탐을 하고 있었다.

세계 여론은 마우 마우가 춤을 추면서 영국 사람의 목을 자르고 잘게 토막 내서 악마 같은 의식을 행하며 그 피를 마신다고 믿고 있었다.

1964년에 이 야만인들의 두목 조모 케냐타**는 막 감옥에서 출소한 뒤 자유를 찾은 조국의 초대 대통령이 되었다.

그러고서 다음과 같은 사실이 알려졌다. 몇 년에 걸친 독립 전쟁에서 군인과 민간인을 합쳐 사망한 영국인의 수는 200명이 되지 않았다. 교살당하거나 사살당하거나 수용소에서 죽은 원주민 수는 영국인 사망자의 수보다 500배가 많았다.

유럽의 유산

벨기에는 콩고 행정부의 책임자로 모두 세 명의 흑인을 남겼다.

영국은 탄자니아에 엔지니어 두 명과 의사 열두 명을 남겼다.

에스파냐는 서부 사하라에 의사 한 명, 변호사 한 명, 그리고 숙련된

---

* 마우마우(Mau-mau)는 1950년대 케냐의 키쿠유족이 시작한 투쟁적인 아프리카 민족 운동이다.

** 조모 케냐타(Jomo Kenyatta, 1897?-1978)는 케냐의 정치인으로, 케냐의 초대 수상(1963-1964)과 초대 대통령(1964-1978)을 지냈다. 케냐의 국부로 여겨진다.

장사꾼 한 명을 남겼다.

포르투갈은 모잠비크에 99퍼센트의 문맹자를 남기면서 중등교육 수료자와 대학은 단 한 개도 남기지 않았다.

상카라

토마 상카라*는 오트볼타**라는 나라 이름을 바꾸었다. 프랑스의 옛 식민지였던 오트볼타가 "정직한 사람들의 땅"이라는 의미의 부르키나파소(Burkina Faso)로 바뀐 것이다.

긴 식민 지배가 끝난 뒤 정직한 사람들이 사막을 물려받았다. 고갈된 들판, 메마른 강, 황폐화된 숲이었다. 두 명당 한 명은 채 3개월도 살지 못했다.

상카라는 변화를 선도했다. 공동체 구성원들의 에너지가 식량, 문자 해독율을 증대시키고, 숲을 다시 태어나게 했으며, 귀하고 성스러운 물을 보호했다.

상카라의 목소리는 메아리가 되어 아프리카에서 세계로 퍼져나갔다.

"우리는, 다른 행성의 생명체를 연구하는 데 소요되는 엄청난 비용의 단 1퍼센트만이라도 이 행성의 생명을 구하는 데 사용할 것을 제안합니다."

---

* 토마 상카라(Thomas Sankara, 1949-1987)는 부르키나파소의 제5대 대통령(1983-1987)이다. 그의 카리스마와 좌파적인 이념 때문에 종종 체 게바라와 비교된다.
** 오트볼타(Haute Volta)로 불리게 된 것은 볼타 강 상류가 모두 부르키나파소에 있기 때문이었다.

"세계은행과 국제통화기금은 지하 100미터에서 물을 뿜어 올리는 데 필요한 기금은 우리에게 지원하려 하지 않지만 석유를 찾기 위해 지하 3,000미터 깊이의 유정을 파는 데는 지원을 합니다."

"우리는 세상을 새롭게 만들기를 원합니다. 우리는 지옥과 연옥 사이에 있는 세상을 선택하지 않겠습니다."

"우리는 이기심으로 이웃을 불행하게 만드는 사람들을 고발합니다. 땅과 공기에 살인적인 공격을 하는, 생물권 파괴 행위는 이 세상에서 여전히 벌을 받지 않습니다."

1987년에 소위 "국제 사회"는 이 새로운 루뭄바를 제거하기로 결정했다.

그 임무는 상카라의 절친한 친구인 블레즈 콩파오레*에게 부여되었다.

그 범죄는 블레즈 콩파오레에게 영원한 권력을 주었다.

쿠바의 기원

혁명, 폭로. 흑인은 해변으로 들어갔다. 예전에 그 해변은 물을 검게 물들일 수 있는 사람들에게 금지된 공간이었고, 쿠바가 숨기고 있던 모든 쿠바는 세상에 환히 드러났다.

---

* 블레즈 콩파오레(Blaise Campaoré, 1951-)는 부르키나파소의 6대 대통령(1987-2014)이자 독재자다. 콩파오레는 1980년대 아프리카의 체 게바라로 불리는 토마 상카라 대통령의 최측근이었지만 상카라의 일부 정책에 반감을 품고 상카라에게 철회를 건의했는데, 무시당함으로써 서로 정적이 되고 만다. 1987년 10월에 쿠데타를 주도해 상카라를 처형하고, 집권 후에 곧바로 상카라가 실시하던 정책을 모두 중단시켰다. 2014년에 5선 연임을 반대하는 시위가 발생하고, 이어서 군사 쿠데타가 발생하자 대통령직에서 쫓겨났다.

산속으로, 쿠바 속으로. 영화를 단 한 번도 본 적이 없는 아이들이 찰리 채플린의 친구가 되었고, 글을 읽고 쓸 줄 아는 사람들은 문자라는 희귀한 물건이 도달하지도 보이지도 않던 그 후미진 곳들로 문자를 가져갔다.

그 열대적인 광풍이 한창 불어닥치고 있는 와중에 국립 교향악단은 베토벤 같은 음악가들과 모든 악기를 동원해 지도에서 떨어져 나간 작은 마을들을 향해 총출동하고 있었고, 행복감에 취한 마을 사람들은 초대장을 갈겨쓰고 있었다.

"국립 교향악단과 더불어 노래하고 춤춥시다!"

나는 당시 쿠바 동부 지방을 여행하고 있었다. 그곳에서는 여러 색깔의 작은 달팽이들이 비를 맞아 나무에서 떨어지고, 아이티의 푸른 산들이 수평선에 모습을 드러냈다.

어느 흙길에서 나는 남녀 한 쌍과 마주쳤다.

당나귀 등에 앉은 여자는 양산을 쓰고 있었다.

남자는 걷고 있었다.

그 지역 마을들의 왕과 왕비처럼 파티 복장을 갖춰 입은 두 사람은 그런 날씨와 진흙에도 불구하고 옷이 말끔했다. 결혼식 날 이후부터 옷장 깊숙한 곳에서 몇 년 또는 몇 세기를 기다려왔을 옷에는 주름 하나 없었고, 옷의 하얀색에는 얼룩 한 점 묻어 있지 않았다.

그들에게 어디로 가고 있는지 물었다. 남자가 대답했다.

"아바나로 가고 있습니다. 트로피카나 카바레죠. 토요일 입장권이 있거든요."

그는 그 말을 확인해 주려는 듯이 호주머니를 토닥거렸다.

그래, 나는 할 수 있어

1961년에 쿠바인 100만 명이 글을 읽고 쓰는 법을 배웠는데, 그들의 교육을 담당한 수천 명의 자원봉사자들은 자신들이 1년 안에 그 일을 하겠다고 알렸을 때 받은 조롱 섞인 비유와 동정 어린 시선을 지워버렸다.

얼마 후 캐서린 머피는 다음과 같은 회고담을 수집했다.

* 그리셀다 아길레라: "내 부모는 여기 아바나에서 글을 가르치셨어요. 부모님께 나를 데려가 달라고 간청했지만, 부모님은 허락하지 않으셨어요. 매일 아침 일찍 두 분이 떠나시면 나는 집에 밤까지 홀로 남아 있었지요. 어느 날, 부모님께 간절히 간청하자 함께 가도 좋다고 허락해 주셨어요. 부모님과 함께 갔지요. 카를로스 페레스 이슬라가 내 첫 학생의 이름이었어요. 58세였지요. 나는 일곱 살이었고요."

* 식스토 히메네스: "나 역시, 글을 가르치는 것을 부모님이 허락하지 않으셨어요. 나는 열두 살이었고, 이미 글을 읽고 쓸 줄 알고 있었는데, 매일 간청을 하고 의논을 해도 아무 소용이 없었어요. 어머니의 말씀은, 아주 위험하다는 것이었어요. 바로 그 며칠 동안 코치노스 만 침공 사건이 발생했는데요, 그 범죄인들이 복수를 하려고 왔거든요. 그들 쿠바의 주인들이 핏발이 선 눈을 한 채 왔다고요. 우리는 그 사람들이 과거에 저기 저 산에서 우리 집을 두 번이나 불태워 버렸기 때문에 그 사람들에 대해 잘 알고 있었어요. 그래서 어머니께서 내게 배낭을 꾸려주시면서 잘 가라고 하셨어요."

* 실라 오소리오: "내 어머니는 저기 저 만사니요 지역의 산속에서 글을 가르치셨어요. 자식이 일곱인 어느 가족이었지요. 그 집 식구 가운데 글을 읽고 쓸 줄 아는 사람은 아무도 없었어요. 내 어머니는 그 집에서 6개월을 거주하셨어요. 낮이면 커피 열매를 따고, 물을 긷고…… 밤이면 글을 가르치셨지요. 그 집 식구가 모두 글을 깨우치자 어머니는 그곳을 떠나셨어요. 그곳에 도착할 때는 혼자셨지만, 그곳을 떠날 때는 혼자가 아니셨어요. 생각해 보세요. 문자 해독 운동이 없었더라면 나는 존재하지도 않았을 거예요."

* 호르헤 오비에도: "나는, 교육 자원봉사자들이 팔마 소리아노에 도착했을 때 열네 살이었어요. 학교에는 생전 가본 적이 없었지요. 하지만 수업에 첫 시간부터 참석해 작대기 문자 몇 개를 그리고는 깨달았어요. 이것이 바로 내 것이라고요. 그다음 날 아침 나는 집에서 도망쳐 걷기 시작했어요. 자원봉사자들의 문자 교본을 겨드랑이에 끼고 있었지요. 오랜 시간 걷고 또 걸은 끝에 마침내 오리엔테 산 속에 있는 어느 마을에 도착했어요. 나는 나를 글 가르치는 사람이라고 소개했어요. 첫 수업을 했지요. 그곳 팔마 소리아노에서 들은 바대로 반복했어요. 거의 모든 걸 기억하고 있었거든요. 두 번째 수업은 공부를 해서 가르쳤어요. 아니 교본에 쓰인 것을 짐작해서 가르쳤다고 할 수 있겠지요. 그런 식으로 다음 수업들이 이어졌어요…….

글을 채 깨우치기도 전에 글을 가르치는 일부터 해버린 거예요. 두 가지를 한꺼번에 한 거지요. 잘 모르겠어요."

사진들: 세계에서 가장 많은 사람이 들어 있는 눈

아바나, 혁명 광장, 1960년 3월.

배 한 척이 항구에서 폭파했다. 인부 76명이 사망했다. 배는 쿠바를 방어하기 위해 무기와 탄약을 적재하고 있었다. 당시 아이젠하워 정부는 쿠바가 스스로를 방어하지 못하게 조치해 놓고 있었다.

군중이 아바나의 거리를 뒤덮는다.

단상 위에서 체 게바라가 그곳에 운집한 엄청난 분노를 바라본다.

그의 두 눈에는 군중이 들어 있다.

알베르토 코르다는 털보들이 권좌에 머무른 지 1년이 조금 넘은 시점에 이 사진을 찍는다.

그의 일기는 출간되지 않는다. 출판사 편집장이 전혀 특별하지 않다고 판단한 것이다.

몇 년이 흐를 것이다. 이 사진은 우리 시대의 상징이 될 것이다.

늘 새롭게 태어나는 사람

왜 체는 계속해서 태어나는 이 위험한 습관을 갖게 된 것일까? 사람들이 그를 조종하면 할수록, 배신하면 할수록, 그는 더 태어난다. 그는 모든 사람 중에서 가장 많이 태어나는 사람이다.

체가 생각하는 대로 말하고, 말하는 대로 행동하는 사람이었기 때문이 아닐까? 말과 행동이 아주 드물게 일치하고, 서로를 모르기 때문에 만나도 서로 인사를 하지 않는 세상에서 그가 그토록 비범한 존재로 남아 있는 이유가 아닐까?

피델 카스트로

그의 적들은 그가 왕관 없는 왕이고, 단결을 만장일치와 혼동했다고 말한다.

그 문제에서는 적들의 말이 옳다.

적들은, 만약 나폴레옹이 《그란마》* 같은 신문을 갖고 있었더라면 그 어떤 프랑스인도 워털루의 참상을 알지 못했을 것이라고 말한다.

그 문제에서는 적들의 말이 옳다.

피델의 적들은 피델이 사람 목소리보다는 메아리에 더 익숙해져 있었기 때문에 말은 많이 하고 듣기는 적게 하면서 권력을 행사했다고 말한다.

그 문제에서는 적들의 말이 옳다.

하지만 피델의 적들은 뭔가를 말하지 않는다.

피델이 침입자들의 총알 앞에 자기 가슴을 들이댄 것은,

허리케인에 동등하게, 허리케인 대 허리케인으로 맞선 것은,

평생 637번의 공격을 받고도 살아남은 것은,

자신의 전염성 있는 에너지로 식민지를 조국으로 변모시키는 데 결

---

* 《그란마(*Granma*)》는 쿠바 공산당 중앙위원회의 공식 기관지이다. 신문의 이름은 피델 카스트로와 혁명 동지들이 1956년 멕시코에서 쿠바로 건너갈 때 탔던 배의 이름에서 따온 것이다.

정적인 역할을 한 것은,

피델이 역사책에 수록되기 위해 포즈를 취하는 것이 아니었다고.

피델의 적들은, 그 새로운 조국이 점심 식사 시간에 포크와 나이프를 이용해 그 새로운 조국을 삼켜버리기 위해 냅킨을 준비해 둔 미국 대통령 열 명의 손아귀로부터 벗어나 생존할 수 있었던 이유는 만딩가*의 마법 덕도 하느님의 기적 덕도 아니었다고 말하지는 않는다.

피델의 적들은 쿠바가 '다른 사람들에게 당하고도 잠자코 있는 사람들의 세계 대회(Copa Mundial del Felpudo)'에 참여하지 않는 특이한 나라라고 말하지는 않는다.

피델의 적들은, 인간의 권위를 훼손하는 것들을 벌하면서 성장한 이 혁명은 그렇게 되어야 했기 때문에 이루어진 것이지 그렇게 되기를 원했기 때문에 이루어진 것이 아니었다는 말은 하지 않는다. 피델의 적들은 제국의 방해 덕분에 욕망과 현실 사이에 놓인 벽이 더 높아지고 더 넓어진다는 말도 하지 않는다. 사실, 제국은 쿠바식 민주주의의 발전을 가로막고 사회의 군사화를 강요했으며, 또 해결할 수 있는 문제를 늘 만들어낼 준비가 되어 있는 관료 제도에게 스스로를 정당화하고 영속화하는 데 필요한 알리바이들을 제공했다.

그리고 모든 슬픔에도 불구하고, 외부의 공격과 내부의 전횡에도 불구하고, 고통을 받았지만 끈질기게 쾌활한 이 섬이 덜 부당한 라틴 아메리카 사회를 만들어냈다는 말은 하지 않는다.

피델의 적들은, 이 위업이 쿠바 국민의 희생의 산물이라는 말도 하

---

* 만딩가(Mandinga)는 아프리카 출신 흑인들이 행하는 마법(주술)과 연관되어 있는 것으로, 악마의 이름이기도 하다.

지 않고, 카스티야 평원의 유명한 동료처럼 늘 패자 편에 서서 싸운 이 신사의 완고한 의지와 고색창연한 명예심의 산물이었다는 말도 하지 않는다.*

사진들: 하늘을 향해 치켜든 주먹들

멕시코 시티, 올림픽 경기장, 1968년 10월.

미국 국가의 화음이 울려 퍼지는 가운데 막대기와 별이 그려진 성조기가 가장 높은 국기 게양대에서 의기양양하게 펄럭거린다.

올림픽 챔피언들이 시상대 위로 올라간다. 바로 그 절정의 순간에 금메달리스트 토미 스미스와 동메달리스트 존 칼로스, 이 두 흑인 미국 선수가 밤하늘을 향해 검은 장갑을 낀 주먹을 치켜든다.

《라이프》의 사진기자 존 도미니스는 그 사건을 사진으로 남긴다. 높이 치켜진 이 주먹들은 혁명적인 블랙 팬서(Black Panther) 운동의 상징으로, 미국의 인종적인 굴욕을 세계에 알린다.

토미와 존은 올림픽 선수촌에서 즉시 퇴출된다. 두 사람은 스포츠 경기에 더 이상 절대 참여하지 못하게 될 것이다. 경주마, 싸움닭, 그리고 운동선수는 파티의 흥을 깰 권리가 없었던 것이다.

토미의 부인은 토미와 이혼한다. 존의 부인은 자살한다.

이 말썽꾸러기들이 조국으로 돌아왔을 때 이들에게 일자리를 주는

---

* '카스티야 평원의 유명한 동료'는 돈 키호테를 가리킨다.

사람은 아무도 없다. 존은 온갖 궂은일을 하며 살아가고, 세계 신기록을 열한 번이나 경신한 토미는 팁을 받고 세차를 한다.

알리

그는 깃털과 납이었다. 복싱을 하면서 춤을 추고 망가졌다.

캐시어스 클레이로 태어난 무하마드 알리는 1967년에 군복을 거부했다.

"저들은 내가 베트남 사람을 죽이기를 원하고 있습니다. 우리 나라에서 흑인을 모욕하는 사람들은 누구입니까? 베트남 사람입니까? 그 사람들은 내게 아무 짓도 하지 않았습니다." 그가 말했다.

사람들은 무하마드 알리더러 조국을 배신한 사람이라고 했다. 사람들은 그를 감옥에 보내겠다고 위협하고, 그가 권투를 계속하지 못하게 만들었다. 세계 챔피언 타이틀도 박탈했다.

그 징벌이 그의 트로피였다. 그에게서 왕관을 뺏음으로써 그를 왕으로 만들어버린 것이다.

5년 뒤, 대학생 몇이 알리에게 한마디 해달라고 부탁했다. 알리는 그들을 위해 세계 문학사에서 가장 짧은 시 한 편을 지었다.

"Me, we."

나, 우리

정원사

1967년 말, 남아프리카의 어느 병원에서 크리스천 버나드가 처음으로 인간의 심장을 이식함으로써 세계에서 가장 유명한 의사로 변했다.

어느 사진에는 그의 조수들 사이에 흑인 한 명이 보인다. 병원장은 그 흑인이 조수들 사이에 끼어들었다고 밝혔다.

당시, 해밀턴 나키는 전깃불도 수돗물도 없는 움집에서 살고 있었다. 학위는커녕 초등학교도 제대로 마치지 못했으나 그는 크리스천 버나드의 오른팔이었다. 해밀턴 나키는 비밀리에 크리스천 버나드 곁에서 일했다. 흑인이 백인의 살이나 피를 만지는 것을 법과 관습이 금하고 있었기 때문이다.

크리스천 버나드는 죽기 얼마 전에 다음과 같이 회고했다.

"아마도 그가 기술적으로는 나보다 더 훌륭했을 것이다."

어찌 되었든 크리스천 버나드의 위업은 돼지와 개의 심장을 여러 번 이식하는 연습을 한 마술적인 손가락을 지닌 이 남자가 없었더라면 불가능했을 것이다.

그 병원의 직원 명단에는 해밀턴 나키가 정원사로 기록되어 있다.

그는 퇴직할 때도 정원사였다.

교향곡 9번

베토벤은 귀가 멀어 자신의 교향곡 9번의 음 하나도 듣지 못하게 되었고, 일찍 죽음으로써 자신이 만든 이 명작이 나중에 겪게 된 행운과 불행을 알지 못했다.

비스마르크 왕자는 교향곡 9번이 독일 민족을 고무시킨다고 천명했고, 바쿠닌은 교향곡 9번에서 무정부주의적 음악을 들었으며, 엥겔스는 교향곡 9번이 인류에 대한 찬송가가 될 것이라고 밝혔고, 레닌은 교향곡 9번이 〈인터내셔널가〉*보다 더 혁명적이라는 견해를 밝혔다.

폰 카라얀은 나치 정부를 위한 콘서트에서 교향곡 9번을 지휘했고, 몇 년 뒤 자유로운 유럽의 단결을 위해 교향곡 9번을 헌정했다.

교향곡 9번은 황제를 위해 죽은 일본 가미카제, 그리고 모든 제국에 대항해 싸우면서 목숨을 바친 투사들과 함께했다.

교향곡 9번은 독일의 침략에 항거하던 사람들이 부르던 음악이었고, 히틀러가 흥얼거리던 음악이었는데, 그는 스스로를 낮추는 특이한 농담을 하면서 베토벤을 진정한 "총통(führer)"이라 불렀다.

폴 로브슨은 인종차별주의에 항거해 교향곡 9번을 불렀고, 남아프리카 인종차별주의자들은 아파르트헤이트(apartheid)를 홍보할 때 교향곡 9번을 배경 음악으로 사용했다.

1961년에 교향곡 9번이 흘러나오는 가운데 베를린 장벽이 세워졌다.

1989년에 교향곡 9번이 흘러나오는 가운데 베를린 장벽이 무너졌다.

---

* 〈인터내셔널가(The International)〉 또는 〈국제공산당가〉는 1888년에 프랑스인 피에르 드제이테(Pierre Degeyter)가 작곡한 곡으로, 가사는 레닌이 썼다. 옛 소련의 국가로도 사용되었다.

장벽들

베를린 장벽은 매일매일의 뉴스였다. 아침부터 저녁까지 우리는 수치의 장벽, 불명예의 장벽, 철의 장막…… 등이라는 말을 읽고, 보고, 들었다.

결국 허물어져야 했던 그 장벽이 허물어졌다. 하지만 세상에는 다른 장벽들이 세워졌고, 계속해서 세워지고 있다. 그 장벽들은 베를린 장벽보다 훨씬 더 크지만 그들에 관해서는 거의, 혹은 전혀 언급되지 않는다.

미국이 멕시코와 미국의 국경에 세우고 있는 장벽에 관해서는 거의 언급되지 않고, 세우타와 멜리야 사이에 세워진 철조망*에 관해서도 거의 언급되지 않는다.

이스라엘이 팔레스타인 땅을 영구적으로 점령하게 만든, 베를린 장벽보다 15배나 긴 서안 지구 장벽에 관해서는 거의 전혀 언급되지 않고, 모로코 왕국의 에스파냐 식민지 사하라를 영원히 도둑질하기 위해 세워진, 베를린 장벽보다 60배가 긴, 모로코의 장벽**에 관해서는 전혀, 전혀 언급되지 않는다.

그토록 높은 소리를 내고, 그토록 입을 다물고 있는 장벽들이 존재하는 이유는 무엇일까?

---

* 모로코와 국경을 맞댄 에스파냐의 세우타(Ceuta)와 멜리야(Melilla) 사이에는 아프리카에서 에스파냐로 들어오는 불법 난민을 막기 위해 길이 약 20.2킬로미터, 높이 6미터의 장벽이 세워져 있다.

** '모로코의 장벽'은 세계에서 가장 긴 장벽으로, 서부 사하라 지역의 모로코 고립 영토에 있다. 모로코가 에스파냐에서 독립하기 전인 1970년대에 에스파냐 정부는 모로코인 35만 명을 이 지역에 이주시키고, 원주민 단체 '폴리사리오'의 공격을 방어하기 위해 높이 3미터, 길이 2,736킬로미터의 석재 장벽을 쌓았다.

사진들: 장벽의 붕괴

베를린, 1989년 11월. 페르디난도 시아나가 손수레를 밀고 있는 남자를 촬영한다. 그 남자는 스탈린의 거대한 머리를 어렵사리 싣고 가는 중이다. 청동 머리는 분노한 군중이 베를린을 양분하고 있던 장벽을 망치로 부숴 넘어뜨리는 동안에 떨어져 나가버린 것이다.

장벽은 홀로 무너지지 않는다. 프롤레타리아의 독재를 알리면서 시작되고 관료들이 독재를 하면서 끝나는 체제들이 이 장벽과 더불어 붕괴된다. 마르크스에게 호소했지만 "가톨릭교회는 오류를 저지른 적이 결코 없으며, 성서에 기록된 증거들에 따르면, 결코 오류를 저지르지 않을 것이다"라고 말한 교황 그레고리오 7세의 교시에 영감을 받은 가톨릭교회처럼 행동하던 정당들에 의해 종교적인 신앙으로 축소되어 버린 정치 이데올로기도 이 장벽과 더불어 무너진다.

동유럽 전체에서 민중은 자신들의 이름으로 행해지던 권력의 사투에 눈물 한 방울도 피 한 방울도 흘리지 않은 채 팔짱을 끼고 참여한다.

그사이, 마오쩌둥의 후계자인 덩샤오핑은 "부자가 되는 것은 영광스러운 것이다"라는 수칙을 발표한다. 중국은 지도자들의 영광스러운 부를 위해 아주 싸고 고분고분한 노동자 수백만 명, 자기 공기, 자기 땅, 자기 물, 성공의 제단에 희생물로 바칠 준비가 되어 있는 자연을 세계 시장에 제공한다.

공산주의 관료들은 사업가로 변신한다. 그렇게 되기 위해 그들은 『자본론』을 공부했다. 자본의 이익 배당금으로 먹고살기 위해.

신성한 빛, 죽이는 빛

불꽃이 튄다.

사용하지 않는 침대 매트리스, 소파, 타이어가 모닥불에 타고 있다.

사용하지 않는 신(神) 하나도 불타고 있다. 불이 폴 포트*의 몸을 바싹 태우고 있다.

수많은 사람을 죽인 폴 포트는 1998년 여름 끝 무렵에 자기 집, 자기 침대에서 죽었다.

그 어떤 전염병도 캄보디아의 국민 숫자를 그만큼 줄이지는 않았다. 폴 포트는 마르크스, 레닌, 마오쩌둥 같은 성스러운 이름을 빌려 엄청난 도살장 하나를 지었다. 시간도 돈도 허비하지 않기 위해 기소는 곧 최종 선고가 되었고, 각 감옥 문은 공동묘지로 연결되어 있었다. 캄보디아 전국은 거대한 무덤이자 폴 포트를 기리는 사원이었는데, 폴 포트는 자신이 베푼 호의를 나라가 받아들일 수 있도록 나라를 정화시켰다.

혁명의 순수성은 불순한 것을 없애버리라고 요구했다.

불순한 것은 바로 생각을 하고, 다른 견해를 갖고, 의심하고, 복종하지 않는 사람들이었다.

---

* 폴 포트(Pol Pot)라는 별칭으로 유명한 살롯 사(Saloth Sâr, 1925-1998)는 캄보디아의 독재자, 노동 운동가, 군인, 정치인, 공산주의 혁명가다. 캄보디아의 공산주의 정당인 크메르 루주의 지도자이자 1976년에서 1979년까지 민주 캄푸치아 공화국의 총리를 역임했다. 별칭인 '폴 포트'는 '정치적 잠재력'을 의미하는 영어의 '폴리티컬 포텐셜(Political Potential)' 또는 프랑스어의 '폴리티크 포탕시엘(Politique Potentielle)'의 줄임말이다. 집권 기간 중 지주, 자본주의자, 반대파 국민 200여만 명을 숙청하고, 최소 130만 명 이상의 국민을 죽게 만든 소위 '킬링 필드(Killing field)'를 주도했다. 1979년 베트남군의 침공으로 정권을 잃고 북측 국경의 밀림 지대로 달아나 게릴라전을 전개하다가 체포되어 1998년에 가택 연금 상태에서 사망했다.

죄가 지불한다

장기 집권 말기에 수하르토 장군은 자기가 죽인 사람의 수도 자기 돈이 얼마인지도 셀 수 없었다.

1965년, 그는 인도네시아에서 공산주의자를 제거하는 길을 가기 시작했다. 몇 명이나 제거했는지는 알려져 있지 않다. 50만 명 이하는 아니다. 아마 100만 명일 수도 있다. 계산하기가 힘들다. 군부가 마을에서 사람 죽이기를 허가해 주면, 이웃 사람들의 질투를 유발할 수 있는 암소 한 마리나 이웃 사람들이 탐을 낼 만한 암탉 몇 마리를 가진 사람은 갑자기 교수형에 처해질 수 있는 공산주의자가 되어버렸다.

마셜 그린 미국 대사는 미국 정부의 이름으로 "인도네시아 군대가 행하고 있는 것에 호의와 감탄"을 표했다. 《타임(*Time*)》은 죽은 사람들 때문에 강물이 막힐 정도라고 보도했으나, 인도네시아 사태를 "몇 년 만에 낚아 올린 특종"이라고 좋아했다.

약 20여 년이 지난 뒤 그 잡지는 수하르토 장군이 "부드러운 마음"을 지닌 사람이라고 밝혔다. 당시 그는 사망자의 수를 헤아리지 못했다. 이미 티모르 섬의 채마밭들을 묘지로 바꾸면서 사망자 명단을 확충할 필요가 있던 상황이었다.

수하르토가 30년 이상을 조국에 봉사한 뒤 강제로 하야해야 했을 때 그의 은행 잔고 또한 적지 않았다. 호주머니가 깊었다. 수하르토를 이어 대통령이 된 압두라만 와힛은 수하르토가 축적한 개인 재산은 인도네시아가 국제통화기금과 세계은행에 진 빚의 총액과 맞먹는다고 평가했다.

취리히와 제네바의 은행 거리는 스위스의 풍경을 아주 좋아하던 수하르토가 즐겨 걷는 길이었으나 그는 자기 돈을 어디에 두었는지 전혀 기억하지 못했다.

2000년에 수하르토 장군을 검사한 의료진은 그의 신체와 정신 상태가 재판을 받을 수 없을 정도라고 판정했다.

기억상실증의 또 다른 케이스

어느 의사의 보고서는 아우구스토 피노체트 장군이 노인성 치매에 걸려 있다고 판정했다.

그는 정상적인 판단력을 갖추고 있지 못했기 때문에 재판을 받을 수 없었다.

피노체트는 300건의 형사 소송을 당했지만 안색 하나 변하지 않은 채 교묘하게 무마시켰고, 단 한 건의 죗값을 치르지 않은 채 죽었다. 칠레의 민주주의는 그가 남긴 빚을 갚고 그의 죄를 잊어야 할 의무를 지닌 채 재탄생했고, 피노체트는 공식적인 기억상실증을 공유했다.

피노체트는 사람을 죽이고 고문했지만 이렇게 말했다.

"나는 아니야. 게다가 그런 일을 했는지 기억나지도 않아. 만약 내가 그런 일을 기억한다면, 그건 내가 아니야."

국제적인 축구 용어로, 아주 나쁜 팀을 여전히 피노체트라 부른다. 왜냐하면 경기장에 관중을 채워놓고는 고문을 하기 때문이다. 하지만 피노체트 장군에게는 추종자들이 있었다. 산티아고에 있는 '9월 11일

대로'*는 뉴욕의 쌍둥이 빌딩을 붕괴시킨 테러 공격의 희생자들을 기리기 위해서가 아니라 칠레의 민주주의를 붕괴시킨 유혈 쿠데타를 기념하기 위해 붙여진 이름이다.

피노체트 자신이 의도한 바는 아니었겠지만 그는 국제 인권의 날에 사망했다.**

당시, 그가 훔친 돈 3,000만 달러 이상이 발견되었는데, 그 돈은 세계 각지의 은행 구좌 120개에 분산 예치되어 있었다. 이런 사실은 그의 명성을 약간 손상시켰다. 그가 도둑이라는 사실 때문이 아니라 비효율적인 도둑이었기 때문이다.

사진들: 그 총알은 거짓말을 하지 않는다

칠레의 산티아고, 대통령궁, 1973년 9월.

사진사의 이름은 모른다. 이것이 살바도르 아옌데의 마지막 모습이다. 아옌데가 헬멧을 쓰고 총을 든 채 걸으며 하늘을, 폭탄을 토해내는 비행기들을 쳐다본다.

자유선거로 당선된 칠레의 대통령은 이렇게 말했다.

"나는 여기서 살아나가지 않겠습니다."

라틴아메리카 역사에서 이 말은 판에 박힌 문장이다. 수많은 대통령

---

* 9월 11일 대로(Avenida Once de Septiembre)는 1973년 9월 11일 피노체트가 아옌데 정권을 무너뜨린 군사 쿠데타가 일어났음을 기리는 이름이다.
** 피노체트는 2006년 12월 10일에 사망했다.

이 진실의 순간에 살아남기 위해 그 말을 계속 했다.

아옌데는 대통령궁을 살아서 나오지 못했다.

한 번의 키스가 지옥문을 열었다

복음서들에 언급된 바처럼, 키스는 배신의 신호
였다.

"내가 입 맞추는 자가 그녀이니."*

1977년 말, 부에노스 아이레스에서 앙헬 루비오**가 5월 광장 어머
니회***를 설립한 에스테르 발레스트리노, 마리아 폰세, 아수세나 비
야플로르, 그리고 알리스 도몬 수녀, 레오니 뒤케 수녀에게 차례로 키
스를 했다.

그리고 그녀들은 지상에서 사라져버렸다. 군부 독재 정권의 내무부
장관은 어머니들이 체포되었다는 사실을 부인했으며, 수녀들이 성매
매를 하려고 멕시코로 가버렸다고 말했다.

나중에 모든 것이 밝혀졌다. 어머니들과 수녀들은 모두 잡혀가 고
문을 받고 비행기에 실려 가 산 채로 바다에 던져졌다.

그리고 앙헬 루비오의 신분이 밝혀졌다. 해군 대위 알프레도 아스

---

* 「마태복음」 26장 48절("내가 입 맞추는 이가 바로 그 사람이니 그를 붙잡으시오" 하고 그들에게 미리 신호를 일러
두었다)을 비롯한 여러 복음서에 수록된 것을 인용했다.

** 앙헬 루비오(Ángel Rubio)는 '금발의 천사'라는 의미다.

*** 5월 광장 어머니회(Madres de Plaza de Mayo)는 아르헨티나 군부 독재 시절(일명 '추악한 전쟁' 기간) 중
실종된 이들의 어머니들이 모여서 만든 단체다.

티스가 고개를 숙인 채 영국인들에게 항복하는 문서에 서명하는 사진
이 여러 일간지에 실리면서, 그가 수염과 모자로 위장을 하고 있었다
해도, 그의 신분이 밝혀진 것이다. 말비나스 전쟁* 끝 무렵이었는데,
그는 총 한 방 쏘아본 적이 없었다. 그는 다른 영웅적인 행위들을 하
는 데 전문가였다.

아르헨티나 가족의 초상화

아르헨티나 시인 레오폴도 루고네스가 선언했다.
　"세상의 선을 위해, 검을 휘두를 시간이 시작되었다!"
　그리고 그는 1930년에 군부 독재 정권을 세운 쿠데타에 열렬히 박
수를 보냈다.
　시인의 아들인 경찰서장 폴로 루고네스는 독재 정권에 봉사하기 위
해 전기 충격기와 그 밖의 강력한 고문 도구들을 발명해 말을 듣지 않
은 사람들의 몸에 실험을 했다.
　40년이 조금 넘는 세월이 지난 뒤 시인의 손녀이자 경찰서장의 딸
인 피리 루고네스가 반정부 활동을 했다는 이유로 다른 독재 정권의
고문실에서 자기 아버지가 발명한 고문 도구로 고통받았다.
　그 독재 정권은 아르헨티나 사람 3만 명을 실종시켰다.
　실종자들 사이에는 피리 루고네스도 들어 있었다.

---

* 말비나스 전쟁은 1982년에 영국과 아르헨티나가 말비나스(포클랜드)의 영유권 문제로 치른 전쟁이다.

아나의 생애

아나 펠리니는 아주 어렸을 때는 부모가 사고로 사망했다고 믿었다. 할머니 할아버지가 아나에게 그렇게 얘기해 주었기 때문이다. 할머니 할아버지는 아나의 부모가 아나를 찾으러 비행기를 타고 오다가 비행기가 추락하는 바람에 죽었다고 아나에게 말했다.

열한 살이 되었을 때, 누군가가 아나에게 부모가 아르헨티나 독재 정권과 싸우다가 죽었다는 이야기를 해주었다. 아나는 아무것도 묻지 않고, 아무 말도 하지 않았다. 그때까지 아나는 수다스러운 소녀였으나 그 후로는 말을 적게 하거나 하지 않았다.

열일곱 살에, 아나는 키스를 하기가 어려웠다. 혀 아래에 작은 궤양이 있었기 때문이다.

열여덟 살에는 밥을 먹기가 어려웠다. 궤양이 갈수록 더 깊어졌기 때문이다.

열아홉 살에, 아나는 궤양을 수술했다.

스무 살에, 아나는 죽었다.

의사는 아나가 구강암으로 사망했다고 말했다.

할머니 할아버지는 진실이 아나를 죽였다고 말했다.

그 동네의 여자 무당은 아나가 소리를 지르지 않아서 죽었다고 말했다.

가장 많이 불린 이름

1979년 봄, 엘살바도르의 오스카르 아르눌포 로메로 대주교가 바티칸을 방문했다. 로메로 대주교는 교황 요한 바오로 2세를 알현하게 해달라고 부탁하고, 간구하고, 구걸했다.

"순서를 기다리세요."

"잘 모르겠는데요."

"내일 다시 오세요."

결국 로메로 대주교는 교황의 축성을 받기 위해 대기하는 일반 신자들과 함께 보통 사람처럼 줄을 서서 기다렸다가 교황 성하를 알현하고 몇 분을 빼앗을 수 있었다.

로메로 대주교가 교황에게 두툼한 보고서 한 권과 사진들, 증거들을 넘겨주려고 시도했지만, 교황은 그것들을 되돌려주며 이렇게 말했다.

"나는 이 많은 것을 읽을 시간이 없습니다!"

그러자 로메로 대주교는 군부 정권이 엘살바도르 사람 수천 명을 고문하고 죽이는데, 그 가운데는 수많은 가톨릭 교인과 사제 다섯 명이 포함되어 있고, 교황을 알현하기 전날인 바로 어제 주교좌성당 문 앞에서 스물다섯 명을 사살했다고 교황에게 빠른 말로 알렸다.

가톨릭교회의 수장이 냉랭하게 그의 말을 잘랐다.

"과장하지 마세요, 대주교님!"

두 사람의 만남은 조금 더 지속되었다.

성 베드로의 상속자는 요구하고, 명령하고, 정리했다.

"귀하들이 정부를 이해해야 해요! 좋은 기독교인은 당국에 문제를 일으키지 말아야 해요! 가톨릭교회는 평화와 조화를 바란다고요!"

열 달 뒤, 로메로 대주교는 산 살바도르의 어느 본당에서 총을 맞고 쓰러졌다. 막 성체를 공중으로 들어올린 채 미사를 집전 중이던 로메로 주교를 총알이 쓰러뜨렸다.

교황이 로마로부터 그 범죄를 단죄했다.

하지만 범인들을 단죄하는 법은 잊어버렸다.

몇 년 뒤, 쿠스카틀란 공원에서 끝없이 긴 벽 하나가 전쟁으로 희생된 민간인을 기억한다. 검은 대리석에 하얀 글씨로 새겨진 이름이 수천 개에 달한다. 로메로 대주교의 이름만이 유일하게 닳아져버린 상태다.

사람들이 만지고 또 만져서 닳은 것이다.

두 번 죽은 주교

기억은 박물관에 잡혀 있고 외출이 허가되지 않는다.

후안 헤라르디 주교는 과테말라에서 발생한 테러의 진상 조사를 지휘했다.

1998년 봄 어느 날 밤에 주교는 대성당 마당에서 조사 결과를 발표했다. 1,400쪽에 달하는 진상 보고서에는 1,000건이 넘는 증언이 들어 있었다. 주교가 말했다.

"우리는 이 길, 기억의 길에 각종 위험이 가득 차 있다는 사실을 아주 잘 알고 있습니다."

이틀 뒤 밤에 주교는 돌에 맞아 두개골이 박살 난 상태로 피를 흘리며 쓰러져 있었다.

즉시, 마술에 걸린 듯, 그가 흘린 피는 씻기고, 흔적은 지워졌다. 아주 혼란스러운 자백들이 들렸고, 엄청난 규모의 국제적인 조사가 이루어졌지만, 살인 사건은 통행 불가능한 미로로 변해버렸다.

주교의 두 번째 죽음은 그렇게 이루어졌다. 고용된 변호사들, 기자들, 작가들, 범죄학자들이 그 더러운 작업에 참여했다. 이 범죄 행위와 더불어 20만 건의 살인을 저지른 사람들의 실체 없는 무죄를 옹호하기 위해 새로운 용의자들, 새로운 증언들이 현기증 나는 속도로 나타났다가 사라지기를 반복했고, 희생된 주교의 시신에 불경스러운 삽질들이 가해졌다. 범인에 관해 나온 얘기들은 다음과 같았다.

"성당에 잠입한 어느 공산주의자가 그랬지요."

"요리사가 범인이라니까요."

"성당 살림을 총괄하는 식모가 범인이에요."

"성당 앞에서 잠든 어느 주정꾼의 소행이라고요."

"질투심 때문에 살해당했어요."

"게이들 짓이에요. 그 사람들은 두개골을 박살 내는 게 특징이잖아요."

"복수를 당한 거예요. 어느 사제가 복수를 하겠다고 맹세했다니까요."

"그 개 같은 사제 짓이에요."

"그러니까……."

글로벌 세금

사랑은 지나가고, 삶은 무겁고, 죽음은 일어난다.

피할 수 없는 고통들이 있다. 피할 수도 없고, 피할 방법도 없다.

하지만 지구를 떠맡고 있는 자들은 고통에 또 다른 고통을 첨가하고, 우리에게 베푸는 호의의 값을 받는다.

우리는 매일 차갑고 빳빳한 현금으로 부가가치세를 낸다.

우리는 매일 차갑고 힘든 불행으로 부가고통세를 낸다.

부가적인 고통은, 마치 삶의 덧없음에서 나오는 번민과 직업의 덧없음에서 나오는 번민이 동일한 것이라는 듯이, 숙명으로 위장된다.

뉴스가 아니다

자살을 기도했던 남자가 인도 남부의 날라마다 병원에서 되살아난다.

그의 침대 주변에서 그에게 삶을 되돌려준 사람들이 그에게 미소를 짓는다.

살아난 사람이 그들을 쳐다보며 말한다.

"뭘 기다리십니까? 당신들에게 고맙다는 말이라도 하기를 기다리는 겁니까? 난 10만 루피의 빚을 갚아야 했다고요. 지금도 4일치 병원비를 갚아야 하고요. 바보 같은 당신들이 내게 이런 호의를 베풀었으니까요."

우리는 추악한 테러리스트들에 관해 많이 알고 있다. 매스컴이 매일 그들에 관해 우리에게 얘기해 주고 있다. 반면에 매스컴은 자살한 농사꾼들에 관해서는 아무것도 얘기해 주지 않는다.

공식 통계에 따르면, 20세기 말부터 21세기 첫 몇 년 동안 인도에서는 달마다 농부 1,000명이 살해당하고 있다.

수많은 농부가 값을 치를 수 없는 농약을 마시고 자살한다.

시장(市場)은 농부들에게 빚을 지우고, 갚을 수 없는 빚은 농부들에게 죽음을 강요한다. 그들은 갈수록 농사 비용을 많이 쓰고 갈수록 적게 번다. 거인 값으로 물건을 구입하고 난쟁이 값을 받고 물건을 판다. 그들은 외국의 화학 산업, 수입 씨앗, 유전자 변형 작물의 인질이다. 먹기 위해 생산을 했던 인도는 이제 타인들이 인도를 먹어 삼키도록 생산을 한다.

범죄학

매년, 화학 농약은 300만 명 이상의 농부를 죽인다.

매일, 공사장에서 일어나는 사고들은 만 명 이상의 노동자를 죽인다.

매분, 가난은 열 명 이상의 어린이를 죽인다.

이들 범죄는 뉴스 프로그램에는 나오지 않는다. 사람을 죽이는 이런 야만적인 행위가 전쟁처럼 다반사로 일어나기 때문이다.

범죄자들이 날뛴다. 감옥은 다중을 못살게 만드는 사람을 위해 만들어진 곳이 아니다. 감옥의 건설은 가난한 사람에게 돌아갈 주택 계획이다.

2세기 전에 토머스 페인이 자문했다.

"가난하지 않은 사람이 교수형에 처해지는 것은 왜 그토록 드문 일일까?"

21세기의 텍사스. 최후의 만찬은 교수대로 갈 고객이 누구인지 드러내준다. 랍스터나 "필레 미뇽" 같은 요리가 세상과의 작별 만찬 메뉴에 들어 있지만 그 누구도 이들 요리를 선택하지 않는다. 사형수들은 평소에 먹던 대로 햄버거와 감자튀김을 먹으면서 세상과 작별하기를 더 원한다.

라이브와 다이렉트

브라질 전체가 참가한다.

실시간으로 이루어지는 장면이다.

텔레비전은, 반드시 흑인이어야만 하는 그 범인이 2000년 어느 날 아침, 리우 데 자네이루의 시내버스 승객들을 인질로 삼는 협박범으로 변하는 순간부터 세세한 사항을 하나도 놓치지 않는다.

기자들은 실제로 일어나고 있는 그 사건이 축구와 전쟁을 뒤섞어놓은 것이라도 되는 양 사람들에게 생생하게 전해주면서 월드컵 마지막 장면의 가슴이 깨질 것 같은 감정을 노르망디 상륙 작전에 관해 말하는 것 같은 장렬한 톤으로 표현한다.

경찰이 시내버스를 포위한 상태다.

긴 총격전 끝에 한 소녀가 사망한다. 군중은 무고한 생명을 주저 없이 희생시키는 그 야수에게 고래고래 욕설을 퍼붓는다.

결국, 네 시간 동안의 총격전과 극적인 상황이 발생한 뒤, 질서를 유지시키던 경찰이 쏜 총알 한 방이 군중을 위협하던 위험을 쓰러뜨려버린다. 경찰관들은 자신들의 트로피를 자랑하고, 중상을 입은 범인은 카메라 앞에서 피로 범벅이 되어 있다.

그곳에 있던 군중 수천 명과 그곳에 있지 않지만 그 장면을 지켜보고 있던 수백만 명은 모두 범인에게 린치를 가하고 싶어한다.

경찰관들은 흥분한 군중의 손에서 범인을 빼앗는다.

범인은 산 채로 경찰차에 실린다. 범인은 목이 졸린 채 현장을 떠난다.

이 세상에서 잠시 스쳐갔던 그의 이름은 산드루 두 나스시멘투였다. 그는 1993년 어느 날 밤 기관총탄이 비처럼 쏟아졌을 때, 칸델라리아의 성당 계단에서 잠을 자는 거리의 수많은 소년 가운데 하나였다. 당시 여덟 명이 사망했다.

살아남은 사람들 거의 대부분은 나중에 살해되었다.

산드루는 운 좋게 살아남았으나, 죽을 허락을 받아놓은 사람이었다.

7년이 지난 뒤, 선고가 실행되었다.

그는 항상 텔레비전의 스타가 되는 꿈을 꾸어왔었다.

다이렉트와 라이브

아르헨티나 전체가 참여한다.

실시간으로 이루어지는 장면이다.

텔레비전은 반드시 검은 소여야만 하는 그 황소가 2004년 어느 날 아침, 부에노스 아이레스 교외의 어느 거리에 나타난 그 순간부터 세세한 사항을 하나도 놓치지 않는다.

기자들은 실제로 일어나고 있는 그 사건이 투우와 전쟁을 뒤섞어 놓은 것이라도 되는 것처럼 사람들에게 생생하게 전해주면서 세비야 광장에서 벌어지는 투우의 가슴이 깨질 것 같은 감정을 베를린의 함락에 관해 말하는 것 같은 장렬한 톤으로 표현한다.

오전이 지나가는데도 경찰이 도착하지 않는다.

그 위협적인 짐승이 풀을 뜯는다.

주민들은 겁을 내며 멀리서 지켜본다.

"조심하세요." 손에 마이크를 든 채 군중 사이를 돌아다니는 기자가 경고한다. "소가 신경이 예민해질 수 있으니 주의하세요."

야수는 잿빛 건물들 사이에서 발견한 이 작은 풀밭에 정신을 집중한 채 모든 사람으로부터 멀리 떨어져 풀을 뜯고 있다.

마침내 순찰차들이 도착하고, 차에서 내린 경찰관들은 검은 황소를 둘러싼 채 어찌할 바를 모르고 바라보고만 있다.

그때 일부 자발적인 사람들이 군중으로부터 떨어져 나와 담력과 뛰어난 솜씨를 보여주면서 그 사나운 황소에 올라타서 황소를 땅에 쓰러뜨리고 주먹과 발로 때리고 차서 사슬로 묶는다. 카메라들은 그 자발적인 사람들 가운데 하나가 승리자처럼 전리품 위에 한 발을 올려놓는 순간 그 사람을 찍는다.

황소는 수레에 실려 나간다. 황소의 머리가 수레 밖으로 나와 매달려 있다. 황소가 고개를 쳐들자 황소에게 비 오듯 타격이 가해진다.

목소리들이 알린다.

"황소가 도망치려고 해요! 다시 도망치려고 한다고요!"

그렇게 해서 이 수송아지, 도살장에서 도망쳐 나온, 막 뿔이 망가져 버린 이 어린 소가 죽는다.

접시가 수송아지의 최종 목적지였다.

수송아지는 텔레비전의 스타가 되는 꿈을 꾸어본 적도 없다.

교도소의 위험

1998년, 볼리비아 공화국의 국립교정청은 코차밤바 계곡의 어느 교 도소에 수감된 모든 재소자가 서명한 편지 한 통을 받았다.

죄수들이 가옥의 담 높이를 높여달라고 당국에 부탁하는 편지였다. 이웃 사람들이 쉽게 교도소 담을 넘어 들어와 죄수들이 교도소 마당 에 널어놓은 옷을 훔쳐 간다는 것이었다.

당국으로부터는 아무 대답이 없었다. 담을 높이는 예산이 없었기 때문이다. 당국으로부터 답신이 없자 재소자들이 손수 작업을 하는 수밖에 없었다. 그들은 교도소 주변에 살고 있는 민간인들로부터 자 신들을 보호하기 위해 진흙과 볏짚을 섞은 벽돌로 교도소 담을 높이 쌓았다.

거리의 위험

50년이 넘도록 우루과이는 월드컵에서 단 한 차례도 우승해 본 적이 없다. 하지만 군부 독재 기간에 다른 토너먼트는 정복했다. 우루과이는 인구 대비 세계에서 가장 많은 정치범과 고문 피해자를 보유한 나라였다.

'자유(Libertad)'는 수감자 수가 가장 많은 감옥의 이름이었다. 아마도 그 이름에 고무되었다는 듯이, 갇혀 있던 말들이 감옥을 도망쳐 나왔다. 수감자들이 담배를 말아 피우는 작은 종이쪽지에 쓴 시들이 쇠창살을 통해 빠져나온 것이다. 다음과 같은 시다.

> 가끔 비가 오고 나는 그대를 사랑한다.
> 가끔 해가 뜨고 나는 그대를 사랑한다.
> 감옥은 가끔이다.
> 나는 그대를 영원히 사랑한다.

안데스의 위험

숫여우가 하늘에서 내려오고 있었다. 그때 앵무새들이 여우가 타고 내려오던 밧줄을 부리로 쪼아 끊어버렸다.

숫여우는 안데스 산맥 높은 꼭대기에 부딪쳐 박살이 났고, 그 바람에 하늘에서 열린 연회에서 훔쳐 뱃속에 넣어온 퀴노아*가 흩어져 버렸다.

그렇게 해서 신들의 음식인 이 식물의 씨앗이 세상에 뿌려진 것이다.

그때부터 퀴노아는 아주 높은 땅에서 서식하는데, 그곳의 건조한 환경과 추위를 견딜 수 있는 식물은 퀴노아뿐이다.

세계 시장은 인디오가 먹는 이 경멸적인 음식에 조금도 관심을 가져본 적이 없다. 그 어떤 것도 자랄 수 없는 척박한 환경에서도 자랄 수 있는 이 식물의 작은 씨앗이 아주 좋은 식량이며, 먹어도 살이 찌지 않고 일부 질병을 예방시켜 준다는 사실이 알려지기까지는 말이다. 1994년에 미국 콜로라도 주립대학교의 연구원 둘이 퀴노아로 특허를 획득했다(미국 특허번호 5304718).

그때 농부들의 분노가 폭발했다. 특허 출원 당사자들은 자신들의 법적인 권한을 퀴노아의 재배를 금지하거나 로열티를 받는 데 사용하지 않겠다고 확답했으나 볼리비아 원주민 농부들은 다음과 같이 대답했다.

"우리는, 원래 우리 것을 자기 것인 양 우리에게 자선하듯 주는 미국인 교수는 그 어떤 사람도 이곳에 올 필요가 없다고 생각합니다."

4년 뒤, 이는 국제적인 추문이 되어 콜로라도 주립대학교가 특허를 포기할 수밖에 없었다.

---

* 퀴노아(quinoa)는 안데스 산맥에서 자라는 고단백 곡물로, 21세기 차세대 식량이라고 불린다. 수수와 비슷하다. 다국적 식품회사 네슬레는 이미 퀴노아를 아침 식사용 시리얼의 대용 식품으로 개발하기 위해 시험 재배 및 가공을 하고 있으며, 인접국인 아르헨티나 등에서도 차세대 식량으로 개발될 것에 대비해 시험 재배하는 등 관심과 연구가 높아지고 있다.

공중파의 위험

파이와스(Paiwas) 라디오는 21세기가 시작되기 전날 니카라과의 중심부에서 탄생했다.

청취자가 가장 많은 프로그램은 새벽 시간에 방송된다. 프로그램 〈소식을 전하는 마녀(La bruja mensajera)〉는 수천 명의 여성과 함께하면서 수천 명의 남성에게 두려움을 심어준다.

그 마녀는 여자들에게 파파니콜라우*와 헌법 여사 같은 새로운 친구들을 소개해 주고, "거리, 가정, 침대에서 폭력을 겪지 않을" 여성의 권리에 관해 말해준다. 그리고 여성들에게 묻는다.

"어젯밤은 어땠나요? 남자가 당신을 어떻게 대하던가요? 즐거웠나요, 아니면 하기 싫었는데 강요에 못 이겨 했나요?"

그 마녀는 여성에게 성폭력이나 가정폭력을 행사하는 남성의 이름을 밝힌다. 밤이 되면 그 마녀는 빗자루를 타고 집집마다 돌아다니고, 새벽에는 자신의 유리구슬을 만지작거리며 마이크 앞에서 비밀스러운 일들을 폭로한다.

"얼씨구? 당신 거기 있군요, 난 당신을 똑똑히 보고 있다고요. 당신은 지금 당신 부인을 몽둥이로 때리고 있어요. 그런 야만적인 행동을 하다니, 빌어먹을 인간!"

라디오는 경찰이 신경을 쓰지 않은 고발들을 받아 사방으로 전파한

---

* 줄여서 팝 스미어(Pap smear), 팝 검사(Pap test)라고도 하는 파파니콜라우 검사는 그리스 태생의 미국 생리해부학자 게오르요스 파파니콜라우(George Papanicolau, 1883-1962)의 이름을 딴 가장 기본적인 자궁암 검진 방법으로, 최초의 암 조기진단법이라고 할 수 있다.

다. 경찰은 소 도둑 사건에 여념이 없다. 암소 한 마리 값이 여자 한 명 값보다 더 비싸니까.

바비가 전쟁터에 가다

바비의 수는 10억 개가 넘는다. 세상에서 그보다 많은 인구를 가진 나라는 중국뿐이다.

세상에서 가장 사랑받는 여자는 실패할 수 없었다. 악에 대한 선의 전쟁에서 바비는 입대를 하고, 군대식 경례를 하고, 이라크 전쟁에 참전하러 떠났다.

펜타곤이 검사하고 승인한, 몸에 꽉 맞는 육해공군 제복을 입은 채 전선에 도착한다.

바비는 직업과 머리스타일과 옷을 바꾸는 데 익숙하다. 그녀는 또한 가수고, 운동선수고, 고생물학자고, 치과 의사고, 우주 비행사고, 소방수고, 무용수인데, 그 밖에 무엇이 될지 누가 알겠는가. 각각의 새로운 직업에는 새로운 "외양(look)"과 한 벌의 새로운 복장이 갖춰지기 때문에 세상의 모든 소녀는 새로운 바비를 구매할 수밖에 없다.

2004년 2월, 바비 역시 파트너를 바꾸고 싶어했다. 켄*과 짝을 이룬 지도 거의 반세기에 이르렀는데, 켄은 몸에 코 말고는 볼록한 부위를 갖고 있지 않다. 당시 바비는 호주 출신 서퍼의 꼬임에 넘어가 버렸

---

* 켄(Ken)은 바비의 남자친구라는 설정으로 출시된 인형으로, 금발과 구릿빛 피부, 근육질의 백인 남성 외양이다.

고, 그는 바비더러 성형이라는 실수를 저지르라고 부추겼다.

마텔 사는 바비와 켄의 이별을 공식적으로 선언했다.

그것은 재난이었다. 판매고는 급락했다. 바비는 직업과 옷을 바꿀 수 있었고, 마땅히 바꾸어야 했다. 하지만 나쁜 본보기가 될 권리는 없었다.

그러자 마텔 사는 바비와 켄의 공식적인 화해를 선언했다.*

로보캅의 자식들이 전쟁터에 가다

2005년, 펜타곤은 불사의 로봇 부대의 꿈이 현실화되고 있다고 밝혔다.

국방부 대변인 고든 존슨은 아프가니스탄 전쟁과 이라크 전쟁이 로봇의 발전에 대단히 유용했다고 밝혔다. 이제 야간 투시경과 자동 화기를 갖춘 로봇은 오차 범위 내에서 적군의 건축물을 찾아내 파괴할 정도가 되었다.

로봇에게는 최적의 효율성을 저해하는 인간의 자취가 없다.

"로봇은 배고픔도 두려움도 느끼지 않습니다." 고든 존슨이 말했다. "자신이 받은 명령을 결코 잊지도 않습니다. 옆에서 싸우던 동료가 총한 방에 죽어 넘어져도 전혀 개의치 않습니다."

---

* 2004년에 마텔 사는 바비와 켄의 결별을 공식 발표하고, 바비의 새 남자친구가 될 인형인 '블레인'을 출시·소개했다. 2년 후, 마텔 사는 바비와 켄의 재결합 소식을 전했는데, 판매 부진이 이유였다고 알려졌다.

위장된 전쟁들

20세기 초에 콜롬비아는 천일전쟁*을 겪었다.

20세기 중반에는 전쟁이 지속된 날이 3,000일이었다.

21세기 초반에는 이제 전쟁이 지속된 날을 셀 수조차 없다.

하지만 콜롬비아에게 치명적인 이 전쟁이 콜롬비아의 주인들에게는 그리 치명적이지 않다.

전쟁은 두려움을 배가시키고, 두려움은 불의를 숙명으로 바꾼다.

전쟁은 가난을 배가시키고, 가난은 노동을 해도 조금밖에 못 벌거나 전혀 벌지 못하는 노동자들을 제공한다.

전쟁은 농부들을 그들의 토지로부터 몰아내고, 그 토지는 헐값에 팔리거나 무료로 양도된다.

전쟁은 무기 운반업자들과 민간인을 납치하는 자들에게 거액을 넘겨주고, 코카인이 계속해서 미국인들이 코를 들이대는 상품이자 콜롬비아인들을 죽게 만드는 거래의 대상이 될 수 있도록, 마약 운반업자들에게 은신처를 제공해 준다.

전쟁은 노동조합의 투사들을 죽이고, 노동조합들은 파업보다 장례식을 더 많이 치르고, 치키타 브랜즈, 코카콜라, 네슬레, 델몬트, 드루몬드 같은 회사를 더 이상 괴롭히지 않는다.

전쟁은, 전쟁이 설명할 수 없는 것일 뿐만 아니라 불가피한 것이 되

---

* 천일전쟁(La Guerra de Los Mil Días, 1899-1903)은 콜롬비아의 자유당과 보수당 사이에 벌어진 내전으로, 약 6만에서 13만 명의 사망자와 막대한 재산 손실, 국가 경제의 파탄을 불러왔다. 이 전쟁 직후 파나마가 콜롬비아 동맹에서 탈퇴했다.

도록 하기 위해, 전쟁의 원인을 밝힌 사람들을 죽인다.

폭력학자들은 콜롬비아가 죽음을 사랑하는 국가라고 말한다.

그들은 유전학적으로 그렇다고 말한다.

강변에 사는 여자

죽음의 비가 내린다.

죽음의 장(場)에서 콜롬비아인들은 총알을 맞거나, 칼이나 마체테에 찔려, 혹은 몽둥이질을 당해 죽는다.

교수대에서 죽거나 불에 타 죽는다.

하늘에서 떨어지는 폭탄에 맞아 죽거나 땅속 광산에서 죽는다.

우라바의 밀림에서, 페란초 강 또는 페란치토 강의 어느 강변에서, 나무와 야자 잎사귀로 지은 자기 집에서 엘리히아라고 불리는 여자가 더위와 모기를 쫓기 위해, 그리고 두려움 역시 쫓기 위해 부채질을 한다.

부채가 펄럭거리는 사이에 그녀가 큰 소리로 말한다.

"자연사한다는 건 정말 좋은 거야!"

전쟁들에 관한 거짓말

광고가 시작되고, "마케팅" 전략이 가동된다. 여론은 "타깃"이 된다. 전쟁은 자동차가 팔리듯 거짓말을 통해 팔린다.

1964년 8월, 린든 존슨 대통령은 베트남 사람들이 통킹 만에서 미국 전함을 공격했다고 발표했다.

존슨 대통령은 비행기와 군대를 파견해 베트남을 침공했고, 그의 인기는 하늘 높이 치솟았으며, 그는 기자들과 정치가들로부터 환호를 받았다. 집권 여당인 민주당과 야당인 공화당은 공산주의자들의 공격 앞에서는 하나의 정당이었다.

전쟁이 이미 대다수가 여자와 아이인, 수많은 베트남 사람을 짓밟아 버렸을 때, 존슨 정부의 국방부 장관 로버트 맥나마라는 베트남 사람들이 통킹 만을 공격하지 않았다고 고백했다.

죽은 사람들은 되살아나지 않았다.

2003년 3월, 조지 부시 대통령은 이라크가 대량 살상 무기, 즉 "유사 이래 결코 만들어진 적이 없는 가장 치명적인 무기"로 세상을 멸망시킬 시점에 있다고 발표했다.

부시 대통령은 비행기와 군대를 파견해 이라크를 침공했고, 그의 인기는 하늘 높이 치솟았으며, 그는 기자들과 정치가들로부터 환호를 받았다. 집권 여당인 공화당과 야당인 민주당은 테러리스트들의 공격 앞에서는 하나의 정당이었다.

전쟁이 이미 대다수가 여자와 아이인, 수많은 이라크 사람을 짓밟아 버렸을 때 부시는 대량 살상 무기는 존재하지 않았다고 고백했다. "유사 이래 결코 만들어진 적이 없는 가장 치명적인 무기"는 부시가 꾸며낸 것이었다.

그 후 치러진 선거에서 미국 국민은 그를 재선시킴으로써 그의 공에 보상했다.

먼 옛날 내가 어렸을 때, 어머니는 거짓말은 오래가지 못한다고 말씀했다. 어머니가 잘못 알고 계셨던 것이다.

포옹의 기원

세계 문학 역사의 최초의 연애시가 이라크에서 태어났다. 이라크가 황폐화되기 수천 년 전이다.

> 내가 그대에게 이야기하려는 이것을
> 가수가 자기 노래에 짜 넣기를 바라노라.

수메르어로 불린 이 노래는 어느 여신과 목동의 만남을 노래했다. 여신 이난나는 마치 자신이 죽어버릴 것처럼 그날 밤을 사랑했다. 목동 두무지는 그날 밤이 지속되는 한 죽지 않게 되어 있었다.

거짓말하는 전쟁들

이라크 전쟁은 지리(地理)가 서양의 석유를 동양의 모래 밑에 묻어버린 실수를 바로잡을 필요에서 발생했으나, 그 어떤 전쟁도 다음과 같이 자백하는 정직함을 지니지 못한다.
"나는 도둑질하기 위해 죽인다."

수많은 전쟁의 위업들은 '검은 금'을 비난조로 표현한 "악마의 똥"을 확보했고, 앞으로도 계속해서 확보하게 될 것이다.

20세기 말과 21세기 초에 걸쳐 수단에서 인종적·종교적 가면을 쓴 채 이루어진 기나긴 석유 전쟁으로 수많은 사람이 목숨을 잃었다. 석유 시추탑, 굴착기, 파이프, 송유관이 불타버린 마을들과 폐허가 된 논밭 위로 마술 같은 기술을 통해 솟아올랐다. 학살이 지속되던 다르푸르 지방에서는 모두 무슬림인 원주민들이, 자신들의 발밑에 석유가 있을 수 있다고 알려지면서, 서로를 미워하기 시작했다.

르완다의 산지에서 행해진 학살 역시, 죽인 사람이나 죽은 사람 모두 가톨릭교도들이었건만, 인종적·종교적인 전투라 불렸다. 식민지 시대의 유산인 증오는 벨기에가 암소를 가진 사람들은 투치족이고, 땅을 일구는 사람들은 후투족이라고 결정함으로써 소수인 투치족이 다수인 후투족을 다스리게 된 시대로부터 유래한 것이다.

이 당시 몇 년 동안 수많은 사람이 콩고민주공화국에서 콜탄을 가지고 분쟁하던 외국 기업들을 위해 목숨을 잃었다. 이 특이한 광물이 핸드폰, 컴퓨터, 마이크로칩, 통신에 사용되는 각종 배터리를 제조하는 데 필수 불가결한 것이었다. 하지만 매스컴은 전쟁에 관해 알리는 알량한 보도에서나마 이 광물에 관해 언급조차 하지 않았다.

탐욕스러운 전쟁들

1975년에 모로코 왕은 사하라 사람들의 조국에 쳐들어가 주민 대다수를 축출했다.

서부 사하라는 현재 아프리카에 남아 있는 마지막 식민지다.

모로코는 사하라가 자신의 운명을 선택할 권리를 부정한다. 그리고 자신이 나라를 탈취했는데 그 나라를 되돌려줄 의사가 전혀 없다고 고백한다.

"구름의 자식"인 사하라 사람들, 즉 비로 인해 박해받는 사람들인 그들은 영원한 고통과 영원한 향수(鄕愁)를 지녀야 하는 형을 선고받은 것이다. 유엔은 1,001번이나 사하라 사람 편을 들었으나 독립은 사막에 흘린 물보다 더 쉽게 사라져버린다.

유엔은 이스라엘의 팔레스타인 찬탈에 관해 역시 1,001번이나 언급했다.

1948년의 이스라엘 국가 건립은 팔레스타인 사람 80만 명을 축출하는 것을 의미했다. 쫓겨난 팔레스타인 사람들은, 몇 세기 전에 에스파냐가 쫓아낸 유대인들이 그랬던 것처럼, 자기 집 열쇠를 가져갔다. 당시 유대인들은 결코 에스파냐로 되돌아가지 못했다. 팔레스타인 사람들은 결코 팔레스타인으로 되돌아갈 수 없었다.

남아 있던 사람들은 계속된 침략으로 매일매일 줄어드는 영토에서 비굴하게 살아갈 수밖에 없었다.

팔레스타인 출신 여성 수잔 압달라는 테러리스트를 생산하는 방법을 알고 있다.

"그의 물과 음식을 빼앗으라.
그의 집을 전쟁 무기로 에워싸라.

모든 수단을 총동원해 시시각각, 특히 밤에 그를 공격하라.

그의 집을 허물어버리고, 그의 경작지를 쓸어버리고, 그가 사랑하는 것들을 죽이는데, 특히 어린 아이를 죽이거나 사지를 잘라버려라.

축하한다. 당신은 인간-폭탄 부대 하나를 만들어냈다."

세상을 죽이는 전쟁들

16세기 중반, 아일랜드 주교 제임스 어서는 세상이 기원전 4004년 10월 22일 새벽에서 다음 날 밤 사이에 생겨났다고 밝혔다.

반면에, 우리는 세상의 죽음에 관해서는 정확한 정보를 갖고 있지 않다. 세상을 멸망시키려고 하는 사람들이 주기적으로 열나게 작업하고 있기 때문에 세상의 종말이 그리 머지않았다는 두려움이 존재하는 것은 사실이다. 현 21세기에 이루어진 기술 발달은 인류 역사에서 2만 년 동안 이루어진 진보와 맞먹을 것이나, 그 기술적 진보가 어떤 행성에서 찬양받을지는 잘 모른다. 그에 관해서 셰익스피어가 이미 말한 바 있다. "이 시대의 불행은 미치광이들이 맹인들을 이끈다는 것이다."

우리가 사는 데 도움을 주는 기계들이 우리를 죽음으로 초대한다.

거대한 도시는 우리가 숨 쉬고 걷는 것을 방해한다. 화학폭탄은 극지방의 얼음과 높은 산의 만년설을 녹인다. 캘리포니아에 있는 어느 여행사는 관광객들이 녹아 없어지는 얼음에게 작별인사를 하도록 그린란드행 여행 상품을 판다. 바다가 해변을 삼키고 어망은 대구 대신 해파리를 잡는다. 다양성의 녹색 향연인 자연림은 공장의 숲이나 돌멩이도 생기지 않는 사막으로 바뀐다. 가뭄은 이번 세기 초에 20개국에서 계획도 대비도 없이 농부 1억 명을 쫓아냈다. "자연이 이제 아주 피곤한 상태다." 에스파냐의 수사 루이스 알폰소 데 카바요가 썼다. 1695년에 쓴 말이다. 만약 그가 지금 우리의 처지를 본다면 뭐라고 할까?

가뭄이 없는 곳에는 홍수가 있다. 해가 갈수록 홍수와 허리케인과 사이클론과 끊이지 않는 지진이 늘어간다. 마치 자연이 피해자가 아니라 가해자인 것처럼 그것들을 자연재해라고 부른다. 세상을 죽이는 재해는 가난한 사람을 죽인다. 과테말라에서는 그런 자연재해가 "카우보이"를 다룬 옛 영화와 같다고 말한다. 그 영화에서 죽는 사람은 인디오뿐이기 때문이다.

왜 별들은 떨고 있을까? 아마도 우리가 곧 하늘의 다른 별들을 침략하리라 예감하기 때문일 것이다.

툴레의 거인

1586년에 이미, 에스파냐의 가톨릭 사제 호세 데 아코스타는 멕시코의 오아하카에서 2리그 정도 떨어진 툴레 마을에서 다음과 같은 것을 보았다. "번개가 이 나무의 꼭대기부터 심장부를 거쳐 밑동까지 상처를 입혔다. 사람들은, 그 번개가 나무에 상처를 주기 전에는 나무가 수많은 사람에게 넉넉한 그늘을 만들어주었다고 말한다."

1630년에 베르나베 코보는 나무에 커다란 문 세 개가 있어서 말이 들락거렸다고 썼다.

그 나무는 지금도 그곳에 있다. 예수가 태어나기 전에 태어나 여전히 그곳에 서 있는 것이다. 세계에서 가장 오랜 세월을 살아온 가장 큰 나무다. 가지가 어찌나 무성하고 빽빽하던지 새 수천 마리가 집을 짓고 산다.

이 녹색 신은 고독을 선고받은 상태다. 자기를 둘러싸고 있던 밀림이 이제 없어져버린 것이다.

도시 교통의 기원

말들이 울부짖고, 마부들이 욕을 하고, 공기를 가르는 채찍 소리가 쉼없이 울렸다.

귀족 남자가 화를 냈다. 수 세기 동안 기다려왔다. 그의 마차가 다른 마차에 가로막혀 있는데, 수많은 마차 사이로 돌아가보려 하지만 소용이 없었다. 그는 인내력이 다했는지 마차에서 내려 검을 뽑아들더니 길을 가로막고 있는 첫 번째 말의 배를 찢어버렸다.

이 사건은 1766년 어느 토요일 해 질 무렵에 파리의 빅투아르 광장에서 일어났다.

그 귀족은 사드 후작*이었다.

그보다 훨씬 더 가학적인 것이 있다. 오늘날의 교통 체증이다.

---

* 흔히 사드 후작(Marquis de Sade)이라 불리는 도나시앵 알퐁스 프랑수아 드 사드(Donatien Alphonse François de Sade, 1740-1814)는 프랑스 귀족 출신의 작가로, 그의 소설과 실생활로부터 '사디즘(sadism)'이라는 용어가 파생되었다.

알아맞히기

그들은 가정에서 귀여움을 독차지하는 식구다.

대식가여서 석유, 가스, 옥수수, 사탕수수, 그리고 수중에 들어오는 것은 뭐든지 먹어 치운다.

인간은 그들을 목욕시키고, 그들에게 먹을 것과 은신할 곳을 주고, 그들에 관해 얘기하고, 그들에게 길을 열어주느라 시간을 쓴다.

그들은 우리보다 더 많이 번식해서 지금은 그 수가 반세기 전보다 열 배나 불었다.

그들이 전쟁보다 더 많은 사람을 죽이나 아무도 그들의 살인 행위를 고발하지 않으며, 그들을 광고해서 살아가는 신문과 텔레비전 채널들은 그들의 살인 행위를 더더욱 고발하지 않는다.

그들은 우리에게서 길을, 공기를 빼앗는다.

우리가, "내가 운전할게"라고 말하는 것을 들으면 그들은 씩 웃는다.

기술 혁명의 간략한 역사

우리가 성장하고 번성하라고 말하자, 기계들은 성장하고 번성했다.

기계들은 우리를 위해 작업할 것이라고 우리에게 약속했다.

이제 우리는 기계들을 위해 작업한다.

우리가 식량을 증대시키기 위해 발명한 기계가 굶주림을 증대시킨다.

우리가 스스로를 방어하기 위해 발명한 무기가 우리를 죽인다.

우리가 움직이기 위해 발명한 자동차가 우리의 활동을 막는다.

우리가 서로 만나기 위해 만든 도시가 우리를 서로 못 만나게 한다.

우리가 서로 소통하기 위해 발명한 거대한 매스컴이 우리의 말을 듣지도 우리를 보지도 않는다.

우리는 우리의 기계의 기계다.

기계들은 죄가 없다고 주장한다.

그리고 그 말은 맞다.

보팔

자정 무렵 악몽 같은 사건 하나가 이웃 사람들을 깨웠다. 공기가 펄펄 끓고 있었다.

1984년, 인도의 보팔 시에 있는 미국의 유니언 카바이드 사(社) 공장이 폭발했다.

안전 시스템이 전혀 작동하지 않았다. 경제적인 용어를 사용해 다시 말해 보자면, 이익을 많이 남기기 위해 생산비를 급격하게 줄이라고 강요함으로써 안전을 희생시킨 것이다.

사고라 불린 이 범죄로 수천 명이 사망하고, 더 많은 수가 불치병에 걸렸다.

세계의 남쪽에서는 인간의 목숨이 공급에 따라 값이 매겨진다. 유니언 카바이드는 피해자들과 밀고 당기기를 수없이 반복한 끝에 사망자 1인당 3,000달러, 불치병에 걸린 사람 1인당 1,000달러를 보상금으로 지불했다. 그리고 유니언 카바이드의 유명한 변호사들은 살아남은 자들의 요구를 거절했다. 살아남은 자들이 자신들의 엄지손가락으로 서명한 서류의 내용을 이해할 수 없는 문맹자들이었기 때문이었다. 회사가 보팔 시의 물과 공기를 정화하지 않아서 물과 공기가 계속해서 오염되어 있었고, 토양도 정화하지 않아서 토양이 계속해서 수은과 납에 오염되어 있었다.

반면에 유니언 카바이드는 가장 비싼 메이크업 전문가들에게 수백만 달러를 지불함으로써 이미지를 깨끗하게 만들 수 있었다.

그로부터 몇 년 뒤, 다른 거대 화학 회사 다우 케미컬이 유니언 카바이드를 합병했다. 다우 케미컬은 유니언 카바이드 사의 문제에 전혀 상관하지 않았다. 다우 케미컬은 손을 씻고, 그 사건에 관한 책임을 일체 부인했으며, 오히려 회사 입구에서 항의 시위를 하던 여자들을 공공질서 교란 행위로 고소해 버렸다.

동물들의 소통 수단

1986년 어느 봄날 밤, 체르노빌의 원자력 발전소가 폭발했다.

소련 정부는 사고를 공표하지 말라는 명령을 내렸다.

수많은 사람, 엄청난 군중이 이동하는 폭탄으로 변해 죽거나 살아남았으나, 텔레비전과 라디오, 신문은 그 사실을 전혀 모르고 있었다. 사흘이 지났을 때, 매스컴은 원자력 발전소 폭발 사건에 관해 언급했으나 당국의 비(非)보도 명령을 위반하지는 않았다. 그 어떤 매스컴도 그것이 새로운 히로시마라는 경고를 하지 않았고, 그 대신 그것은 사소한 사고이며, 대수롭지 않고, 통제 상태에 있기 때문에 전혀 겁을 낼 필요가 없다고 확언했다.

물론 원자력 발전소 가까이 또는 멀리서 작업하던 농부들과 어부들은 뭔가 아주 심각한 사건이 발생했다는 사실을 알아차렸다. 그들에게 나쁜 소식을 알려준 것은 하늘로 날아올라 수평선으로 사라져버린 꿀벌, 말벌, 새 들이었고, 땅속 1미터 깊이로 숨어버려 어부들은 미끼를, 닭들은 모이를 구할 수 없게 만들어버린 지렁이들이었다.

약 20여 년이 지난 뒤에 서남아시아에서 쓰나미가 발생해 거대한 파도가 수많은 인명을 삼켜버렸다.

비극이 잉태되고, 땅이 바다 깊숙한 곳에서 막 삐걱거리기 시작할 때, 코끼리들이 영문을 모르게 소리를 지르고 절망적인 눈물을 흘리면서 자신들을 묶어둔 사슬을 끊은 뒤 밀림 속으로 질주했다.

홍학, 표범, 호랑이, 멧돼지, 사슴, 물소, 원숭이, 뱀 같은 동물도 그 재난이 닥치기 전에 몸을 피했다.

인간과 거북이만이 죽어갔다.

아르노 강

자연이 아직 정신병원에 보내지기 전에 자연은 이미 자신에게 찾아온 정신병을 앓고 있었다.

1966년 말경, 이탈리아의 아르노 강이 범람하는 악몽이 현실화됨으로써 피렌체는 역사상 가장 극심한 홍수 피해를 겪었다. 단 하루 만에 제2차 세계대전에서 이루어진 모든 폭격으로 인한 피해보다 더 많은 피해를 입은 것이다.

나중에, 진흙 속에 무릎까지 빠져 있던 피렌체 사람들은 조난당한 나머지 사람들을 구하러 뛰어들었다. 그렇게, 여자들과 남자들이 첨벙거리며 구조 작업을 하고, 아르노 강과 아르노 강의 모든 지류에 욕을 퍼붓고 있을 때, 그 근처로 기다란 트럭 한 대가 빠른 속도로 지나갔다.

트럭은 홍수로 목숨이 위태로울 정도의 심각한 부상을 입은 거대한 몸체 하나를 싣고 있었다. 몸체의 머리는 트럭 뒷바퀴 위에서 덜렁거렸으며, 부러진 팔 하나는 트럭 옆구리에서 대롱거리고 있었다.

나무로 만든 그 거인이 지나갈 때, 남자들과 여자들은 삽과 물통을 한쪽으로 치우고, 모자를 벗고, 성호를 그었다. 그 트럭이 시야에서 사라질 때까지 아무 말 없이 기다렸다.

그 거인 역시 피렌체 시의 아들이었다.

피렌체는 십자가에 못 박힌 예수, 온몸이 갈기갈기 찢어진 예수가 태어난 곳이다. 이 예수는 7세기 전, 조토의 스승이자 화가인 조반니 치마부에의 손에서 태어났다.*

---

* 피렌체파 화가들의 스승으로 일컬어지는 조반니 치마부에(Giovanni Cimabue, 1240?-1302?)는 1287-1288년에 〈십자가에 못 박힌 예수(Crucifix)〉를 그렸다. 치마부에 이전의 예수는 눈을 뜨고 살아 있는 불멸의 예수로 묘사되었는데, 치마부에는 감긴 눈과 옆으로 기운 머리, 활처럼 처진 커다란 몸, 검게 상한 피부의 죽은 예수를 그렸다. 죽어 축 늘어진 예수의 모습은 십자가에서 겪은 예수의 고난과 아픔을 상기시켜 주며, 측은함과 슬픔을 자아낸다.

갠지스 강

인도의 거대한 강은 땅을 적시지 않았다. 저 높이, 저 멀리 있는 하늘을 적시고 있었다. 신들은 자신들에게 물과 신선함을 선사하는 그 강으로부터 떨어져 나가려 하지 않았다.

갠지스 강이 옮겨 가기로 결정을 내리기 전까지는 그랬다. 인도로 옮겨진 갠지스 강은 이제 히말라야에서 바다까지 흘러감으로써 살아 있는 사람들이 강물에서 자신을 정화하고, 죽은 사람의 재가 목적지를 갖게 되었다.

지상의 것들을 동정했던 이 신성한 강은 세상에서 자신의 삶을 불가능하게 만드는 쓰레기와 독극물을 공물로 받게 되리라는 의심은 하지 못했다.

강과 물고기

물고기를 잡아주는 것보다는 물고기 잡는 법을 가르치라는 옛 속담이 있다.

아마존 지역에 살고 있는 페드루 카살달리가 주교*는, '그렇다, 그건 아주 잘하는 것이고, 아주 좋은 생각이다'라고 말하지만, 모든 사람의 것인 그 강을 누군가 사서 우리가 물고기를 잡지 못하게 한다면 무슨

---

* 페드루 카살달리가(Pedro Casaldáliga, 1928-2020) 주교는 에스파냐 출신으로, 1968년에 브라질 중부의 마투 그로수 주로 이주해 인디오 농민을 위해 헌신한 해방신학자다.

일이 일어날까? 아니면, 만약 강에 버려지는 유독성 폐기물이 강을 오염시키고 물고기가 중독되면 무슨 일이 일어날까? 다시 말해, 만약 지금 발생하고 있는 일이 발생한다면 어떻게 될까?

강과 사슴들

가장 오래된 교육학 논저는 어느 여자의 작품이다.

가스코뉴의 두오다는 9세기 초에 라틴어로 『내 아들을 위한 지침서 (*Liber Manualis*)』를 썼다.

그녀는 그 무엇도 강요하지 않았다. 제의하고, 조언하고, 보여주었다. 그 논저의 몇 쪽은 사슴들로부터 배우라고 우리를 초대했다. "사슴들은 뒤에 따라가는 사슴이 앞서가는 사슴의 등에 머리와 목을 올려 기대는 식으로, 줄을 지어 헤엄쳐 강을 건넌다. 서로 몸을 의지함으로써 아주 쉽게 강을 건널 수 있는 것이다. 그리고 사슴들은 아주 영리하고 재치가 있어서 앞장서 가는 사슴이 피곤해졌다는 사실을 알게 되면 그 사슴을 맨 뒷자리로 보내고 다른 사슴이 선두에 선다."

기차 밖으로 나온 팔들

하루에 약 600만 명을 운송하는 봄베이의 기차들은 물리적인 법칙을 위반한다. 기차가 가용 인원을 훨씬 더 초과해 싣는 것이다.

그 불쌍한 여행에 관해 알고 있는 수케투 메타의 말에 따르면, 승객을 가득 실은 기차가 떠나버리면 기차를 쫓아 계속해서 달려오는 승객들이 있다. 기차를 놓치는 사람은 직장을 잃는다.

그래서 객차로부터 팔들이 뻗쳐 나오는데, 차창 밖으로 나오거나 기차 지붕으로부터 내려오는 팔들은 기차를 타지 못하고 뒤처진 사람들이 기차에 올라타도록 도와준다. 팔들은 기차를 잡기 위해 달려오는 사람이 외지인인지 그곳에서 태어난 사람인지도 묻지 않고, 그가 어떤 언어를 사용하는지도 묻지 않으며, 브라마를 믿는지, 알라를 믿는지, 붓다를 믿는지, 예수를 믿는지도 묻지 않고, 어느 카스트에 속하는지, 저주받은 카스트인지, 아무 카스트에도 속하지 않는지도 묻지 않는다.

밀림의 위험

사비트리는 떠났다.

그녀의 부름을 들은 야생 코끼리가 찾아와 울타리를 밟아 뭉개고, 경비원을 쓰러뜨리면서 그녀가 있는 천막 속으로 들어가 그녀를 데려가 버린 것이다. 사비트리는 자신을 얽매고 있던 사슬을 끊었고, 둘은 함께 밀림 속으로 사라져버렸다.

올림픽 서커스단의 주인은 손실액을 약 9,000달러로 계산했고, 사비트리의 친구 가야트리가 우울증에 빠져 일도 거부하고 있다고 말했다.

2007년 말, 도망친 그 쌍은 캘커타에서 약 200킬로미터 떨어진 어느 호숫가에서 발견되었다.

추격자들은 감히 그 둘에게 접근하지 못했다. 그 수코끼리와 암코끼리가 코를 서로 매듭지은 채 자신들을 보호하고 있었기 때문이다.*

샘물 속의 위험

「요한묵시록」 21장 6절에 따르면, 신은 새로운 세상을 만들고 이렇게 말할 것이다.

"나는 목마른 자에게 생명의 샘에서 솟는 물을 거저 주겠다."

거저라고? 새로운 세상은 세계은행을 위해 단 한 자리도 남겨두지 않고, 물을 거래하는 귀한 사업을 하는 회사들에게도 단 한 자리도 남겨두지 않겠다는 것인가?

그런 것 같다. 그사이 여전히 우리가 살고 있는 구(舊)세상에서 샘물은 유전(油田)처럼 사람들의 탐욕의 대상이 되어, 전쟁터로 바뀌고 있다.

아메리카에서 일어난 첫 번째 물 전쟁은 에르난 코르테스가 멕시코를 침범한 것이었다. 가장 최근에 파란색 금(blue gold)이라 불리는 물로 인한 분쟁은 볼리비아와 우루과이 사이에서 일어났다. 볼리비아에

---

* 2007년 인도에서 번식기에 야생 수코끼리가 올림픽 서커스단의 동물 우리를 침입해 암코끼리 사바트리와 함께 도망친 사건이 있었다. 당시의 한 기사는 두 코끼리의 이야기를 긴장감 넘치는 발리우드 영화에 빗대기도 했다.

서 봉기한 민중은 잃어버린 물을 회복했다.* 우루과이에서는 국민투표가 물을 잃어버리는 것을 막았다.**

땅 위의 위험

1996년 어느 날 오후, 농부 열아홉 명은 브라질 아마존 지역의 파라 주 헌병들이 인정사정없이 쏜 총알 세례를 받았다.

파라 주에서는, 그리고 브라질의 많은 지역에서는 땅 주인들이 비어 있는 광대한 땅을 도둑질하거나 도둑질한 땅을 물려받아 지배하고 있다. 그럼에도 그들의 무단 소유권은 처벌받지 않고 있다. 학살이 일어난 지 10년이 지난 뒤, 아무도 체포되지 않았다. 땅 주인들도, 그들의 무장한 앞잡이들도.

하지만 이런 비극은 '무토지 농민 운동'***에 속해 있는 농민들을 놀

---

* 세계은행은 1998년 볼리비아 정부가 수도 민영화에 동의하지 않으면 코차밤바의 상수도 개선을 위한 차관 2,500만 달러를 제공할 수 없다고 위협했다. 결국 물 사업은 미국 벡텔 사에 넘어갔다. 다음해 1월부터 물값이 폭등해 노동자 월급의 20퍼센트가 넘는 돈이 수도세로 지출되어야 했다. 이것도 모자라 강수량이 줄어든다는 이유로 볼리비아 정부를 압박해 민중이 빗물을 받아 쓰는 것을 금지하는 법률마저 통과시켰다. 2000년 4월 '물 전쟁'이 벌어졌다. '물과 생명 수호를 위한 연합'의 주도로 시민 수만 명이 거리로 뛰쳐나왔고, 일주일간의 총파업으로 4일 동안 도시가 마비되고 계엄령이 선포되었다. 정부의 무자비한 탄압으로 수백 명이 부상당하고, 17세 소년이 사망했다. 결국 분노한 시민들에게 정부는 패배를 인정했고, 벡텔은 코차밤바에서 달아났지만, 정부에 1,500만 달러의 손해배상을 청구했다.

** 우루과이 말도나도 지역의 수도 사업도 2000년에 수에즈 사에 사유화되었다. 수도 요금이 열 배나 인상되고 수질이 악화되자 2002년 '물과 생명 수호를 위한 전국 위원회'가 구성되고, 2004년 국민투표가 발의되어 62.75퍼센트의 지지를 얻음으로써 헌법에 물 사유화 금지 조항이 신설되었다.

*** 무토지 농민 운동(Movimento dos Trabalhadores Rurais Sem Terra, MST)은 토지 편중 현상을 비롯해 부의 편중 현상이 심한 브라질 사회를 바꾸기 위해 진행되고 있는 농민 운동이다. 1984년 파라나 주 카스카벨 지역에서 무토지 농민들의 첫 모임으로 공식 출범했고, 1985년에 규모를 확대해 전국적인

래지도 기를 꺾지도 못했다. 비록 이 세상에는 용서받지 못할 범죄와 이해하지 못할 광증이 횡행한다 할지라도, 무토지 농민 운동은 세력을 확대하고, 농민들의 노동 의욕과 땅을 일구겠다는 의욕은 고취되었다.

하늘의 위험

2003년, 시민 봉기가 볼리비아 정부를 전복시켰다.

빈민들은 참는 데 지쳐버렸다. 빗물까지 사유화되고, 볼리비아 정부는 이미 국민과 모든 것을 공매한다는 깃발을 세워버린 터였다.

봉기는 수도 라 파스 시의 가장 높은 곳에 위치한 엘 알토 지역을 흔들었다. 엘 알토에서는 극빈민층이 슬픔을 씹으며 하루하루를 보내고, 너무 높은 지대에 위치해 있기 때문에 주민들이 구름을 헤치며 걷고, 모든 집의 문은 하늘로 나 있다.

그 빈민촌에서 죽어가는 사람들은 곧장 하늘로 갔다. 하늘은 속세보다 그들에게 훨씬 더 가까운 곳에 있었다. 이제 그들은 천국을 휘저으며 다니고 있다.

조직을 갖추어, 현재 브라질 전체 26개 주 중 23개 주에 조직을 갖고 있으며, 약 150만 명이 회원으로 참여하고 있다.

구름 속의 위험

바티칸에 도착한 명백한 증거들에 따르면, 안토니 가우디는 그가 행한 수많은 기적 때문에 성인 열전에 포함될 만하다.

카탈루냐 모더니즘의 창시자인 그 예술가는 1926년에 사망했고, 그 이후로 그는 수많은 불치병자를 고치고, 수많은 행방불명자를 찾아냈고, 어디에서든 일자리와 주거지를 만들어냈다.

현재 그의 시복(諡福) 절차가 진행 중이다.

그가 시복을 받게 되면 하늘의 체계가 심각한 위험에 처한다. 왜냐하면 종교 행렬에 결코 불참해 본 적이 없는 이 정결하고 청교도적인 남자가 과거에 이교도의 손을 갖고 있었는데, 이런 사실은 그가 다양한 집과 공원에 만들어 놓은 육욕의 미로에서 분명히 드러나기 때문이다.

그에게 구름을 주면 이제 그는 무엇을 할까? 아담과 이브가 첫 번째 죄를 저지른 날 밤에 아담과 이브의 본심이 어땠는지 우리더러 알아보라고 하지 않을까?

세상에 대한 총체적인 재고 조사

흑인 아르투르 비스포 두 호자리우*는 하느님 덕분에 가난한 선원에,

---

* 아르투르 비스포 두 호자리우(Artur Bispo do Rosario, 1909-1989)는 브라질 출신의 예술가다. 그는 팝 아티스트, 공상 예술가, 포크 아티스트, 심지어는 '정신병자 예술가(psychotic artist)'로도 불린다. 그의 작품은 베네치아, 스톡홀름, 뉴욕 등지에서 전시되었다.

복싱 선수에, 예술가였다.

그는 리우 데 자네이루의 정신병원에서 살았다.

그곳에서 파란 천사 일곱이 그에게 신의 명령을 전했다. 하느님은 그에게 세상에 남아 있는 것을 모두 조사하라고 명령했다.

그가 받은 임무는 기념비적인 것이었다. 아르투르는 한창 작업을 하던 중 죽음이 그의 머리채를 잡아끌고 데려간 1989년까지, 매일 밤 낮으로 일했다.

미완성된 세상의 재고 조사 결과는 다음과 같았다.

깨진 유리,

닳은 빗자루,

닳은 슬리퍼,

빈 병,

낡은 모포,

닳은 타이어,

해진 돛,

쓸모없게 된 깃발,

읽어버린 편지,

잊힌 단어,

하늘에서 내린 빗물.

아르투르가 조사한 것들은 죄다 쓰레기였다. 왜냐하면 모든 쓰레기는 영위(營爲)된 삶이고, 세상에 존재했던 모든 것 또는 당시까지 존재해 왔던 모든 것이 바로 그 쓰레기에서 비롯되었기 때문이다. 사람의 손을 거치지 않은 것은 그 어떤 것도 재고 조사 목록에 올릴 가치가 없었다. 사람의 손을 거치지 않은 것은 태어나지도 못한 채 죽어버리기 때문이다. 삶은 오직 상처를 가진 것들 안에서만 고동쳤다.

길의 연속성

누군가가 죽을 때면, 그의 시간이 다할 때면, 그는 이 세상에서 그의 이름과 함께 존재했던 행위, 소망, 말과 함께 죽는 것일까?

베네수엘라의 알토 오리노코 지역 인디오들 사이에서는 사람이 죽으면 이름도 잃는다. 그들은 자신들의 플라타노* 수프 또는 옥수수 술에 죽은 사람의 재를 섞어 음복하고, 이 의식이 끝나면 이제 그 누구도 죽은 사람의 이름을 더 이상 부르지 않는다. 죽은 사람은 다른 사람의 몸속에서 다른 이름으로 행위하고, 원하고, 말하는 것이다.

밤의 위험

그녀는 잠을 자면서 우리를 보았다.

엘레나는 우리가 어느 공항에서 줄을 서는 꿈을 꾸었다.

아주 긴 줄이었고, 승객들 각자는 옆구리에 지난밤 잠을 잘 때 사용한 베개를 끼고 있었다.

---

* 플라타노(Platano)는 바나나의 일종으로 흔히 기름에 튀겨 먹거나 물에 삶아 먹는다. 수프 같은 음식에도 다른 식재료와 함께 넣는다. 영어로는 플랜틴(Plantain)이라고 부른다.

꿈을 읽어내는 어느 기계를 그 베개들이 통과하고 있었다.

그 기계는 공공질서를 위협하는 위험한 꿈들을 가려내는 것이었다.

지상에서 사라진 것들

평화와 정의를 예고하면서 태동한 20세기는 피로 물들어 죽었고, 20세기 자신이 겪은 세상보다 훨씬 더 불공정한 세상을 남겼다.

역시 평화와 정의를 예고하면서 태동한 21세기는 여전히 지난 세기를 답습하고 있다.

옛날 옛적 유년 시절, 나는 지상에서 사라진 것들은 죄다 구름으로 올라간다고 알고 있었다.

그럼에도 우주 비행사들은 구름에서 위험한 꿈도, 배신당한 약속도, 깨진 희망도 찾은 적이 없다.

그것들이 구름에 있지 않다면, 도대체 어디에 있다는 말인가?

지상에서 사라져버린 게 아니라는 말인가?

지상 어딘가에 숨어버렸다는 말인가?

그림 목록*

---

* 〈괴물과 상상의 존재(Monstruos y seres imaginarios)〉 전시회의 판화 작품들(에스파냐 국립 도서관, 마드리드, 2000).

333쪽, 작자 미상, 19세기.

356쪽, 울리세 알드로반디, 1642.

367쪽, 작자 미상, 1497.

380쪽, 루드비그 홀베르, 1741.

389쪽, 울리세 알드로반디, 1642.

417쪽, 울리세 알드로반디, 1642.

484쪽, 자크 콜랭 드 플랑시, 1863.

522쪽, 작자 미상, 1624.

567쪽, 울리세 알드로반디, 1642.

592쪽, 앙브루아즈 파레, 1560.

600쪽, 리코스테네스, 1557.

작가 연보

1940년 9월 3일, 우루과이 몬테비데오에서 웨일즈·독일·에스파냐·이탈리아계 중산층 가정
에서 태어난다.

청소년기에 자동차 수리공, 외상 수금원, 간판을 그리는 화가, 심부름꾼, 경리원 등
여러 직업을 전전한다.

14세 때 우루과이 사회당의 주간지 《태양(El Sol)》에 만화를 그림으로써 언론인으로
서 경력을 시작한다.

1960년 마리오 바르가스 요사 같은 당대의 유명 작가들이 참여한 정치·문화 주간지 《행진
(Marcha)》의 편집장을 맡아 1964년까지 재직한다.

그 후 쿠바 혁명에 대한 열정에 사로잡혀 2년 동안 좌파 일간지 《시대(Época)》의 논
설을 쓴다.

1971년 15세기부터 라틴아메리카에서 시작된 외국인들의 수탈을 문학적으로 고발한 고전
적인 작품 『라틴아메리카의 절개된 혈관(Las venas abiertas de América Latina)』을
출간한다.(2009년에 트리니다드 토바고에서 열린 정상회담에서 베네수엘라 대통령 우고 차
베스가 미국 대통령 버락 오바마에게 이 책을 선물한다.)

1973년 군부가 쿠데타를 일으켜 정권을 잡자 마르크스주의자라는 혐의로 체포되고, 나중에
아르헨티나로 망명해 문화잡지 《위기(Crisis)》를 발간한다.

1976년 아르헨티나에서 호르헤 라파엘 비델라가 군사 쿠데타를 일으켜 정권을 잡고 독재를
시작했을 때, 그의 이름이 처형자 명단에 들어가고, 그는 에스파냐로 망명한다.

1978년 아르헨티나, 칠레, 볼리비아, 브라질, 우루과이의 군사 독재를 겪은 사람들의 무시무
시한 이야기 『사랑과 전쟁의 낮과 밤(Días y noches de amor y de guerra)』을 출간해
'카사 데 라스 아메리카스(Casa de las Américas, 아메리카의 집)' 상을 받는다.

1982년	이해부터 1986년까지 3부작 『불의 기억(*Memoria del fuego*)』을 쓴다. 비평가들의 관심을 폭넓게 받은 『불의 기억』은 아메리카의 초기부터 1980년대까지를 살았던 역사적인 인물 즉, 정복자, 피정복자, 장군, 예술가, 혁명가, 노동자들에 관해 다루고 있다.
1999년	라틴아메리카의 축구에 관한 독특한 해설서 『축구, 그 빛과 그림자(*El fútbol a sol y sombra*)』를 출간한다.
2008년	감춰진 세계사를 담은 600여 편의 이야기를 모은 『거울들: 거의 모든 사람의 이야기 (*Espejos: Una historia casi universal*)』를 출간함으로써 세계사에 대한 새로운 인식을 드러내며 각광받는다.

에두아르도 갈레아노는 군부 독재가 끝나자 1985년부터 고향 몬테비데오에 거주하면서 수많은 글을 썼다. 광범위한 자료, 섬세한 연구를 통해 라틴아메리카 사회, 정치, 경제의 제반 문제를 예리하게 파헤친 그는 라틴아메리카 문학계를 빛낸 작가이자, 뛰어난 언론인으로 꼽힌다. 사회주의와 민족 해방에 대한 지칠 줄 모르는 열정과 카리스마를 지닌 갈레아노는 언론인으로서 피델 카스트로, 페론, 절친한 친구였던 살바도르 아옌데, 차베스 등 라틴아메리카 대륙의 저명 인사들을 인터뷰한다. 그의 책들은 세계의 주요 언어로 번역되어 있다.

2015년	폐암이 악화되어 몬테비데오에서 사망한다.

작품 목록

『파란 호랑이와 다른 글들(*El tigre azul y otros artículos*)』(1988)

『인터뷰와 글들(*Entrevistas y artículos*)』(1962-1987, 1988)

『포옹의 책(*El libro de los abrazos*)』(1989)

『우리는, 아니라고 말한다(*Nosotros decimos no*)』(1989)

『라틴아메리카 제대로 이해하기(*América Latina para entenderte mejor*)』(1990)

『말, 개인 선집(*Palabras. antología personal*)』(1990)

『그들과 같아지기, 그리고 다른 글들(*Ser como ellos y otros artículos*)』(1992)

『사랑하기(*Amares*)』(1993)

『떠도는 말들(*Las palabras andantes*)』(1993)

『사용하고 버려라(*Úselo y tírelo*)』(1994)

『축구, 그 빛과 그림자(*El fútbol a sol y sombra*)』(1995)

『거꾸로 된 세상의 학교(*Patas arriba. Escuela del mundo al revés*)』(1998)

『시간의 목소리(*Bocas del Tiempo*)』(2004)

『여행(*El viaje*)』(2006)

『미래(未來) 씨에게 보내는 편지(*Carta al señor futuro*)』(2007)

『거울들: 거의 모든 사람의 이야기(*Espejos: Una historia casi universal*)』(2008)

『파파가요의 부활(*La resurrección del Papagayo*)』(2008)

『오늘의 역사 역사의 오늘(*Los hijos de los días*)』(2011)

『여자들: 선집(*Mujeres: Antología*)』(2015)

『역사의 사냥꾼(*El Cazador de Historias*)』(2016)

거울에 비친 세상, 숨겨진 역사의 문학화

문학은 '생산적인' 상상력을 통해 현실과 인간 경험의 숨겨진 차원을 새롭게 발견해 적극적으로 드러내고 변형함으로써 우리의 삶과 세계관에 '의미론적 혁신'을 이루게 한다.

2008년 4월 15일. 우루과이 출신의 위대한 작가이자 급진적인 언론인, 뛰어난 편집자이기도 한 에두아르도 갈레아노(Eduardo Galeano, 1940-2015)가 아르헨티나, 에스파냐, 멕시코에서 책 한 권을 동시에 출간한다. 『거울들(Espejos)』이다. '거의 모든 사람의 이야기(Una historia casi universal)'라는 부제가 암시하듯, 인류사 시초부터 현재까지 세계에서 일어난 600여 편의 독특하기 이를 데 없는 이야기로 이루어진 책이다. 과거에 대한 백과사전적 지식을 바탕으로 새로운 형식의 글을 만들어냄으로써 독자에게 독특한 문학적 체험을 하게 해주는 이 작품은 다양한 세계사의 이면을 예리하게 조명한다. 각각의 이야기는 시처럼 짧지만 흥미진진한 서사 구조와 완결성을 지닌다. 갈레아노는 "이야기 하나하나가 확실한 문헌 자료에 근거하고 있다. 비록 이야기를 내 방식대로 풀어냈다 해도 모두 실제로 일어난 일"이라고 밝힌다. 사실에 근거한 이들 이야기는 그동안 공식 역사는 물론이고, 신문이나 사진 등에도 제대로 실린 적이 없는 것들이다. 공식 역사가 기술하기를 거부했거나, 이야기의 본질을 왜곡해 기술한 것들을 갈레아노가 발굴해 특유의 유머, 신랄한 조롱과 풍자, 감칠맛 나는 아이러니, 시적 감성이 어우러진 언어를 통해 재해석해 놓은 것이다. 지금까지 세상에 존재했지만 왜곡되고 소외되어 왔던 온갖 사물, 사건, 인물을 갈레아노가 자신의 거울에 비쳐서 바라본 것으로, 갈레아노 특유의 '세상 읽기' 방식이 드러나 있다. 이렇게 해서『거울들』에서는 죽은 자가 되살아나고, 익명의 존재, 무명씨가 이름을 되찾는다.

모든 것은 당신이 보는 유리의 색상에 따라 달라진다

갈레아노의 책이 세계 주요 언어로 번역되어 수많은 독자와 평자를 끌어들이는 이유는 무엇일까? 갈레아노의 '감춰진 진실 드러내기'와 '경계 허물기' 작업 때문이다.

세상에 "유일한 진실은 존재하지 않는다. 스탈린주의에 대한 향수에 젖어 있는 사람들의 머릿속에는, 정치나 인간 연대를 이해하는 방법은 단 하나뿐이라고 말하는 독단주의에는 더 이상 아무것도 없다. 또는 세상이 지탱하는 이 시스템만이 유일하게 가능한 것이라고 믿는 사람들의 머릿속에는 더 이상 아무것도 없다"는 것이 갈레아노의 믿음이다. 에스파냐 황금 세기의 저명한 극작가 칼데론 데 라 바르카가 말했듯이 "모든 것은 당신이 보는 유리의 색상에 따라 달라진다."

세상에 공식적으로 알려지지 않은 진실을 캐내고 위장된 진실의 허위성을 벗겨내는 갈레아노의 집요한 노력은 가히 감동적이다. 그는 사건들 자체의 관점, 덜 알려진 사람들의 관점, 신문이나 사진에 나타나지 않은 사람들의 관점을 투여한다. 그가 이 같은 '역사의 문학화'에 관해 밝힌 입장은 다음과 같다. "나는 매일 신문을 읽으면서 일종의 역사를 대한다. 신문은 자신들이 말하는 것과 말하지 않는 것을 통해 내게 가르침을 준다. (⋯⋯) 아마도 신문이 말하지 않는 것이 말하는 것보다 더 많은 것을 말하고, 그리고 종종 신문이 하는 말은 진실을 거짓으로 드러낸다. 그래서 나는 『거울들』을 세상에 내놓게 된 것이다."

갈레아노는 "사람들로부터 많은 것을 배운다. 하루도 빠짐없이 배운다." 그는 "호기심이 많은 사람이라 항상 다른 사람들, 그들의 목소리와 비밀과 사연을 피부색 가리지 않고 집어삼킨다." 그는 자신을 끊임없이 괴롭히는 의문을 해소하기 위해 사람들과 소통한다. "작가는 타인과 소통하고 교감하고 싶은 욕구 때문에 글을 쓰는 사람"이고, "작가는 자신의 고독, 타인의 고독을 이기기 위해 글을 쓰는 사람"이기 때문이다.

역사의 '시적(詩的) 변형' 작업은 지금까지 갈레아노가 진행해 온 치열한 '세상 읽기 방법' 가운데 하나다. 갈레아노가 우리에게 밝혀주는 진실을 확인하고 있노라면 세상은 우리가 생각하는 것보다 훨씬 더 넓고 복잡하며, 인간의 욕망은 한량없이 특이하고 집요하며, 신의 섭리는 참으로 냉정하고 오묘하고 불가사의하다는 사실을 알 수 있다. 갈레아노가 발굴해 놓은 특이한 진실을 대할 때면 "어떻게 세상에 이런 일이!"라는 감탄사가 절로 나올 정도다.

갈레아노의 탁월한 역량은 시대와 장소의 경계, 글쓰기 장르의 경계를 허무는 데서 두드러진다.

나는 영혼의 경계도, 글쓰기 기법의 경계도 인정하지 않는다. (……) 수많은 존재의 목소리를 전하는 내 목소리가 어떤 글에 속하는지는 잘 모르겠다. 소설인지 수필인지 서사시인지 증언인지 연대기인지 알 수가 없다. 사실 별 상관도 없다. 평론가들이 장르를 나누지만, 나는 그런 경계를 믿지 않는다. (……) 나는 경계를 위반할 때마다 크나큰 기쁨을 느낀다.

그는 신화, 민담, 민요, 대중가요, 신문 기사, 일기, 편지, 시, 소설, 평론, 역사책, 각종 문헌 등 이 세상에 존재하는 모든 장르를 수용한다. 그의 작품에서는 과거와 현재가, 동양과 서양이, 자연과 인간이, 남성과 여성이, 주인과 노예가, 삶과 죽음이, 높음과 낮음이, 고상함과 비루함이 각자 고유의 존재 방식과 동일한 가치를 지닌다.

갈레아노는 예리한 시각으로 세계사의 이면을 투사해 세상에 들춰내기 위해 기존의 역사 서술 방식과 다른 방식을 취한다. 역사를 문학이라는 그릇에 담아내는 것이다. 지극히 일상적이고 하찮은 것을 특유의 '문학적' 언어를 통해 역사의 주체로 되살려낸다. 그렇기 때문에 『거울들』은 기존의 역사책에 맞서는 또 하나의 역사책이자, 기존의 거울에 맞서는 또 하나의 거울이라 할 수 있다.

여기서 갈레아노가 채택한 전략은 감춰진 이야기를 예리하게 추상하고 시적으로 압축하면서 기승전결의 구조를 갖추는 것이다. 이는 역사의 씨줄과 날줄에 내재한 숨결을 포착하고, 역사의 진실을 정직하게 드러내고, 단조롭게 보일 수 있는 역사를 맛깔스럽게 서술하기 위한 글쓰기 방식이다. '역사를 비추는 거울'이 우리에게 보여주는 이야기가 역사성을 지니고 있기 때문에 아주 유익할 뿐만 아니라, 특유의 시각과 문체로 이루어졌기 때문에 대단히 재미있다. 독자에게 예측 불허의 유익함과 즐거움을 주는 『거울들』을 읽으면서 신화와 전설이 지닌 원초성, 소설과 시가 지닌 감수성, 역사책이 지닌 진실성, 연설문이 지닌 웅혼함 등을 한꺼번에 느낄 수 있다.

모든 작가의 혁명적인 임무는 글을 잘 쓰는 데 있다

갈레아노가 역사적 진실을 발굴하는 작업에 몰두했음에도 불구하고, 그는 자신이 '역사가'라 불리는 것을 썩 달가워하지 않는다. 그는 학생 시절의 "역사 수업이 밀랍 인형 진열관이나 죽은 자들의 영역을 기웃거리는 것 같았다"고 기억한다. "적막하고 공허하고, 입을 꼭 다물고 있는 역사", "숨이 끊어진 역사", "교과서에서 배신당하고 교실에서 거짓으로 포장되고, 연표 속에 잠들어 있는 역사", "박물관에 갇힌 역사", "꽃이 놓인 동상이나 대리석 기념물 밑에 매장된 역사" 과목에 흥미를 느끼지 못했던 것이다. 그는 늘 복잡다단한 세상과 인간의 오묘한 존재 방식을 독특하게 문학화하는데, "무엇보다도 아메리카의 과거를 기억하고, 무엇보다도 망각의 저주를 받은 친밀한 땅 라틴아메리카의 과거를 기억하는 것에 집착한다." 그는 역사를 제대로 "기억하기 위해 발버둥 치는 작가"로 머물고 싶어 한다.

물론 갈레아노는 자신이 특정한 정치 성향을 뚜렷하게 드러내는 '참여 작가'로 제한되는 것도 원치 않는다. 특정한 정치사상이나 견해를 지니지 않은 작가는 없고, 자신의 문학에 그것들을 투영하지 않는 작가도 없기 때문일 것이다. 그가, 자신은 "삶의 신비와 사회의 비밀들, 은폐된 지대, 캄캄한 구석 자리를 파고들 따름"이라고 말했듯이, 그는 현실이 가면 뒤에 숨어 있기 때문에 이 가면 쓴 현실, 숨어 있어 드러나지 않은 것을 글을 통해 드러낸다. 투철한 역사의식, 인류애적 성찰과 감수성, 예리한 시각, 독특한 창의성, 집요한 노력 등을 통해 보통 사람의 눈에는 보이지 않는 현실의 다양한 층위를 포착해서 자신만의 서사 방식을 통해 우리에게 보여준다.

이렇듯, 갈레아노가 언론인, 좌파 지식인, 반체제 운동가, 정치 평론가, 역사가 같은 명칭을 고사하고 기꺼이 선택한 명칭은 바로 '작가'다. 가브리엘 가르시아 마르케스가 말했듯이 "모든 작가의 가장 혁명적인 임무는 글을 잘 쓰는 데에 있다." 좋은 글이란 형식의 틀에 갇힌 것이 아니라 독자에게 감동을 주고, 독자에게 현실을 환기함으로써 현실에 참여하게 만드는 것이다. 문학은, 가혹하고 불공정하고 정의롭지 못한 현실을 개선하기 위해 갈레아노가 선택할 수 있는 가장 훌륭한 무기인 것이다.

'가슴이 아리지만 즐거운 책 읽기와 세상 읽기'로 초대

이야기의 서사적 기능은 역사적이거나 상상적인 현실을 이야기의 틀에 맞춰 단순하게 재현하는 데 머물지 않고, 독자가 자신이 속한 현실과 관계를 맺어 현실과 삶을 돌이켜 보면서 새롭게 기획하도록 한다. 이는 폴 리쾨르가 규정한 '재형상화' 작업인데, 진정한 의미의 재형상화는 '생산적인' 상상력을 통해 현실을 새롭게 발견해서 드러내고 변형시킴으로써 우리의 세계관을 바꾸는 것이다. 재형상화를 통해 우리의 삶에 '의미론적 혁신'이 일어나기 때문에 이것은 세계 속에서 우리의 존재를 다시 능동적으로 재구성하는 작업이 된다.

롤랑 바르트가 "글쓰기는 역사적인 결속 행위"라고 말했다시피, 갈레아노는 세상에 존재했지만 숨겨져 온 수많은 사건과 인간의 삶을 재형상화함으로써 비논리적이고 부조리한 현실에 맞서는 인간의 문제에 관심을 둔다. 정치적 압제로 고통을 겪어온 민중의 고난을 증거하고, 역사적·정치적 현실에 대한 민중의 자각과 집요한 생명력이 얼마나 강하고 질긴지 드러낸다. 갈레아노의 이야기는 "아름다운 것을 생산한다는 것은 필연적으로 혁명적이다. 또한 아름다운 것을 생산해내는 예술가는 필연적으로 참여적이다"라는 안토니오 네그리의 주장에 힘을 실어준다.

문학의 역할은 인간이 겪은 비극을 기억하고, 성찰하고, 치유하는 것이다. 『거울들』은 역사적인 비극과 타인의 고통에 대해 겸허하고 치열하게 숙고하는 소설가의 윤리적 사명, 예술가의 사회적 책무를 다하는 작품이다. 온갖 비논리, 왜곡, 폭력과 야만으로부터 인간의 존엄성과 희망을 지키기 위해 지속되어 온 인류의 무수한 투쟁의 계보에 올라야 할 텍스트다.

『거울들』은 고전주의 학자들의 견해를 곧이곧대로 따르지 않고, 세계에 대한 유럽 중심주의적 비전을 해체한다. '예수 그리스도의 대리자'인 교황조차도 갈레아노의 비판을 피하지 못한다. 아이러니, 열린 비평, 유머, 서정성, 냉정하면서도 까칠한 묘사가 절묘하게 혼용된 『거울들』은 갈레아노가 의심할 여지없이 현대 문학의 거장 가운데 한 명임을 입증한다. 인간과 역사에 관한 명상록 같은 글, 그 누구도 따라갈 수 없는 역설의 미학이 돋보이는 글, 과거와 현대를 넘나드는 혜안과 재치를 선사하는 글, 시적이면서 비판적인 목소리가 담긴 글, 우리에게 세상과 인간을 새롭게 바라보고 해석하게 만드는 지혜를 가르쳐주는 600여 편의 단편소설(혹은 연대기)이 담긴 『거울들』은 우리를 '가슴이 아리지만 즐거운 책 읽기와 세상 읽기'로 초대하고, 더 나아가 우리 스스로를 '진실의 거울'에 비춰 보게 할 것이다.

　『거울들』은 지난 2010년 봄, 국내에 번역·출간되어 많은 독자의 사랑을 받았다(당시에는 『갈레아노, 거울 너머의 역사』라는 제목으로 출간되었다). 이후 책이 절판되어 아쉬움을 느끼던 차에, 2015년에 출간된 개정판을 다시 번역하게 되었다. 새로 출간을 준비하는 과정에서 지난 번역의 오류를 바로잡고, 시간의 흐름에 발맞추어 일부 표현 및 용어와 역자의 주해를 수정해 오늘날의 독자들이 갈레아노의 글에 보다 가까이 다가갈 수 있도록 노력했다. 이제 우리 독자들이 새로워진 『거울들』에 비친 세상을 가슴에 품게 되길 바란다.

2024년 6월

조구호

찾아보기

거울들

거울들

거울들

거울들: 거의 모든 사람의 이야기

1판 1쇄 발행 2024년 6월 15일

지은이 | 에두아르도 갈레아노
옮긴이 | 조구호

디자인 | 김서이
펴낸이 | 조영남
펴낸곳 | 알렙

출판등록 | 2009년 11월 19일 제313-2010-132호
주소 | 경기도 고양시 일산서구 중앙로 1455 대우시티프라자 715호
전자우편 | alephbook@naver.com
전화 | 031-913-2018, 팩스 | 02-913-2019

ISBN 979-11-89333-78-2 03900